本书撰写获中国政法大学青年教师学术创新团队支持计划资助

民法典
请求权基础手册

进阶

吴香香　编著

中国法制出版社
CHINA LEGAL PUBLISHING HOUSE

图书在版编目(CIP)数据

民法典请求权基础手册：进阶 / 吴香香编著 . —
北京：中国法制出版社，2023.6（2025.3重印）
ISBN 978-7-5216-3168-5

Ⅰ. ①民…　Ⅱ. ①吴…　Ⅲ. ①民法—法典—中国—手册　Ⅳ. ①D923.04

中国版本图书馆CIP数据核字（2022）第215300号

责任编辑：成知博（chengzhibo@zgfzs.com）　封面设计：周黎明

民法典请求权基础手册：进阶

MINFADIAN QINGQIUQUAN JICHU SHOUCE：JINJIE

编著 / 吴香香

经销 / 新华书店

印刷 / 三河市国英印务有限公司

开本 / 880毫米 × 1230毫米　32开　印张 / 16.5　字数 / 471千

版次 / 2023年6月第1版　2025年3月第4次印刷

中国法制出版社出版

书号 ISBN 978-7-5216-3168-5　定价：68.00元

北京市西城区西便门西里甲16号西便门办公区

邮政编码 100053　传真：010-63141600

网址：http://www.zgfzs.com　编辑部电话：010-63141809

市场营销部电话：010-63141612　印务部电话：010-63141606

（如有印装质量问题，请与本社印务部联系。）

作者简介

吴香香

中国政法大学教授、博士生导师、法学博士（德国哥廷根大学联合培养），主要研究领域为民法学与私法方法论，尤其关注物权理论、占有理论、法典评注、请求权基础方法与鉴定式案例研习。代表性作品有《请求权基础：方法、体系与实例》《民法典请求权基础检索手册》《请求权基础视角下〈民法典〉的规范类型》《请求权基础视角下〈民法典〉人格权的规范体系》《〈民法典〉第598条（出卖人主给付义务）评注》《论侵害占有的损害赔偿》等。

编写说明

本手册前身为《民法典请求权基础检索手册》，此次重编更名为《民法典请求权基础手册》，在内容与体例方面均有实质扩增，并区分“简明”与“进阶”两个版本，前者便于快速检索，后者适于深化研习。

本书对应进阶版，由请求权基础方法指引、《民法典》[①]规范标示、《民法典》重点司法解释（18件）规范标示、附录四大模块组成。

1.进阶版的增项

进阶版与简明版相比，增项主要体现在以下三方面。

其一，就方法指引而言，细化了《请求权基础方法的适用模式》，并增加了《请求权基础与民法规范类型》。

其二，就标示项目而言，在简明版“条旨、规范类别、关联条文/对比条文、检视程式”4项标注项目的基础上，增加了“攻防结构”项目。

其三，就规范类别而言，将简明版的8大类进一步细分为18大类。规范类型的细化是进阶版对简明版的实质升级。

2.请求权基础方法指引

内容为《请求权基础方法的适用模式》及《请求权基础与民法规范类型》。

3.《民法典》规范标示

（1）条款序号

条文序号统一由汉字数字改为阿拉伯数字，条下各款以反白序号（❶❷❸❹❺）标示。

（2）标示项目

规范划分至最小单元（一个条文可能涉及数项规范），分别标注其条旨、

---

① 《中华人民共和国民法典》，本书简称《民法典》。

规范类别、关联条文/对比条文、攻防结构（部分）、检视程式（部分）。

（3）规范类别[①]

依请求权基础方法，细化区分以下18类规范：主要、不完全主要、辅助、外部、宣导、原则、裁判指引、提示参引、类推参引、抗辩、反抗辩、再抗辩、否认、抗辩排除、否认排除、主要/辅助、主要/抗辩、辅助/抗辩。

① 主要规范的细化区分

区分典型主要规范与不完全主要规范，后者为确定请求权或给付义务主体的归属规范，须与其他规范相结合才构成完整的请求权基础。

② 辅助规范的细化区分

区分典型辅助规范与外部规范、宣导规范、法律原则、裁判指引规范、提示参引规范、类推参引规范。

外部规范系置入民法中的公法规范。

裁判指引规范则系指引法官裁量的裁判规范，与当事人举证不直接相关。另，程序规范也标注为裁判指引规范。

提示参引规范与类推参引规范虽均为参引规范，但适用方法不同，前者仅须依提示直接适用被参引规范，后者则须借助类推操作，因而也区分标注。

③ 防御规范的细化区分

区分抗辩规范、反抗辩规范、再抗辩规范、否认规范、抗辩排除规范、否认排除规范。

抗辩规范、反抗辩规范、再抗辩规范，分别对应“原告请求→被告抗辩→原告反抗辩→被告再抗辩”的攻防结构。

否认规范，对应具有防御功能的积极否认（非独立抗辩）。积极否认与狭义抗辩的区别在于：积极否认是对原有要件的防御，不改变被否认方的举证责任，否认方的证明为反证；狭义抗辩则引入新的消极要件，由抗辩者对抗辩承担举证责任，所涉证明为本证。

抗辩排除规范与否认排除规范，则既非抗辩规范，亦非否认规范，功能在于说明某类事由不构成抗辩事由或否认事由。

---

① 详细的分类依据与说明，请参见本书《请求权基础与民法规范类型》部分的阐释。

④ 跨类规范的细化区分

区分主要/辅助规范、主要/抗辩规范、辅助/抗辩规范。①

<table>
<tr><th colspan="5">民法规范类型简表</th></tr>
<tr><th colspan="3">规范类型</th><th>类型说明</th><th>条文示例</th></tr>
<tr><td rowspan="2">主要规范</td><td colspan="2">主要规范</td><td>请求权基础</td><td>第235条</td></tr>
<tr><td colspan="2">不完全主要规范</td><td>归属规范</td><td>第104条第1句</td></tr>
<tr><td rowspan="7">辅助规范</td><td colspan="2">辅助规范</td><td>典型辅助规范</td><td>第115条第1句</td></tr>
<tr><td colspan="2">外部规范</td><td>公法规范</td><td>第212条</td></tr>
<tr><td colspan="2">宣导规范</td><td>仅具宣示引导意义</td><td>第3条</td></tr>
<tr><td colspan="2">法律原则</td><td>无明确适用前提与法律效果的原则</td><td>第5条</td></tr>
<tr><td colspan="2">裁判指引规范</td><td>指引法官裁量</td><td>第142条</td></tr>
<tr><td rowspan="2">参引规范</td><td>提示参引规范</td><td>提示适用其他规范</td><td>第617条</td></tr>
<tr><td>类推参引规范</td><td>类推适用其他规范</td><td>第647条</td></tr>
<tr><td rowspan="6">防御规范</td><td colspan="2">抗辩规范</td><td>主要规范或其辅助规范的抗辩</td><td>第192条第1款</td></tr>
<tr><td colspan="2">反抗辩规范</td><td>抗辩规范的抗辩</td><td>第194条第1款</td></tr>
<tr><td colspan="2">再抗辩规范</td><td>反抗辩规范的抗辩</td><td>第194条第2款</td></tr>
<tr><td colspan="2">否认规范</td><td>法效体现为对某一要件事实的否认≠狭义抗辩</td><td>第1224条第1款第2、3项</td></tr>
<tr><td colspan="2">抗辩排除规范</td><td>说明某类事由不构成狭义抗辩事由≠反抗辩</td><td>第215条第2分句</td></tr>
<tr><td colspan="2">否认排除规范</td><td>说明某类事由不构成否认事由</td><td>第532条</td></tr>
<tr><td rowspan="3">跨类规范</td><td colspan="2">主要/辅助规范</td><td rowspan="3">兼具两类规范的属性</td><td>第366条</td></tr>
<tr><td colspan="2">主要/抗辩规范</td><td>第317条第1款</td></tr>
<tr><td colspan="2">辅助/抗辩规范</td><td>第903条</td></tr>
</table>

（4）关联条文/对比条文

就《民法典》条文，标注其相关的法典条文与重点司法解释条文。书中条文序号前未加名称前缀的为《民法典》条文。为简便起见，司法解释名称与条文号也均采简称，简称表请参见下文4.（2）部分。

① 在具体条文的标示中，跨类规范也可能进一步具体化，如第181条第2款标示为“提示参引/反抗辩”。

根据情况标注“对比条文”，如第408条与第433条的对比。

（5）攻防结构

选取若干代表性条文，根据诉讼攻防结构，以“主文/但书”的形式予以表述，以期更准确地拆解要件与抗辩，并据此区分举证责任。

例如，将《民法典》第235条的“攻防结构”表述为：“权利人可以请求占有人返还占有的不动产或者动产。但是，占有人对权利人享有占有本权的除外。”据此，物权返还请求权产生的要件是“权利人的物权+占有人的占有”，请求权人负担举证责任；阻却权利产生的抗辩是“占有人的占有本权”，占有人负担举证责任。

但是，以“主文/但书”的形式表述攻防结构，并不意味着规范的原则/例外关系即等同于攻防结构。对应狭义抗辩与积极否认的区分，规范的原则/例外关系也存在两种可能。

一类是例外构成原则的抗辩，例外的适用以肯定原则适用的前提事实为真为必要，在此基础上引入新的抗辩事实。如法律行为无效（例外）抗辩有效（原则），以肯定法律行为成立（有效的前提事实）为必要，在此基础上引入无行为能力等权利产生的抗辩，以使例外的法效对抗原则的法效。

另一类则是例外与原则不形成抗辩关系，但例外的适用以否认原则适用的前提事实为真为必要。如限制行为能力人法定代理人的追认（原则）与未经追认但其可独立实施的法律行为（例外），例外与原则适用的前提事实不可能同时为真，但原则与例外的法效相同，区分的只是其典型与非典型适用情形。

（6）检视程式①

选取若干典型请求权基础，在相应条文处列出其检视程式表（如第1165条第1款）。

4.重点司法解释规范标示（18件）

（1）依请求权基础视角下的规范类别，标示《民法典》重点司法解释中的条文，条文序号统一改为阿拉伯数字，并在《民法典》的相关条文处标示关联的司法解释条文。

① 较之简明版，进阶版列举的检视程式更详细。

（2）司法解释简称表如下：

<table>
<tr><th>全　称</th><th>简　称</th><th>简写示例</th></tr>
<tr><td>最高人民法院关于适用《中华人民共和国民法典》时间效力的若干规定（2020）</td><td>时间效力规定</td><td rowspan="17">时效规定8.1.1
=
《最高人民法院关于审理民事案件适用诉讼时效制度若干问题的规定》（2020）第8条第1款第1项</td></tr>
<tr><td>最高人民法院关于适用《中华人民共和国民法典》总则编若干问题的解释（2022）</td><td>总则解释</td></tr>
<tr><td>最高人民法院关于审理民事案件适用诉讼时效制度若干问题的规定（2020）</td><td>时效规定</td></tr>
<tr><td>最高人民法院关于适用《中华人民共和国民法典》物权编的解释（一）（2020）</td><td>物权解释一</td></tr>
<tr><td>最高人民法院关于适用《中华人民共和国民法典》有关担保制度的解释（2020）</td><td>担保解释</td></tr>
<tr><td>最高人民法院关于适用《中华人民共和国民法典》合同编通则若干问题的解释（2023）</td><td>合同通则解释</td></tr>
<tr><td>最高人民法院关于审理买卖合同纠纷案件适用法律问题的解释（2020）</td><td>买卖解释</td></tr>
<tr><td>最高人民法院关于审理商品房买卖合同纠纷案件适用法律若干问题的解释（2020）</td><td>商品房买卖解释</td></tr>
<tr><td>最高人民法院关于审理民间借贷案件适用法律若干问题的规定（2020）</td><td>借贷规定</td></tr>
<tr><td>最高人民法院关于审理城镇房屋租赁合同纠纷案件具体应用法律若干问题的解释（2020）</td><td>租赁解释</td></tr>
<tr><td>最高人民法院关于审理融资租赁合同纠纷案件适用法律问题的解释（2020）</td><td>融租解释</td></tr>
<tr><td>最高人民法院关于审理建设工程施工合同纠纷案件适用法律问题的解释（一）（2020）</td><td>建工解释一</td></tr>
<tr><td>最高人民法院关于适用《中华人民共和国民法典》婚姻家庭编的解释（一）（2020）</td><td>婚姻家庭解释一</td></tr>
<tr><td>最高人民法院关于适用《中华人民共和国民法典》婚姻家庭编的解释（二）（2025）</td><td>婚姻家庭解释二</td></tr>
<tr><td>最高人民法院关于适用《中华人民共和国民法典》继承编的解释（一）（2020）</td><td>继承解释一</td></tr>
<tr><td>最高人民法院关于适用《中华人民共和国民法典》侵权责任编的解释（一）（2024）</td><td>侵权解释一</td></tr>
<tr><td>最高人民法院关于审理人身损害赔偿案件适用法律若干问题的解释（2022）</td><td>人身损害解释</td></tr>
<tr><td>最高人民法院关于确定民事侵权精神损害赔偿责任若干问题的解释（2020）</td><td>精神损害解释</td></tr>
</table>

（3）司法解释逐条标注规范类别，个别条文标注攻防结构、对比条文，不设条旨、关联条文、检视程式等标示项目。

（4）与《民法典》规范分类不同的是，司法解释的条文原则上不应作为请求权基础（主要规范）。因而，司法解释的规范类别不设“主要规范”子类。

5.附录

（1）附录1:《九民纪要》

《最高人民法院关于印发〈全国法院民商事审判工作会议纪要〉的通知》（本书简称《九民纪要》）虽非司法解释且公布于《民法典》之前，但对民事规范的适用有重要参考价值，本手册将其作为附录纳入。但因仅为检索之便，并未对其条文予以类别标示。

（2）附录2:《民法典》典型请求权基础简表

根据请求权基础检视的外在结构列举《民法典》中最典型的请求权基础。

6.笔记条

版式设计方面，考虑到法典工具书的笔记需求，进阶版的《民法典》部分还预留了侧边笔记条。

另需说明的是，请求权基础视角下的规范性质划分、攻防结构等并非全无争议，本手册仅代表编者个人观点，供读者朋友们批评。同时，也衷心感谢中国法制出版社编辑成知博女士的策划、协助与支持。

吴香香

2023年5月18日

目　录

请求权基础方法的适用模式

民事纠纷以原告“请求”被告为某种给付为典型，据以支持原告“请求权”的规范基础或法律行为，称“请求权基础”。寻找请求权基础，构成民事法官找法作业之根本，由此体现的法律思维，则可称为请求权基础思维（请求权基础方法）。

请求权基础方法，借鉴诉讼中的攻防结构，将法律规范区分为请求权基础规范（主要规范）、辅助规范与防御规范；内在结构上，对每项请求权基础的检视均可分为三层（请求权已产生→未消灭→可行使）四步（请求权产生要件→权利未产生的抗辩→权利已消灭的抗辩→权利行使抗辩权）；外在结构上，存在多个备选的请求权基础时，须遵循特定顺序依次检视。

<table>
<tr><td rowspan="11">请求权基础方法</td><th>检视结构</th><th>检视步骤（三层）</th><th>检视内容（四步）</th><th>检视规范</th></tr>
<tr><td rowspan="4">内在结构：
单个请求权基础的检视框架</td><td rowspan="2">1.请求权已产生</td><td>产生要件</td><td>主要规范
辅助规范</td></tr>
<tr><td>产生抗辩</td><td>抗辩规范</td></tr>
<tr><td>2.请求权未消灭</td><td>消灭抗辩</td><td>抗辩规范</td></tr>
<tr><td>3.请求权可行使</td><td>行使抗辩</td><td>抗辩规范</td></tr>
<tr><td rowspan="5">外在结构：
复数请求权基础的检视次序</td><td colspan="2">1.基于合同的请求权</td><td>主要规范</td></tr>
<tr><td colspan="2">2.类似合同的请求权</td><td>主要规范</td></tr>
<tr><td colspan="2">3.无因管理的请求权</td><td>主要规范</td></tr>
<tr><td colspan="2">4.基于物法的请求权</td><td>主要规范</td></tr>
<tr><td colspan="2">5.不当得利与侵权请求权</td><td>主要规范</td></tr>
</table>

一、规范类别

（一）主要规范

设若某案件的原告请求被告“返还租期届满的房屋”，在请求权基础思维之下，首先需要考量的问题是，原告对被告是否享有房屋返还请求权。可能产生房屋返还效果的请求权类别，包括合同请求权、占有返还请求权、所有物返还请求权、不当得利返还请求权，以及侵权返还请求权。据以支持这些请求权的规范基础，即请求权基础（请求权规范），又称主要规范。

当事人在合同中约定了租屋返还事宜的，则租赁合同本身即为合同请求权基础。合同是法律行为，之所以可作为请求权基础，是因为民法以私法自治为基本理念。有效的合同不仅约束当事人，也是对法官有约束力的裁判依据。当事人在合同中未约定租屋返还事宜的，合同请求权的规范基础为第733条第1句①，占有返还请求权的规范基础为第462条第1款第1分句，所有物返还请求权的规范基础为第235条，不当得利返还请求权的规范基础为第122条或第985条主文，侵权返还请求权的规范基础为第1165条第1款。所谓请求权基础探寻，是指检视案件事实能否满足各项备选请求权规范的适用前提，逐一排查直至找到可适用的主要规范。

民事案件中，当事人的请求不限于返还某物，还可能是支付对价、损害赔偿、其他的作为或不作为。凡可产生请求权的法律行为或法律规范，均为请求权基础。以此为标准检索民法规范，会发现请求权基础的数目非常有限，体量最大的是辅助规范。

（二）辅助规范

辅助规范的功能，首先是对主要规范的构成要件或法律效果做进一步说明。但辅助规范也有层级之分，下级辅助规范的法律效果是上级辅助规范的构成要件。仍以上述案件为例，第733条第1句（租赁期间届满，承租人应当返还租赁物）作为主要规范，其适用以租赁合同的有效成立为前提。“租赁合同”应予界定，第703条的租赁合同定义条款，即为第733条的辅助规范。“租赁合同”中的“合同”需要进一步界定，第471条（当事人订立合同，采取要约、承诺方式）为次级辅助规范（辅助规范的辅助规范）。要约（第

① 本部分所涉规范均为《民法典》条文，为行文简便，下文仅标识条文号。

472条）与承诺（第479条）的定义条款为第三级辅助规范。要约与承诺均为有相对人的意思表示，此类意思表示的生效规则（第137条）则为第四级辅助规范。

总分编制之下，民法实证规范的排列顺序是从一般到特别，适用范围越广、抽象程度越高的规范，体系位置越在先。而请求权基础思维对规范的检视顺序恰恰相反，是从特别到一般，请求权规范直指请求权的产生，与案件事实距离最近，其各级辅助规范则可能由近及远、由特别至一般层层推进，抽象程度越高的规范，在辅助规范中的层级反而越低。

高抽象度规则在辅助规范中一定处于低层级，但低层级辅助规范却未必一定都具有高抽象度。因为辅助规范有两类：一类抽象程度高，为多项请求权基础共同的辅助规范，属于“公因式”规则；一类抽象程度低，仅对特定请求权基础发挥辅助功能，常附从于特定请求权规范而出现。

（三）防御规范

被告的防御手段有二：否认（非独立抗辩）与抗辩（独立抗辩/狭义抗辩）。否认所涉，是被告无主张责任的事项，如否认原告主张的关于请求权产生的事实陈述。否认的同时提供证据者，为积极否认（附理由的否认）。积极否认所涉事实与原告的主张事实不可同时为真。狭义抗辩所涉，则是被告有主张责任的关于请求权基础的抗辩事项，须依次检视的是权利未产生的抗辩、权利已消灭的抗辩与权利行使抗辩权。抗辩所涉事实虽以存在原告主张的事实为前提，但提出足以排斥原告请求的新事实，是被告负举证责任的事实。与之相应，防御规范主要包括抗辩规范与否认规范。意在说明某类事由不构成抗辩事由或否认事由的规范，则为抗辩排除规范或否认排除规范。

根据抗辩规范针对的规范不同，又可将其分为三类：其一，主要规范的抗辩规范。如第590条第1款第1句主文的不可抗力免责，即构成第577条违约请求权基础的抗辩规范。其二，辅助规范的抗辩规范。如第480条主文规定承诺应当以通知的方式作出，这是合同请求权基础的辅助规范；该条但书（但是，根据交易习惯或者要约表明可以通过行为作出承诺的除外）则为该辅助规范的抗辩规范。其三，抗辩规范的抗辩规范。如第614条主文（买受人有确切证据证明第三人对标的物享有权利的，可以中止支付相应的价款）是第626条第1句出卖人价款支付请求权基础的抗辩规范，而第614条但书（但是出卖人提供适当担保的除外）则构成抗辩规范的抗辩规范。

此外，防御规范本身可能也需要进一步说明，因而防御规范也可能有其辅助规范，甚至是多级辅助规范。如第144条（无民事行为能力人实施的民事法律行为无效）是第136条第1款前半句（民事法律行为自成立时生效）的防御规范，而第20—21条关于无民事行为能力人的界定，则构成该防御规范的辅助规范。

二、内在结构

请求权思维的内在结构，体现为对请求权基础各层级辅助规范与防御规范的全面检索。这一检视过程又分为请求权已产生、未消灭、可行使三个层次。其中，请求权已产生可再拆解为两个步骤：满足请求权产生的积极要件，且不存在阻碍请求权产生的消极抗辩。因而，内在结构实为三层四步。每一步都需列举各项构成要件要素并分别作出定义，再对案件事实予以涵摄。形式上是司法三段论的反复运用，实质上贯穿始终的是规范解释与意思表示解释，以及必要时的规范续造与意思表示漏洞填补。

（一）积极要件

主要规范作为请求权思维的检视起点，也可指引辅助规范之检索。以侵权请求权为例，若要检视得否依据第1165条第1款支持原告对被告的侵权请求权，第一步的工作是列举一般侵权请求权的积极要件。从第1165条第1款的文义中可直接得出的积极要件至少有“行为人”“因”“过错”“侵害”“民事权益”“造成”“损害”。这些要件均为抽象概念，需进一步具体化，才能与特定的案件事实“对接”。具体化的媒介首先是辅助规范。总则编第五章民事权利的大多数条文均可视作“民事权益”的具体化规范。对于无法借助法律文本探知的要件，因为法官有说理义务，就必须诉诸判例与学理予以具体化。学理与判例虽不拘束法官，却可为其提供论理依据，本书将之称为“柔性辅助规范”，可作为大前提与案件事实间的说理媒介。在请求权规范列举的要件缺漏时，则需进行法律续造。若检视的是合同请求权，因其以合同本身为请求权基础，还涉及意思表示解释问题。

（二）消极抗辩

即使请求权产生的积极要件均得以满足，也不意味着请求权基础成立，因为还可能存在权利未产生的抗辩、权利已消灭的抗辩或权利行使抗辩权，应依次检视。设置这些抗辩事由的为防御规范。如合同无效规则为请求权未产生的抗辩，清偿、提存、抵销、免除、混同等债的消灭规则为请求权已消灭的抗辩，时效抗辩权（永久抗辩权）、同时履行抗辩权（一时抗辩权）等则为请求权行使抗辩权。

抗辩的检视同样应列举各抗辩规范的构成要件，并借助抗辩规范的辅助规范（包括学理与判例）进行具体化，如第153条之违反强制性规定与违反善良风俗无效规则，其中“强制性规定”与“善良风俗”的认定均是复杂的法律解释作业，是“规范与事实间目光的往返流转”。此外，要件与抗辩的区分还涉及举证分配，一般而言，积极要件由原告举证，消极抗辩由被告举证，抗辩的抗辩又复归原告举证。

请求权基础思维的内在结构是从单项请求权基础切入，检视过程中渐次引入其各层级的辅助规范与防御规范，并进一步指向更深层的法教义学论理，系“适用一个法条就是适用整部法典”的生动注解。

三、外在结构

若某一案件中备选的请求权基础为复数，如上文提到的返还租屋案，就涉及请求权基础思维的外在结构。此处的核心问题是：多项请求权基础的检视顺序如何确定？但在排序之前，首先要对请求权基础进行预选，框定“可疑”请求权基础的范围。预选阶段的任务有二：其一，排除明显不成立的请求权基础；其二，解决规范排斥的竞合，即数项请求权规范相互排斥时，如存在新法优于旧法、上位法优于下位法、特别法优于普通法等因素时，仅效力占优的请求权规范纳入预选。

对于预选的数项请求权基础，排序的考量因素是合乎逻辑与诉讼经济。

以合乎逻辑为标准，则越可能成为其他请求权基础检视前提、越可能排除其他请求权基础成立者，顺位越在先，因而越特别的请求权基础检视顺位就越在先。以诉讼经济为标准，则构成要件越少的请求权基础检视顺位越在先。两相结合，复数请求权基础检视顺序大致如下：

（一）基于合同的请求权

基于合同的请求权顺位在先，首先是因为合同可排除任意性规范的适用，从而可排除下述各类请求权基础。而且，合同也可能构成法律上的管理义务、或占有本权、或法律上的得利原因、或不法性阻却事由，排除无因管理、所有物返还、不当得利、侵权请求权的成立。就合同请求权本身而言，原合同请求权的检视应先于派生合同请求权。

（二）类似合同的请求权

类似合同的请求权，如缔约过失请求权、违反后合同义务所生的请求权、因无权代理所生的请求权、基于情谊行为之保护义务的请求权等，与合同关系密切，其间问题多在审查合同请求权时即有涉及，因而检视顺序紧随合同请求权之后。

（三）无因管理的请求权

无因管理请求权可因被管理人嗣后同意而转化为委任合同，所以也有将其置于类似合同请求之列者。它可以构成占有权源、或法律上的得利原因、或不法性阻却事由，排除所有物返还请求权、不当得利请求权与侵权请求权，因而检视顺位在这三类请求权之前。

（四）基于物法的请求权

物法请求权先于不当得利与侵权请求权的原因是，它的构成要件更少，请求权人既不必证明相对人有所得利（先于不当得利），也不必证明对方有过错（先于侵权）。物法请求权又可细分为占有保护请求权与物权保护请求权，前者的检视先于后者，原因有二：一是占有保护的要件更少，不涉及权利归属的证明；二是占有保护之诉中可排除本权抗辩。

（五）不当得利与侵权请求权

不当得利请求权与侵权请求权的检视先后，略有争议。有主张前者在先者，也有主张后者在先者，还有主张请求返还则不当得利在先、请求赔偿则侵权在先者。唯应注意，给付不当得利的检视先于非给付不当得利，特殊侵权的检视先于一般侵权。

四、多元请求权基础

以请求权思维对个案进行通盘检视后，若仍有数项请求权基础可得支持，即须探讨各请求权规范之间的关系：可能体现为规范排斥竞合（多在预选阶段已排除）或择一竞合（如第588条的违约金与定金择一规范），也可能体现为请求权聚合（如第583条的继续履行与损害赔偿聚合），还可能体现为请求权竞合或请求权基础规范竞合。

五、鉴定体裁与裁判体裁

适用请求权方法分析案件事实时，其分析过程可用鉴定体裁或裁判体裁予以表述。鉴定体裁的表述方式如：

假设甲对乙享有第626条第1句所规定的价金请求权，那么在甲与乙之间就必须存在一个有效的符合第595条之规定的买卖合同，而这又以甲、乙中的一方作出有约束力的要约，另一方作出承诺为前提。在此案中，甲对乙的……构成要约，而乙的……则构成承诺。甲乙双方间的合同成立且……因而，甲对乙享有第626条第1句所规定的价金请求权。

裁判体裁的表述方式则是：

根据第626条第1句，甲享有针对乙的价金给付请求权。因为甲乙之间订立了一项符合第595条之规定的买卖合同。甲以……的方式发出了有约束力的要约，乙则对甲通过……作出了承诺表示……

鉴定体裁遵循真实的思维过程，以假设性问题的提出为第一步（假设结论），列出假设的请求权基础之构成要件（大前提），再逐步分析此假设成立所须满足的条件在案件事实中是否存在（涵摄），最后得出结论。而裁判体裁则并不以思维顺序为撰写顺序，将结论置于开始部分，再说明此结论的正当性。鉴定体裁更接近真实的思维过程，裁判体裁中结论的得出也只能借助鉴定体裁式的分析与思考。

六、简例演示（鉴定体裁）

此处案例演示的目的仅在于展示请求权基础方法的适用架构，因而选取一个案情极为简单的假设案例进行鉴定式分析。

案情与问题：甲将自有房屋出租于乙居住两年，租期届满后，乙拒绝返还，请问甲向乙请求返还房屋是否具备相应的请求权基础？

请求权基础预选与排序：甲请求乙返还房屋，可纳入本案预选的请求权基础为：第一，基于租赁合同的返还请求权（第733条第1句）；第二，所有物返还请求权（第235条）；第三，给付不当得利返还请求权（第985条主文）；第四，侵权返还请求权（第1165条第1款）。

（一）基于租赁合同的返还请求权

第733条第1句："租赁期限届满，承租人应当返还租赁物。"

1.请求权已产生

（1）产生要件：租赁合同成立、租赁期间届满。本案满足。

（2）产生抗辩：本案不存在权利产生的抗辩。

2.请求权未消灭：本案不存在权利消灭抗辩。

3.请求权可行使：本案不存在权利行使抗辩权。

4.中间结论

甲有权根据第733条第1句请求乙返还房屋。

（二）所有物返还请求权

第235条："无权占有不动产或者动产的，权利人可以请求返还原物。"

1.请求权已产生

（1）产生要件：请求人为所有权人、请求相对人为占有人。本案满足。

（2）产生抗辩：请求相对人有权占有。

本案乙并无占有本权，不存在权利产生的抗辩。

2.请求权未消灭：本案不存在权利消灭抗辩。

3.请求权可行使：本案不存在权利行使抗辩权。

4.中间结论

甲有权根据第235条请求乙返还房屋。

（三）给付不当得利返还请求权

第985条："得利人没有法律根据取得不当利益的，受损失的人可以请求得利人返还取得的利益……"

1.请求权已产生

（1）产生要件：请求相对人得利、得利系因请求人的给付、得利无法律上原因。本案满足。

（2）产生抗辩：本案不存在权利产生的抗辩。

2.请求权未消灭：本案不存在权利消灭抗辩。

3.请求权可行使：本案不存在权利行使抗辩权。

4.中间结论

甲有权根据第985条请求乙返还房屋。

（四）侵权返还请求权

第1165条第1款："行为人因过错侵害他人民事权益造成损害的，应当承担侵权责任。"

1.请求权已产生

（1）产生要件：

责任成立「事实构成（民事权益+加害行为+责任成立因果关系）+不法性（不法性阻却抗辩）+可归责性（责任能力抗辩+过错）」+责任范围（损害+责任范围因果关系）。

但本案中甲的绝对权被侵体现为丧失房屋占有，甲所主张的具体损害也体现为丧失房屋占有，因而不必区分责任成立与责任范围两个阶段。甲丧失房屋占有，乙到期拒绝返还房屋有加害行为，加害行为与甲丧失占有之间具备因果关系，且乙为故意具有过错。权利产生要件满足。

（2）产生抗辩：不法性抗辩事由、责任能力抗辩事由本案均不存在。

2. 请求权未消灭：本案不存在权利消灭抗辩。

3. 请求权可行使：本案不存在权利行使抗辩权。

4. 中间结论

甲有权根据第1165条第1款请求乙返还房屋。

（五）结论

甲有权请求乙返还房屋，相应的请求权基础为第733条第1句或第235条或第985条或第1165条第1款，上述各请求权基础构成请求权基础规范竞合。

请求权基础与民法规范类型

《民法典》主要依立法者视角构建，基本线索是权利类型及其效力。以“提取公因式”技术集成的立法规范体系，不断重复“从一般到特别”的体系逻辑，虽然便于储法和教习，但并不能无缝对接法律适用。法律适用的找法过程恰恰“逆向”于立法，遵循的是“从特别到一般”的检索过程。请求权基础思维体现的正是这一“从特别到一般”的找法技术。

《民法典》的技术追求是“提取公因式”，请求权基础方法则借助“展开公因式”的反向操作打开民法规范全景图。在诉讼攻防结构中，民法规范可分为请求权基础（主要规范）、辅助规范与防御规范三大基础类型。典型的主要规范为支持原告请求权的规范依据，典型的辅助规范为主要规范的说明或补充，典型的防御规范则可对抗请求权的产生、存续或行使。

本部分的规范类型梳理，循“从典型到特殊”的思路展开：首先整理典型规范类别，即典型的主要规范、辅助规范与防御规范（第一部分），进而针对三种规范类型分别拆解其特殊的甄别难题（第二部分至第四部分），最后归纳兼具两项类型要素的跨类规范（第五部分）。

一、请求权基础与典型规范类别

请求权基础方法以诉讼中的攻防结构为基本框架，以此为标准，民法规范也可区分为两大类，即原告攻击的规范工具与被告防御的规范工具。原告诉请多体现为“请求权要求”，因而原告方首要的规范工具即支持其请求权的规范依据，称请求权基础（主要规范）。就请求权基础的适用前提或法律效力作说明或补充的条文，为请求权基础的辅助规范，同属原告攻击的规范工具。对抗或限制请求权基础或其辅助规范的条文为被告的规范工具，称防御规范。防御规范又可分为抗辩（独立抗辩）规范与否认（非独立抗辩）规范。进而，抗辩规范的辅助规范也是被告的防御工具。对抗被告抗辩的反抗辩规范又服务于原告的防御，对抗原告反抗辩的再抗辩规范则服务于被告的防御。

（一）典型的主要规范

请求权基础的法律效果体现为请求权或给付义务，因而请求权基础的识别应从条文的法律效果部分切入。法效直接体现为请求权的主要规范，如物权人原物返还请求权条款（第235条①）的“权利人可以请求返还原物”。法效体现为给付义务的主要规范，则如违约责任条款一般条款（第577条）的“应当承担继续履行、采取补救措施或者赔偿损失等违约责任”。

依请求权基础方法的外在结构，典型请求权基础的规范内容包括基于合同的请求权、类似合同的请求权、无因管理请求权、基于物法的请求权、侵权请求权与不当得利请求权等类型。

基于合同的请求权可区分为原合同请求权与派生合同请求权。与之相应，原合同请求权的规范基础为合同的给付义务条款，如买卖合同的出卖人主给付义务条款（第598条）、从给付义务条款（第599条）、权利瑕疵义务条款（第612条主文）、品质瑕疵义务条款（第615条第1句）与买受人主给付义务条款（第626条第1句）等。派生合同请求权又可再区分为违约所生请求权与解除所生请求权，前者的请求权基础如违约责任一般条款（第577条）②、瑕疵履行的违约责任（第582条、第583条）；后者的请求权基础则如解除后的返还与赔偿条款（第566条第1款）。

类似合同的请求权包括缔约过失请求权（第500条）、后合同义务请求权（第558条）、基于无权代理的请求权（第171条第3款第1句）等类型。

无因管理请求权则包括适法无因管理的费用偿还（第121条或第979条第1款第1分句）与损失补偿请求权（第979条第1款第2分句）、不适法无因管理与不法无因管理受益人主张管理利益时的费用偿还与损失补偿请求权（第

① 本部分所涉规范均为《民法典》条文，为行文简便，下文仅标识条文号。

② 参见姚明斌：《民法典违约责任规范与请求权基础》，载《法治现代化研究》2020年第5期。

980条)[1]，以及管理人的善良管理义务(第981条第1句)、报告与财产移交义务(第983条)。唯应注意，总则编第121条与合同编第979条第1款第1分句的表述基本一致[2]，均可作为适法无因管理费用偿还请求权的规范基础。

就绝对权而言，同样有原给付请求权与派生给付请求权的二阶构造。基于物法的绝对权请求权为占有与物权的内在效力延伸，与过错无关，对应原给付请求权，典型者如占有保护请求权(第462条第1款第1、2分句)与物权请求权(第235条、第236条)。其他绝对权的消极防御请求权则以侵权责任编第1167条为规范基础。侵害绝对权所生的侵权损害赔偿请求权为派生给付请求权，请求权基础在侵权责任编，如过错侵权一般条款(第1165条第1款)。

不当得利返还请求权的规范基础则为第122条或第985条主文，二者表述基本一致。此外，自得利人处无偿受让利益的第三人也负担返还义务(第988条)。

(二)典型的辅助规范

最典型的辅助规范是请求权基础的辅助规范，功能在于细化请求权基础的适用前提或法律效果。

适用前提类辅助规范，多为描述性法条，典型者如权利主体、权利客体及各类权利定义条款，以及合同编各类有名合同定义条款。权利主体(如第13条自然人权利能力)、权利客体(如第115条第1句物的定义)、权利内容(如第240条所有权定义)可能构成各类请求权基础共用的辅助规范。各有名合同定义(如第595条买卖合同定义)则仅是此类典型合同请求权基础的个别辅助规范，辅助认定合同性质。[3]

---

① 参见金可可:《〈民法典〉无因管理规定的解释论方案》，载《法学》2020年第8期；易军:《无因管理制度设计中的利益平衡与价值调和》，载《清华法学》2021年第1期。

② 这是民法典活页环式立法导致的重复条文，关于此种立法体例的论述可参见朱庆育:《第三种体例：从〈民法通则〉到〈民法典〉总则编》，载《法制与社会发展》2020年第4期。

③ 但保证合同的定义条款(第681条)可作为请求权基础，因为民法典保证合同章未就保证人的给付义务专设条文。

法律效果类辅助规范，多为填补性法条，同样有共用辅助规范与个别辅助规范之分。前者如按份责任承担方式条款（第177条）与连带责任承担方式条款（第178条第1款）是多数人之债共用的法效辅助规范；违约损害赔偿范围条款（第584条主文）是各类违约损害赔偿请求权共用的法效辅助规范；人身损害赔偿范围条款（第1179条）、财产损失计算条款（第1184条）是侵权损害赔偿共用的法效辅助规范。后者如买卖标的物交付地点认定条款（第603条），仅是出卖人交付义务的个别辅助规范。

上述辅助规范在个案中能否得到适用，均取决于原告举证的事实能否充分该规范的适用前提。但有一类典型辅助规范与举证分配不直接相关，其功能在于确定法律适用或指引法官裁量。前者如民法地域效力条款（第12条）、诉讼时效之法官职权禁止条款（第193条），后者则如民法法源条款（第10条）、相邻关系法源条款（第289条）、意思表示解释规则（第142条）、合同解释规则（第466条）等。

（三）典型的防御规范

被告的防御手段有二：否认（非独立抗辩）与抗辩（独立抗辩/狭义抗辩）。与之相应，防御规范主要包括否认规范（详见下文特殊防御规范的甄别部分）与抗辩规范。其中，抗辩规范是体量最大也最典型的防御规范。

请求权基础检视的内在结构区分“请求权已产生→未变更/未消灭→可行使”三个阶段，与之相应的抗辩则分为权利产生抗辩、权利变更/消灭抗辩、权利行使抗辩（抗辩权[①]）。例如，法律行为无效规则（第144条无行为能力无效条款、第153条违法或悖俗无效条款）是合同请求权产生的抗辩规范，正当防卫条款（第181条第1款）与自助行为条款（第1177条第1款）是侵权请求权产生的抗辩规范，债权债务终止条款（第557条第1款）是请求权消灭的抗辩规范，时效抗辩权条款（第192条第1款）、双务合同履行抗辩权条款（第525—527条）、一般保证人先诉抗辩权条款（第687条第2款主文）

① 关于抗辩权的进一步分类，可参见申海恩：《抗辩权效力的体系构成》，载《环球法律评论》2020年第4期。

则是权利行使抗辩规范。

上述抗辩规范均针对请求权基础或其辅助规范，但抗辩规范自身也可能有其抗辩规范，从而体现出“原告请求→被告抗辩→原告反抗辩→被告再抗辩……”的诉讼攻防结构。[①]例如，针对被告的诉讼时效抗辩权，原告可提出诉讼时效中止的反抗辩（第194条第1款）；对此，被告可进一步提出中止原因消灭已满六个月的再抗辩（第194条第2款）。

典型的主要规范、辅助规范与防御规范，虽可根据其细分类型予以识别，但因为《民法典》的立法过程并未有意识地将请求权基础检索纳入考量，仍有大量特殊条文面临甄别难题。

二、特殊主要规范的甄别

典型的主要规范在内容与形式方面均符合请求权基础的特征。但具有请求权基础外观的不尽然都是主要规范，外观不完备的也未必不是主要规范。

（一）具有请求权基础外观的规范

1.请求权基础的具体化规范

《民法典》的规范有抽象程度的差异，抽象程度越高者，适用范围越广，反之亦然。请求权基础也有抽象程度的差别。本书认为，请求权基础在不同情形下的具体化规范，不仅具有主要规范的外观，实质也构成主要规范。立法中的具体化规范，免却了法官类型化一般规则的释法负担，因而，法律适用中具体化规范优先于一般性条款。[②]

就合同请求权而言，第577条系违约责任的一般性请求权基础，预期违约责任条款（第578条）、瑕疵履行的违约责任条款（第582条）、继续履行

---

① 关于诉讼攻防结构，有学者表述为“请求→抗辩→再抗辩→复再抗辩……”，参见许可：《民事审判方法：要件事实引论》，法律出版社2009年版，第147页；也有学者表述为“请求→抗辩→再抗辩→再再抗辩……”，参见任重：《夫妻债务规范的诉讼实施——兼论民法典与民事诉讼的衔接》，载《法学》2020年第12期。

② 于此体现的并非“特别法优于一般法”的法律适用逻辑，特别法优于一般法的原因是特别法与一般法的内容相冲突，而具体化规范恰是一般法的内容推衍，二者内容并不冲突。

或补正履行后的损害赔偿条款（第583条）、受领迟延责任条款（第589条第1款），以及各类典型合同的违约责任具体规范（如第781条承揽工作成果品质瑕疵的违约责任）均是其具体化，是应优先适用的主要规范。缔约过失责任条款（第500条第3项）的具体化规范，则如违反缔约保密义务责任条款（第501条）与违反申请批准手续责任条款（第502条第2款第3句）等。

就绝对权请求权而言，物权妨害排除、妨害防止请求权条款（第236条）也有其具体化规范，如相邻关系中的通风、采光和日照妨碍禁止条款（第293条），施工危险禁止条款（第295条）等。绝对权消极防御请求权条款（第1167条）的具体化，则如媒体侵害名誉权的更正删除义务条款（第1028条）、信用评价不当的更正删除义务条款（第1029条）、信息处理不当的更正删除义务条款（第1037条）、缺陷产品消极防御请求权条款（第1205条）等。

就侵权请求权而言，精神损害赔偿请求权条款（第1183条第1款）是过错侵权责任（第1165条第1款）的具体化规范。①特殊侵权领域，产品缺陷责任条款（第1203条）在医疗责任与建筑致害责任中也有其具体化规范，前者是医疗品缺陷责任条款（第1223条），后者是建筑物质量缺陷责任条款（第1252条第1款）。饲养动物致害责任条款（第1245条）的具体化，则如违规未对动物采取安全措施的责任条款（第1246条仅限故意减责）、危险动物致害责任条款（第1247条无免责事由）、遗弃、逃逸动物致害责任条款（第1249条）等。

2. 附随义务条款与不真正义务条款

给付义务群中，主给付义务条款与从给付义务条款均成立请求权基础，有疑问的是附随义务和不真正义务。

附随义务条款的法律效果部分也体现为义务构造，如出租人出卖房屋，“应当在出卖之前的合理期限内通知承租人”（第726条第1款承租人先买权条款），具有请求权基础的外观。但因为附随义务通常无法独立诉请履

① 也有观点认为，精神损害赔偿请求权并非独立的请求权基础，而是侵权责任法律效果的辅助规范，参见王泽鉴：《民法思维：请求权基础理论体系》（2022年重排版），北京大学出版社2009年版，第44页。

行，[①]仅在违反后产生损害赔偿责任，附随义务本身通常并不对应独立的请求权，所以，附随义务条款通常并非主要规范，而是违反附随义务所生赔偿义务条款（第728条主文）的辅助规范。

同理，其他情形下的通知义务条款，如效力待定法律行为善意相对人行使撤销权时的通知义务（第145条第2款第4句）[②]，按份共有人转让份额时对其他共有人的通知义务（第306条第1款第1句），无因管理人的及时通知义务（第982条第1句）等，也与附随义务具有类似的特性，即无法独立诉请，从而为辅助规范。

不真正义务条款的法效也体现为义务构造，如守约方“应当采取适当措施防止损失的扩大”（第591条第1款第1分句），但不真正义务同样无法诉请履行，不仅如此，违反不真正义务也不产生损害赔偿义务，而仅导致原本可主张的权利削弱或消灭，如守约方违反减损义务，仅“不得就扩大的损失请求赔偿”（第591条第1款第2分句）。就此而言，违反不真正义务的法效规范为抗辩规范（如第591条第1款第2分句），不真正义务条款本身（如第591条第1款第1分句）则为此抗辩规范的辅助规范，规定其适用前提。

3. 请求权基础与参引规范

《民法典》中另一类看似具有请求权基础外观，但实质并非主要规范的条文是隐藏的参引规范。[③]

例如，物权编中所有权人对无权处分受让人的追回权条款（第311条第1款第1分句）、遗失物追回权条款（第312条第1句）、遗失物拾得人返还义务条款（第314条第1款）等，看似具有主要规范的外观，但实质是物权原物返还请求权条款（第235条）的参引规范。

过错侵权条款（第1165条第1款）也常被此类伪装的请求权基础所参引，

---

① 也存在可独立诉请的附随义务，如保护义务，参见[德]海因·克茨：《德国合同法（第2版）》，叶玮昱、张焕然译，中国人民大学出版社2022年版，边码768。

② 称“撤回权”更严谨，参见朱庆育：《民法总论》（第二版），北京大学出版社2016年版，第213、317页。

③ 也有学者将此类条文归为“注意规定”，参见贺剑：《民法的法条病理学——以僵尸法条或注意规定为中心》，载《法学》2019年第8期。

如死亡宣告被撤销后隐瞒真实情况的利害关系人，“应当对由此造成的损失承担赔偿责任”（第53条第2款），虽然规定了“赔偿责任”，具有主要规范的外观，但实质并非独立的请求权基础，而是过错侵权条款的参引规范。类似的过错侵权参引规范还有防卫过当责任条款（第181条第2款）、避险过当责任条款（第182条第3款）等。①

此外，过错推定侵权一般条款（第1165条第2款）、不问过错侵权一般条款（第1166条）、公平责任条款（第1186条）、高度危险责任一般条款（第1236条）也是参引规范，不得作为请求权基础适用，须以特别的明文规范为责任依据。②

（二）外观不完备的请求权基础

与看似具有请求权基础外观但实质并非主要规范的条文相反的是，不具备请求权基础的外观，但实质为主要规范或部分发挥主要规范功能的条款。

1. 隐藏在辅助规范外观下的主要规范

此类主要规范并未直接规定请求权或给付义务，仿若辅助规范，但因其规范内容中隐含了请求权效力，所以仍为主要规范。例如，就担保物权的实现，担保物权人可请求法院拍卖、变卖担保财产（如第410条第2款、第437条第1款、第454条第2分句），担保物权人对法院的“请求”虽非请求权，但其中隐含了担保人的容忍义务，对应担保物权人的“容忍担保物权实现”请求权，为主要规范。

再如，就担保财产转让所得价款超过债权额的部分，规定“归抵押人所有”（第406条第2款第2句、第413条）、“归出质人所有”（第438条）、“归债务人所有”（第455条）的条款，看似规定的只是担保财产转让价款的归属，但因担保财产所有权归属于债务人，转让所得价款首先也应归属于债务人，上述条文的实质规范内容是“债权人有权在债权额范围内请求债务人转让所得价款”，从而为主要规范。

---

① 防卫过当、避险过当规则，一方面是参引规范，另一方面也是被侵权人的反抗辩规范。

② 参见吴香香：《中国法上侵权请求权基础的规范体系》，载《政法论坛》2020年第6期。

2. 体现为不完全法条的主要规范

理想的立法技术下，宜将请求权基础设置为完全法条。[①]但在现实的立法样态中，仍存在大量“不完全主要规范”，须与其他规范相结合才构成完整的请求权基础。此类规范多为确定请求权或给付义务主体的条文，如法人设立人责任的承担主体条款（第75条第2款）、非法人组织债务承担主体条款（第104条第1句）、被侵权人死亡或分立/合并的请求权人条款（第1181条第1款）、第三人过错的动物致害责任条款（第1250条第1句）等。[②]此类条文须与规定具体请求权内容的条文相结合才是完整的请求权基础。

三、特殊辅助规范的甄别

自纯技术角度，辅助规范的识别可采取排除法，既非主要规范亦非防御规范的，即可归为辅助规范。根据辅助的不同对象，又有主要规范的辅助规范、辅助规范的次级辅助规范、防御规范的辅助规范之分。但权利义务归属规则作为不完全主要/辅助规范（如第67条法人合并或分立后的权利义务归属、第75条第1款第1分句法人承受设立人行为后果、第98条机关法人终止的权利义务归属、第273条第1款第1分句业主对共有部分的权利义务），可能同时构成不完全主要规范、辅助规范与防御规范的辅助规范。因为权利义务归属规则重在明确归属主体，涉及的是权利义务的整体归属，包括但不限于请求权与给付义务，还有绝对权、形成权、抗辩权、附随义务、不真正义务等。就请求权与给付义务的归属而言，此类规范是不完全主要规范。就抗辩与抗辩权而言，此类规范的辅助对象是抗辩规范。就其他权利义务而言，此类规范的辅助对象则是另一辅助规范。

在主要规范的辅助规范、辅助规范的次级辅助规范、防御规范的辅助规

---

① 关于完全法条与请求权基础的关系，可参见黄茂荣：《法学方法与现代民法（第五版）》，法律出版社2007年版，第165页。

② 有争议的是监护人责任条款（第1188条第1款第1句）与雇主责任条款（第1191条第1款第1句与第2款第1分句）。在不同的解释路径下，有不同的归类可能。若认为监护人与雇主责任为转承责任，则上述条文为不完全主要规范。而若认为监护人与雇主责任为自己责任，被监护人与雇员责任并不因而被排除，则上述条文为独立的请求权基础。

范这三种常规辅助规范类型之外，需要特别检讨的是外部规范、宣导规范、法律原则与参引规范。

（一）外部规范与辅助规范

外部规范是置入民法的公法性辅助规范。典型者如第212条规定的不动产登记机构的职责，虽位于《民法典》中，但实质仍为公法规范。

（二）宣导规范与辅助规范

仅具宣示引导意义的条文，并无独立的司法适用价值，可称宣导规范。此类条文在《民法典》中体量可观，如立法依据条款（第1条）、各编的调整范围条款①、民事权利章的权益享有与保护宣示条款②、人格权编的人格权益享有与保护宣示条款③、各类权益禁止侵犯条款④、依法依约履行义务宣示条款⑤、基本政策宣示条款⑥等均属其中。

但总则编的民法调整对象条款（第2条），规定“民法调整平等主体的自然人、法人和非法人组织之间的人身关系和财产关系”，具有辅助识别民法适用范围的功能，并非仅具有宣示意义，可作为辅助规范。

（三）法律原则与辅助规范

《民法典》将主体地位平等、意思自治、公平、诚信、公序良俗等民法基本原则（第4—9条）条文化⑦，但法律原则并无明确的适用前提与法律效果，即使被实证法固化为条文，不经类型化或具体化也无法适用。不同的法律原

---

① 第205条、第463条、第989条、第1040条、第1119条、第1164条。

② 如第109—114条、第118条第1款、第123条第1款、第124—126条。

③ 如第991条、第1002—1004条、第1012条第1分句、第1018条第1款第1分句、第1024条第1款第1句、第1032条第1款第1句、第1034条第1款。

④ 如第3条、第130条、第207条、第258条、第265条第1款、第267条。

⑤ 如第131条、第176条、第509条第1款。

⑥ 如第206条、第244条、第330条。

⑦ 基于一般法律思想与概括条款的区分检讨法律原则条文化的观点，可参见于飞：《民法基本原则：理论反思与法典表达》，载《法学研究》2016年第3期。

则间并不完全互斥，从而并非以“全无或全有”的方式，而只能以“或多或少”的方式被适用。这意味着，法律原则的本质是法官自由裁量的指引。请求权基础视角下，自法律原则中无法直接导出请求权或给付义务，法律原则并非主要规范，而是引导法官自由裁量的辅助规范。

（四）参引规范与辅助规范

参引规范不包含实质的适用前提与法律效果，而是指示适用其他规范，也属于辅助规范。就参引内容而言，可区分适用前提参引（如第651条第1款供电人应依国家规定标准供电）、法律效果参引（如第617条买卖标的物品质瑕疵参引瑕疵履行违约责任）与法律基础参引（要件与效果一并参引，如第646条有偿合同参照买卖）。就适用方法而言，则可区分提示性参引与类推性参引。①

1. 提示性参引与类推性参引

提示性参引与类推性参引的适用方法不同，前者仅须依提示直接适用被参引规范，后者则须借助类推操作。严格而言，提示性参引的规范事项与被参引规范的规范事项具有实质上的同一性，即使删除也不影响法律适用，并无独立的适用价值。②但由于立法技术与历史惯性等原因③，我国《民法典》中提示性参引的规范体量较为庞大。

（1）提示性参引规范

提示性参引规范的功能仅在于提示法律适用者，就该条文的规范事项应直接适用其他规范。此类参引规范常以“可以依据”“有权依据”“应当依

---

① 也有学者以“指示适用性法条（同用性法条）”与“指示参照性法条（准用性法条）”区分二者，参见易军：《买卖合同之规定准用于其他有偿合同》，载《法学研究》2016年第1期；还有学者以“直接适用型”与“参照适用型”引用性法条区分二者，参见王雷：《论身份关系协议对民法典合同编的参照适用》，载《法学家》2020年第1期。

② 正是因为如此，也有学者将此类条文称为“转引型赘文”，参见贺剑：《民法的法条病理学——以僵尸法条或注意规定为中心》，载《法学》2019年第8期。

③ 参见贺剑：《民法的法条病理学——以僵尸法条或注意规定为中心》，载《法学》2019年第8期。

据”“可以依法”“有权依法”“应当依法”“依照法律规定”等为指示语词。[①]《民法典》中的提示性参引规范有些指向具体的条文，有些只是模糊的提示。

明确提示者，如买受人“可以依据”第582—584条请求违反品质瑕疵义务的出卖人承担违约责任（第617条），被征收的土地承包经营权人“有权依据”第243条获得补偿（第338条），建设用地使用权期限届满“应当依据”第243条对其上的建筑物予以补偿（第358条）。

模糊提示者，如物权人“可以依法”请求侵害物权者损害赔偿或承担其他民事责任（第238条），占有人“有权依法”请求损害赔偿（第462条第1款第3分句），营利法人出资人滥用权利“应当依法”承担责任（第83条第1款），因第三人原因违约的合同双方纠纷“依照法律规定”或约定处理（第593条第2句）。

此外，有些提示性参引规范并无明确的指示语词，而常“伪装”成请求权基础，即上文第二部分所述隐藏在请求权基础外观下的参引规范，须借助规范解释予以识别。

（2）类推性参引规范

方法论层面，类推性参引的实质是授权法官就规范事项类推适用被参引规范。[②]典型的参引规范是类推参引，但《民法典》中类推性参引的数量远在提示性参引之下。

类推性参引多以“参照适用”为指示语词[③]，如其他物权的善意取得“参照适用”所有权善意取得（第311条第3款），登记担保物权清偿顺序“参照

---

① 但这并不意味着使用上述语词的条文功能即在于参引。如第254条第2款规定，基础设施“依照法律规定”为国家所有的属于国家所有，其规范重点并非参引，而是为了说明基础设施属于国家所有。

② 参见于飞：《合同法总则替代债法总则立法思路的问题及弥补——从“参照适用”的方法论性质切入》，载《苏州大学学报（法学版）》2018年第2期；易军：《买卖合同之规定准用于其他有偿合同》，载《法学研究》2016年第1期；不同观点则认为“参照适用”并非类推适用，且仅限于法律效果参引，参见张弓长：《〈民法典〉中的“参照适用”》，载《清华法学》2020年第4期。

③ 关于类推性参引之设置方法的思考，可参见刘风景：《准用性法条设置的理据与方法》，载《法商研究》2015年第5期。

适用”抵押权（第414条第2款），身份关系协议“参照适用”合同编（第464条第2款第2分句），无名合同“参照适用”最相类似的合同（第467条第1款），连带债权“参照适用”连带债务（第521条第3款）等。个别情形下，“应当依照”也可能是类推性参引的指示语词，如发包人与监理人关系“应当依照”委托合同处理（第796条第2句）。

2.“适用……”的规范意义

较不确定的是，以“适用……”为指示语词的参引规范，属于提示性参引还是类推性参引？

如果参引规范以“适用本法第*条的规定”或类似表述指向具体条文，为提示性参引。如要约、通知式承诺的生效“适用本法第137条的规定”（第474条、第484条第1款），要约、承诺的撤回“适用本法第141条的规定”（第475条第2句、第485条第2句）。

虽未明确具体的被参引条文，但参引条文与被参引条文的规范事项同一者，如宅基地使用权得丧变更“适用土地管理的法律和国家有关规定”（第363条），不必借助类推操作，“提示”意味明显，也属于提示性参引。

有疑问的是，“适用”概括指向某类制度时，是否仍为提示性参引，如非合同之债“适用本编（合同编）通则的有关规定”（第468条第2分句主文）。本书认为，非合同之债对合同编通则的“适用”兼具提示参引与类推参引的因素：一方面，合同编通则中有相当数量的债法总则规则①，如第545—554条称“债权转让”“债务承担”而非“合同权利义务转让”，第557条称“债权债务终止”而非“合同权利义务终止”，可直接适用于非合同之债。另一方面，合同编通则仍以“合同”为规范原型，以合同为典型适用对象，仅在与非合同之债具有实质相似性的限度内得“类推”适用于后者，换言之，法律评价中二者的不同之点不应“参引”。非合同之债适用合同通则的除外条款（第468条第2分句但书）规定，“根据其性质不能适用的除外”，也可解释为

---

① 关于合同编通则中债法总则规定的梳理，可参见于飞：《我国民法典实质债法总则的确立与解释论展开》，载《法学》2020年第9期；翟远见：《论〈民法典〉中债总规范的识别与适用》，载《比较法研究》2020年第4期。

此处的“适用”有类推性参引的因素。[①]

一类有名合同参引另一类有名合同的规则，《民法典》的措辞有时为“适用”，有时为“参照适用”。前者如建设工程“适用”承揽（第808条），仓储“适用”保管（第918条）；后者如行纪“参照适用”委托（第960条），中介“参照适用”委托（第966条[②]）。本书认为，措辞差异虽可显示参引者与被参引者相似程度的差别，即“适用”比“参照适用”的相似度更高，但二者均属类推性参引范畴。[③]

此外，另有一类条文虽采“适用”表述，但其规范意义并不在参引，而仅在说明，为通常的辅助规范，如民法的地域效力（第12条），中国境内履行的中外合资合作合同适用中国法（第467条第2款）等。

四、特殊防御规范的甄别

请求权基础的抗辩规范效力，是权利未产生、已变更、已消灭，或虽成立但无法行使。但辅助规范或抗辩规范自身也可有其抗辩规范。抗辩规范常以但书的形式体现，以“但是……”“除……以外”等为指示语词。

唯应注意，当事人特约条款，即“但是，当事人另有约定的除外”（如第630条但书）或“除当事人另有约定外”（如第642条第1款），形式上虽为“但书”，但并不属于抗辩规范。因为此类条款的功能仅在明示该条文整体为任意性规范，其规范性质的定位与其他未被立法明示的任意性规范不应有所不同。在当事人特约条款的法律效果指向请求权时，不仅不属于抗辩规范，

---

① 主张严格区分“适用”与“参照适用”的观点，可参见黄薇主编：《中华人民共和国民法典合同编释义》，法律出版社2020年版，第21页；最高人民法院民法典贯彻实施工作领导小组主编：《中华人民共和国民法典合同编理解与适用（一）》，人民法院出版社2020年版，第50页；于飞：《我国民法典实质债法总则的确立与解释论展开》，载《法学》2020年第9期。

② 关于本条“参照适用”的评析，可参见周江洪：《民法典中介合同的变革与理解——以委托合同与中介合同的参照适用关系为切入点》，载《比较法研究》2021年第2期。

③ 例如就建设工程“适用”承揽（第808条）而言，全国人大常委会法制工作委员会民法室的释义书即认为，建设工程合同原为承揽合同中的一种，但也只有在根据建设工程合同的性质可以适用承揽合同的相关规定时，才能适用承揽合同规则，参见黄薇主编：《中华人民共和国民法典合同编释义》，法律出版社2020年版，第702、704页。

而且构成请求权基础，且为请求权基础检视外在结构中第一顺位的合同请求权基础。

与看似“但书”实质并非抗辩规范相反的另一类情形是，隐藏在主要规范或辅助规范外观下的抗辩规范。

（一）隐藏在主要规范外观下的抗辩规范

看似主要规范的抗辩规范，如遗失物通过转让被他人占有的，“权利人有权……自知道或者应当知道受让人之日起二年内向受让人请求返还原物”（第312条第2句第1分句后段）。该条款虽然具备主要规范的外观，规定遗失物权利人对受让人的原物返还请求权，但物权原物返还请求权有其另外的请求权基础（第235条）。就规范内容而言，该条款的重心并非物权人“二年内”享有原物返还请求权，而是原则上“二年后”即丧失返还请求权，从而构成物权原物返还请求权条款（第235条）的权利消灭抗辩规范。

（二）隐藏在辅助规范外观下的抗辩规范

看似辅助规范的抗辩规范，如共有人“应当在合理期限内行使优先购买权”（第306条第1款第2句），外观上似乎属于先买权行使的辅助规范，实则意味着合理期间经过先买权即消灭，为权利消灭抗辩规范。再如，混合担保情形，“债务人自己提供物的担保的，债权人应当先就该物的担保实现债权”（第392条第1句第2分句），看似属于担保权行使的辅助规范，实则意味着其他担保人享有类似先诉抗辩权的“后顺位履行抗辩权”[①]，实为权利行使抗辩规范。

（三）积极否认与狭义抗辩的区分

否认规范对应具有防御功能的积极否认（非独立抗辩），也属于防御规范，但不同于狭义抗辩规范。

---

① 其实质为顺序利益，参见高圣平：《民法典担保制度及其配套司法解释理解与适用（上）》，中国法制出版社2021年版，第353页。

积极否认与狭义抗辩的区别在于：积极否认是对原有要件的防御（如就原告主张的合同成立事实予以否认），不改变被否认方承担的举证责任，否认方的证明为反证，达到使待证事实真伪不明的证明标准即可，真伪不明的不利后果仍由被否认方承担。狭义抗辩则引入新的消极要件（如主张合同债务已清偿，并未否认合同成立，但引入了清偿这一新的抗辩事实），由抗辩者承担举证责任，抗辩者的证明为本证，须达到高度盖然性的证明标准，真伪不明的不利后果由抗辩方承担。①

典型的否认规范，如第1224条第1款第2项“医务人员在抢救生命垂危的患者等紧急情况下已经尽到合理诊疗义务”与第3项“限于当时的医疗水平难以诊疗”，均是对“过错”要件的否认，而未引入新的消极要件。

由此引申，规范的原则/例外关系未必等同于诉讼攻防结构。对应狭义抗辩与积极否认的区分，规范的原则/例外关系也存在两种可能。

一类是例外构成原则的抗辩，例外的适用以肯定原则适用的前提事实为真为必要，在此基础上引入新的抗辩事实。如法律行为无效（例外）抗辩有效（原则），以肯定法律行为成立（有效的前提事实）为必要，并在此基础上引入无行为能力等无效抗辩事由（此处为权利产生抗辩），以使例外的法效对抗原则的法效。

另一类则是例外与原则不形成抗辩关系，但例外的适用以否认原则适用的前提事实为真为必要。如限制行为能力人法定代理人的追认（原则）与未经追认但其可独立实施的法律行为（例外），例外与原则适用的前提事实不可能同时为真，但原则与例外的最终法效相同，区分的只是典型与非典型适用情形，在攻防结构中处于同一层级（均是效力待定抗辩的反抗辩）。

诉讼攻防中，如果原告主张基于合同的请求权，被告以己方未成年系限制行为能力提出效力待定抗辩，则原告得提出以下反抗辩之一：或者经被告法定代理人追认，或者被告可独立实施。若原告提出经法定代理人追认的反

① A作为积极要件与“-A”作为抗辩的区别在于：于前者，“-A”系对A的否认，对A的证明为本证，对“-A”的证明为反证；于后者，对“-A”的证明则为本证。可设想的示例，如A为善意，“-A”为非善意；A为过错，“-A”为没有过错。

抗辩，被告否认并予以反证，则原告的此项反抗辩被推翻，原告可提出其他反抗辩，否则其请求权无法得到支持。由此可见，两项反抗辩虽然在实体内容上体现为原则/例外结构，但在诉讼攻防中均处于“反抗辩”这一层级。

（四）抗辩排除与否认排除

还有两类防御规范，多以“不影响……”作为其指示语词，但既非抗辩规范，亦非否认规范，其功能毋宁在于说明某类事由不构成抗辩事由或否认事由，从而为抗辩排除规范或否认排除规范。

抗辩排除规范的典型，如第215条第2分句“未办理物权登记的，不影响合同效力”，意在说明未办理物权登记不构成合同效力的抗辩事由。否认排除规范的典型如第532条“合同生效后，当事人不得因姓名、名称的变更或者法定代表人、负责人、承办人的变动而不履行合同义务”，意在说明姓名、名称的变更或者法定代表人、负责人、承办人的变动不构成合同当事人身份的否认事由。

抗辩排除规范不同于反抗辩规范：前者是通过说明某类事由不构成抗辩事由，使抗辩无法成立；后者则是抗辩的抗辩，通过引入新的反抗辩事由，推翻其所针对的抗辩。

（五）“不得……”的规范意义

抗辩规范也常以“不得……”作为其指示语词，如自甘风险的文体活动中，受害人“不得请求其他参加者承担侵权责任”（第1176条第1款主文），是阻却侵权请求权产生的抗辩规范。再如，赔偿范围“不得超过……”（第171条第3款但书、第584条但书）是责任范围条款的抗辩规范。

但“不得……”在不同语境下可能具有不同的规范意义，大致可归纳如下：

其一，“不得”条文的规范内容为不作为义务，体现为主要规范。此类条文如监护人不得处分被监护人财产（第35条第1款第2句）、旅客不得携带违禁品或危险品（第818条第1款）、保管人不得转交第三人保管（第894条第1款）、行纪人不得违背价格指示（第955条第3款）等。

其二，“不得”条文的规范内容为具体的权利侵害形态，为侵权请求权基础的辅助规范。各类人格权的典型侵害形态认定条款即属此类。[①]以“不得以干涉、盗用、冒用等方式侵害他人的姓名权”（第1014条）为例，该条文的规范功能在于明确姓名权的典型侵害形态为“干涉、盗用、冒用”，属于姓名权侵权请求权认定的辅助规范。

其三，“不得”条文作为效力性强制规范，体现为“违反强制性规定的民事法律行为无效”（第153条第1款第1句）这一抗辩规范的辅助规范，如高度人身属性的行为不得代理条款（第161条第2款）。

其四，“不得”条文的规范功能仅在指示法官，从而为辅助规范，如“法院不得主动适用诉讼时效”（第193条）。此外，以“不得”表述的法律原则，如公序良俗原则（第8条）、禁止权利滥用原则（第132条），也属于指示法官的辅助规范，引导法官行使自由裁量权。

其五，“不得”条文作为宣导规范。此类条文如权益不得侵犯的宣示（第3条）、人格权益不得侵害的宣示（第991条）、法律行为不得擅自变更或解除的宣示（第136条第2款）、物权平等保护不得侵犯的宣示（第207条）等。

五、兼具两项类型要素的跨类规范

主要、辅助与抗辩三类规范的区分依据是诉讼攻防中的规范功能，以此为标准，也有规范同时发挥两类规范的功能，兼具主要与辅助功能，或主要与抗辩功能，或辅助与抗辩功能。

（一）兼具主要与辅助因素的规范（“主要/辅助”规范）

同时发挥主要与辅助功能的规范，大致可归纳为三类：其一，负担与处分一体规定的权利转让条款；其二，区分内外部效力的限制物权权能条款；其三，兼具请求权基础与参引功能的条款。

1. 负担与行为一体规定的权利转让条款

权利转让时，负担行为与处分行为缺一不可：负担行为产生请求权，并

① 如第1014条、第1019条、第1024条第1款第2句、第1032条第1款第2句。

为权利处分提供法律原因，排除受让人不当得利，对应的规范为主要规范；处分行为则为负担行为的履行行为，通过处分行为，产生于负担行为的请求权得以实现，对应的规范为辅助规范。但《民法典》中的权利转让规则，多以“转让”笼统指称整个交易过程，因而，在法律适用中须通过解释区分负担层面的“转让”与处分层面的“转让”，并分别判断其规范性质。

以从物随主物转让条款（第320条）为例，该条文规定，“主物转让的，从物随主物转让”，条文中的“转让”同时涉及负担行为与处分行为：负担行为层面，旨在转让主物所有权的负担行为，也产生移转从物所有权的义务，在此意义上，该条文为主要规范；处分行为层面，移转主物所有权的处分行为，可解释为也体现了从物所有权的处分合意（以所有权人同一为前提），在此意义上，该条文又为辅助规范。

建设用地使用权转让的房随地走条款（第356条）与地随房走条款（第357条），需役地部分转让条款（第382条）与供役地部分转让条款（第383条），债权转让及于从权利条款（第547条第1款主文）等，也可区分负担行为与处分行为解释为“主要/辅助”规范：负担行为层面，让与人也负担协助随同移转之权利实现的义务（如协助登记）；处分行为层面，被处分的权利效力及于随同移转的权利。

2. 区分内外部效力的限制物权权能条款

限制物权无论是用益物权还是担保物权，均可区分内外部关系分别考察其效力。内部关系指向限制物权人与所有权人，外部关系则指向限制物权人与第三人。内部关系上，限制物权的权能涉及请求与给付内容，在此意义上为主要规范；外部关系上，限制物权权能可因公示而具有对抗第三人的绝对效力，在此意义上为辅助规范。

以居住权权能条款为例（第366条），居住权人“有权按照合同约定，对他人的住宅享有占有、使用的用益物权”。就内部关系而言，居住权人有权请求所有权人交付住宅并容忍居住权人的占有使用，该条文为其请求权基础。就外部关系而言，居住人对住宅的占有、使用因公示而得对抗不特定第三人，该条文为其排他效力的辅助规范。

同理，土地承包经营权权能条款（第331条）、土地经营权权能条款（第

340条）、建设用地使用权权能条款（第344条）、宅基地使用权权能条款（第362条）、地役权权能条款（第372条第1款）均可作类似解释。

担保物权的优先受偿效力条款，如抵押权权能条款（第394条第1款）、质权权能条款（第425条第1款）、留置权权能条款（第447条第1款），也可区分内部关系与外部关系。内部关系上，担保物权人有权请求担保物所有权人协助并容忍担保物权的实现，优先受偿条款为其请求权基础；外部关系上，担保物权人的债权有“优先”于其他债权人的效力，优先受偿条款又体现为辅助规范。

3. 兼具请求权基础与参引功能的条款

主要规范与参引规范也有其中间类型，二者的过渡形态兼具请求权基础与参引功能。此类规范的特点是：一方面参引其他规范的部分适用前提与法律效果，另一方面条该文本身也提供了具体化的独立适用前提。

例如，解除违约责任条款（第566条第2款）一方面提供了明确的适用前提，即“因违约解除”，另一方面也参引违约责任条款（第577条）的部分适用前提与法律效果，从而为主要规范与参引规范的中间类型。

同理，业主大会或业主委员会针对业主违法违规行为的停止侵害、妨害排除、妨害防止、损害赔偿等的请求权条款（第286条第2款），性侵扰责任条款（第1010条第1款），剥夺限制人身自由的责任条款（第1011条）等，也属于主要规范与参引规范的过渡形态。

需要说明的是，上述三类归纳并非完全列举，仍有个别兼具主要与辅助因素的规范不在其中。例如，更正登记申请条款（第220条第1款第1句）规定，“权利人、利害关系人认为不动产登记簿记载的事项错误的，可以申请更正登记”，而更正登记针对的登记错误有权利事项与事实事项之别：权利事项错误的更正登记，以对登记簿上名义权利人的更正登记请求权为前提，就此而言，该条款为更正登记请求权的规范基础，具有主要规范属性；而事实事项错误的更正登记则不涉及更正登记请求权，该规范又体现为辅助规范。[①]

① 关于登记错误的类型，参见程啸：《不动产登记簿错误之类型与更正登记》，载《法律科学》2011年第4期。

（二）兼具主要与抗辩因素的规范（“主要/抗辩”规范）

返还原物时的费用支付请求权条款，通常兼具主要规范与抗辩规范的因素：一方面，此类规范为费用支付请求权的规范基础；另一方面，此类条款也意味着未收到费用即得拒绝返还，从而为权利行使的抗辩规范（留置抗辩权）。

以遗失物拾得人的费用支付请求权条款（第317条第1款）为例，“权利人领取遗失物时，应当向拾得人……支付……必要费用”，据此，拾得人对遗失物权利人享有必要费用补偿请求权，同时，在遗失物权利人补偿必要费用之前，拾得人也有权拒绝返还遗失物，因而，该规范兼具主要规范与抗辩规范因素。与此类似的条文另如，自适格经营者处购得遗失物的受让人的费用支付请求权条款（第312条第2句但书）、善意占有人的必要费用补偿请求权条款（第460条但书）等，在费用得以补偿之前，均得拒绝返还原物。

（三）兼具辅助与抗辩因素的规范（“辅助/抗辩”规范）

典型合同中的留置权条款兼具辅助与抗辩因素。以保管人留置权条款（第903条）为例，寄存人未支付费用的，“保管人对保管物享有留置权”，就留置权的产生而言，该条款为辅助规范；但在合同履行层面，该条款首先产生抗辩效力，即保管人有权拒绝返还保管物，从而同时为抗辩规范。行纪人留置权条款（第959条第2句）可作相同解释。

标表型人格权益的合理使用条款也兼具辅助（裁判指引）与抗辩因素。以肖像权合理使用条款为例（第1020条），原则上使用肖像须经肖像权人同意，但合理使用行为不必经肖像权人同意，就此而言，合理使用条款为抗辩规范；但合理使用之各类具体情形的判断，却并非单纯的事实举证问题，如为科学研究在必要范围内使用肖像权人已公开的肖像，“必要范围”须经法益衡量认定，涉及法官裁量权的行使，在此意义上，合理使用条款又是引导法官裁量的辅助规范。同理，个人信息合理处理条款（第1036条）也兼具抗辩与辅助双重功能。

综上，请求权基础视角下的民法规范类型可归纳图示如下：

类型	说明				示例
主要规范	典型条文	法效体现为请求权的主要规范			第235条
		法效体现为给付义务的主要规范			第577条
	特殊条文	请求权基础的具体化规范			第582条
		隐藏在辅助规范外观下的主要规范			第410条第2款
		不完全主要规范			第104条第1句
	甄别难点	附随义务条款			第726条第1款主文
		不真正义务条款			第591条第1款第1分句
		隐藏在请求权基础外观下的参引规范			第314条第1款
辅助规范	典型条文	适用前提类辅助规范			第115条第1句
		法律效果类辅助规范			第1179条
		裁判指引类辅助规范			第142条
	特殊条文	外部规范			第212条
		宣导规范			第3条
		法律原则			第5条
		参引规范	提示性参引		第617条
			类推性参引		第647条
	甄别难点	“适用……”的规范意义			
防御规范	抗辩规范	典型条文	主要规范的抗辩	权利产生抗辩	第181条第1款
				权利变更/消灭抗辩	第557条第1款
				权利行使抗辩权	第192条第1款
			辅助规范的抗辩		第584条但书
			抗辩规范的抗辩	反抗辩＝抗辩的抗辩	第194条第1款
				再抗辩＝反抗辩的抗辩	第194条第2款
		特殊条文	隐藏在主要规范外观下的抗辩规范		第312条第2句第1分句后段
			隐藏在辅助规范外观下的抗辩规范		第306条第1款第2句
		甄别难点	当事人特约条款		第630条但书
	抗辩排除规范	说明某类事由不构成抗辩事由的规范≠反抗辩			第215条第2分句
	否认规范	法效体现为对某一要件事实的否认≠狭义抗辩			第1224条第1款第2、3项
	否认排除规范	说明某类事由不构成否认事由的规范			第532条

续表

类型	说　明		示　例
跨类规范	主要/辅助	负担与行为一体规定的权利转让条款	第320条
		区分内外部效力的限制物权权能条款	第366条
		兼具请求权基础与参引功能的条款	第566条第2款
	主要/抗辩	返还原物时的费用支付请求权条款	第317条第1款
	辅助/抗辩	典型合同中的留置权条款	第903条

小　结

请求权基础视角下的民法规范类型梳理，是将请求权基础思维运用于规范解释与案件裁判的准备性工作。请求权基础与辅助规范、抗辩规范的区分标准看似简单明确，但因民法的条文体量庞大且样态复杂，在典型的主要、辅助、防御规范之外，仍有大量的特殊条文须谨慎甄别其规范属性。

某些规范具有请求权基础外观，但未必是主要规范，反之，主要规范也可能隐藏在辅助规范或不完全法条的外观之下。外部规范是置入民法的公法性辅助规范。辅助规范下属的宣导规范、法律原则、裁判指引规范、参引规范则对应不同的方法论要求：宣导规范不具有独立的适用价值，法律原则与裁判指引规范是指引法官自由裁量与裁判的辅助规范，提示性参引仅具提示功能，类推性参引的适用则须借助类推操作。防御规范主要有抗辩规范与否认规范之分。抗辩规范也可能隐藏在主要规范或辅助规范的外观之下。具有防御功能的否认规范则并非狭义抗辩规范，并不改变举证责任的分配。抗辩排除规范与否认排除规范也具有防御功能。更特殊的甄别难题则在于兼具两项类型要素的跨类规范，须依赖体系解释予以识别。

概括而言，取向于诉讼攻防的主要、辅助、防御的规范类型梳理，虽采请求权基础视角，但本质仍是规范解释问题，所依凭的方法资源仍在私法方法的框架之内，是抽象民法教义学亲近具体司法实践的方法通道。

中华人民共和国民法典

（2020年5月28日第十三届全国人民代表大会第三次会议通过　2020年5月28日中华人民共和国主席令第45号公布　自2021年1月1日起施行）

第一编　总　则

第一章　基本规定

第1条　立法依据[①]

〈宣导〉为了保护民事主体的合法权益，调整民事关系，维护社会和经济秩序，适应中国特色社会主义发展要求，弘扬社会主义核心价值观，根据宪法，制定本法。

第2条　调整对象

〈辅助〉民法调整平等主体的自然人、法人和非法人组织之间的人身关系和财产关系。

第3条　权益保护

〈宣导〉民事主体的人身权利、财产权利以及其他合法权益受法律保护，任何组织或者个人不得侵犯。

第4条　地位平等

〈原则〉民事主体在民事活动中的法律地位一律平等。

---

① 本书条文主旨为编者所加，下同。

第5条　意思自治

〈原则〉民事主体从事民事活动，应当遵循自愿原则，按照自己的意思设立、变更、终止民事法律关系。

第6条　公平原则

〈原则〉民事主体从事民事活动，应当遵循公平原则，合理确定各方的权利和义务。

第7条　诚信原则

〈原则〉民事主体从事民事活动，应当遵循诚信原则，秉持诚实，恪守承诺。

第8条　公序良俗

〈原则〉民事主体从事民事活动，不得违反法律，不得违背公序良俗。

第9条　绿色原则

〈原则〉民事主体从事民事活动，应当有利于节约资源、保护生态环境。

第10条　民法法源

〈裁判指引〉处理民事纠纷，应当依照法律；〈裁判指引〉法律没有规定的，可以适用习惯，但是不得违背公序良俗。

［关联条文：总则解释1—2］

第11条　特则优先

〈辅助〉其他法律对民事关系有特别规定的，依照其规定。

第12条　地域效力

〈裁判指引[①]〉中华人民共和国领域内的民事活动，适用中华人民共和国法律。〈抗辩〉法律另有规定的，依照其规定。

---

① 此处的“适用”意在说明而非参引。

第二章　自然人

第一节　民事权利能力和民事行为能力

第13条　权利能力起止

〈辅助〉自然人从出生时起到死亡时止，具有民事权利能力，依法享有民事权利，承担民事义务。

第14条　权利能力平等

〈辅助〉自然人的民事权利能力一律平等。

第15条　出生时间和死亡时间

〈辅助〉自然人的出生时间和死亡时间，以出生证明、死亡证明记载的时间为准；〈辅助〉没有出生证明、死亡证明的，以户籍登记或者其他有效身份登记记载的时间为准。〈辅助〉有其他证据足以推翻以上记载时间的，以该证据证明的时间为准。

第16条　胎儿权利能力

〈辅助〉涉及遗产继承、接受赠与等胎儿利益保护的，胎儿视为具有民事权利能力。〈抗辩〉但是，胎儿娩出时为死体的，其民事权利能力自始不存在。

［关联条文：总则解释4］

第17条　成年

〈辅助〉十八周岁以上的自然人为成年人。〈辅助〉不满十八周岁的自然人为未成年人。

第18条　完全行为能力

❶〈辅助〉成年人为完全民事行为能力人，可以独立实施民事法律行为。

❷〈反抗辩〉十六周岁以上的未成年人，以自己的劳动收入为主要生活来源的，视为完全民事行为能力人。

第19条　限制行为能力的年龄标准

〈反抗辩〉八周岁以上的未成年人为限制民事行为能力人，

实施民事法律行为由其法定代理人代理或者经其法定代理人同意、追认；〈反抗辩〉但是，可以独立实施纯获利益的民事法律行为或者与其年龄、智力相适应的民事法律行为。

「关联条文：总则解释5」

「攻防结构：八周岁以上的未成年人为限制民事行为能力人，所实施的民事法律行为效力待定。但是，有下列情形之一的除外：

（一）由其法定代理人代理或者经其法定代理人同意、追认的民事法律行为；

（二）纯获利益的民事法律行为；

（三）与其年龄、智力相适应的民事法律行为。」

第20条　无行为能力的年龄标准

〈辅助〉不满八周岁的未成年人为无民事行为能力人，〈反抗辩〉由其法定代理人代理实施民事法律行为。

第21条　无行为能力的意思能力标准

❶〈辅助〉不能辨认自己行为的成年人为无民事行为能力人，〈反抗辩〉由其法定代理人代理实施民事法律行为。

❷〈提示参引〉八周岁以上的未成年人不能辨认自己行为的，适用前款规定。

第22条　限制行为能力的意思能力标准

〈辅助〉不能完全辨认自己行为的成年人为限制民事行为能力人，〈反抗辩〉实施民事法律行为由其法定代理人代理或者经其法定代理人同意、追认；〈反抗辩〉但是，可以独立实施纯获利益的民事法律行为或者与其智力、精神健康状况相适应的民事法律行为。

「攻防结构：不能完全辨认自己行为的成年人为限制民事行为能力人，所实施的民事法律行为效力待定。但是，有下列情形之一的除外：

（一）由其法定代理人代理或者经其法定代理人同意、追认的民事法律行为；

（二）纯获利益的民事法律行为；

（三）与其智力、精神健康状况相适应的民事法律行为。」

第23条　法定代理人

〈辅助〉无民事行为能力人、限制民事行为能力人的监护人是其法定代理人。

第24条　成年人行为能力欠缺与恢复的认定

❶〈辅助〉不能辨认或者不能完全辨认自己行为的成年人，其利害关系人或者有关组织，可以向人民法院申请认定该成年人为无民事行为能力人或者限制民事行为能力人。

❷〈辅助〉被人民法院认定为无民事行为能力人或者限制民事行为能力人的，经本人、利害关系人或者有关组织申请，人民法院可以根据其智力、精神健康恢复的状况，认定该成年人恢复为限制民事行为能力人或者完全民事行为能力人。

❸〈辅助〉本条规定的有关组织包括：居民委员会、村民委员会、学校、医疗机构、妇女联合会、残疾人联合会、依法设立的老年人组织、民政部门等。

第25条　自然人的住所

〈辅助〉自然人以户籍登记或者其他有效身份登记记载的居所为住所；〈抗辩〉经常居所与住所不一致的，经常居所视为住所。

第二节　监　护

第26条　父母子女关系

❶〈主要〉父母对未成年子女负有抚养、教育和保护的义务。

❷〈主要〉成年子女对父母负有赡养、扶助和保护的义务。

第27条　未成年人监护

❶〈辅助〉父母是未成年子女的监护人。

「关联条文：精神损害解释2」

❷〈辅助〉未成年人的父母已经死亡或者没有监护能力的，由下列有监护能力的人按顺序担任监护人：

（一）祖父母、外祖父母；

（二）兄、姐；

（三）其他愿意担任监护人的个人或者组织，但是须经未成年人住所地的居民委员会、村民委员会或者民政部门同意。

「关联条文：总则解释6」

第28条　成年人监护

〈辅助〉无民事行为能力或者限制民事行为能力的成年人，由下列有监护能力的人按顺序担任监护人：

（一）配偶；

（二）父母、子女；

（三）其他近亲属；

（四）其他愿意担任监护人的个人或者组织，但是须经被监护人住所地的居民委员会、村民委员会或者民政部门同意。

「关联条文：总则解释6」

第29条　遗嘱指定监护

〈辅助〉被监护人的父母担任监护人的，可以通过遗嘱指定监护人。

「关联条文：总则解释7」

第30条　协议监护

〈辅助〉依法具有监护资格的人之间可以协议确定监护人。〈辅助〉协议确定监护人应当尊重被监护人的真实意愿。

「关联条文：总则解释8」

第31条　指定监护

❶〈辅助〉对监护人的确定有争议的，由被监护人住所地的居民委员会、村民委员会或者民政部门指定监护人，有关当事人对指定不服的，可以向人民法院申请指定监护人；〈辅助〉

有关当事人也可以直接向人民法院申请指定监护人。

❷〈辅助〉居民委员会、村民委员会、民政部门或者人民法院应当尊重被监护人的真实意愿，按照最有利于被监护人的原则在依法具有监护资格的人中指定监护人。

「关联条文：总则解释9—10」

❸〈辅助〉依据本条第一款规定指定监护人前，被监护人的人身权利、财产权利以及其他合法权益处于无人保护状态的，由被监护人住所地的居民委员会、村民委员会、法律规定的有关组织或者民政部门担任临时监护人。

❹〈抗辩①〉监护人被指定后，不得擅自变更；〈抗辩排除〉擅自变更的，不免除被指定的监护人的责任。

第32条　组织监护

〈辅助〉没有依法具有监护资格的人的，监护人由民政部门担任，也可以由具备履行监护职责条件的被监护人住所地的居民委员会、村民委员会担任。

第33条　意定监护

〈辅助〉具有完全民事行为能力的成年人，可以与其近亲属、其他愿意担任监护人的个人或者组织事先协商，以书面形式确定自己的监护人，在自己丧失或者部分丧失民事行为能力时，由该监护人履行监护职责。

「关联条文：总则解释11」

第34条　监护职责

❶〈主要/辅助〉监护人的职责是代理被监护人实施民事法律行为，保护被监护人的人身权利、财产权利以及其他合法权益等。

❷〈宣导〉监护人依法履行监护职责产生的权利，受法律

---

① 变更无效。

保护。

「关联条文：侵权解释一1」

❸〈提示参引〉监护人不履行监护职责或者侵害被监护人合法权益的，应当承担法律责任。

❹〈外部〉因发生突发事件等紧急情况，监护人暂时无法履行监护职责，被监护人的生活处于无人照料状态的，被监护人住所地的居民委员会、村民委员会或者民政部门应当为被监护人安排必要的临时生活照料措施。

第35条　监护原则

❶〈辅助〉监护人应当按照最有利于被监护人的原则履行监护职责。〈主要/抗辩〉监护人除为维护被监护人利益外，不得处分被监护人的财产。

「关联条文：婚姻家庭解释二15」

❷〈辅助〉未成年人的监护人履行监护职责，在作出与被监护人利益有关的决定时，应当根据被监护人的年龄和智力状况，尊重被监护人的真实意愿。

❸〈辅助〉成年人的监护人履行监护职责，应当最大程度地尊重被监护人的真实意愿，保障并协助被监护人实施与其智力、精神健康状况相适应的民事法律行为。〈主要/反抗辩〉对被监护人有能力独立处理的事务，监护人不得干涉。

第36条　监护撤销与重新指定

❶〈辅助〉监护人有下列情形之一的，人民法院根据有关个人或者组织的申请，撤销其监护人资格，安排必要的临时监护措施，并按照最有利于被监护人的原则依法指定监护人：

（一）实施严重损害被监护人身心健康的行为；

「关联条文：婚姻家庭解释一62」

（二）怠于履行监护职责，或者无法履行监护职责且拒绝将监护职责部分或者全部委托给他人，导致被监护人处于危困状态；

（三）实施严重侵害被监护人合法权益的其他行为。

「关联条文：总则解释9」

❷〈辅助〉本条规定的有关个人、组织包括：其他依法具有监护资格的人，居民委员会、村民委员会、学校、医疗机构、妇女联合会、残疾人联合会、未成年人保护组织、依法设立的老年人组织、民政部门等。

❸〈辅助〉前款规定的个人和民政部门以外的组织未及时向人民法院申请撤销监护人资格的，民政部门应当向人民法院申请。

第37条　监护撤销不影响义务承担

〈抗辩排除〉依法负担被监护人抚养费、赡养费、扶养费的父母、子女、配偶等，被人民法院撤销监护人资格后，应当继续履行负担的义务。

「攻防结构：被人民法院撤销监护人资格，不构成可导致抚养、赡养、扶养义务消灭的抗辩事由。」

第38条　监护恢复

〈反抗辩〉被监护人的父母或者子女被人民法院撤销监护人资格后，除对被监护人实施故意犯罪的外，确有悔改表现的，经其申请，人民法院可以在尊重被监护人真实意愿的前提下，视情况恢复其监护人资格，〈抗辩〉人民法院指定的监护人与被监护人的监护关系同时终止。

第39条　监护终止

❶〈抗辩〉有下列情形之一的，监护关系终止：

（一）被监护人取得或者恢复完全民事行为能力；

（二）监护人丧失监护能力；

（三）被监护人或者监护人死亡；

（四）人民法院认定监护关系终止的其他情形。

❷〈辅助〉监护关系终止后，被监护人仍然需要监护的，应当依法另行确定监护人。

「关联条文：总则解释12—13」

第三节　宣告失踪和宣告死亡

第40条　宣告失踪

〈辅助〉自然人下落不明满二年的，利害关系人可以向人民法院申请宣告该自然人为失踪人。

「关联条文：总则解释14」

第41条　下落不明的起算

〈辅助〉自然人下落不明的时间自其失去音讯之日起计算。〈辅助〉战争期间下落不明的，下落不明的时间自战争结束之日或者有关机关确定的下落不明之日起计算。

第42条　财产代管人

❶〈辅助〉失踪人的财产由其配偶、成年子女、父母或者其他愿意担任财产代管人的人代管。

❷〈辅助〉代管有争议，没有前款规定的人，或者前款规定的人无代管能力的，由人民法院指定的人代管。

第43条　财产代管人职责

❶〈辅助〉财产代管人应当妥善管理失踪人的财产，维护其财产权益。

❷〈辅助〉失踪人所欠税款、债务和应付的其他费用，由财产代管人从失踪人的财产中支付。

❸〈主要〉财产代管人因故意或者重大过失造成失踪人财产损失的，应当承担赔偿责任。

「关联条文：总则解释15」

第44条　财产代管人变更

❶〈辅助〉财产代管人不履行代管职责、侵害失踪人财产权益或者丧失代管能力的，失踪人的利害关系人可以向人民法院申请变更财产代管人。

❷〈辅助〉财产代管人有正当理由的，可以向人民法院申请变更财产代管人。

❸〈主要〉人民法院变更财产代管人的，变更后的财产代管人有权请求原财产代管人及时移交有关财产并报告财产代管情况。

第45条　失踪宣告的撤销

❶〈反抗辩〉失踪人重新出现，经本人或者利害关系人申请，人民法院应当撤销失踪宣告。

❷〈主要〉失踪人重新出现，有权请求财产代管人及时移交有关财产并报告财产代管情况。

第46条　宣告死亡

❶〈辅助〉自然人有下列情形之一的，利害关系人可以向人民法院申请宣告该自然人死亡：

（一）下落不明满四年；

（二）因意外事件，下落不明满二年。

「关联条文：总则解释16—17」

❷〈辅助〉因意外事件下落不明，经有关机关证明该自然人不可能生存的，申请宣告死亡不受二年时间的限制。

「攻防结构：自然人有下列情形之一的，利害关系人可以向人民法院申请宣告该自然人死亡：

（一）下落不明满四年；

（二）因意外事件，下落不明满二年；

（三）因意外事件下落不明，经有关机关证明该自然人不可能生存。」

第47条　宣告失踪与宣告死亡申请的竞合

〈裁判指引〉对同一自然人，有的利害关系人申请宣告死亡，有的利害关系人申请宣告失踪，符合本法规定的宣告死亡条件的，人民法院应当宣告死亡。

第48条　宣告死亡日期

〈辅助〉被宣告死亡的人，人民法院宣告死亡的判决作出之日视为其死亡的日期；〈辅助〉因意外事件下落不明宣告死亡的，意外事件发生之日视为其死亡的日期。

第49条　宣告死亡不影响法律行为效力

〈抗辩排除〉自然人被宣告死亡但是并未死亡的，不影响该自然人在被宣告死亡期间实施的民事法律行为的效力。

「攻防结构：自然人被宣告死亡，不构成该自然人在被宣告死亡期间实施的民事法律行为的效力抗辩事由。」

第50条　死亡宣告的撤销

〈反抗辩〉被宣告死亡的人重新出现，经本人或者利害关系人申请，人民法院应当撤销死亡宣告。

第51条　宣告死亡及其撤销对婚姻的效力

〈抗辩〉被宣告死亡的人的婚姻关系，自死亡宣告之日起消除。〈反抗辩〉死亡宣告被撤销的，婚姻关系自撤销死亡宣告之日起自行恢复。〈再抗辩〉但是，其配偶再婚或者向婚姻登记机关书面声明不愿意恢复的除外。

第52条　死亡宣告撤销对收养的效力

〈抗辩排除〉被宣告死亡的人在被宣告死亡期间，其子女被他人依法收养的，在死亡宣告被撤销后，不得以未经本人同意为由主张收养行为无效。

第53条　死亡宣告撤销的财产效力

❶〈提示参引〉被撤销死亡宣告的人有权请求依照本法第六编取得其财产的民事主体返还财产；〈提示参引〉无法返还的，应当给予适当补偿。

❷〈提示参引〉利害关系人隐瞒真实情况，致使他人被宣告死亡而取得其财产的，除应当返还财产外，还应当对由此造成的损失承担赔偿责任。

第四节　个体工商户和农村承包经营户

第54条　个体工商户

〈辅助〉自然人从事工商业经营，经依法登记，为个体工商户。〈辅助〉个体工商户可以起字号。

第55条　农村承包经营户

〈辅助〉农村集体经济组织的成员，依法取得农村土地承包经营权，从事家庭承包经营的，为农村承包经营户。

第56条　“两户”的债务承担

❶〈辅助〉个体工商户的债务，个人经营的，以个人财产承担；〈辅助〉家庭经营的，以家庭财产承担；〈辅助〉无法区分的，以家庭财产承担。

❷〈辅助〉农村承包经营户的债务，以从事农村土地承包经营的农户财产承担；〈抗辩〉事实上由农户部分成员经营的，以该部分成员的财产承担。

第三章　法　人

第一节　一般规定

第57条　法人定义

〈辅助〉法人是具有民事权利能力和民事行为能力，依法独立享有民事权利和承担民事义务的组织。

第58条　法人成立

❶〈辅助〉法人应当依法成立。

❷〈辅助〉法人应当有自己的名称、组织机构、住所、财产或者经费。〈提示参引〉法人成立的具体条件和程序，依照法律、行政法规的规定。

❸〈提示参引〉设立法人，法律、行政法规规定须经有关机关批准的，依照其规定。

第59条　法人权利能力与行为能力

〈辅助〉法人的民事权利能力和民事行为能力，从法人成立时产生，〈抗辩〉到法人终止时消灭。

第60条　法人责任财产

〈辅助〉法人以其全部财产独立承担民事责任。

第61条　法定代表人

❶〈辅助〉依照法律或者法人章程的规定，代表法人从事民事活动的负责人，为法人的法定代表人。

❷〈辅助〉法定代表人以法人名义从事的民事活动，其法律后果由法人承受。

「对比条文：借贷规定22」

❸〈抗辩排除/抗辩〉法人章程或者法人权力机构对法定代表人代表权的限制，不得对抗善意相对人。

「攻防结构：（第3款）法人章程或者法人权力机构对法定代表人代表权的限制，不得对抗相对人。但是，相对人非善意的除外。」

第62条　法定代表人职务行为责任归属

❶〈主要〉法定代表人因执行职务造成他人损害的，由法人承担民事责任。

❷〈主要〉法人承担民事责任后，依照法律或者法人章程的规定，可以向有过错的法定代表人追偿。

「关联条文：合同通则解释20，22—23」

第63条　法人住所

〈辅助〉法人以其主要办事机构所在地为住所。〈辅助〉依法需要办理法人登记的，应当将主要办事机构所在地登记为住所。

第64条　法人变更登记

〈辅助〉法人存续期间登记事项发生变化的，应当依法向登记机关申请变更登记。

第65条　法人登记的对抗效力

〈抗辩排除/抗辩〉法人的实际情况与登记的事项不一致的，不得对抗善意相对人。

「攻防结构：法人的实际情况与登记的事项不一致的，不得对抗相对人。但是，相对人非善意的除外。」

第66条 登记机关公示义务

〈外部〉登记机关应当依法及时公示法人登记的有关信息。

第67条 法人合并、分立的权利义务归属

❶〈不完全主要/辅助①〉法人合并的，其权利和义务由合并后的法人享有和承担。

❷〈不完全主要/辅助②〉法人分立的，其权利和义务由分立后的法人享有连带债权，承担连带债务，但是债权人和债务人另有约定的除外。

第68条 法人终止

❶〈抗辩〉有下列原因之一并依法完成清算、注销登记的，法人终止：

（一）法人解散；

（二）法人被宣告破产；

（三）法律规定的其他原因。

❷〈提示参引〉法人终止，法律、行政法规规定须经有关机关批准的，依照其规定。

第69条 法人解散

〈抗辩〉有下列情形之一的，法人解散：

（一）法人章程规定的存续期间届满或者法人章程规定的其他解散事由出现；

（二）法人的权力机构决议解散；

（三）因法人合并或者分立需要解散；

（四）法人依法被吊销营业执照、登记证书，被责令关闭或者被撤销；

---

① 不完全主要规范指向合并后法人享有的请求权与承担的给付义务，辅助规范指向其他法律地位。

② 不完全主要规范指向分立后法人享有的请求权与承担的给付义务，辅助规范指向其他法律地位。

（五）法律规定的其他情形。

第70条　清算义务人

❶〈辅助〉法人解散的，〈抗辩〉除合并或者分立的情形外，清算义务人应当及时组成清算组进行清算。

❷〈辅助〉法人的董事、理事等执行机构或者决策机构的成员为清算义务人。〈抗辩〉法律、行政法规另有规定的，依照其规定。

❸〈主要〉清算义务人未及时履行清算义务，造成损害的，应当承担民事责任；〈辅助〉主管机关或者利害关系人可以申请人民法院指定有关人员组成清算组进行清算。

第71条　法人清算法律适用

〈提示参引〉法人的清算程序和清算组职权，依照有关法律的规定；〈类推参引〉没有规定的，参照适用公司法律的有关规定。

第72条　清算法律效果

❶〈否认排除〉清算期间法人存续，〈主要/抗辩〉但是不得从事与清算无关的活动。

❷〈辅助〉法人清算后的剩余财产，按照法人章程的规定或者法人权力机构的决议处理。〈抗辩〉法律另有规定的，依照其规定。

❸〈辅助〉清算结束并完成法人注销登记时，法人终止；〈辅助〉依法不需要办理法人登记的，清算结束时，法人终止。

［攻防结构：（第1款主文）清算不构成法人存续的否认事由。］

第73条　法人破产终止

〈辅助〉法人被宣告破产的，依法进行破产清算并完成法人注销登记时，法人终止。

第74条　法人分支机构

❶〈辅助〉法人可以依法设立分支机构。〈提示参引〉法律、行政法规规定分支机构应当登记的，依照其规定。

❷〈不完全主要〉分支机构以自己的名义从事民事活动，

产生的民事责任由法人承担；〈主要〉也可以先以该分支机构管理的财产承担，不足以承担的，由法人承担。

第75条　设立中法人

❶〈不完全主要/辅助[①]〉设立人为设立法人从事的民事活动，其法律后果由法人承受；〈不完全主要/辅助〉法人未成立的，其法律后果由设立人承受，〈不完全主要/辅助〉设立人为二人以上的，享有连带债权，承担连带债务。

❷〈不完全主要〉设立人为设立法人以自己的名义从事民事活动产生的民事责任，第三人有权选择请求法人或者设立人承担。

第二节　营利法人

第76条　营利法人定义

❶〈辅助〉以取得利润并分配给股东等出资人为目的成立的法人，为营利法人。

❷〈辅助〉营利法人包括有限责任公司、股份有限公司和其他企业法人等。

第77条　营利法人成立

〈辅助〉营利法人经依法登记成立。

第78条　营利法人营业执照

〈辅助〉依法设立的营利法人，由登记机关发给营利法人营业执照。〈辅助〉营业执照签发日期为营利法人的成立日期。

第79条　营利法人章程

〈辅助〉设立营利法人应当依法制定法人章程。

第80条　营利法人权力机构

❶〈辅助〉营利法人应当设权力机构。

---

① 不完全主要规范指向承受的请求权与承担的给付义务，辅助规范指向承受的其他法律地位。

❷〈辅助〉权力机构行使修改法人章程，选举或者更换执行机构、监督机构成员，以及法人章程规定的其他职权。

第81条　营利法人执行机构

❶〈辅助〉营利法人应当设执行机构。

❷〈辅助〉执行机构行使召集权力机构会议，决定法人的经营计划和投资方案，决定法人内部管理机构的设置，以及法人章程规定的其他职权。

❸〈辅助〉执行机构为董事会或者执行董事的，董事长、执行董事或者经理按照法人章程的规定担任法定代表人；〈辅助〉未设董事会或者执行董事的，法人章程规定的主要负责人为其执行机构和法定代表人。

第82条　营利法人监督机构

〈辅助〉营利法人设监事会或者监事等监督机构的，监督机构依法行使检查法人财务，监督执行机构成员、高级管理人员执行法人职务的行为，以及法人章程规定的其他职权。

第83条　营利法人出资人权利滥用

❶〈主要〉营利法人的出资人不得滥用出资人权利损害法人或者其他出资人的利益；〈提示参引〉滥用出资人权利造成法人或者其他出资人损失的，应当依法承担民事责任。

❷〈主要〉营利法人的出资人不得滥用法人独立地位和出资人有限责任损害法人债权人的利益；〈主要〉滥用法人独立地位和出资人有限责任，逃避债务，严重损害法人债权人的利益的，应当对法人债务承担连带责任。

第84条　滥用关联关系

〈主要〉营利法人的控股出资人、实际控制人、董事、监事、高级管理人员不得利用其关联关系损害法人的利益；〈主要〉利用关联关系造成法人损失的，应当承担赔偿责任。

第85条　营利法人出资人对瑕疵决议的撤销权

〈抗辩〉营利法人的权力机构、执行机构作出决议的会议召集程序、表决方式违反法律、行政法规、法人章程，或者决议内容违反法人章程的，营利法人的出资人可以请求人民法院撤销该决议。〈抗辩排除〉但是，营利法人依据该决议与善意相对人形成的民事法律关系不受影响。

第86条　营利法人社会责任

〈宣导〉营利法人从事经营活动，应当遵守商业道德，维护交易安全，接受政府和社会的监督，承担社会责任。

第三节　非营利法人

第87条　非营利法人定义

❶〈辅助〉为公益目的或者其他非营利目的成立，不向出资人、设立人或者会员分配所取得利润的法人，为非营利法人。

❷〈辅助〉非营利法人包括事业单位、社会团体、基金会、社会服务机构等。

第88条　事业单位法人

〈辅助〉具备法人条件，为适应经济社会发展需要，提供公益服务设立的事业单位，经依法登记成立，取得事业单位法人资格；〈辅助〉依法不需要办理法人登记的，从成立之日起，具有事业单位法人资格。

第89条　事业单位法人机构

〈辅助〉事业单位法人设理事会的，除法律另有规定外，理事会为其决策机构。〈辅助〉事业单位法人的法定代表人依照法律、行政法规或者法人章程的规定产生。

第90条　社会团体法人

〈辅助〉具备法人条件，基于会员共同意愿，为公益目的或者会员共同利益等非营利目的设立的社会团体，经依法登记成立，取得社会团体法人资格；〈辅助〉依法不需要办理法人登记的，从成立之日起，具有社会团体法人资格。

第91条　社会团体法人的章程与机构

❶〈辅助〉设立社会团体法人应当依法制定法人章程。

❷〈辅助〉社会团体法人应当设会员大会或者会员代表大会等权力机构。

❸〈辅助〉社会团体法人应当设理事会等执行机构。〈辅助〉理事长或者会长等负责人按照法人章程的规定担任法定代表人。

第92条　捐助法人

❶〈辅助〉具备法人条件，为公益目的以捐助财产设立的基金会、社会服务机构等，经依法登记成立，取得捐助法人资格。

❷〈辅助〉依法设立的宗教活动场所，具备法人条件的，可以申请法人登记，取得捐助法人资格。〈提示参引〉法律、行政法规对宗教活动场所有规定的，依照其规定。

第93条　捐助法人的章程与机构

❶〈辅助〉设立捐助法人应当依法制定法人章程。

❷〈辅助〉捐助法人应当设理事会、民主管理组织等决策机构，并设执行机构。〈辅助〉理事长等负责人按照法人章程的规定担任法定代表人。

❸〈辅助〉捐助法人应当设监事会等监督机构。

第94条　捐助人权利

❶〈主要〉捐助人有权向捐助法人查询捐助财产的使用、管理情况，并提出意见和建议，捐助法人应当及时、如实答复。

❷〈抗辩〉捐助法人的决策机构、执行机构或者法定代表人作出决定的程序违反法律、行政法规、法人章程，或者决定内容违反法人章程的，捐助人等利害关系人或者主管机关可以请求人民法院撤销该决定。〈抗辩排除〉但是，捐助法人依据该决定与善意相对人形成的民事法律关系不受影响。

第 95 条　公益性非营利法人剩余财产的分配

〈主要/辅助[①]〉为公益目的成立的非营利法人终止时，不得向出资人、设立人或者会员分配剩余财产。〈外部〉剩余财产应当按照法人章程的规定或者权力机构的决议用于公益目的；〈外部〉无法按照法人章程的规定或者权力机构的决议处理的，由主管机关主持转给宗旨相同或者相近的法人，并向社会公告。

第四节　特别法人

第 96 条　特别法人类型

〈辅助〉本节规定的机关法人、农村集体经济组织法人、城镇农村的合作经济组织法人、基层群众性自治组织法人，为特别法人。

第 97 条　机关法人

〈辅助〉有独立经费的机关和承担行政职能的法定机构从成立之日起，具有机关法人资格，可以从事为履行职能所需要的民事活动。

第 98 条　机关法人终止权利义务的归属

〈抗辩〉机关法人被撤销的，法人终止，〈不完全主要/辅助[②]〉其民事权利和义务由继任的机关法人享有和承担；〈不完全主要/辅助[③]〉没有继任的机关法人的，由作出撤销决定的机关法人享有和承担。

第 99 条　农村集体经济组织法人

❶〈辅助〉农村集体经济组织依法取得法人资格。

---

① 主要规范指向不作为请求权，辅助规范指向不当得利的辅助规范。

② 不完全主要规范指向继任法人享有的请求权与承担的给付义务，辅助规范指向其他法律地位。

③ 不完全主要规范指向作出撤销决定的机关法人享有的请求权与承担的给付义务，辅助规范指向其他法律地位。

❷〈提示参引〉法律、行政法规对农村集体经济组织有规定的，依照其规定。

第100条　合作经济组织法人

❶〈辅助〉城镇农村的合作经济组织依法取得法人资格。

❷〈提示参引〉法律、行政法规对城镇农村的合作经济组织有规定的，依照其规定。

第101条　基层群众性自治组织法人

❶〈辅助〉居民委员会、村民委员会具有基层群众性自治组织法人资格，可以从事为履行职能所需要的民事活动。

❷〈辅助〉未设立村集体经济组织的，村民委员会可以依法代行村集体经济组织的职能。

第四章　非法人组织

第102条　非法人组织定义

❶〈辅助〉非法人组织是不具有法人资格，但是能够依法以自己的名义从事民事活动的组织。

❷〈辅助〉非法人组织包括个人独资企业、合伙企业、不具有法人资格的专业服务机构等。

第103条　非法人组织成立

❶〈辅助〉非法人组织应当依照法律的规定登记。

❷〈提示参引〉设立非法人组织，法律、行政法规规定须经有关机关批准的，依照其规定。

第104条　非法人组织债务承担

〈不完全主要〉非法人组织的财产不足以清偿债务的，其出资人或者设立人承担无限责任。〈抗辩〉法律另有规定的，依照其规定。

第105条　非法人组织代表人

〈辅助〉非法人组织可以确定一人或者数人代表该组织从

事民事活动。

第106条　非法人组织解散

〈抗辩〉有下列情形之一的，非法人组织解散：

（一）章程规定的存续期间届满或者章程规定的其他解散事由出现；

（二）出资人或者设立人决定解散；

（三）法律规定的其他情形。

第107条　非法人组织清算

〈辅助〉非法人组织解散的，应当依法进行清算。

第108条　非法人组织对法人组织规则的参照适用

〈类推参引〉非法人组织除适用本章规定外，参照适用本编第三章第一节的有关规定。

第五章　民事权利

第109条　自由、尊严宣示条款

〈宣导〉自然人的人身自由、人格尊严受法律保护。

第110条　具体人格权宣示条款

❶〈宣导〉自然人享有生命权、身体权、健康权、姓名权、肖像权、名誉权、荣誉权、隐私权、婚姻自主权等权利。

❷〈宣导〉法人、非法人组织享有名称权、名誉权和荣誉权。

第111条　个人信息宣示条款

〈宣导〉自然人的个人信息受法律保护。任何组织或者个人需要获取他人个人信息的，应当依法取得并确保信息安全，不得非法收集、使用、加工、传输他人个人信息，不得非法买卖、提供或者公开他人个人信息。

第112条　身份权宣示条款

〈宣导〉自然人因婚姻家庭关系等产生的人身权利受法律保护。

第113条　财产权宣示条款

〈宣导〉民事主体的财产权利受法律平等保护。

第114条　物权定义

❶〈宣导〉民事主体依法享有物权。

❷〈辅助〉物权是权利人依法对特定的物享有直接支配和排他的权利，包括所有权、用益物权和担保物权。

第115条　物权客体

〈辅助〉物包括不动产和动产。〈提示参引〉法律规定权利作为物权客体的，依照其规定。

第116条　物权法定

〈辅助〉物权的种类和内容，由法律规定。

第117条　征收、征用补偿原则

〈辅助〉为了公共利益的需要，依照法律规定的权限和程序征收、征用不动产或者动产的，应当给予公平、合理的补偿。

第118条　债权定义

❶〈宣导〉民事主体依法享有债权。

❷〈辅助〉债权是因合同、侵权行为、无因管理、不当得利以及法律的其他规定，权利人请求特定义务人为或者不为一定行为的权利。

第119条　合同约束力

〈辅助〉依法成立的合同，对当事人具有法律约束力。

第120条　侵权之债

〈提示参引〉民事权益受到侵害的，被侵权人有权请求侵权人承担侵权责任。

第121条　无因管理之债

〈主要〉没有法定的或者约定的义务，为避免他人利益受损失而进行管理的人，有权请求受益人偿还由此支出的必要费用。

第122条　不当得利之债

〈主要〉因他人没有法律根据，取得不当利益，受损失的人有权请求其返还不当利益。

第123条　知识产权及其客体

❶〈宣导〉民事主体依法享有知识产权。

❷〈辅助〉知识产权是权利人依法就下列客体享有的专有的权利：

（一）作品；

（二）发明、实用新型、外观设计；

（三）商标；

（四）地理标志；

（五）商业秘密；

（六）集成电路布图设计；

（七）植物新品种；

（八）法律规定的其他客体。

第124条　继承权及其客体

❶〈宣导〉自然人依法享有继承权。

❷〈宣导〉自然人合法的私有财产，可以依法继承。

第125条　投资性权利宣示条款

〈宣导〉民事主体依法享有股权和其他投资性权利。

第126条　其他民事权益宣示条款

〈宣导〉民事主体享有法律规定的其他民事权利和利益。

第127条　数据与网络虚拟财产的法律保护

〈提示参引〉法律对数据、网络虚拟财产的保护有规定的，依照其规定。

第128条　弱势群体特别保护

〈提示参引〉法律对未成年人、老年人、残疾人、妇女、消费者等的民事权利保护有特别规定的，依照其规定。

第129条　权利取得方式

〈辅助〉民事权利可以依据民事法律行为、事实行为、法律规定的事件或者法律规定的其他方式取得。

第130条　权利人自由

〈原则〉民事主体按照自己的意愿依法行使民事权利，不受干涉。

第131条　权利人义务

〈宣导〉民事主体行使权利时，应当履行法律规定的和当事人约定的义务。

第132条　禁止权利滥用

〈辅助〉民事主体不得滥用民事权利损害国家利益、社会公共利益或者他人合法权益。

「关联条文：总则解释3」

第六章　民事法律行为

第一节　一般规定

第133条　法律行为定义

〈辅助〉民事法律行为是民事主体通过意思表示设立、变更、终止民事法律关系的行为。

第134条　法律行为成立

❶〈辅助〉民事法律行为可以基于双方或者多方的意思表示一致成立，也可以基于单方的意思表示成立。

❷〈辅助〉法人、非法人组织依照法律或者章程规定的议事方式和表决程序作出决议的，该决议行为成立。

第135条　法律行为形式

〈辅助〉民事法律行为可以采用书面形式、口头形式或者其他形式；〈抗辩〉法律、行政法规规定或者当事人约定采用特定形式的，应当采用特定形式。

「关联条文：总则解释18」

第136条　法律行为生效

❶〈辅助〉民事法律行为自成立时生效，〈抗辩〉但是法律另有规定或者当事人另有约定的除外。

❷〈宣导〉行为人非依法律规定或者未经对方同意，不得擅自变更或者解除民事法律行为。

第二节　意思表示

第137条　有相对人意思表示的生效

❶〈辅助〉以对话方式作出的意思表示，相对人知道其内容时生效。

❷〈辅助〉以非对话方式作出的意思表示，到达相对人时生效。〈辅助〉以非对话方式作出的采用数据电文形式的意思表示，相对人指定特定系统接收数据电文的，该数据电文进入该特定系统时生效；〈辅助〉未指定特定系统的，相对人知道或者应当知道该数据电文进入其系统时生效。当事人对采用数据电文形式的意思表示的生效时间另有约定的，按照其约定。[①]

第138条　无相对人意思表示的生效

〈辅助〉无相对人的意思表示，表示完成时生效。〈抗辩〉法律另有规定的，依照其规定。

第139条　公告意思表示的生效

〈辅助〉以公告方式作出的意思表示，公告发布时生效。

第140条　意思表示形式

❶〈辅助〉行为人可以明示或者默示作出意思表示。

❷〈辅助〉沉默只有在有法律规定、当事人约定或者符合当事人之间的交易习惯时，才可以视为意思表示。

---

① “另有约定”或类似表述，意义仅在于明示该规范为任意性规范，并不构成抗辩规范的指示性语词。

第141条　意思表示撤回

〈抗辩〉行为人可以撤回意思表示。〈辅助〉撤回意思表示的通知应当在意思表示到达相对人前或者与意思表示同时到达相对人。

第142条　意思表示解释

❶〈裁判指引〉有相对人的意思表示的解释，应当按照所使用的词句，结合相关条款、行为的性质和目的、习惯以及诚信原则，确定意思表示的含义。

「关联条文：466，合同通则解释1」

❷〈裁判指引〉无相对人的意思表示的解释，不能完全拘泥于所使用的词句，而应当结合相关条款、行为的性质和目的、习惯以及诚信原则，确定行为人的真实意思。

第三节　民事法律行为的效力

第143条　法律行为效力障碍事由概括条款

〈抗辩〉具备下列条件的民事法律行为有效：

（一）行为人具有相应的民事行为能力；

（二）意思表示真实；

（三）不违反法律、行政法规的强制性规定，不违背公序良俗。

「攻防结构：民事法律行为的效力障碍事由有：

（一）行为人欠缺相应的民事行为能力；

（二）意思表示不真实；

（三）违反法律、行政法规的强制性规定，违背公序良俗。」

第144条　无行为能力人的法律行为

〈抗辩〉无民事行为能力人实施的民事法律行为无效。

第145条　限制行为能力人的法律行为

❶〈反抗辩〉限制民事行为能力人实施的纯获利益的民事法律行为或者与其年龄、智力、精神健康状况相适应的民事法律行为有效；〈反抗辩〉实施的其他民事法律行为经法定代理

人同意或者追认后有效。

❷〈辅助〉相对人可以催告法定代理人自收到通知之日起三十日内予以追认。〈否认〉法定代理人未作表示的，视为拒绝追认。〈再抗辩〉民事法律行为被追认前，善意相对人有撤销的权利。〈辅助〉撤销应当以通知的方式作出。

［关联条文：总则解释29］

［攻防结构：限制民事行为能力人实施的民事法律行为效力待定。但是，有下列情形之一的除外：

（一）由其法定代理人代理或者经其法定代理人同意、追认的民事法律行为；

（二）纯获利益的民事法律行为；

（三）与其年龄、智力、精神健康状况相适应的民事法律行为。

相对人可以催告法定代理人自收到通知之日起三十日内予以追认。法定代理人未作表示的，视为拒绝追认。民事法律行为被追认前，相对人有撤销的权利，但是，相对人非善意的除外。撤销应当以通知的方式作出。］

第146条　通谋虚伪的法律行为

❶〈抗辩〉行为人与相对人以虚假的意思表示实施的民事法律行为无效。

❷〈提示参引〉以虚假的意思表示隐藏的民事法律行为的效力，依照有关法律规定处理。

［关联条文：737；合同通则解释14.1，15］

［对比条文：763］

第147条　基于错误的法律行为

〈抗辩〉基于重大误解实施的民事法律行为，行为人有权请求人民法院或者仲裁机构予以撤销。

［关联条文：总则解释19—20］

第148条　受欺诈的法律行为

〈抗辩〉一方以欺诈手段，使对方在违背真实意思的情况下实施的民事法律行为，受欺诈方有权请求人民法院或者仲裁机构予以撤销。

［关联条文：1053；总则解释21］

第149条　受第三人欺诈的法律行为

〈抗辩〉第三人实施欺诈行为，使一方在违背真实意思的情况下实施的民事法律行为，对方知道或者应当知道该欺诈行为的，受欺诈方有权请求人民法院或者仲裁机构予以撤销。

［关联条文：1053；总则解释21；合同通则解释5］

第150条　受胁迫的法律行为

〈抗辩〉一方或者第三人以胁迫手段，使对方在违背真实意思的情况下实施的民事法律行为，受胁迫方有权请求人民法院或者仲裁机构予以撤销。

［关联条文：总则解释22；合同通则解释5］

第151条　危难被乘的法律行为

〈抗辩〉一方利用对方处于危困状态、缺乏判断能力等情形，致使民事法律行为成立时显失公平的，受损害方有权请求人民法院或者仲裁机构予以撤销。

［关联条文：合同通则解释11］

第152条　撤销权消灭

❶〈反抗辩〉有下列情形之一的，撤销权消灭：

（一）当事人自知道或者应当知道撤销事由之日起一年内、重大误解的当事人自知道或者应当知道撤销事由之日起九十日内没有行使撤销权；

（二）当事人受胁迫，自胁迫行为终止之日起一年内没有行使撤销权；

（三）当事人知道撤销事由后明确表示或者以自己的行为表明放弃撤销权。

❷〈反抗辩〉当事人自民事法律行为发生之日起五年内没有行使撤销权的，撤销权消灭。

第153条　违反强制规定的法律行为/违反公序良俗的法律行为

❶〈抗辩〉违反法律、行政法规的强制性规定的民事法律行为无效。〈反抗辩〉但是，该强制性规定不导致该民事法律行为无效的除外。

「关联条文：合同通则解释14.1，16，18；借贷规定12.1，13；租赁解释2—3；建工解释一1—6」

❷〈抗辩〉违背公序良俗的民事法律行为无效。

「关联条文：合同通则解释17」

第154条　恶意串通的法律行为

〈抗辩〉行为人与相对人恶意串通，损害他人合法权益的民事法律行为无效。

「关联条文：商品房买卖解释7」

第155条　无效或者被撤销法律行为自始无效

〈辅助〉无效的或者被撤销的民事法律行为自始没有法律约束力。

第156条　法律行为部分无效

〈抗辩排除〉民事法律行为部分无效，不影响其他部分效力的，其他部分仍然有效。

「攻防结构：民事法律行为部分无效，不构成可导致其他部分无效的抗辩事由。」

第157条　法律行为无效、被撤销、不生效的附从效力

〈提示参引〉民事法律行为无效、被撤销或者确定不发生效力后，行为人因该行为取得的财产，应当予以返还；〈主要〉不能返还或者没有必要返还的，应当折价补偿。[①]〈提示参引〉有过错的一方应当赔偿对方由此所受到的损失；〈抗辩〉各方都有过错的，应当各自承担相应的责任。〈抗辩〉法律另有规

① 特殊的不当得利补偿请求权，返还不能的风险由得利人承担，不因得利人善意而免责（即不适用第986条的善意得利丧失抗辩）。

定的，依照其规定。

［关联条文：388.2，500；总则解释23；合同通则解释12.4，24—25；租赁解释7；婚姻家庭解释二7.1；九民纪要33—36］

第四节　民事法律行为的附条件和附期限

第158条　条件的效力

〈辅助〉民事法律行为可以附条件，〈抗辩〉但是根据其性质不得附条件的除外。〈抗辩〉附生效条件的民事法律行为，〈反抗辩〉自条件成就时生效。〈抗辩〉附解除条件的民事法律行为，自条件成就时失效。

［关联条文：总则解释24］

第159条　条件成就之阻止与促成

〈辅助〉附条件的民事法律行为，当事人为自己的利益不正当地阻止条件成就的，视为条件已经成就；〈抗辩〉不正当地促成条件成就的，视为条件不成就。

第160条　期限的效力

〈辅助〉民事法律行为可以附期限，〈抗辩〉但是根据其性质不得附期限的除外。〈抗辩〉附生效期限的民事法律行为，〈反抗辩〉自期限届至时生效。〈抗辩〉附终止期限的民事法律行为，自期限届满时失效。

第七章　代　理

第一节　一般规定

第161条　代理适用范围

❶〈辅助〉民事主体可以通过代理人实施民事法律行为。

❷〈辅助[1]〉依照法律规定、当事人约定或者民事法律行为的性质，应当由本人亲自实施的民事法律行为，不得代理。

第162条　代理效力

〈辅助〉代理人在代理权限内，以被代理人名义实施的民事法律行为，对被代理人发生效力。

第163条　代理类型

❶〈辅助〉代理包括委托代理和法定代理。

❷〈辅助〉委托代理人按照被代理人的委托行使代理权。〈提示参引〉法定代理人依照法律的规定行使代理权。

第164条　代理职责的违反

❶〈主要〉代理人不履行或者不完全履行职责，造成被代理人损害的，应当承担民事责任。

❷〈主要〉代理人和相对人恶意串通，损害被代理人合法权益的，代理人和相对人应当承担连带责任。

第二节　委托代理

第165条　代理授权委托书

〈辅助〉委托代理授权采用书面形式的，授权委托书应当载明代理人的姓名或者名称、代理事项、权限和期限，并由被代理人签名或者盖章。

第166条　共同代理

〈辅助〉数人为同一代理事项的代理人的，应当共同行使代理权，但是当事人另有约定的除外。

「关联条文：总则解释25」

第167条　违法代理的责任归属

〈主要〉代理人知道或者应当知道代理事项违法仍然实施

① 违反强制性规范无效规则的辅助规范。

代理行为，或者被代理人知道或者应当知道代理人的代理行为违法未作反对表示的，被代理人和代理人应当承担连带责任。

第168条　自己代理/双方代理

❶〈抗辩〉代理人不得以被代理人的名义与自己实施民事法律行为，〈反抗辩〉但是被代理人同意或者追认的除外。

❷〈抗辩〉代理人不得以被代理人的名义与自己同时代理的其他人实施民事法律行为，〈反抗辩〉但是被代理的双方同意或者追认的除外。

第169条　转代理

❶〈辅助〉代理人需要转委托第三人代理的，应当取得被代理人的同意或者追认。

❷〈辅助〉转委托代理经被代理人同意或者追认的，被代理人可以就代理事务直接指示转委托的第三人，〈主要〉代理人仅就第三人的选任以及对第三人的指示承担责任。

❸〈不完全主要〉转委托代理未经被代理人同意或者追认的，代理人应当对转委托的第三人的行为承担责任；〈抗辩〉但是，在紧急情况下代理人为了维护被代理人的利益需要转委托第三人代理的除外。

「关联条文：总则解释26」

第170条　职务代理

❶〈辅助〉执行法人或者非法人组织工作任务的人员，就其职权范围内的事项，以法人或者非法人组织的名义实施的民事法律行为，对法人或者非法人组织发生效力。

❷〈抗辩排除/抗辩〉法人或者非法人组织对执行其工作任务的人员职权范围的限制，不得对抗善意相对人。

「关联条文：合同通则解释21—23」

「攻防结构：（第2款）法人或者非法人组织对执行其工作任务的人员职权范围的限制，不得对抗相对人。但是，相对人非善意的除外。」

第171条　无权代理[①]

❶〈否认〉行为人没有代理权、超越代理权或者代理权终止后，仍然实施代理行为，〈辅助〉未经被代理人追认的，对被代理人不发生效力。

❷〈辅助〉相对人可以催告被代理人自收到通知之日起三十日内予以追认。〈否认〉被代理人未作表示的，视为拒绝追认。〈抗辩/反抗辩〉行为人实施的行为被追认前，善意相对人有撤销的权利。〈辅助〉撤销应当以通知的方式作出。

「关联条文：总则解释29」

❸〈主要〉行为人实施的行为未被追认的，善意相对人有权请求行为人履行债务或者就其受到的损害请求行为人赔偿。〈抗辩〉但是，赔偿的范围不得超过被代理人追认时相对人所能获得的利益。

❹〈抗辩[②]〉相对人知道或者应当知道行为人无权代理的，相对人和行为人按照各自的过错承担责任。

「关联条文：总则解释27」

「攻防结构：行为人没有代理权、超越代理权或者代理权终止后，仍然实施代理行为，代理行为效力待定。但是，被代理人追认的除外。

相对人可以催告被代理人自收到通知之日起三十日内予以追认。被代理人未作表示的，视为拒绝追认。行为人实施的行

---

① 相对人方主张代理行为所生请求权，代理权（通常证明代理权外观即可）为代理行为的生效要件；被代理人方的防御事由：无权代理（否认/反证）+相对人非善意（抗辩/本证）；相对人方的反防御事由：被代理人追认（反抗辩/本证）或者相对人善意（否认/反证）。

代理权与代表权的举证分配也不同：与代理权为本证，无代理权（否认）为反证不同；与法定代表人交易的相对人不必证明代表权限的存在，代表权限是消极要件，越权代表为权利未产生的抗辩（本证）。

② 对第3款第1句的抗辩。

为被追认前，相对人有撤销的权利，但是，相对人非善意的除外。撤销应当以通知的方式作出。

行为人实施的行为未被追认，相对人有权请求行为人履行债务或者就其受到的损害请求行为人赔偿。赔偿的范围以被代理人追认时相对人所能获得的利益为限。

但是，行为人可以证明相对人知道或者应当知道行为人无权代理的，行为人对相对人的责任在相对人过错范围内相应减轻。」

善意相对人对无权代理人的履行请求权
请求权基础：第171条第3款主文第1种情形

请求权已产生	产生要件	代理行为：第161条
		无代理权
		被代理人拒绝追认：第171条第2款第1句
	产生抗辩	表见代理：第172条
		善意相对人撤销：第171条第2款第3句
		相对人非善意
请求权未消灭	债的一般消灭事由：第557条第1款	
	履行不能：第580条第1款但书第1—2项	
请求权可行使	履行抗辩权：第525条—第527条第1款	
	时效抗辩权：第192条第1款	

第172条　表见代理

〈辅助/抗辩[1]〉行为人没有代理权、超越代理权或者代理权终止后，仍然实施代理行为，相对人有理由相信行为人有代理权的，代理行为有效。

「关联条文：总则解释28」

① 就代理行为的效力而言，该条为辅助规范，原因在于：代理行为之代理权为行为生效要件→无代理权为否认→无代理权＋表见代理＝有权代理的并行要件。而就无权代理人责任而言，该条表见代理为抗辩规范，为权利未产生的抗辩。

「攻防结构：行为人没有代理权、超越代理权或者代理权终止后，仍然实施代理行为，相对人可以证明存在代理权外观的，代理行为有效。但是，被代理人可以证明相对人知道或因过失而不知行为人没有代理权的除外。」

第三节　代理终止

第173条　意定代理终止

〈抗辩〉有下列情形之一的，委托代理终止：

（一）代理期限届满或者代理事务完成；

（二）被代理人取消委托或者代理人辞去委托；

（三）代理人丧失民事行为能力；

（四）代理人或者被代理人死亡；

（五）作为代理人或者被代理人的法人、非法人组织终止。

第174条　意定代理委托人死亡、组织终止

❶〈反抗辩〉被代理人死亡后，有下列情形之一的，委托代理人实施的代理行为有效：

（一）代理人不知道且不应当知道被代理人死亡；

（二）被代理人的继承人予以承认；

（三）授权中明确代理权在代理事务完成时终止；

（四）被代理人死亡前已经实施，为了被代理人的继承人的利益继续代理。

❷〈类推参引〉作为被代理人的法人、非法人组织终止的，参照适用前款规定。

第175条　法定代理终止

〈抗辩〉有下列情形之一的，法定代理终止：

（一）被代理人取得或者恢复完全民事行为能力；

（二）代理人丧失民事行为能力；

（三）代理人或者被代理人死亡；

（四）法律规定的其他情形。

第八章　民事责任

第176条　义务与责任宣示条款

〈宣导〉民事主体依照法律规定或者按照当事人约定，履行民事义务，承担民事责任。

第177条　按份责任

〈辅助〉二人以上依法承担按份责任，能够确定责任大小的，各自承担相应的责任；〈辅助〉难以确定责任大小的，平均承担责任。

第178条　连带责任

❶〈辅助〉二人以上依法承担连带责任的，权利人有权请求部分或者全部连带责任人承担责任。

❷〈辅助〉连带责任人的责任份额根据各自责任大小确定；〈辅助〉难以确定责任大小的，平均承担责任。〈主要〉实际承担责任超过自己责任份额的连带责任人，有权向其他连带责任人追偿。

❸〈辅助〉连带责任，由法律规定或者当事人约定。

第179条　责任承担方式

❶〈辅助〉承担民事责任的方式主要有：

（一）停止侵害；

（二）排除妨碍；

（三）消除危险；

（四）返还财产；

（五）恢复原状；

（六）修理、重作、更换；

（七）继续履行；

（八）赔偿损失；

（九）支付违约金；

（十）消除影响、恢复名誉；

（十一）赔礼道歉。

❷〈提示参引〉法律规定惩罚性赔偿的，依照其规定。

❸〈辅助〉本条规定的承担民事责任的方式，可以单独适用，也可以合并适用。

第180条　不可抗力

❶〈抗辩〉因不可抗力不能履行民事义务的，不承担民事责任。〈反抗辩〉法律另有规定的，依照其规定。

❷〈辅助〉不可抗力是不能预见、不能避免且不能克服的客观情况。

第181条　正当防卫

❶〈抗辩〉因正当防卫造成损害的，不承担民事责任。

「关联条文：总则解释30」

❷〈提示参引①/反抗辩〉正当防卫超过必要的限度，造成不应有的损害的，正当防卫人应当承担适当的民事责任。

「关联条文：总则解释31」

第182条　紧急避险

❶〈提示参引②〉因紧急避险造成损害的，由引起险情发生的人承担民事责任。

「关联条文：总则解释32」

❷〈抗辩〉危险由自然原因引起的，紧急避险人不承担民事责任，〈主要〉可以给予适当补偿。

❸〈主要/反抗辩〉紧急避险采取措施不当或者超过必要的限度，造成不应有的损害的，紧急避险人应当承担适当的民事责任。

---

① 参引侵权规则。

② 参引侵权规则。

「关联条文：总则解释33」

第183条　见义勇为

〈提示参引[①]〉因保护他人民事权益使自己受到损害的，由侵权人承担民事责任，〈提示参引[②]〉受益人可以给予适当补偿。〈提示参引[③]〉没有侵权人、侵权人逃逸或者无力承担民事责任，受害人请求补偿的，受益人应当给予适当补偿。

「关联条文：总则解释34」

第184条　紧急救助

〈抗辩〉因自愿实施紧急救助行为造成受助人损害的，救助人不承担民事责任。

第185条　英烈保护

〈主要〉侵害英雄烈士等的姓名、肖像、名誉、荣誉，损害社会公共利益的，应当承担民事责任。

「关联条文：时间效力规定6」

第186条　违约与侵权竞合

〈辅助〉因当事人一方的违约行为，损害对方人身权益、财产权益的，受损害方有权选择请求其承担违约责任或者侵权责任。

第187条　民事责任优先

〈辅助〉民事主体因同一行为应当承担民事责任、行政责任和刑事责任的，承担行政责任或者刑事责任不影响承担民事责任；〈辅助〉民事主体的财产不足以支付的，优先用于承担民事责任。

---

① 参引侵权规则。

② 参引无因管理规则，也有观点认为系独立的请求权基础。

③ 参引无因管理规则，也有观点认为系独立的请求权基础。

第九章　诉讼时效

第 188 条　普通诉讼时效

❶〈辅助〉向人民法院请求保护民事权利的诉讼时效期间为三年。〈抗辩〉法律另有规定的，依照其规定。

❷〈辅助[①]〉诉讼时效期间自权利人知道或者应当知道权利受到损害以及义务人之日起计算。〈抗辩〉法律另有规定的，依照其规定。〈抗辩〉但是，自权利受到损害之日起超过二十年的，人民法院不予保护，〈反抗辩〉有特殊情况的，人民法院可以根据权利人的申请决定延长。

［关联条文：总则解释 35—36；时效规定 4—7］

第 189 条　分期履行债务诉讼时效的起算

〈辅助〉当事人约定同一债务分期履行的，诉讼时效期间自最后一期履行期限届满之日起计算。

［对比条文：时效规定 4］

第 190 条　对法定代理人请求权诉讼时效的起算

〈抗辩[②]〉无民事行为能力人或者限制民事行为能力人对其法定代理人的请求权的诉讼时效期间，自该法定代理终止之日起计算。

［关联条文：总则解释 37］

第 191 条　未成年人遭受性侵害之损害赔偿请求权诉讼时效的起算

〈抗辩〉未成年人遭受性侵害的损害赔偿请求权的诉讼时效期间，自受害人年满十八周岁之日起计算。

［对比条文：总则解释 36］

第 192 条　诉讼时效届满效力

❶〈抗辩〉诉讼时效期间届满的，义务人可以提出不履行

---

① 抗辩规范（诉讼时效抗辩权）的辅助规范（辅助认定时效的起算）。

② 辅助规范（诉讼时效起算）的抗辩规范（起算的例外规则）。

义务的抗辩。

「关联条文：时效规定3」

❷〈反抗辩〉诉讼时效期间届满后，义务人同意履行的，不得以诉讼时效期间届满为由抗辩；〈反抗辩〉义务人已经自愿履行的，不得请求返还。

「关联条文：时效规定19」

第193条　诉讼时效之法官职权禁用

〈裁判指引〉人民法院不得主动适用诉讼时效的规定。

「关联条文：时效规定2」

第194条　诉讼时效中止

❶〈反抗辩〉在诉讼时效期间的最后六个月内，因下列障碍，不能行使请求权的，诉讼时效中止：

（一）不可抗力；

（二）无民事行为能力人或者限制民事行为能力人没有法定代理人，或者法定代理人死亡、丧失民事行为能力、丧失代理权；

（三）继承开始后未确定继承人或者遗产管理人；

（四）权利人被义务人或者其他人控制；

（五）其他导致权利人不能行使请求权的障碍。

❷〈再抗辩〉自中止时效的原因消除之日起满六个月，诉讼时效期间届满。

第195条　诉讼时效中断

〈反抗辩〉有下列情形之一的，诉讼时效中断，从中断、有关程序终结时起，诉讼时效期间重新计算：

（一）权利人向义务人提出履行请求；

（二）义务人同意履行义务；

（三）权利人提起诉讼或者申请仲裁；

（四）与提起诉讼或者申请仲裁具有同等效力的其他情形。

「关联条文：总则解释38；时效规定8—17」

第196条　诉讼时效排除适用

〈抗辩排除〉下列请求权不适用诉讼时效的规定：

（一）请求停止侵害、排除妨碍、消除危险；

（二）不动产物权和登记的动产物权的权利人请求返还财产；

（三）请求支付抚养费、赡养费或者扶养费；

（四）依法不适用诉讼时效的其他请求权。

［关联条文：235，236，995，1167，1205，1208；时效规定1］

第197条　诉讼时效强制

❶〈抗辩〉诉讼时效的期间、计算方法以及中止、中断的事由由法律规定，当事人约定无效。

❷〈抗辩〉当事人对诉讼时效利益的预先放弃无效。

第198条　仲裁时效

〈提示参引〉法律对仲裁时效有规定的，依照其规定；〈提示参引〉没有规定的，适用诉讼时效的规定。

第199条　除斥期间

〈辅助〉法律规定或者当事人约定的撤销权、解除权等权利的存续期间，〈抗辩〉除法律另有规定外，〈辅助〉自权利人知道或者应当知道权利产生之日起计算，〈抗辩排除[①]〉不适用有关诉讼时效中止、中断和延长的规定。〈抗辩〉存续期间届满，撤销权、解除权等权利消灭。

［关联条文：时效规定5］

第十章　期间计算

第200条　期间计算单位

〈辅助〉民法所称的期间按照公历年、月、日、小时计算。

① 中止、中断和延长不构成除斥期间进行的抗辩事由。

第201条　期间起算

❶〈辅助〉按照年、月、日计算期间的，开始的当日不计入，自下一日开始计算。

❷〈提示参引〉按照小时计算期间的，自法律规定或者当事人约定的时间开始计算。

第202条　到期日

〈辅助〉按照年、月计算期间的，到期月的对应日为期间的最后一日；〈辅助〉没有对应日的，月末日为期间的最后一日。

第203条　到期日特则

❶〈辅助/否认〉期间的最后一日是法定休假日的，以法定休假日结束的次日为期间的最后一日。

❷〈辅助〉期间的最后一日的截止时间为二十四时；〈辅助/否认〉有业务时间的，停止业务活动的时间为截止时间。

第204条　期间计算特则

〈提示参引〉期间的计算方法依照本法的规定，〈抗辩〉但是法律另有规定或者当事人另有约定的除外。

第二编　物　权

第一分编　通　则

第一章　一般规定

第205条　物权编调整范围

〈宣导〉本编调整因物的归属和利用产生的民事关系。

第206条　基本经济制度与经济政策

❶〈宣导〉国家坚持和完善公有制为主体、多种所有制经济共同发展，按劳分配为主体、多种分配方式并存，社会主义

市场经济体制等社会主义基本经济制度。

❷〈宣导〉国家巩固和发展公有制经济，鼓励、支持和引导非公有制经济的发展。

❸〈宣导〉国家实行社会主义市场经济，保障一切市场主体的平等法律地位和发展权利。

第207条　物权平等保护

〈宣导〉国家、集体、私人的物权和其他权利人的物权受法律平等保护，任何组织或者个人不得侵犯。

第208条　物权公示原则

〈辅助〉不动产物权的设立、变更、转让和消灭，应当依照法律规定登记。〈辅助〉动产物权的设立和转让，应当依照法律规定交付。

第二章　物权的设立、变更、转让和消灭

第一节　不动产登记

第209条　不动产登记原则

❶〈辅助〉不动产物权的设立、变更、转让和消灭，经依法登记，发生效力；未经登记，不发生效力，〈抗辩〉但是法律另有规定的除外。

❷〈抗辩〉依法属于国家所有的自然资源，所有权可以不登记。

第210条　不动产登记机构与统一登记制度

❶〈辅助〉不动产登记，由不动产所在地的登记机构办理。

❷〈辅助〉国家对不动产实行统一登记制度。〈提示参引〉统一登记的范围、登记机构和登记办法，由法律、行政法规规定。

第211条　申请不动产登记的必要材料

〈辅助〉当事人申请登记，应当根据不同登记事项提供权

属证明和不动产界址、面积等必要材料。

第212条　不动产登记机构的职责

❶〈外部〉登记机构应当履行下列职责：

（一）查验申请人提供的权属证明和其他必要材料；

（二）就有关登记事项询问申请人；

（三）如实、及时登记有关事项；

（四）法律、行政法规规定的其他职责。

❷〈外部〉申请登记的不动产的有关情况需要进一步证明的，登记机构可以要求申请人补充材料，必要时可以实地查看。

第213条　不动产登记机构的禁止行为

〈抗辩〉登记机构不得有下列行为：

（一）要求对不动产进行评估；

（二）以年检等名义进行重复登记；

（三）超出登记职责范围的其他行为。

第214条　应登记的不动产物权变动的生效时间

〈辅助〉不动产物权的设立、变更、转让和消灭，依照法律规定应当登记的，自记载于不动产登记簿时发生效力。

第215条　不动产物权登记不影响合同效力

〈辅助〉当事人之间订立有关设立、变更、转让和消灭不动产物权的合同，〈抗辩〉除法律另有规定或者当事人另有约定外，自合同成立时生效；〈抗辩排除〉未办理物权登记的，不影响合同效力。

「攻防结构：当事人之间订立有关设立、变更、转让和消灭不动产物权的合同，自合同成立时生效。但是，法律另有规定或者当事人另有约定外。未办理物权登记不构成合同效力的抗辩事由。」

第216条　不动产登记簿的效力/不动产登记簿的管理

❶〈辅助〉不动产登记簿是物权归属和内容的根据。

❷〈外部〉不动产登记簿由登记机构管理。

第217条　不动产权属证书与不动产登记簿

〈辅助〉不动产权属证书是权利人享有该不动产物权的证明。〈辅助〉不动产权属证书记载的事项，应当与不动产登记簿一致；〈辅助〉记载不一致的，〈否认〉除有证据证明不动产登记簿确有错误外，以不动产登记簿为准。

第218条　不动产登记的查询、复制

〈主要〉权利人、利害关系人可以申请查询、复制不动产登记资料，登记机构应当提供。

第219条　不动产登记资料的保护

〈辅助〉利害关系人不得公开、非法使用权利人的不动产登记资料。

第220条　更正登记与异议登记

❶〈主要/辅助[①]〉权利人、利害关系人认为不动产登记簿记载的事项错误的，可以申请更正登记。〈辅助〉不动产登记簿记载的权利人书面同意更正或者有证据证明登记确有错误的，登记机构应当予以更正。

❷〈辅助〉不动产登记簿记载的权利人不同意更正的，利害关系人可以申请异议登记。〈抗辩〉登记机构予以异议登记，申请人自异议登记之日起十五日内不提起诉讼的，异议登记失效。〈提示参引〉异议登记不当，造成权利人损害的，权利人可以向申请人请求损害赔偿。

「关联条文：物权解释一3」

第221条　预告登记

❶〈辅助〉当事人签订买卖房屋的协议或者签订其他不动产物权的协议，为保障将来实现物权，按照约定可以向登记机构申请预告登记。〈抗辩〉预告登记后，未经预告登记的权利

---

① 主要规范指向对登记簿名义权利人的更正登记请求权，辅助指向其他情形的更正登记申请。

人同意，处分该不动产的，不发生物权效力。

「关联条文：物权解释一4；担保解释52」

❷〈抗辩〉预告登记后，债权消灭或者自能够进行不动产登记之日起九十日内未申请登记的，预告登记失效。

「关联条文：物权解释一5」

第222条　登记错误赔偿责任

❶〈提示参引〉当事人提供虚假材料申请登记，造成他人损害的，应当承担赔偿责任。

❷〈主要〉因登记错误，造成他人损害的，登记机构应当承担赔偿责任。〈主要〉登记机构赔偿后，可以向造成登记错误的人追偿。

第223条　登记收费标准

〈外部〉不动产登记费按件收取，不得按照不动产的面积、体积或者价款的比例收取。

第二节　动产交付

第224条　动产物权交付原则

〈辅助〉动产物权的设立和转让，自交付时发生效力，〈抗辩〉但是法律另有规定的除外。

第225条　特殊动产登记对抗

〈抗辩/反抗辩〉船舶、航空器和机动车等的物权的设立、变更、转让和消灭，未经登记，不得对抗善意第三人。

「关联条文：物权解释一6，19」

「攻防结构：船舶、航空器和机动车等的物权的设立、变更、转让和消灭，未经登记，不得对抗第三人。但是，第三人非善意的除外。」

第226条　简易交付

〈辅助〉动产物权设立和转让前，权利人已经占有该动产的，物权自民事法律行为生效时发生效力。

第227条　返还请求权让与替代交付

〈辅助〉动产物权设立和转让前，第三人占有该动产的，负有交付义务的人可以通过转让请求第三人返还原物的权利代替交付。

第228条　占有改定

〈辅助〉动产物权转让时，当事人又约定由出让人继续占有该动产的，物权自该约定生效时发生效力。

第三节　其他规定

第229条　法律文书、征收决定的物权变动生效时间

〈辅助〉因人民法院、仲裁机构的法律文书或者人民政府的征收决定等，导致物权设立、变更、转让或者消灭的，自法律文书或者征收决定等生效时发生效力。

［关联条文：物权解释一7］

第230条　继承取得物权的生效时间

〈辅助〉因继承取得物权的，自继承开始时发生效力。

第231条　事实行为变动物权的时间

〈辅助〉因合法建造、拆除房屋等事实行为设立或者消灭物权的，自事实行为成就时发生效力。

第232条　非因法律行为取得不动产物权的处分

〈辅助〉处分依照本节规定享有的不动产物权，依照法律规定需要办理登记的，未经登记，不发生物权效力。

第三章　物权的保护

第233条　物权侵害的救济途径

〈宣导〉物权受到侵害的，权利人可以通过和解、调解、仲裁、诉讼等途径解决。

第234条　物权确认

〈宣导〉因物权的归属、内容发生争议的，利害关系人可以请求确认权利。

第235条　原物返还请求权

〈主要〉无权占有不动产或者动产的，权利人可以请求返还原物。

「关联条文：196，458—461」

「攻防结构：权利人可以请求占有人返还占有的不动产或者动产。但是，占有人对权利人享有占有本权的除外。」

<table>
<tr><th colspan="3">物权人的原物返还请求权
请求权基础：第235条</th></tr>
<tr><td rowspan="3">请求权已产生</td><td rowspan="2">产生要件</td><td>请求人为物权人</td></tr>
<tr><td>相对人为占有人</td></tr>
<tr><td>产生抗辩</td><td>相对人的占有本权</td></tr>
<tr><td rowspan="2">请求权未消灭</td><td colspan="2">物已灭失</td></tr>
<tr><td colspan="2">债的一般消灭事由：第557条第1款</td></tr>
<tr><td rowspan="2">请求权可行使</td><td colspan="2">留置抗辩权：类推第525条</td></tr>
<tr><td>抗辩排除</td><td>时效抗辩的排除：第196条第2项</td></tr>
</table>

第236条　物权妨害排除、妨害防止请求权

〈主要〉妨害物权或者可能妨害物权的，权利人可以请求排除妨害或者消除危险。

「关联条文：196」

第237条　物之毁损的救济

〈提示参引〉造成不动产或者动产毁损的，权利人可以依法请求修理、重作、更换或者恢复原状。

第238条　侵害物权的民事责任竞合

〈提示参引〉侵害物权，造成权利人损害的，权利人可以依法请求损害赔偿，也可以依法请求承担其他民事责任。

第239条　物权保护方式的单用与并用

〈辅助〉本章规定的物权保护方式，可以单独适用，也可以根据权利被侵害的情形合并适用。

第二分编　所有权

第四章　一般规定

第240条　所有权的定义

〈辅助〉所有权人对自己的不动产或者动产，依法享有占有、使用、收益和处分的权利。

第241条　所有权人设立限制物权

〈辅助〉所有权人有权在自己的不动产或者动产上设立用益物权和担保物权。〈主要〉用益物权人、担保物权人行使权利，不得损害所有权人的权益。

第242条　国家专有权

〈抗辩〉法律规定专属于国家所有的不动产和动产，任何组织或者个人不能取得所有权。

第243条　不动产征收

❶〈提示参引〉为了公共利益的需要，依照法律规定的权限和程序可以征收集体所有的土地和组织、个人的房屋以及其他不动产。

❷〈提示参引〉征收集体所有的土地，应当依法及时足额支付土地补偿费、安置补助费以及农村村民住宅、其他地上附着物和青苗等的补偿费用，并安排被征地农民的社会保障费用，保障被征地农民的生活，维护被征地农民的合法权益。

❸〈提示参引〉征收组织、个人的房屋以及其他不动产，应当依法给予征收补偿，维护被征收人的合法权益；〈辅助〉

征收个人住宅的，还应当保障被征收人的居住条件。

❹〈宣导〉任何组织或者个人不得贪污、挪用、私分、截留、拖欠征收补偿费等费用。

第244条　耕地保护

〈宣导〉国家对耕地实行特殊保护，严格限制农用地转为建设用地，控制建设用地总量。〈宣导〉不得违反法律规定的权限和程序征收集体所有的土地。

第245条　物的征用

〈提示参引〉因抢险救灾、疫情防控等紧急需要，依照法律规定的权限和程序可以征用组织、个人的不动产或者动产。〈主要〉被征用的不动产或者动产使用后，应当返还被征用人。〈主要〉组织、个人的不动产或者动产被征用或者征用后毁损、灭失的，应当给予补偿。

第五章　国家所有权和集体所有权、私人所有权

第246条　国家所有权

❶〈辅助〉法律规定属于国家所有的财产，属于国家所有即全民所有。

❷〈辅助〉国有财产由国务院代表国家行使所有权。〈抗辩〉法律另有规定的，依照其规定。

第247条　矿藏、水流和海域属于国家所有

〈辅助〉矿藏、水流、海域属于国家所有。

第248条　国家对无居民海岛的所有权及行使

〈辅助〉无居民海岛属于国家所有，〈辅助〉国务院代表国家行使无居民海岛所有权。

第249条　国家所有的土地

〈辅助〉城市的土地，属于国家所有。〈辅助〉法律规定属

于国家所有的农村和城市郊区的土地，属于国家所有。

第250条　国家所有的自然资源

〈辅助〉森林、山岭、草原、荒地、滩涂等自然资源，属于国家所有，〈抗辩〉但是法律规定属于集体所有的除外。

第251条　国家所有的野生动植物资源

〈辅助〉法律规定属于国家所有的野生动植物资源，属于国家所有。

第252条　无线电频谱属于国家所有

〈辅助〉无线电频谱资源属于国家所有。

第253条　国家所有的文物

〈辅助〉法律规定属于国家所有的文物，属于国家所有。

第254条　国防资产、基础设施属于国家所有

❶〈辅助〉国防资产属于国家所有。

❷〈辅助〉铁路、公路、电力设施、电信设施和油气管道等基础设施，依照法律规定为国家所有的，属于国家所有。

第255条　国家机关的物权

〈辅助〉国家机关对其直接支配的不动产和动产，享有占有、使用以及依照法律和国务院的有关规定处分的权利。

第256条　事业单位的物权

〈辅助〉国家举办的事业单位对其直接支配的不动产和动产，享有占有、使用以及依照法律和国务院的有关规定收益、处分的权利。

第257条　国有企业出资人

〈辅助〉国家出资的企业，由国务院、地方人民政府依照法律、行政法规规定分别代表国家履行出资人职责，享有出资人权益。

第258条　国有财产保护

〈宣导〉国家所有的财产受法律保护，禁止任何组织或者个人侵占、哄抢、私分、截留、破坏。

第259条　国有财产管理与监督职责

❶〈外部〉履行国有财产管理、监督职责的机构及其工作人员，应当依法加强对国有财产的管理、监督，促进国有财产保值增值，防止国有财产损失；〈外部〉滥用职权，玩忽职守，造成国有财产损失的，应当依法承担法律责任。

❷〈外部〉违反国有财产管理规定，在企业改制、合并分立、关联交易等过程中，低价转让、合谋私分、擅自担保或者以其他方式造成国有财产损失的，应当依法承担法律责任。

第260条　集体所有的物

〈辅助〉集体所有的不动产和动产包括：

（一）法律规定属于集体所有的土地和森林、山岭、草原、荒地、滩涂；

（二）集体所有的建筑物、生产设施、农田水利设施；

（三）集体所有的教育、科学、文化、卫生、体育等设施；

（四）集体所有的其他不动产和动产。

第261条　农民集体所有的物与重大事项集体决定

❶〈辅助〉农民集体所有的不动产和动产，属于本集体成员集体所有。

❷〈辅助〉下列事项应当依照法定程序经本集体成员决定：

（一）土地承包方案以及将土地发包给本集体以外的组织或者个人承包；

（二）个别土地承包经营权人之间承包地的调整；

（三）土地补偿费等费用的使用、分配办法；

（四）集体出资的企业的所有权变动等事项；

（五）法律规定的其他事项。

第262条　集体所有权的行使主体

〈辅助〉对于集体所有的土地和森林、山岭、草原、荒地、滩涂等，依照下列规定行使所有权：

（一）属于村农民集体所有的，由村集体经济组织或者村民委员会依法代表集体行使所有权；

（二）分别属于村内两个以上农民集体所有的，由村内各该集体经济组织或者村民小组依法代表集体行使所有权；

（三）属于乡镇农民集体所有的，由乡镇集体经济组织代表集体行使所有权。

第263条　城镇集体所有的物与物权

〈辅助〉城镇集体所有的不动产和动产，依照法律、行政法规的规定由本集体享有占有、使用、收益和处分的权利。

第264条　集体成员知情权与查阅、复制权

〈提示参引〉农村集体经济组织或者村民委员会、村民小组应当依照法律、行政法规以及章程、村规民约向本集体成员公布集体财产的状况。〈主要〉集体成员有权查阅、复制相关资料。

第265条　集体财产受法律保护

❶〈宣导〉集体所有的财产受法律保护，禁止任何组织或者个人侵占、哄抢、私分、破坏。

❷〈抗辩〉农村集体经济组织、村民委员会或者其负责人作出的决定侵害集体成员合法权益的，受侵害的集体成员可以请求人民法院予以撤销。

第266条　私人所有权

〈辅助〉私人对其合法的收入、房屋、生活用品、生产工具、原材料等不动产和动产享有所有权。

第267条　私人合法财产受法律保护

〈宣导〉私人的合法财产受法律保护，禁止任何组织或者个人侵占、哄抢、破坏。

第268条　企业出资人

〈辅助〉国家、集体和私人依法可以出资设立有限责任公司、股份有限公司或者其他企业。〈主要/辅助〉国家、集体和私人所有的不动产或者动产投到企业的，由出资人按照约定或者出资比例享有资产收益、重大决策以及选择经营管理者等权利并履行义务。

第269条　法人所有权

❶〈提示参引〉营利法人对其不动产和动产依照法律、行政法规以及章程享有占有、使用、收益和处分的权利。

❷〈提示参引〉营利法人以外的法人，对其不动产和动产的权利，适用有关法律、行政法规以及章程的规定。

第270条　社会团体、捐助法人所有权

〈宣导〉社会团体法人、捐助法人依法所有的不动产和动产，受法律保护。

第六章　业主的建筑物区分所有权

第271条　建筑物区分所有权

〈辅助〉业主对建筑物内的住宅、经营性用房等专有部分享有所有权，对专有部分以外的共有部分享有共有和共同管理的权利。

第272条　专有部分的专有权

〈辅助〉业主对其建筑物专有部分享有占有、使用、收益和处分的权利。〈宣导〉业主行使权利不得危及建筑物的安全，不得损害其他业主的合法权益。

第273条　共有部分的共有权与义务

❶〈不完全主要/辅助[①]〉业主对建筑物专有部分以外的共有部分，享有权利，承担义务；〈抗辩排除〉不得以放弃权利为由不履行义务。

---

① 不完全主要规范指向业主享有的请求权与承担的给付义务，辅助规范指向其他法律地位。

❷〈不完全主要/辅助[①]〉业主转让建筑物内的住宅、经营性用房，其对共有部分享有的共有和共同管理的权利一并转让。

「攻防结构:（第1款但书）放弃权利不构成导致义务消灭的抗辩事由。」

第274条　建筑区划内的道路、绿地等场所和设施属于业主共有

〈辅助〉建筑区划内的道路，属于业主共有，〈抗辩〉但是属于城镇公共道路的除外。〈辅助〉建筑区划内的绿地，属于业主共有，〈抗辩〉但是属于城镇公共绿地或者明示属于个人的除外。〈辅助〉建筑区划内的其他公共场所、公用设施和物业服务用房，属于业主共有。

第275条　建筑区划内车位、车库的归属

❶〈辅助〉建筑区划内，规划用于停放汽车的车位、车库的归属，由当事人通过出售、附赠或者出租等方式约定。

❷〈辅助〉占用业主共有的道路或者其他场地用于停放汽车的车位，属于业主共有。

第276条　建筑区划内车位、车库优先满足业主需求

〈辅助〉建筑区划内，规划用于停放汽车的车位、车库应当首先满足业主的需要。

第277条　业主大会和业主委员会的设立

❶〈辅助〉业主可以设立业主大会，选举业主委员会。〈提示参引〉业主大会、业主委员会成立的具体条件和程序，依照法律、法规的规定。

❷〈外部〉地方人民政府有关部门、居民委员会应当对设立业主大会和选举业主委员会给予指导和协助。

---

① 本条的“转让”可能同时涉及负担行为与处分行为：负担行为层面，产生移转义务，本条为不完全主要规范；处分行为层面，本条体现为辅助规范。

第278条　业主共同决定的事项与表决规则

❶〈辅助〉下列事项由业主共同决定：

（一）制定和修改业主大会议事规则；

（二）制定和修改管理规约；

（三）选举业主委员会或者更换业主委员会成员；

（四）选聘和解聘物业服务企业或者其他管理人；

（五）使用建筑物及其附属设施的维修资金；

（六）筹集建筑物及其附属设施的维修资金；

（七）改建、重建建筑物及其附属设施；

（八）改变共有部分的用途或者利用共有部分从事经营活动；

（九）有关共有和共同管理权利的其他重大事项。

❷〈辅助〉业主共同决定事项，应当由专有部分面积占比三分之二以上的业主且人数占比三分之二以上的业主参与表决。〈辅助〉决定前款第六项至第八项规定的事项，应当经参与表决专有部分面积四分之三以上的业主且参与表决人数四分之三以上的业主同意。〈辅助〉决定前款其他事项，应当经参与表决专有部分面积过半数的业主且参与表决人数过半数的业主同意。

第279条　住宅改变为经营性用房

〈主要/辅助〉业主不得违反法律、法规以及管理规约，将住宅改变为经营性用房。〈辅助〉业主将住宅改变为经营性用房的，〈抗辩〉除遵守法律、法规以及管理规约外，应当经有利害关系的业主一致同意。

第280条　业主大会或者业主委员会决定的效力与业主撤销权

❶〈辅助〉业主大会或者业主委员会的决定，对业主具有法律约束力。

❷〈抗辩〉业主大会或者业主委员会作出的决定侵害业主合法权益的，受侵害的业主可以请求人民法院予以撤销。

第281条　维修基金

❶〈辅助〉建筑物及其附属设施的维修资金，属于业主共有。〈主要〉经业主共同决定，可以用于电梯、屋顶、外墙、无障碍设施等共有部分的维修、更新和改造。〈主要〉建筑物及其附属设施的维修资金的筹集、使用情况应当定期公布。

❷〈提示参引〉紧急情况下需要维修建筑物及其附属设施的，业主大会或者业主委员会可以依法申请使用建筑物及其附属设施的维修资金。

第282条　共有部分的孳息归属

〈辅助〉建设单位、物业服务企业或者其他管理人等利用业主的共有部分产生的收入，在扣除合理成本之后，属于业主共有。

第283条　费用分摊与收益分配

〈辅助①〉建筑物及其附属设施的费用分摊、收益分配等事项，有约定的，按照约定；没有约定或者约定不明确的，按照业主专有部分面积所占比例确定。

第284条　业主管理权及其行使

❶〈辅助〉业主可以自行管理建筑物及其附属设施，也可以委托物业服务企业或者其他管理人管理。

❷〈辅助〉对建设单位聘请的物业服务企业或者其他管理人，业主有权依法更换。

第285条　物业管理人义务

❶〈提示参引〉物业服务企业或者其他管理人根据业主的委托，依照本法第三编有关物业服务合同的规定管理建筑区划内的建筑物及其附属设施，接受业主的监督，并及时答复业主

---

① 采“有约定的，按照约定；没有约定或者约定不明确的，按照……”或类似表述的条文，“有约定的，按照约定”部分没有单独的规范意义，仅在说明该项规范为任意性规范，条文整体的规范属性依“没有约定或约定不明确的，按照……”部分判断。

对物业服务情况提出的询问。

❷〈外部〉物业服务企业或者其他管理人应当执行政府依法实施的应急处置措施和其他管理措施，积极配合开展相关工作。

第286条　业主义务

❶〈宣导〉业主应当遵守法律、法规以及管理规约，相关行为应当符合节约资源、保护生态环境的要求。〈外部〉对于物业服务企业或者其他管理人执行政府依法实施的应急处置措施和其他管理措施，业主应当依法予以配合。

❷〈主要/参引〉业主大会或者业主委员会，对任意弃置垃圾、排放污染物或者噪声、违反规定饲养动物、违章搭建、侵占通道、拒付物业费等损害他人合法权益的行为，有权依照法律、法规以及管理规约，请求行为人停止侵害、排除妨碍、消除危险、恢复原状、赔偿损失。

❸〈外部〉业主或者其他行为人拒不履行相关义务的，有关当事人可以向有关行政主管部门报告或者投诉，有关行政主管部门应当依法处理。

第287条　业主请求权

〈提示参引〉业主对建设单位、物业服务企业或者其他管理人以及其他业主侵害自己合法权益的行为，有权请求其承担民事责任。

第七章　相邻关系

第288条　相邻关系处理原则

〈原则〉不动产的相邻权利人应当按照有利生产、方便生活、团结互助、公平合理的原则，正确处理相邻关系。

第289条　处理相邻关系的法源

〈提示参引〉法律、法规对处理相邻关系有规定的，依照其规定；〈裁判指引〉法律、法规没有规定的，可以按照当地习惯。

第290条　相邻用水、排水、流水关系

❶〈主要〉不动产权利人应当为相邻权利人用水、排水提供必要的便利。

❷〈裁判指引〉对自然流水的利用，应当在不动产的相邻权利人之间合理分配。〈辅助〉对自然流水的排放，应当尊重自然流向。

第291条　相邻关系通行权

〈主要〉不动产权利人对相邻权利人因通行等必须利用其土地的，应当提供必要的便利。

第292条　施工时的邻地利用权

〈主要〉不动产权利人因建造、修缮建筑物以及铺设电线、电缆、水管、暖气和燃气管线等必须利用相邻土地、建筑物的，该土地、建筑物的权利人应当提供必要的便利。

第293条　相邻建筑物通风、采光和日照

〈主要〉建造建筑物，不得违反国家有关工程建设标准，〈主要〉不得妨碍相邻建筑物的通风、采光和日照。

第294条　禁止违规排放有害物质

〈主要〉不动产权利人不得违反国家规定弃置固体废物，排放大气污染物、水污染物、土壤污染物、噪声、光辐射、电磁辐射等有害物质。

第295条　施工时禁止危及邻地安全

〈主要〉不动产权利人挖掘土地、建造建筑物、铺设管线以及安装设备等，不得危及相邻不动产的安全。

第296条　相邻权的限度

〈辅助〉不动产权利人因用水、排水、通行、铺设管线等利用相邻不动产的，应当尽量避免对相邻的不动产权利人造成损害。

第八章　共　有

第297条　共有的定义与类型

〈辅助〉不动产或者动产可以由两个以上组织、个人共有。〈辅助〉共有包括按份共有和共同共有。

第298条　按份共有

〈辅助〉按份共有人对共有的不动产或者动产按照其份额享有所有权。

第299条　共同共有

〈辅助〉共同共有人对共有的不动产或者动产共同享有所有权。

第300条　共有物的管理

〈辅助〉共有人按照约定管理共有的不动产或者动产；没有约定或者约定不明确的，各共有人都有管理的权利和义务。

第301条　共有重大事项的表决规则

〈辅助〉处分共有的不动产或者动产以及对共有的不动产或者动产作重大修缮、变更性质或者用途的，应当经占份额三分之二以上的按份共有人或者全体共同共有人同意，但是共有人之间另有约定的除外。

第302条　共有物管理费用的分担

〈主要〉共有人对共有物的管理费用以及其他负担，有约定的，按照其约定；没有约定或者约定不明确的，按份共有人按照其份额负担，共同共有人共同负担。

第303条　共有物分割请求权

〈抗辩〉共有人约定不得分割共有的不动产或者动产，以维持共有关系的，应当按照约定，〈反抗辩〉但是共有人有重大理由需要分割的，可以请求分割；〈主要〉没有约定或者约定不明确的，按份共有人可以随时请求分割，〈主要〉共同共有人在共有的基础丧失或者有重大理由需要分割时可以请求分割。〈主要〉因分割造成其他共有人损害的，应当给予赔偿。

第304条　共有物分割方式

❶〈辅助〉共有人可以协商确定分割方式。达不成协议，共有的不动产或者动产可以分割且不会因分割减损价值的，应当对实物予以分割；〈辅助〉难以分割或者因分割会减损价值的，应当对折价或者拍卖、变卖取得的价款予以分割。

❷〈主要〉共有人分割所得的不动产或者动产有瑕疵的，其他共有人应当分担损失。

第305条　按份共有人优先购买权

〈辅助〉按份共有人可以转让其享有的共有的不动产或者动产份额。〈主要〉其他共有人在同等条件下享有优先购买的权利。

「关联条文：物权解释一9—10，12—13」

第306条　按份共有人优先购买权的行使

❶〈辅助〉按份共有人转让其享有的共有的不动产或者动产份额的，应当将转让条件及时通知其他共有人。〈抗辩〉其他共有人应当在合理期限内行使优先购买权。

「关联条文：物权解释一11」

❷〈辅助〉两个以上其他共有人主张行使优先购买权的，协商确定各自的购买比例；协商不成的，按照转让时各自的共有份额比例行使优先购买权。

第307条　因共有产生的债权债务

〈主要〉因共有的不动产或者动产产生的债权债务，在对外关系上，共有人享有连带债权、承担连带债务，〈抗辩〉但是法律另有规定或者第三人知道共有人不具有连带债权债务关系的除外；〈主要〉在共有人内部关系上，除共有人另有约定外，按份共有人按照份额享有债权、承担债务，共同共有人共同享有债权、承担债务。〈主要〉偿还债务超过自己应当承担份额的按份共有人，有权向其他共有人追偿。

第308条　共有性质的推定

〈辅助〉共有人对共有的不动产或者动产没有约定为按份共有或者共同共有，或者约定不明确的，〈抗辩〉除共有人具有家庭关系等外，视为按份共有。

第309条　按份共有份额的认定

〈辅助〉按份共有人对共有的不动产或者动产享有的份额，没有约定或者约定不明确的，按照出资额确定；〈辅助〉不能确定出资额的，视为等额享有。

第310条　限制物权的共有

〈类推参引〉两个以上组织、个人共同享有用益物权、担保物权的，参照适用本章的有关规定。

第九章　所有权取得的特别规定

第311条　善意取得①

❶〈提示参引〉无处分权人将不动产或者动产转让给受让人的，所有权人有权追回；〈抗辩〉除法律另有规定外，〈辅助〉符合下列情形的，受让人取得该不动产或者动产的所有权：

〈否认〉（一）受让人受让该不动产或者动产时是善意；

「关联条文：物权解释一14—16，17」

〈反抗辩〉（二）以合理的价格转让；

「关联条文：物权解释一18」

---

① 受让人的所有权取得要件：处分人与受让人的物权合意+公示（交付或移转登记）；原所有权人的抗辩事由：处分人无处分权+受让人非善意；受让人对抗辩的防御：反抗辩（原所有权人的追认），或者否认（受让人的善意）+反抗辩（合理价格+占有改定受让人已自让与人处取得占有）。

攻防结构是相对的。例如，原所有权人主张所有物返还请求权或更正登记请求权时，受让人的所有权（善意取得）为否认，否认“原所有权人的所有权”要件（反证）；而受让人主张所有权时，受让人的所有权则为要件（本证）。

〈辅助〉（三）转让的不动产或者动产依照法律规定应当登记的已经登记，不需要登记的已经交付给受让人。

［关联条文：物权解释一19，20］

❷〈提示参引〉受让人依据前款规定取得不动产或者动产的所有权的，原所有权人有权向无处分权人请求损害赔偿。

［关联条文：婚姻家庭解释一28］

❸〈类推参引〉当事人善意取得其他物权的，参照适用前两款规定。

［关联条文：担保解释37.1，62］

［攻防结构：（第1款）将不动产或者动产转让给受让人，转让的不动产或者动产依照法律规定应当登记的已经登记，不需要登记的已经交付给受让人，受让人取得所有权。

但是，所有权人可以证明转让人无处分权人，且受让人受让该不动产或者动产时是非善意的，所有权人有权追回。所有权人不能证明受让人非善意，受让人以合理的价格受让的，受让人取得所有权。］

第312条　遗失物与善意取得

〈提示参引〉所有权人或者其他权利人有权追回遗失物。〈提示参引〉该遗失物通过转让被他人占有的，权利人有权向无处分权人请求损害赔偿，〈抗辩〉或者自知道或者应当知道受让人之日起二年内向受让人请求返还原物；〈主要/抗辩[①]〉但是，受让人通过拍卖或者向具有经营资格的经营者购得该遗失物的，权利人请求返还原物时应当支付受让人所付的费用。〈提示参引〉权利人向受让人支付所付费用后，有权向无处分权人追偿。

［攻防结构：所有权人或者其他权利人有权追回遗失物。该遗失物通过转让被他人占有的，权利人有权向无处分权人请

---

① 就未收到费用即可拒绝返还的效果而言，本条为抗辩规范；就请求支付费用的效果而言，本条为主要规范。

求损害赔偿，或者向受让人请求返还原物。但是，自知道或者应当知道受让人之日起超过二年的，受让人得拒绝返还；未超过二年，但是受让人通过拍卖或者向具有经营资格的经营者购得该遗失物的，权利人请求返还原物时应当支付受让人所付的费用，否则受让人有权拒绝返还。权利人向受让人支付所付费用后，有权向无处分权人追偿。」

第313条　善意取得动产的权利负担

〈抗辩〉善意受让人取得动产后，该动产上的原有权利消灭。〈反抗辩〉但是，善意受让人在受让时知道或者应当知道该权利的除外。

第314条　遗失物拾得人返还义务

〈提示参引〉拾得遗失物，应当返还权利人。〈辅助〉拾得人应当及时通知权利人领取，或者送交公安等有关部门。

第315条　遗失物受领部门义务

〈外部〉有关部门收到遗失物，知道权利人的，应当及时通知其领取；〈外部〉不知道的，应当及时发布招领公告。

第316条　遗失物拾得人保管义务

〈主要〉拾得人在遗失物送交有关部门前，有关部门在遗失物被领取前，应当妥善保管遗失物。〈主要〉因故意或者重大过失致使遗失物毁损、灭失的，应当承担民事责任。

第317条　领取遗失物的费用与报酬支付义务

❶〈主要/抗辩〉权利人领取遗失物时，应当向拾得人或者有关部门支付保管遗失物等支出的必要费用。

❷〈主要〉权利人悬赏寻找遗失物的，领取遗失物时应当按照承诺履行义务。

❸〈抗辩〉拾得人侵占遗失物的，无权请求保管遗失物等支出的费用，也无权请求权利人按照承诺履行义务。

第318条　无人认领遗失物

〈辅助/抗辩〉遗失物自发布招领公告之日起一年内无人认

领的，归国家所有。

第319条　拾得漂流物、发现埋藏物或隐藏物

〈类推参引〉拾得漂流物、发现埋藏物或者隐藏物的，参照适用拾得遗失物的有关规定。〈抗辩〉法律另有规定的，依照其规定。

第320条　从物随主物转让

〈主要/辅助[①]〉主物转让的，从物随主物转让，但是当事人另有约定的除外。

「关联条文：担保解释40」

第321条　孳息归属

❶〈辅助〉天然孳息，由所有权人取得；〈辅助〉既有所有权人又有用益物权人的，由用益物权人取得。当事人另有约定的，按照其约定。

❷〈辅助〉法定孳息，当事人有约定的，按照约定取得；没有约定或者约定不明确的，按照交易习惯取得。

「关联条文：合同通则解释2」

第322条　添附

〈提示参引〉因加工、附合、混合而产生的物的归属，有约定的，按照约定；没有约定或者约定不明确的，依照法律规定；〈裁判指引〉法律没有规定的，按照充分发挥物的效用以及保护无过错当事人的原则确定。〈提示参引〉因一方当事人的过错或者确定物的归属造成另一方当事人损害的，应当给予赔偿或者补偿。

「关联条文：担保解释41；租赁解释7—12」

---

① 本条的“转让”可能同时涉及负担行为与处分行为：负担行为层面，转让主物的，也产生移转从物的义务，本条为请求权基础；处分行为层面，若从物随主物处分（以所有权人同一为前提），则本条体现为辅助规范。

第三分编　用益物权

第十章　一般规定

第323条　用益物权定义

〈提示参引[①]〉用益物权人对他人所有的不动产或者动产，依法享有占有、使用和收益的权利。

第324条　公有自然资源的使用

〈辅助〉国家所有或者国家所有由集体使用以及法律规定属于集体所有的自然资源，组织、个人依法可以占有、使用和收益。

第325条　自然资源有偿使用

〈辅助〉国家实行自然资源有偿使用制度，〈抗辩〉但是法律另有规定的除外。

第326条　用益物权的行使

〈宣导〉用益物权人行使权利，应当遵守法律有关保护和合理开发利用资源、保护生态环境的规定。〈宣导〉所有权人不得干涉用益物权人行使权利。

第327条　征收、征用时用益物权人的补偿请求权

〈提示参引〉因不动产或者动产被征收、征用致使用益物权消灭或者影响用益物权行使的，用益物权人有权依据本法第二百四十三条、第二百四十五条的规定获得相应补偿。

第328条　海域使用权

〈宣导〉依法取得的海域使用权受法律保护。

第329条　准物权

〈宣导〉依法取得的探矿权、采矿权、取水权和使用水域、

---

① 参引各用益物权的具体权能。

滩涂从事养殖、捕捞的权利受法律保护。

第十一章　土地承包经营权

第330条　农村土地承包经营制度

❶〈宣导〉农村集体经济组织实行家庭承包经营为基础、统分结合的双层经营体制。

❷〈宣导〉农民集体所有和国家所有由农民集体使用的耕地、林地、草地以及其他用于农业的土地，依法实行土地承包经营制度。

第331条　土地承包经营权权能

〈主要/辅助[①]〉土地承包经营权人依法对其承包经营的耕地、林地、草地等享有占有、使用和收益的权利，有权从事种植业、林业、畜牧业等农业生产。

「关联条文：继承解释一2」

第332条　承包期

❶〈辅助〉耕地的承包期为三十年。草地的承包期为三十年至五十年。林地的承包期为三十年至七十年。

❷〈提示参引〉前款规定的承包期限届满，由土地承包经营权人依照农村土地承包的法律规定继续承包。

第333条　土地承包经营权设立

❶〈辅助〉土地承包经营权自土地承包经营权合同生效时设立。

❷〈外部〉登记机构应当向土地承包经营权人发放土地承包经营权证、林权证等证书，并登记造册，确认土地承包经营权。

---

① 因所有权人与承包经营权人的内部关系涉及给付内容，本条为请求权基础（主要规范）；但就承包经营权人与第三人的关系而言，本条为辅助规范。

第334条　土地承包经营权互换、转让

〈提示参引〉土地承包经营权人依照法律规定，有权将土地承包经营权互换、转让。〈辅助〉未经依法批准，不得将承包地用于非农建设。

第335条　土地承包经营权流转登记对抗

〈辅助〉土地承包经营权互换、转让的，当事人可以向登记机构申请登记；〈抗辩/反抗辩〉未经登记，不得对抗善意第三人。

「攻防结构：土地承包经营权互换、转让的，当事人可以向登记机构申请登记。未经登记，不得对抗第三人。但是，第三人非善意的除外。」

第336条　承包地调整

❶〈抗辩〉承包期内发包人不得调整承包地。

❷〈提示参引〉因自然灾害严重毁损承包地等特殊情形，需要适当调整承包的耕地和草地的，应当依照农村土地承包的法律规定办理。

第337条　发包人义务

〈抗辩〉承包期内发包人不得收回承包地。〈抗辩〉法律另有规定的，依照其规定。

第338条　承包地被征收的补偿请求权

〈提示参引〉承包地被征收的，土地承包经营权人有权依据本法第二百四十三条的规定获得相应补偿。

第339条　土地承包经营权的流转方式

〈辅助〉土地承包经营权人可以自主决定依法采取出租、入股或者其他方式向他人流转土地经营权。

第340条　土地经营权权能

〈主要/辅助[①]〉土地经营权人有权在合同约定的期限内占

---

① 理由同第331条。

有农村土地，自主开展农业生产经营并取得收益。

第341条　五年以上土地经营权登记对抗

〈辅助〉流转期限为五年以上的土地经营权，自流转合同生效时设立。〈辅助〉当事人可以向登记机构申请土地经营权登记；〈抗辩/反抗辩〉未经登记，不得对抗善意第三人。

「攻防结构：流转期限为五年以上的土地经营权，自流转合同生效时设立。当事人可以向登记机构申请土地经营权登记。未经登记，不得对抗第三人。但是，第三人非善意的除外。」

第342条　通过招标、拍卖和公开协商等方式承包农村土地的流转方式

〈辅助〉通过招标、拍卖、公开协商等方式承包农村土地，经依法登记取得权属证书的，可以依法采取出租、入股、抵押或者其他方式流转土地经营权。

第343条　国家所有农用地承包经营的参照适用

〈类推参引〉国家所有的农用地实行承包经营的，参照适用本编的有关规定。

第十二章　建设用地使用权

第344条　建设用地使用权权能

〈主要/辅助[①]〉建设用地使用权人依法对国家所有的土地享有占有、使用和收益的权利，有权利用该土地建造建筑物、构筑物及其附属设施。

第345条　建设用地使用权的分层设立

〈辅助〉建设用地使用权可以在土地的地表、地上或者地下分别设立。

---

① 理由同第331条。

第346条　建设用地使用权设立原则

〈原则〉设立建设用地使用权，应当符合节约资源、保护生态环境的要求，遵守法律、行政法规关于土地用途的规定，不得损害已经设立的用益物权。

第347条　建设用地使用权设立方式

❶〈辅助〉设立建设用地使用权，可以采取出让或者划拨等方式。

❷〈辅助〉工业、商业、旅游、娱乐和商品住宅等经营性用地以及同一土地有两个以上意向用地者的，应当采取招标、拍卖等公开竞价的方式出让。

❸〈辅助〉严格限制以划拨方式设立建设用地使用权。

第348条　建设用地使用权出让合同

❶〈辅助〉通过招标、拍卖、协议等出让方式设立建设用地使用权的，当事人应当采用书面形式订立建设用地使用权出让合同。

❷〈辅助〉建设用地使用权出让合同一般包括下列条款：

（一）当事人的名称和住所；

（二）土地界址、面积等；

（三）建筑物、构筑物及其附属设施占用的空间；

（四）土地用途、规划条件；

（五）建设用地使用权期限；

（六）出让金等费用及其支付方式；

（七）解决争议的方法。

第349条　建设用地使用权设立要件

〈辅助〉设立建设用地使用权的，应当向登记机构申请建设用地使用权登记。〈辅助〉建设用地使用权自登记时设立。〈外部〉登记机构应当向建设用地使用权人发放权属证书。

第350条　建设用地使用权的土地用途

〈主要/抗辩〉建设用地使用权人应当合理利用土地，不得改变土地用途；〈辅助〉需要改变土地用途的，应当依法经有关行政主管部门批准。

第351条　建设用地使用权人的出让金支付义务

〈提示参引〉建设用地使用权人应当依照法律规定以及合同约定支付出让金等费用。

第352条　建设用地使用权人建造的建筑物、构筑物及其附属设施的归属

〈辅助〉建设用地使用权人建造的建筑物、构筑物及其附属设施的所有权属于建设用地使用权人，〈抗辩〉但是有相反证据证明的除外。

第353条　建设用地使用权的流转

〈辅助〉建设用地使用权人有权将建设用地使用权转让、互换、出资、赠与或者抵押，〈抗辩〉但是法律另有规定的除外。

第354条　建设用地使用权流转的书面形式与期限

〈辅助〉建设用地使用权转让、互换、出资、赠与或者抵押的，当事人应当采用书面形式订立相应的合同。〈辅助〉使用期限由当事人约定，〈抗辩〉但是不得超过建设用地使用权的剩余期限。

第355条　建设用地使用权变更登记

〈辅助〉建设用地使用权转让、互换、出资或者赠与的，应当向登记机构申请变更登记。

第356条　建设用地使用权流转之房随地走

〈主要/辅助[①]〉建设用地使用权转让、互换、出资或者赠与的，附着于该土地上的建筑物、构筑物及其附属设施一并处分。

---

① 本条的“一并处分”可能同时涉及负担行为与处分行为，在前者为给付义务的请求权基础，在后者为辅助规范。

「关联条文：357，397，398，417」

第357条　建设用地使用权流转之地随房走

〈主要/辅助[①]〉建筑物、构筑物及其附属设施转让、互换、出资或者赠与的，该建筑物、构筑物及其附属设施占用范围内的建设用地使用权一并处分。

「关联条文：356，397，398，417」

第358条　建设用地征收

〈提示参引〉建设用地使用权期限届满前，因公共利益需要提前收回该土地的，应当依据本法第二百四十三条的规定对该土地上的房屋以及其他不动产给予补偿，〈主要〉并退还相应的出让金。

第359条　建设用地使用权期限届满

❶〈辅助〉住宅建设用地使用权期限届满的，自动续期。〈提示参引〉续期费用的缴纳或者减免，依照法律、行政法规的规定办理。

❷〈提示参引〉非住宅建设用地使用权期限届满后的续期，依照法律规定办理。〈提示参引〉该土地上的房屋以及其他不动产的归属，有约定的，按照约定；没有约定或者约定不明确的，依照法律、行政法规的规定办理。

第360条　建设用地使用权注销登记

〈辅助〉建设用地使用权消灭的，出让人应当及时办理注销登记。〈外部〉登记机构应当收回权属证书。

第361条　集体土地作为建设用地的法律适用

〈提示参引〉集体所有的土地作为建设用地的，应当依照土地管理的法律规定办理。

---

① 理由同第356条。

第十三章　宅基地使用权

第362条　宅基地使用权权能

〈主要/辅助[①]〉宅基地使用权人依法对集体所有的土地享有占有和使用的权利，有权依法利用该土地建造住宅及其附属设施。

「对比条文：344」

第363条　宅基地使用权的法律适用

〈提示参引〉宅基地使用权的取得、行使和转让，适用土地管理的法律和国家有关规定。

第364条　宅基地的重新分配

〈抗辩〉宅基地因自然灾害等原因灭失的，宅基地使用权消灭。〈提示参引〉对失去宅基地的村民，应当依法重新分配宅基地。

第365条　宅基地使用权的变更登记与注销登记

〈辅助〉已经登记的宅基地使用权转让或者消灭的，应当及时办理变更登记或者注销登记。

第十四章　居住权

第366条　居住权权能

〈主要/辅助[②]〉居住权人有权按照合同约定，对他人的住宅享有占有、使用的用益物权，以满足生活居住的需要。

第367条　居住权合同

❶〈辅助〉设立居住权，当事人应当采用书面形式订立居住权合同。

---

① 理由同第331条。

② 理由同第331条。

❷〈辅助〉居住权合同一般包括下列条款：

（一）当事人的姓名或者名称和住所；

（二）住宅的位置；

（三）居住的条件和要求；

（四）居住权期限；

（五）解决争议的方法。

第368条　居住权设立

〈辅助〉居住权无偿设立，但是当事人另有约定的除外。〈辅助〉设立居住权的，应当向登记机构申请居住权登记。〈辅助〉居住权自登记时设立。

第369条　居住权的人役性

〈主要/抗辩〉居住权不得转让、继承。〈主要/抗辩〉设立居住权的住宅不得出租，但是当事人另有约定的除外。

第370条　居住权的消灭与注销登记

〈抗辩〉居住权期限届满或者居住权人死亡的，居住权消灭。〈辅助〉居住权消灭的，应当及时办理注销登记。

第371条　遗嘱设立居住权的法律适用

〈类推参引〉以遗嘱方式设立居住权的，参照适用本章的有关规定。

第十五章　地役权

第372条　地役权权能

❶〈主要/辅助[①]〉地役权人有权按照合同约定，利用他人的不动产，以提高自己的不动产的效益。

❷〈辅助〉前款所称他人的不动产为供役地，自己的不动

① 理由同第331条。

产为需役地。

第373条　地役权合同的形式与内容

❶〈辅助〉设立地役权，当事人应当采用书面形式订立地役权合同。

❷〈辅助〉地役权合同一般包括下列条款：

（一）当事人的姓名或者名称和住所；

（二）供役地和需役地的位置；

（三）利用目的和方法；

（四）地役权期限；

（五）费用及其支付方式；

（六）解决争议的方法。

第374条　地役权登记对抗

〈辅助〉地役权自地役权合同生效时设立。〈辅助〉当事人要求登记的，可以向登记机构申请地役权登记；〈抗辩/反抗辩〉未经登记，不得对抗善意第三人。

「攻防结构：地役权自地役权合同生效时设立。当事人要求登记的，可以向登记机构申请地役权登记。未经登记，不得对抗第三人。但是，第三人非善意的除外。」

第375条　供役地权利人的义务

〈主要〉供役地权利人应当按照合同约定，允许地役权人利用其不动产，不得妨害地役权人行使权利。

第376条　供役地的利用

〈主要〉地役权人应当按照合同约定的利用目的和方法利用供役地，尽量减少对供役地权利人物权的限制。

第377条　地役权期间

〈辅助〉地役权期限由当事人约定；〈抗辩〉但是，不得超过土地承包经营权、建设用地使用权等用益物权的剩余期限。

第378条　用益物权人继续享有或负担已设立地役权

〈辅助〉土地所有权人享有地役权或者负担地役权的，设立土地承包经营权、宅基地使用权等用益物权时，该用益物权人继续享有或者负担已经设立的地役权。

第379条　已设立用益物权的土地上设立地役权

〈抗辩〉土地上已经设立土地承包经营权、建设用地使用权、宅基地使用权等用益物权的，未经用益物权人同意，土地所有权人不得设立地役权。

第380条　地役权的从属性

〈抗辩〉地役权不得单独转让。〈主要/辅助[①]〉土地承包经营权、建设用地使用权等转让的，地役权一并转让，但是合同另有约定的除外。

第381条　地役权不得单独抵押

〈抗辩〉地役权不得单独抵押。〈主要/辅助[②]〉土地经营权、建设用地使用权等抵押的，在实现抵押权时，地役权一并转让。

第382条　需役地部分转让

〈主要/辅助[③]〉需役地以及需役地上的土地承包经营权、建设用地使用权等部分转让时，转让部分涉及地役权的，受让人同时享有地役权。

第383条　供役地部分转让

〈主要/辅助[④]〉供役地以及供役地上的土地承包经营权、建设用地使用权等部分转让时，转让部分涉及地役权的，地役权对受让人具有法律约束力。

第384条　供役地权利人解除权

〈抗辩〉地役权人有下列情形之一的，供役地权利人有权解除地役权合同，地役权消灭：

---

① 理由同第356条。
② 理由同第356条。
③ 理由同第356条。
④ 理由同第356条。

（一）违反法律规定或者合同约定，滥用地役权；

（二）有偿利用供役地，约定的付款期限届满后在合理期限内经两次催告未支付费用。

第385条　地役权变更登记与注销登记

〈辅助〉已经登记的地役权变更、转让或者消灭的，应当及时办理变更登记或者注销登记。

第四分编　担保物权

第十六章　一般规定

第386条　担保物权权能

〈提示参引[①]〉担保物权人在债务人不履行到期债务或者发生当事人约定的实现担保物权的情形，依法享有就担保财产优先受偿的权利，〈抗辩〉但是法律另有规定的除外。

［关联条文：担保解释45］

第387条　设立担保物权与反担保的法律适用

❶〈宣导〉债权人在借贷、买卖等民事活动中，为保障实现其债权，需要担保的，可以依照本法和其他法律的规定设立担保物权。

❷〈辅助〉第三人为债务人向债权人提供担保的，可以要求债务人提供反担保。〈提示参引〉反担保适用本法和其他法律的规定。

［关联条文：担保解释19］

第388条　担保合同

❶〈辅助〉设立担保物权，应当依照本法和其他法律的规

① 参引各担保物权的具体权能。

定订立担保合同。〈辅助〉担保合同包括抵押合同、质押合同和其他具有担保功能的合同。〈辅助/抗辩〉担保合同是主债权债务合同的从合同。〈抗辩〉主债权债务合同无效的，担保合同无效，〈抗辩〉但是法律另有规定的除外。

「关联条文：641.2，745；担保解释1—3，20，63，68—70；借贷规定23」

❷〈主要/抗辩〉担保合同被确认无效后，债务人、担保人、债权人有过错的，应当根据其过错各自承担相应的民事责任。

「关联条文：500，682.2；担保解释17；借贷规定12.2」

第389条　担保范围

〈辅助〉担保物权的担保范围包括主债权及其利息、违约金、损害赔偿金、保管担保财产和实现担保物权的费用。当事人另有约定的，按照其约定。

「关联条文：担保解释38—39」

第390条　担保物权的物上代位性

〈主要/辅助[①]〉担保期间，担保财产毁损、灭失或者被征收等，担保物权人可以就获得的保险金、赔偿金或者补偿金等优先受偿。〈辅助〉被担保债权的履行期限未届满的，也可以提存该保险金、赔偿金或者补偿金等。

「关联条文：担保解释42」

第391条　债务承担对担保物权的效力

〈抗辩〉第三人提供担保，未经其书面同意，债权人允许债务人转移全部或者部分债务的，担保人不再承担相应的担保责任。

第392条　混合担保

〈辅助〉被担保的债权既有物的担保又有人的担保的，债

---

① 在担保物所有人与担保物权人间，优先受偿权体现为请求效力，本条为请求权基础；但在担保物权人与第三人的关系中，本条为辅助规范。

务人不履行到期债务或者发生当事人约定的实现担保物权的情形，债权人应当按照约定实现债权；〈抗辩〉没有约定或者约定不明确，债务人自己提供物的担保的，债权人应当先就该物的担保实现债权；〈主要／辅助[①]〉第三人提供物的担保的，债权人可以就物的担保实现债权，也可以请求保证人承担保证责任。〈主要〉提供担保的第三人承担担保责任后，有权向债务人追偿。

［关联条文：409.2，435；担保解释13—14，18.2］

第393条　担保物权消灭

〈抗辩〉有下列情形之一的，担保物权消灭：

（一）主债权消灭；

（二）担保物权实现；

（三）债权人放弃担保物权；

（四）法律规定担保物权消灭的其他情形。

第十七章　抵押权

第一节　一般抵押权

第394条　抵押权权能

❶〈主要／辅助[②]〉为担保债务的履行，债务人或者第三人不转移财产的占有，将该财产抵押给债权人的，债务人不履行到期债务或者发生当事人约定的实现抵押权的情形，债权人有权就该财产优先受偿。

❷〈辅助〉前款规定的债务人或者第三人为抵押人，债权人为抵押权人，提供担保的财产为抵押财产。

---

① 理由同第390条第1句。

② 理由同第390条第1句。

第395条　抵押财产

❶〈辅助〉债务人或者第三人有权处分的下列财产可以抵押：

（一）建筑物和其他土地附着物；

（二）建设用地使用权；

（三）海域使用权；

（四）生产设备、原材料、半成品、产品；

（五）正在建造的建筑物、船舶、航空器；

（六）交通运输工具；

（七）法律、行政法规未禁止抵押的其他财产。

❷〈辅助〉抵押人可以将前款所列财产一并抵押。

第396条　动产浮动抵押

〈主要/辅助①〉企业、个体工商户、农业生产经营者可以将现有的以及将有的生产设备、原材料、半成品、产品抵押，债务人不履行到期债务或者发生当事人约定的实现抵押权的情形，债权人有权就抵押财产确定时的动产优先受偿。

第397条　建筑物与建设用地使用权一并抵押

❶〈主要/辅助②〉以建筑物抵押的，该建筑物占用范围内的建设用地使用权一并抵押。〈主要/辅助③〉以建设用地使用权抵押的，该土地上的建筑物一并抵押。

❷〈主要/辅助④〉抵押人未依据前款规定一并抵押的，未抵押的财产视为一并抵押。

「关联条文：担保解释51」

第398条　乡镇、村企业的建设用地使用权与房屋一并抵押

〈抗辩〉乡镇、村企业的建设用地使用权不得单独抵押。

---

① 理由同第390条第1句。

② 理由同第356条。

③ 理由同第356条。

④ 理由同第356条。

〈主要/辅助[①]〉以乡镇、村企业的厂房等建筑物抵押的，其占用范围内的建设用地使用权一并抵押。

第399条　禁止抵押财产

〈抗辩〉下列财产不得抵押：

（一）土地所有权；

（二）宅基地、自留地、自留山等集体所有土地的使用权，〈反抗辩〉但是法律规定可以抵押的除外；

（三）学校、幼儿园、医疗机构等为公益目的成立的非营利法人的教育设施、医疗卫生设施和其他公益设施；

（四）所有权、使用权不明或者有争议的财产；

（五）依法被查封、扣押、监管的财产；

〈提示参引〉（六）法律、行政法规规定不得抵押的其他财产。

「关联条文：担保解释49—50」

第400条　抵押合同

❶〈辅助〉设立抵押权，当事人应当采用书面形式订立抵押合同。

❷〈辅助〉抵押合同一般包括下列条款：

（一）被担保债权的种类和数额；

（二）债务人履行债务的期限；

（三）抵押财产的名称、数量等情况；

（四）担保的范围。

第401条　流押条款

〈抗辩〉抵押权人在债务履行期限届满前，与抵押人约定债务人不履行到期债务时抵押财产归债权人所有的，只能依法就抵押财产优先受偿。

「关联条文：时间效力规定7」

① 理由同第356条。

第402条　不动产抵押登记生效

〈辅助〉以本法第三百九十五条第一款第一项至第三项规定的财产或者第五项规定的正在建造的建筑物抵押的，应当办理抵押登记。〈辅助〉抵押权自登记时设立。

「关联条文：担保解释46—48，52；商品房买卖解释22」

第403条　动产抵押权登记对抗

〈辅助〉以动产抵押的，抵押权自抵押合同生效时设立；〈抗辩/反抗辩〉未经登记，不得对抗善意第三人。

「关联条文：担保解释53—54，67」

「对比条文：404，414，415」

「攻防结构：以动产抵押的，抵押权自抵押合同生效时设立。未经登记，不得对抗第三人。但是，第三人非善意的除外。」

第404条　正常经营买受人规则

〈反抗辩〉以动产抵押的，不得对抗正常经营活动中已经支付合理价款并取得抵押财产的买受人。

「关联条文：406.1；担保解释56」

第405条　抵押不破租赁

〈抗辩〉抵押权设立前，抵押财产已经出租并转移占有的，原租赁关系不受该抵押权的影响。

「关联条文：725」

第406条　抵押财产转让

❶〈辅助〉抵押期间，抵押人可以转让抵押财产。当事人另有约定的，按照其约定。〈抗辩排除〉抵押财产转让的，抵押权不受影响。

「对比条文：404，443.2，444.2，445.2；担保解释43」

❷〈辅助〉抵押人转让抵押财产的，应当及时通知抵押权人。〈主要〉抵押权人能够证明抵押财产转让可能损害抵押权的，可以请求抵押人将转让所得的价款向抵押权人提前清偿债务或者提存。〈主要〉转让的价款超过债权数额的部分归抵押

人所有，〈主要〉不足部分由债务人清偿。

「攻防结构：（第1款）抵押期间，抵押人可以转让抵押财产。当事人另有约定的，按照其约定。抵押财产转让不构成影响抵押权存续的抗辩事由。」

第407条　抵押权从属性

〈抗辩〉抵押权不得与债权分离而单独转让或者作为其他债权的担保。〈主要/辅助①〉债权转让的，担保该债权的抵押权一并转让，〈抗辩〉但是法律另有规定或者当事人另有约定的除外。

第408条　抵押财产保全

〈主要〉抵押人的行为足以使抵押财产价值减少的，抵押权人有权请求抵押人停止其行为；〈主要〉抵押财产价值减少的，抵押权人有权请求恢复抵押财产的价值，或者提供与减少的价值相应的担保。〈主要〉抵押人不恢复抵押财产的价值，也不提供担保的，抵押权人有权请求债务人提前清偿债务。

「对比条文：433」

第409条　抵押权人放弃抵押权或抵押权顺位

❶〈抗辩〉抵押权人可以放弃抵押权或者抵押权的顺位。〈主要/抗辩②〉抵押权人与抵押人可以协议变更抵押权顺位以及被担保的债权数额等内容。〈反抗辩〉但是，抵押权的变更未经其他抵押权人书面同意的，不得对其他抵押权人产生不利影响。

❷〈抗辩〉债务人以自己的财产设定抵押，抵押权人放弃该抵押权、抵押权顺位或者变更抵押权的，其他担保人在抵押权人丧失优先受偿权益的范围内免除担保责任，〈反抗辩〉但是其他担保人承诺仍然提供担保的除外。

「关联条文：392」

---

① 理由同第356条。

② 负担行为层面为主要规范，处分行为层面为权利变更的抗辩规范。

第410条　抵押权的实现

❶〈主要/辅助[①]〉债务人不履行到期债务或者发生当事人约定的实现抵押权的情形，抵押权人可以与抵押人协议以抵押财产折价或者以拍卖、变卖该抵押财产所得的价款优先受偿。〈抗辩〉协议损害其他债权人利益的，其他债权人可以请求人民法院撤销该协议。

「对比条文：436.2，453.1」

❷〈主要〉抵押权人与抵押人未就抵押权实现方式达成协议的，抵押权人可以请求人民法院拍卖、变卖抵押财产。

❸〈辅助〉抵押财产折价或者变卖的，应当参照市场价格。

第411条　动产浮动抵押抵押财产的确定

〈辅助〉依据本法第三百九十六条规定设定抵押的，抵押财产自下列情形之一发生时确定：

（一）债务履行期限届满，债权未实现；

（二）抵押人被宣告破产或者解散；

（三）当事人约定的实现抵押权的情形；

（四）严重影响债权实现的其他情形。

第412条　抵押财产孳息

❶〈辅助〉债务人不履行到期债务或者发生当事人约定的实现抵押权的情形，致使抵押财产被人民法院依法扣押的，自扣押之日起，抵押权人有权收取该抵押财产的天然孳息或者法定孳息，〈抗辩〉但是抵押权人未通知应当清偿法定孳息义务人的除外。

❷〈辅助〉前款规定的孳息应当先充抵收取孳息的费用。

「对比条文：担保解释40—41」

第413条　抵押权实现的清算

〈主要〉抵押财产折价或者拍卖、变卖后，其价款超过债

---

① 理由同第390条第1句。

权数额的部分归抵押人所有，〈主要〉不足部分由债务人清偿。

第414条　抵押权竞存

❶〈辅助〉同一财产向两个以上债权人抵押的，拍卖、变卖抵押财产所得的价款依照下列规定清偿：

（一）抵押权已经登记的，按照登记的时间先后确定清偿顺序；

（二）抵押权已经登记的先于未登记的受偿；

（三）抵押权未登记的，按照债权比例清偿。

❷〈类推参引〉其他可以登记的担保物权，清偿顺序参照适用前款规定。

「对比条文：建工解释一36」

第415条　抵押权与质权的竞存

〈辅助〉同一财产既设立抵押权又设立质权的，拍卖、变卖该财产所得的价款按照登记、交付的时间先后确定清偿顺序。

第416条　购置款抵押权超优先顺位

〈辅助〉动产抵押担保的主债权是抵押物的价款，标的物交付后十日内办理抵押登记的，该抵押权人优先于抵押物买受人的其他担保物权人受偿，〈抗辩〉但是留置权人除外。

「关联条文：担保解释57」

第417条　新增建筑物与抵押权

〈抗辩〉建设用地使用权抵押后，该土地上新增的建筑物不属于抵押财产。〈主要/辅助[①]〉该建设用地使用权实现抵押权时，应当将该土地上新增的建筑物与建设用地使用权一并处分。〈抗辩〉但是，新增建筑物所得的价款，抵押权人无权优先受偿。

「关联条文：担保解释51」

---

① 理由同第356条。

第418条　集体土地使用权抵押权实现的限制

〈抗辩〉以集体所有土地的使用权依法抵押的，实现抵押权后，未经法定程序，不得改变土地所有权的性质和土地用途。

第419条　抵押权行使期间

〈抗辩〉抵押权人应当在主债权诉讼时效期间行使抵押权；未行使的，人民法院不予保护。

［关联条文：担保解释44］

第二节　最高额抵押权

第420条　最高额抵押权

❶〈主要/辅助[①]〉为担保债务的履行，债务人或者第三人对一定期间内将要连续发生的债权提供担保财产的，债务人不履行到期债务或者发生当事人约定的实现抵押权的情形，抵押权人有权在最高债权额限度内就该担保财产优先受偿。

❷〈辅助〉最高额抵押权设立前已经存在的债权，经当事人同意，可以转入最高额抵押担保的债权范围。

［关联条文：担保解释15］

第421条　最高额抵押权的部分债权转让

〈抗辩〉最高额抵押担保的债权确定前，部分债权转让的，最高额抵押权不得转让，但是当事人另有约定的除外。

第422条　最高额抵押债权的内容变更

〈辅助〉最高额抵押担保的债权确定前，抵押权人与抵押人可以通过协议变更债权确定的期间、债权范围以及最高债权额。〈抗辩〉但是，变更的内容不得对其他抵押权人产生不利

① 理由同第390条第1句。

影响。

第423条　最高额抵押主债权的确定

〈辅助〉有下列情形之一的，抵押权人的债权确定：

（一）约定的债权确定期间届满；

（二）没有约定债权确定期间或者约定不明确，抵押权人或者抵押人自最高额抵押权设立之日起满二年后请求确定债权；

（三）新的债权不可能发生；

（四）抵押权人知道或者应当知道抵押财产被查封、扣押；

（五）债务人、抵押人被宣告破产或者解散；

（六）法律规定债权确定的其他情形。

第424条　最高额抵押权的法律适用

〈提示参引〉最高额抵押权除适用本节规定外，适用本章第一节的有关规定。

第十八章　质　权

第一节　动产质权

第425条　动产质权权能

❶〈主要/辅助[①]〉为担保债务的履行，债务人或者第三人将其动产出质给债权人占有的，债务人不履行到期债务或者发生当事人约定的实现质权的情形，债权人有权就该动产优先受偿。

❷〈辅助〉前款规定的债务人或者第三人为出质人，债权人为质权人，交付的动产为质押财产。

第426条　禁止出质的动产

〈抗辩〉法律、行政法规禁止转让的动产不得出质。

① 理由同第390条第1句。

「攻防结构：以法律、行政法规禁止转让的动产出质的，无效。」

第427条　质押合同

❶〈辅助〉设立质权，当事人应当采用书面形式订立质押合同。

❷〈辅助〉质押合同一般包括下列条款：

（一）被担保债权的种类和数额；

（二）债务人履行债务的期限；

（三）质押财产的名称、数量等情况；

（四）担保的范围；

（五）质押财产交付的时间、方式。

第428条　流质条款

〈抗辩〉质权人在债务履行期限届满前，与出质人约定债务人不履行到期债务时质押财产归债权人所有的，只能依法就质押财产优先受偿。

「关联条文：时间效力规定7」

第429条　质权交付设立

〈辅助〉质权自出质人交付质押财产时设立。

「关联条文：担保解释55」

第430条　质物孳息

❶〈辅助〉质权人有权收取质押财产的孳息，但是合同另有约定的除外。

❷〈辅助〉前款规定的孳息应当先充抵收取孳息的费用。

第431条　质权人无权使用或处分质物

〈提示参引[①]〉质权人在质权存续期间，未经出质人同意，擅自使用、处分质押财产，造成出质人损害的，应当承担赔偿

---

① 参引侵权规则。

责任。

第432条　质权人保管义务

❶〈主要〉质权人负有妥善保管质押财产的义务；〈主要〉因保管不善致使质押财产毁损、灭失的，应当承担赔偿责任。

❷〈主要〉质权人的行为可能使质押财产毁损、灭失的，出质人可以请求质权人将质押财产提存，或者请求提前清偿债务并返还质押财产。

第433条　质押财产保全

〈主要〉因不可归责于质权人的事由可能使质押财产毁损或者价值明显减少，足以危害质权人权利的，质权人有权请求出质人提供相应的担保；〈主要〉出质人不提供的，质权人可以拍卖、变卖质押财产，并与出质人协议将拍卖、变卖所得的价款提前清偿债务或者提存。

「对比条文：408」

第434条　转质

〈提示参引[①]〉质权人在质权存续期间，未经出质人同意转质，造成质押财产毁损、灭失的，应当承担赔偿责任。

第435条　质权的抛弃

〈辅助〉质权人可以放弃质权。〈抗辩〉债务人以自己的财产出质，质权人放弃该质权的，其他担保人在质权人丧失优先受偿权益的范围内免除担保责任，〈反抗辩〉但是其他担保人承诺仍然提供担保的除外。

「关联条文：392」

第436条　质物返还与质权实现

❶〈主要〉债务人履行债务或者出质人提前清偿所担保的债权的，质权人应当返还质押财产。

---

① 参引侵权规则。

❷〈主要/辅助[①]〉债务人不履行到期债务或者发生当事人约定的实现质权的情形，质权人可以与出质人协议以质押财产折价，也可以就拍卖、变卖质押财产所得的价款优先受偿。

[对比条文：410.1，453.1]

❸〈辅助〉质押财产折价或者变卖的，应当参照市场价格。

第437条　出质人请求质权人行使质权

❶〈主要〉出质人可以请求质权人在债务履行期限届满后及时行使质权；〈主要[②]〉质权人不行使的，出质人可以请求人民法院拍卖、变卖质押财产。

❷〈主要〉出质人请求质权人及时行使质权，因质权人怠于行使权利造成出质人损害的，由质权人承担赔偿责任。

第438条　质押财产实现的清算

〈主要〉质押财产折价或者拍卖、变卖后，其价款超过债权数额的部分归出质人所有，〈主要〉不足部分由债务人清偿。

第439条　最高额质权

❶〈辅助〉出质人与质权人可以协议设立最高额质权。

❷〈类推参引〉最高额质权除适用本节有关规定外，参照适用本编第十七章第二节的有关规定。

第二节　权利质权

第440条　可出质权利

〈辅助〉债务人或者第三人有权处分的下列权利可以出质：

（一）汇票、本票、支票；

（二）债券、存款单；

（三）仓单、提单；

---

① 理由同第390条第1句。

② 出质人有容忍义务。

（四）可以转让的基金份额、股权；

（五）可以转让的注册商标专用权、专利权、著作权等知识产权中的财产权；

（六）现有的以及将有的应收账款；

（七）法律、行政法规规定可以出质的其他财产权利。

第441条　有价证券质权的设立

〈辅助〉以汇票、本票、支票、债券、存款单、仓单、提单出质的，质权自权利凭证交付质权人时设立；〈辅助〉没有权利凭证的，质权自办理出质登记时设立。〈抗辩〉法律另有规定的，依照其规定。

「关联条文：担保解释58—60」

第442条　证券权利先于主债权到期

〈主要〉汇票、本票、支票、债券、存款单、仓单、提单的兑现日期或者提货日期先于主债权到期的，质权人可以兑现或者提货，并与出质人协议将兑现的价款或者提取的货物提前清偿债务或者提存。

第443条　基金份额质权、股权质权

❶〈辅助〉以基金份额、股权出质的，质权自办理出质登记时设立。

❷〈抗辩〉基金份额、股权出质后，不得转让，〈反抗辩〉但是出质人与质权人协商同意的除外。〈主要〉出质人转让基金份额、股权所得的价款，应当向质权人提前清偿债务或者提存。

第444条　知识产权质权

❶〈辅助〉以注册商标专用权、专利权、著作权等知识产权中的财产权出质的，质权自办理出质登记时设立。

❷〈抗辩〉知识产权中的财产权出质后，出质人不得转让或者许可他人使用，〈反抗辩〉但是出质人与质权人协商同意的除外。〈主要〉出质人转让或者许可他人使用出质的知识产

权中的财产权所得的价款，应当向质权人提前清偿债务或者提存。

第445条　应收账款质权

❶〈辅助〉以应收账款出质的，质权自办理出质登记时设立。

❷〈抗辩〉应收账款出质后，不得转让，〈反抗辩〉但是出质人与质权人协商同意的除外。〈主要〉出质人转让应收账款所得的价款，应当向质权人提前清偿债务或者提存。

「关联条文：担保解释61」

第446条　权利质权的法律适用

〈提示参引〉权利质权除适用本节规定外，适用本章第一节的有关规定。

第十九章　留置权

第447条　留置权权能

❶〈主要/辅助[①]〉债务人不履行到期债务，债权人可以留置已经合法占有的债务人的动产，并有权就该动产优先受偿。

❷〈辅助〉前款规定的债权人为留置权人，占有的动产为留置财产。

第448条　留置动产与主债权属于同一法律关系

〈辅助〉债权人留置的动产，应当与债权属于同一法律关系，〈抗辩〉但是企业之间留置的除外。

「关联条文：担保解释62」

第449条　禁止留置的动产

〈抗辩〉法律规定或者当事人约定不得留置的动产，不得

---

① 理由同第390条第1句。

留置。

第450条　可分留置物

〈辅助〉留置财产为可分物的，留置财产的价值应当相当于债务的金额。

第451条　留置权人保管义务

〈主要〉留置权人负有妥善保管留置财产的义务；〈主要〉因保管不善致使留置财产毁损、灭失的，应当承担赔偿责任。

第452条　留置物孳息

❶〈辅助〉留置权人有权收取留置财产的孳息。

❷〈辅助〉前款规定的孳息应当先充抵收取孳息的费用。

第453条　留置权实现

❶〈辅助〉留置权人与债务人应当约定留置财产后的债务履行期限；〈辅助〉没有约定或者约定不明确的，留置权人应当给债务人六十日以上履行债务的期限，〈抗辩〉但是鲜活易腐等不易保管的动产除外。〈主要/辅助①〉债务人逾期未履行的，留置权人可以与债务人协议以留置财产折价，也可以就拍卖、变卖留置财产所得的价款优先受偿。

「对比条文：410.1，436.2」

❷〈辅助〉留置财产折价或者变卖的，应当参照市场价格。

第454条　债务人请求留置权人行使留置权

〈主要〉债务人可以请求留置权人在债务履行期限届满后行使留置权；〈主要②〉留置权人不行使的，债务人可以请求人民法院拍卖、变卖留置财产。

第455条　留置权实现方式

〈主要〉留置财产折价或者拍卖、变卖后，其价款超过债权数额的部分归债务人所有，〈主要〉不足部分由债务人清偿。

---

① 理由同第390条第1句。

② 债务人有容忍义务。

第456条　留置权优先于其他担保物权

〈辅助〉同一动产上已经设立抵押权或者质权，该动产又被留置的，留置权人优先受偿。

第457条　留置权消灭

〈抗辩〉留置权人对留置财产丧失占有或者留置权人接受债务人另行提供担保的，留置权消灭。

第五分编　占　有

第二十章　占　有

第458条　有权占有的效力

〈提示参引〉基于合同关系等产生的占有，有关不动产或者动产的使用、收益、违约责任等，按照合同约定；合同没有约定或者约定不明确的，依照有关法律规定。

第459条　恶意占有人的损害赔偿责任

〈参引/抗辩[①]〉占有人因使用占有的不动产或者动产，致使该不动产或者动产受到损害的，恶意占有人应当承担赔偿责任。

「攻防结构：占有人因使用占有的不动产或者动产，致使该不动产或者动产受到损害的，应当承担赔偿责任。但是，占有人为善意的除外。」

第460条　无权占有人的孳息返还义务与费用补偿请求权

〈参引〉不动产或者动产被占有人占有的，权利人可以请求返还原物及其孳息；〈主要/抗辩〉但是，应当支付善意占有人因维护该不动产或者动产支出的必要费用。

① 参引规范指向对恶意占有人的侵权赔偿请求权，抗辩规范指向善意占有人的免责抗辩。

第461条　占有物毁损、灭失时无权占有人的责任

〈提示参引[①]〉占有的不动产或者动产毁损、灭失，该不动产或者动产的权利人请求赔偿的，占有人应当将因毁损、灭失取得的保险金、赔偿金或者补偿金等返还给权利人；〈提示参引〉权利人的损害未得到足够弥补的，恶意占有人还应当赔偿损失。

「攻防结构：占有的不动产或者动产毁损、灭失，该不动产或者动产的权利人请求赔偿的，占有人应当将因毁损、灭失取得的保险金、赔偿金或者补偿金等返还给权利人；权利人的损害未得到足够弥补的，占有人还应当赔偿损失。但是，占有人为善意的，不必赔偿损失。」

第462条　占有保护请求权

❶〈主要〉占有的不动产或者动产被侵占的，占有人有权请求返还原物；〈主要〉对妨害占有的行为，占有人有权请求排除妨害或者消除危险；〈提示参引〉因侵占或者妨害造成损害的，占有人有权依法请求损害赔偿。

❷〈抗辩〉占有人返还原物的请求权，自侵占发生之日起一年内未行使的，该请求权消灭。

占有人的原物返还请求权
请求权基础：第462条第1款第1分句

<table>
<tr><td rowspan="3">请求权已产生</td><td rowspan="3">产生要件</td><td colspan="2">请求人曾为占有人</td></tr>
<tr><td>因占有侵夺丧失占有</td><td rowspan="2">否认：法律许可或请求人同意</td></tr>
<tr><td>相对人为瑕疵占有人</td></tr>
<tr><td rowspan="3">请求权未消灭</td><td colspan="3">物已灭失</td></tr>
<tr><td colspan="3">除斥期间届满：第462条第2款</td></tr>
<tr><td colspan="3">债的一般消灭事由：第557条第1款</td></tr>
<tr><td>请求权可行使</td><td colspan="3">相对人的抗辩权（如留置抗辩权）</td></tr>
</table>

① 参引（权益侵害型）不当得利规则。

第三编 合 同

第一分编 通 则

第一章 一般规定

第463条 合同编调整范围

〈宣导〉本编调整因合同产生的民事关系。

第464条 合同定义

❶〈辅助〉合同是民事主体之间设立、变更、终止民事法律关系的协议。

❷〈提示参引〉婚姻、收养、监护等有关身份关系的协议，适用有关该身份关系的法律规定；〈类推参引〉没有规定的，可以根据其性质参照适用本编规定。

第465条 合同相对性

❶〈宣导〉依法成立的合同，受法律保护。

❷〈辅助〉依法成立的合同，仅对当事人具有法律约束力，〈抗辩〉但是法律另有规定的除外。

第466条 合同解释

❶〈参引〉当事人对合同条款的理解有争议的，应当依据本法第一百四十二条第一款的规定，确定争议条款的含义。

「关联条文：142.1，合同通则解释1」

❷〈裁判指引〉合同文本采用两种以上文字订立并约定具有同等效力的，对各文本使用的词句推定具有相同含义。〈裁判指引〉各文本使用的词句不一致的，应当根据合同的相关条款、性质、目的以及诚信原则等予以解释。

第467条 无名合同的法律适用

❶〈提示参引〉本法或者其他法律没有明文规定的合同，适用本编通则的规定，〈类推参引〉并可以参照适用本编或者

其他法律最相类似合同的规定。

❷〈裁判指引〉在中华人民共和国境内履行的中外合资经营企业合同、中外合作经营企业合同、中外合作勘探开发自然资源合同，适用中华人民共和国法律。

第468条　非合同之债的法律适用

〈提示参引〉非因合同产生的债权债务关系，适用有关该债权债务关系的法律规定；〈类推参引〉没有规定的，适用本编通则的有关规定，〈抗辩〉但是根据其性质不能适用的除外。

第二章　合同的订立

第469条　合同订立形式

❶〈辅助〉当事人订立合同，可以采用书面形式、口头形式或者其他形式。

❷〈辅助〉书面形式是合同书、信件、电报、电传、传真等可以有形地表现所载内容的形式。

❸〈辅助〉以电子数据交换、电子邮件等方式能够有形地表现所载内容，并可以随时调取查用的数据电文，视为书面形式。

第470条　合同一般条款

❶〈辅助〉合同的内容由当事人约定，一般包括下列条款：

（一）当事人的姓名或者名称和住所；

（二）标的；

（三）数量；

（四）质量；

（五）价款或者报酬；

（六）履行期限、地点和方式；

（七）违约责任；

（八）解决争议的方法。

❷〈辅助〉当事人可以参照各类合同的示范文本订立合同。

第471条　订立合同的方式

〈辅助〉当事人订立合同，可以采取要约、承诺方式或者其他方式。

第472条　要约定义

〈辅助〉要约是希望与他人订立合同的意思表示，该意思表示应当符合下列条件：

（一）内容具体确定；

（二）表明经受要约人承诺，要约人即受该意思表示约束。

第473条　要约邀请

❶〈否认[①]〉要约邀请是希望他人向自己发出要约的表示。〈否认〉拍卖公告、招标公告、招股说明书、债券募集办法、基金招募说明书、商业广告和宣传、寄送的价目表等为要约邀请。

❷〈辅助〉商业广告和宣传的内容符合要约条件的，构成要约。

「关联条文：商品房买卖解释3」

第474条　要约生效时间

〈提示参引〉要约生效的时间适用本法第一百三十七条的规定。

第475条　要约撤回

〈抗辩〉要约可以撤回。〈提示参引〉要约的撤回适用本法第一百四十一条的规定。

第476条　要约撤销

〈抗辩〉要约可以撤销，〈反抗辩〉但是有下列情形之一的除外：

（一）要约人以确定承诺期限或者其他形式明示要约不可撤销；

（二）受要约人有理由认为要约是不可撤销的，并已经为

① 对“要约”的否认。

履行合同做了合理准备工作。

第477条　撤销要约的方式

〈辅助〉撤销要约的意思表示以对话方式作出的，该意思表示的内容应当在受要约人作出承诺之前为受要约人所知道；〈辅助〉撤销要约的意思表示以非对话方式作出的，应当在受要约人作出承诺之前到达受要约人。

第478条　要约失效

〈抗辩〉有下列情形之一的，要约失效：

（一）要约被拒绝；

（二）要约被依法撤销；

（三）承诺期限届满，受要约人未作出承诺；

（四）受要约人对要约的内容作出实质性变更。

第479条　承诺定义

〈辅助〉承诺是受要约人同意要约的意思表示。

第480条　承诺方式

〈辅助〉承诺应当以通知的方式作出；〈抗辩〉但是，根据交易习惯或者要约表明可以通过行为作出承诺的除外。

［关联条文：合同通则解释2］

第481条　承诺期限

❶〈辅助〉承诺应当在要约确定的期限内到达要约人。

❷〈辅助〉要约没有确定承诺期限的，承诺应当依照下列规定到达：

（一）要约以对话方式作出的，应当即时作出承诺；

（二）要约以非对话方式作出的，承诺应当在合理期限内到达。

第482条　承诺期限起算

〈辅助〉要约以信件或者电报作出的，承诺期限自信件载明的日期或者电报交发之日开始计算。〈辅助〉信件未载明日期的，自投寄该信件的邮戳日期开始计算。〈辅助〉要约以电话、传真、电子邮件等快速通讯方式作出的，承诺期限自要约到达受要约人时开始计算。

第483条　合同成立时间

〈辅助〉承诺生效时合同成立，〈抗辩〉但是法律另有规定或者当事人另有约定的除外。

［关联条文：合同通则解释3—4］

第484条　承诺生效时间

❶〈提示参引〉以通知方式作出的承诺，生效的时间适用本法第一百三十七条的规定。

❷〈辅助〉承诺不需要通知的，根据交易习惯或者要约的要求作出承诺的行为时生效。

［关联条文：合同通则解释2］

第485条　承诺撤回

〈抗辩〉承诺可以撤回。〈提示参引〉承诺的撤回适用本法第一百四十一条的规定。

第486条　逾期承诺

〈辅助/否认[①]〉受要约人超过承诺期限发出承诺，或者在承诺期限内发出承诺，按照通常情形不能及时到达要约人的，为新要约；〈辅助〉但是，要约人及时通知受要约人该承诺有效的除外。

第487条　迟到承诺

〈辅助〉受要约人在承诺期限内发出承诺，按照通常情形能够及时到达要约人，但是因其他原因致使承诺到达要约人时超过承诺期限的，〈抗辩〉除要约人及时通知受要约人因承诺超过期限不接受该承诺外，[②]该承诺有效。

第488条　承诺对要约内容的实质性变更

〈辅助〉承诺的内容应当与要约的内容一致。〈辅助/否

① 就成立新要约的法效而言，为辅助规范；就承诺未生效的法效而言，为否认规范。

② “除要约人及时通知受要约人因承诺超过期限不接受该承诺外”为抗辩规范。

认[①]〉受要约人对要约的内容作出实质性变更的，为新要约。〈辅助〉有关合同标的、数量、质量、价款或者报酬、履行期限、履行地点和方式、违约责任和解决争议方法等的变更，是对要约内容的实质性变更。

第489条　承诺对要约内容的非实质性变更

〈辅助〉承诺对要约的内容作出非实质性变更的，〈抗辩〉除要约人及时表示反对或者要约表明承诺不得对要约的内容作出任何变更外，该承诺有效，合同的内容以承诺的内容为准。

第490条　合同书形式合同的成立时间与义务履行取代形式要求

❶〈抗辩[②]〉当事人采用合同书形式订立合同的，〈反抗辩〉自当事人均签名、盖章或者按指印时合同成立。〈反抗辩〉在签名、盖章或者按指印之前，当事人一方已经履行主要义务，对方接受时，该合同成立。

「关联条文：合同通则解释22」

❷〈抗辩〉法律、行政法规规定或者当事人约定合同应当采用书面形式订立，当事人未采用书面形式〈反抗辩〉但是一方已经履行主要义务，对方接受时，该合同成立。

「对比条文：商品房买卖解释6.2」

「攻防结构：当事人采用合同书形式订立合同，具备下列情形之一的，合同成立：

（一）当事人签名、盖章或者按指印；

（二）在签名、盖章或者按指印之前，当事人一方已经履行主要义务，对方接受的。

法律、行政法规规定或者当事人约定合同应当采用书面形式订立，具备下列情形之一的，合同成立：

① 就成立新要约的法效而言，为辅助规范；就与要约实质内容不同不构成承诺的法效而言，为否认规范。

② 第483条主文的抗辩。

（一）当事人采用书面形式；

（二）虽未采用书面形式，但一方已经履行主要义务，对方接受的。」

第491条　确认书与合同成立时间/网络提交订单与合同成立时间

❶〈抗辩〉当事人采用信件、数据电文等形式订立合同要求签订确认书的，签订确认书时合同成立。

❷〈辅助〉当事人一方通过互联网等信息网络发布的商品或者服务信息符合要约条件的，对方选择该商品或者服务并提交订单成功时合同成立，但是当事人另有约定的除外。

第492条　合同成立地点

❶〈辅助〉承诺生效的地点为合同成立的地点。

❷〈辅助〉采用数据电文形式订立合同的，收件人的主营业地为合同成立的地点；〈辅助〉没有主营业地的，其住所地为合同成立的地点。当事人另有约定的，按照其约定。

第493条　合同书形式订立合同的成立地点

〈辅助〉当事人采用合同书形式订立合同的，最后签名、盖章或者按指印的地点为合同成立的地点，但是当事人另有约定的除外。

第494条　国家计划合同与强制缔约义务

❶〈提示参引〉国家根据抢险救灾、疫情防控或者其他需要下达国家订货任务、指令性任务的，有关民事主体之间应当依照有关法律、行政法规规定的权利和义务订立合同。

❷〈提示参引〉依照法律、行政法规的规定负有发出要约义务的当事人，应当及时发出合理的要约。

❸〈提示参引〉依照法律、行政法规的规定负有作出承诺义务的当事人，不得拒绝对方合理的订立合同要求。

第495条　预约

❶〈辅助〉当事人约定在将来一定期限内订立合同的认购

书、订购书、预订书等，构成预约合同。

［关联条文：合同通则解释6］

❷〈主要〉当事人一方不履行预约合同约定的订立合同义务的，对方可以请求其承担预约合同的违约责任。

［关联条文：合同通则解释7—8］

第496条　格式条款的定义与提示说明义务

❶〈辅助〉格式条款是当事人为了重复使用而预先拟定，并在订立合同时未与对方协商的条款。

［关联条文：合同通则解释9］

❷〈辅助〉采用格式条款订立合同的，提供格式条款的一方应当遵循公平原则确定当事人之间的权利和义务，并采取合理的方式提示对方注意免除或者减轻其责任等与对方有重大利害关系的条款，按照对方的要求，对该条款予以说明。〈抗辩〉提供格式条款的一方未履行提示或者说明义务，致使对方没有注意或者理解与其有重大利害关系的条款的，对方可以主张该条款不成为合同的内容。

［关联条文：时间效力规定9；合同通则解释10］

第497条　格式条款无效

〈抗辩〉有下列情形之一的，该格式条款无效：

（一）具有本法第一编第六章第三节和本法第五百零六条规定的无效情形；

（二）提供格式条款一方不合理地免除或者减轻其责任、加重对方责任、限制对方主要权利；

（三）提供格式条款一方排除对方主要权利。

第498条　格式条款解释

〈裁判指引〉对格式条款的理解发生争议的，应当按照通常理解予以解释。〈裁判指引〉对格式条款有两种以上解释的，应当作出不利于提供格式条款一方的解释。〈裁判指引〉格式条款和非格式条款不一致的，应当采用非格式条款。

第499条　悬赏广告

〈主要〉悬赏人以公开方式声明对完成特定行为的人支付报酬的，完成该行为的人可以请求其支付。

第500条　缔约过失

〈主要〉当事人在订立合同过程中有下列情形之一，造成对方损失的，应当承担赔偿责任：

（一）假借订立合同，恶意进行磋商；

（二）故意隐瞒与订立合同有关的重要事实或者提供虚假情况；

（三）有其他违背诚信原则的行为。

［关联条文：157，388.2；合同通则解释5］

缔约过失请求权
请求权基础：第500条

请求权已产生	责任成立	订立合同过程中
		违反诚信的行为：第500条
		过错：依学理与判例
		与有过失抗辩：类推第592条第2款
	责任范围	损害：依学理与判例
		责任范围因果关系：依学理与判例
		违反减损义务抗辩：类推第591条第1款
请求权未消灭	债的一般消灭事由：第557条第1款	
	损益相抵：合同通则解释第63条第3款	
请求权可行使	时效抗辩权：第192条第1款	

第501条　缔约中的保密义务

〈主要〉当事人在订立合同过程中知悉的商业秘密或者其他应当保密的信息，无论合同是否成立，不得泄露或者不正当地使用；〈主要〉泄露、不正当地使用该商业秘密或者信息，造成对方损失的，应当承担赔偿责任。

第三章　合同的效力

第502条　合同生效时间/合同批准

❶〈辅助〉依法成立的合同，自成立时生效，〈抗辩〉但是法律另有规定或者当事人另有约定的除外。

❷〈提示参引〉依照法律、行政法规的规定，合同应当办理批准等手续的，依照其规定。〈抗辩排除〉未办理批准等手续影响合同生效的，不影响合同中履行报批等义务条款以及相关条款的效力。〈主要〉应当办理申请批准等手续的当事人未履行义务的，对方可以请求其承担违反该义务的责任。

「关联条文：合同通则解释12—13，14.1；商品房买卖解释2，6；租赁解释2—3；建工解释一3」

❸〈提示参引〉依照法律、行政法规的规定，合同的变更、转让、解除等情形应当办理批准等手续的，适用前款规定。

「攻防结构：（第2款第2句）未办理批准等手续影响合同生效的，不构成可导致合同中履行报批等义务条款以及相关条款无效的抗辩事由。」

第503条　被代理人默示追认

〈辅助〉无权代理人以被代理人的名义订立合同，被代理人已经开始履行合同义务或者接受相对人履行的，视为对合同的追认。

第504条　表见代表

〈辅助〉法人的法定代表人或者非法人组织的负责人超越权限订立的合同，〈抗辩〉除相对人知道或者应当知道其超越权限外，该代表行为有效，订立的合同对法人或者非法人组织发生效力。

「关联条文：担保解释7，12」

「攻防结构：法人的法定代表人或者非法人组织的负责人订立的合同，对法人或者非法人组织发生效力。但是，法人或者非法人组织可以证明其超越权限，且相对人知道或者应当知道其超越权限的除外。」

第505条　超越经营范围订立的合同

〈提示参引〉当事人超越经营范围订立的合同的效力，应当依照本法第一编第六章第三节和本编的有关规定确定，〈抗辩排除〉不得仅以超越经营范围确认合同无效。

「攻防结构：当事人超越经营范围订立的合同的效力，应当依照本法第一编第六章第三节和本编的有关规定确定，仅超越经营范围不构成可导致合同无效的抗辩事由。」

第506条　无效免责条款

〈反抗辩〉合同中的下列免责条款无效：

（一）造成对方人身损害的；

（二）因故意或者重大过失造成对方财产损失的。

第507条　争议解决条款独立性

〈抗辩排除〉合同不生效、无效、被撤销或者终止的，不影响合同中有关解决争议方法的条款的效力。

「攻防结构：合同不生效、无效、被撤销或者终止的，不构成合同中有关解决争议方法的条款效力的抗辩事由。」

第508条　合同效力适用法律行为规则

〈提示参引〉本编对合同的效力没有规定的，适用本法第一编第六章的有关规定。

第四章　合同的履行

第509条　合同履行原则

❶〈原则〉当事人应当按照约定全面履行自己的义务。

❷〈主要/辅助[①]〉当事人应当遵循诚信原则，根据合同的性质、目的和交易习惯履行通知、协助、保密等义务。

「关联条文：合同通则解释2」

---

① 主要规范指向协助、保密等义务，辅助规范指向无法独立诉请履行的通知义务。

❸〈原则〉当事人在履行合同过程中，应当避免浪费资源、污染环境和破坏生态。

第510条　合同漏洞的填补

〈辅助〉合同生效后，当事人就质量、价款或者报酬、履行地点等内容没有约定或者约定不明确的，可以协议补充；〈裁判指引〉不能达成补充协议的，按照合同相关条款或者交易习惯确定。

［关联条文：合同通则解释2］

第511条　合同补充性解释

〈辅助〉当事人就有关合同内容约定不明确，依据前条规定仍不能确定的，适用下列规定：

（一）质量要求不明确的，按照强制性国家标准履行；没有强制性国家标准的，按照推荐性国家标准履行；没有推荐性国家标准的，按照行业标准履行；没有国家标准、行业标准的，按照通常标准或者符合合同目的的特定标准履行。

（二）价款或者报酬不明确的，按照订立合同时履行地的市场价格履行；依法应当执行政府定价或者政府指导价的，依照规定履行。

（三）履行地点不明确，给付货币的，在接受货币一方所在地履行；交付不动产的，在不动产所在地履行；其他标的，在履行义务一方所在地履行。

［关联条文：借贷规定3］

（四）履行期限不明确的，债务人可以随时履行，债权人也可以随时请求履行，但是应当给对方必要的准备时间。

（五）履行方式不明确的，按照有利于实现合同目的的方式履行。

（六）履行费用的负担不明确的，由履行义务一方负担；因债权人原因增加的履行费用，由债权人负担。

第512条　电子合同交付时间的认定

❶〈辅助〉通过互联网等信息网络订立的电子合同的标的

为交付商品并采用快递物流方式交付的，收货人的签收时间为交付时间。〈辅助〉电子合同的标的为提供服务的，生成的电子凭证或者实物凭证中载明的时间为提供服务时间；〈辅助〉前述凭证没有载明时间或者载明时间与实际提供服务时间不一致的，以实际提供服务的时间为准。

❷〈辅助〉电子合同的标的物为采用在线传输方式交付的，合同标的物进入对方当事人指定的特定系统且能够检索识别的时间为交付时间。

❸〈辅助〉电子合同当事人对交付商品或者提供服务的方式、时间另有约定的，按照其约定。

第513条　执行政府定价或指导价的合同价格

〈辅助〉执行政府定价或者政府指导价的，在合同约定的交付期限内政府价格调整时，按照交付时的价格计价。〈抗辩〉逾期交付标的物的，遇价格上涨时，按照原价格执行；〈抗辩〉价格下降时，按照新价格执行。〈抗辩〉逾期提取标的物或者逾期付款的，遇价格上涨时，按照新价格执行；〈抗辩〉价格下降时，按照原价格执行。

第514条　金钱之债给付的货币

〈辅助〉以支付金钱为内容的债，除法律另有规定或者当事人另有约定外，债权人可以请求债务人以实际履行地的法定货币履行。

第515条　选择之债的选择权

❶〈辅助〉标的有多项而债务人只需履行其中一项的，债务人享有选择权；〈抗辩〉但是，法律另有规定、当事人另有约定或者另有交易习惯的除外。

［关联条文：合同通则解释2］

❷〈抗辩〉享有选择权的当事人在约定期限内或者履行期限届满未作选择，经催告后在合理期限内仍未选择的，选择权转移至对方。

第516条　选择之债的履行

❶〈辅助〉当事人行使选择权应当及时通知对方，〈辅助〉通知到达对方时，标的确定。〈辅助〉标的确定后不得变更，但是经对方同意的除外。

❷〈抗辩〉可选择的标的发生不能履行情形的，享有选择权的当事人不得选择不能履行的标的，〈反抗辩〉但是该不能履行的情形是由对方造成的除外。

第517条　按份之债

❶〈辅助〉债权人为二人以上，标的可分，按照份额各自享有债权的，为按份债权；〈辅助〉债务人为二人以上，标的可分，按照份额各自负担债务的，为按份债务。

❷〈辅助〉按份债权人或者按份债务人的份额难以确定的，视为份额相同。

第518条　连带之债

❶〈辅助〉债权人为二人以上，部分或者全部债权人均可以请求债务人履行债务的，为连带债权；〈辅助〉债务人为二人以上，债权人可以请求部分或者全部债务人履行全部债务的，为连带债务。

❷〈辅助〉连带债权或者连带债务，由法律规定或者当事人约定。

第519条　连带债务份额

❶〈辅助〉连带债务人之间的份额难以确定的，视为份额相同。

❷〈主要〉实际承担债务超过自己份额的连带债务人，有权就超出部分在其他连带债务人未履行的份额范围内向其追偿，〈不完全主要/辅助〉并相应地享有债权人的权利，〈抗辩〉但是不得损害债权人的利益。〈抗辩〉其他连带债务人对债权人的抗辩，可以向该债务人主张。

❸〈主要〉被追偿的连带债务人不能履行其应分担份额的，其他连带债务人应当在相应范围内按比例分担。

第520条　连带债务绝对效力事项

❶〈抗辩〉部分连带债务人履行、抵销债务或者提存标的物的，其他债务人对债权人的债务在相应范围内消灭；〈提示参引〉该债务人可以依据前条规定向其他债务人追偿。

❷〈抗辩〉部分连带债务人的债务被债权人免除的，在该连带债务人应当承担的份额范围内，其他债务人对债权人的债务消灭。

❸〈抗辩〉部分连带债务人的债务与债权人的债权同归于一人的，在扣除该债务人应当承担的份额后，债权人对其他债务人的债权继续存在。

❹〈抗辩〉债权人对部分连带债务人的给付受领迟延的，对其他连带债务人发生效力。

「关联条文：时效规定15.2」

第521条　连带债权份额

❶〈辅助〉连带债权人之间的份额难以确定的，视为份额相同。

❷〈主要〉实际受领债权的连带债权人，应当按比例向其他连带债权人返还。

❸〈类推参引〉连带债权参照适用本章连带债务的有关规定。

「关联条文：时效规定15.1」

第522条　利他合同

❶〈主要〉当事人约定由债务人向第三人履行债务，债务人未向第三人履行债务或者履行债务不符合约定的，应当向债权人承担违约责任。

❷〈主要〉法律规定或者当事人约定第三人可以直接请求债务人向其履行债务，〈抗辩〉第三人未在合理期限内明确拒绝，债务人未向第三人履行债务或者履行债务不符合约定的，第三人可以请求债务人承担违约责任；〈抗辩〉债务人对债权人的抗辩，可以向第三人主张。

「关联条文：合同通则解释29；婚姻家庭解释二20.3」

第523条　约定由第三人履行

〈主要〉当事人约定由第三人向债权人履行债务，第三人不履行债务或者履行债务不符合约定的，债务人应当向债权人承担违约责任。

第524条　代为履行权

❶〈主要[①]〉债务人不履行债务，第三人对履行该债务具有合法利益的，第三人有权向债权人代为履行；〈抗辩〉但是，根据债务性质、按照当事人约定或者依照法律规定只能由债务人履行的除外。

❷〈不完全主要〉债权人接受第三人履行后，其对债务人的债权转让给第三人，〈抗辩〉但是债务人和第三人另有约定的除外。

「关联条文：合同通则解释30」

第525条　同时履行抗辩权

〈抗辩〉当事人互负债务，没有先后履行顺序的，应当同时履行。〈抗辩〉一方在对方履行之前有权拒绝其履行请求。〈抗辩〉一方在对方履行债务不符合约定时，有权拒绝其相应的履行请求。

「关联条文：合同通则解释31」

第526条　先履行抗辩权

〈抗辩〉当事人互负债务，有先后履行顺序，应当先履行债务一方未履行的，后履行一方有权拒绝其履行请求。〈抗辩〉先履行一方履行债务不符合约定的，后履行一方有权拒绝其相应的履行请求。

「关联条文：合同通则解释31」

第527条　不安抗辩权

❶〈抗辩〉应当先履行债务的当事人，有确切证据证明对方有下列情形之一的，可以中止履行：

（一）经营状况严重恶化；

（二）转移财产、抽逃资金，以逃避债务；

（三）丧失商业信誉；

① 第三人有权请求债权人受领。

（四）有丧失或者可能丧失履行债务能力的其他情形。

［关联条文：614；合同通则解释31.1］

❷〈提示参引〉当事人没有确切证据中止履行的，应当承担违约责任。

第528条　不安抗辩权的行使

〈辅助〉当事人依据前条规定中止履行的，应当及时通知对方。〈反抗辩〉对方提供适当担保的，应当恢复履行。〈提示参引〉中止履行后，对方在合理期限内未恢复履行能力且未提供适当担保的，视为以自己的行为表明不履行主要债务，中止履行的一方可以解除合同并可以请求对方承担违约责任。

第529条　债权人原因导致的履行困难

〈抗辩〉债权人分立、合并或者变更住所没有通知债务人，致使履行债务发生困难的，债务人可以中止履行或者将标的物提存。

第530条　提前履行

❶〈抗辩〉债权人可以拒绝债务人提前履行债务，〈反抗辩〉但是提前履行不损害债权人利益的除外。

❷〈主要〉债务人提前履行债务给债权人增加的费用，由债务人负担。

［攻防结构：（第1款）债务人提前履行债务的，债权人无受领义务。但是，提前履行不损害债权人利益的除外。］

第531条　部分履行

❶〈抗辩〉债权人可以拒绝债务人部分履行债务，〈反抗辩〉但是部分履行不损害债权人利益的除外。

❷〈主要〉债务人部分履行债务给债权人增加的费用，由债务人负担。

［攻防结构：（第1款）债务人部分履行债务的，债权人无受领义务。但是，部分履行不损害债权人利益的除外。］

第532条　姓名、名称变更或经办人变动不影响合同效力

〈否认排除〉合同生效后，当事人不得因姓名、名称的变更或者法定代表人、负责人、承办人的变动而不履行合同义务。

「关联条文：1016.2」

「攻防结构：姓名、名称的变更或者法定代表人、负责人、承办人的变动，不构成合同当事人身份的否认事由。」

第533条　情事变更

❶〈主要〉合同成立后，合同的基础条件发生了当事人在订立合同时无法预见的、不属于商业风险的重大变化，继续履行合同对于当事人一方明显不公平的，受不利影响的当事人可以与对方重新协商；〈抗辩〉在合理期限内协商不成的，当事人可以请求人民法院或者仲裁机构变更或者解除合同。

❷〈辅助〉人民法院或者仲裁机构应当结合案件的实际情况，根据公平原则变更或者解除合同。

「关联条文：合同通则解释32」

第534条　利用合同危害公共利益的处理

〈外部〉对当事人利用合同实施危害国家利益、社会公共利益行为的，市场监督管理和其他有关行政主管部门依照法律、行政法规的规定负责监督处理。

第五章　合同的保全

第535条　债权人代位权

❶〈不完全主要/辅助[①]〉因债务人怠于行使其债权或者与该债权有关的从权利，影响债权人的到期债权实现的，债权人可以向人民法院请求以自己的名义代位行使债务人对相对人的权利，〈抗辩〉但是该权利专属于债务人自身的除外。

❷〈辅助〉代位权的行使范围以债权人的到期债权为限。

① 就代位的请求权而言，本条为主要规范；就代位的非请求权性质的从权利而言，本条为辅助规范。

〈主要〉债权人行使代位权的必要费用，由债务人负担。

❸〈抗辩〉相对人对债务人的抗辩，可以向债权人主张。

［关联条文：975；合同通则解释33-41；时效规定16；建工解释一44］

第536条　债权到期前债权人的代位权

〈辅助〉债权人的债权到期前，债务人的债权或者与该债权有关的从权利存在诉讼时效期间即将届满或者未及时申报破产债权等情形，影响债权人的债权实现的，债权人可以代位向债务人的相对人请求其向债务人履行、向破产管理人申报或者作出其他必要的行为。

第537条　代位权效力

〈不完全主要〉人民法院认定代位权成立的，由债务人的相对人向债权人履行义务，〈抗辩〉债权人接受履行后，债权人与债务人、债务人与相对人之间相应的权利义务终止。〈提示参引〉债务人对相对人的债权或者与该债权有关的从权利被采取保全、执行措施，或者债务人破产的，依照相关法律的规定处理。

［关联条文：时效规定16］

第538条　不以相对人恶意为前提的债权人撤销权

〈反抗辩[①]〉债务人以放弃其债权、放弃债权担保、无偿转让财产等方式无偿处分财产权益，或者恶意延长其到期债权的履行期限，影响债权人的债权实现的，债权人可以请求人民法院撤销债务人的行为。

［关联条文：合同通则解释44，46；婚姻家庭解释二3］

---

① 在“债权人请求→债务人抗辩→债权人反抗辩”的攻防结构中，第538条出现在“债权人反抗辩”这一层次。举例而言，甲自乙处购买旧手表后，乙将该表赠与丙，甲向乙请求移转手表的所有权时（债权人请求），乙可能抗辩称手表已经归丙所有（债务人抗辩），甲针对乙的抗辩可反抗辩称符合债权人撤销权要件并行使撤销权（债权人反抗辩）。另外，在上述例子中，第538条也可以成为否认乙丙之赠与及所有权让与之效力的抗辩规范。

第539条　以相对人恶意为前提的债权人撤销权

〈抗辩／反抗辩〉债务人以明显不合理的低价转让财产、以明显不合理的高价受让他人财产或者为他人的债务提供担保，影响债权人的债权实现，债务人的相对人知道或者应当知道该情形的，债权人可以请求人民法院撤销债务人的行为。

「关联条文：410.1；合同通则解释42—44，46；婚姻家庭解释二3」

第540条　撤销权行使范围

〈辅助〉撤销权的行使范围以债权人的债权为限。〈主要〉债权人行使撤销权的必要费用，由债务人负担。

「关联条文：合同通则解释45」

第541条　撤销权除斥期间

〈反抗辩〉撤销权自债权人知道或者应当知道撤销事由之日起一年内行使。〈反抗辩〉自债务人的行为发生之日起五年内没有行使撤销权的，该撤销权消灭。

第542条　撤销权效力

〈辅助〉债务人影响债权人的债权实现的行为被撤销的，自始没有法律约束力。

第六章　合同的变更和转让

第543条　合意可变更合同

〈辅助〉当事人协商一致，可以变更合同。

第544条　合同未变更的推定

〈辅助〉当事人对合同变更的内容约定不明确的，推定为未变更。

第545条　债权让与的限制

❶〈辅助〉债权人可以将债权的全部或者部分转让给第三人，〈抗辩〉但是有下列情形之一的除外：

（一）根据债权性质不得转让；

（二）按照当事人约定不得转让；

（三）依照法律规定不得转让。

❷〈抗辩排除／抗辩〉当事人约定非金钱债权不得转让的，不得对抗善意第三人。〈抗辩排除〉当事人约定金钱债权不得转让的，不得对抗第三人。

「攻防结构：（第2款）当事人约定债权不得转让的，不得对抗第三人。但是，债权为非金钱债权，且第三人非善意的除外。」

第546条　债权转让的通知

❶〈抗辩〉债权人转让债权，未通知债务人的，该转让对债务人不发生效力。

❷〈抗辩排除[①]〉债权转让的通知不得撤销，〈反抗辩〉但是经受让人同意的除外。

「关联条文：合同通则解释48—50；时效规定17.1」

「攻防结构：（第1款）债权人转让债权，未通知债务人的，债务人向原债权人的给付仍产生清偿效力。」

第547条　债权转让及于从权利

❶〈不完全主要／辅助[②]〉债权人转让债权的，受让人取得与债权有关的从权利，〈抗辩〉但是该从权利专属于债权人自身的除外。

❷〈抗辩排除〉受让人取得从权利不因该从权利未办理转移登记手续或者未转移占有而受到影响。

「攻防结构：（第2款）未办理转移登记手续或者未转移占有，不构成受让人取得从权利的抗辩事由。」

第548条　债权转让中债务人的抗辩保护

〈抗辩〉债务人接到债权转让通知后，债务人对让与人的

---

① 以受让人请求为视角。

② 理由同第356条。

抗辩，可以向受让人主张。

「关联条文：合同通则解释47.1」

第549条　债权转让中的债务人抵销权

〈抗辩〉有下列情形之一的，债务人可以向受让人主张抵销：

（一）债务人接到债权转让通知时，债务人对让与人享有债权，且债务人的债权先于转让的债权到期或者同时到期；

（二）债务人的债权与转让的债权是基于同一合同产生。

第550条　债权转让费用承担

〈主要〉因债权转让增加的履行费用，由让与人负担。

第551条　免责的债务承担

❶〈辅助〉债务人将债务的全部或者部分转移给第三人的，应当经债权人同意。

❷〈辅助〉债务人或者第三人可以催告债权人在合理期限内予以同意，〈否认〉债权人未作表示的，视为不同意。

「关联条文：时效规定17.2」

第552条　并存的债务承担

〈不完全主要〉第三人与债务人约定加入债务并通知债权人，或者第三人向债权人表示愿意加入债务，债权人未在合理期限内明确拒绝的，债权人可以请求第三人在其愿意承担的债务范围内和债务人承担连带债务。

「关联条文：522.2；合同通则解释51；时效规定17.2；担保解释36」

第553条　债务承担人的抗辩

〈抗辩〉债务人转移债务的，新债务人可以主张原债务人对债权人的抗辩；〈抗辩排除〉原债务人对债权人享有债权的，新债务人不得向债权人主张抵销。

「关联条文：合同通则解释47.2」

第554条　债务承担及于从债务

〈不完全主要〉债务人转移债务的，新债务人应当承担与主债务有关的从债务，〈抗辩〉但是该从债务专属于原债务人自身的除外。

第555条　合同概括转移

〈辅助〉当事人一方经对方同意，可以将自己在合同中的权利和义务一并转让给第三人。

第556条　合同概括转移的规制适用

〈提示参引〉合同的权利和义务一并转让的，适用债权转让、债务转移的有关规定。

［关联条文：合同通则解释47.3］

第七章　合同的权利义务终止

第557条　债的终止

❶〈抗辩〉有下列情形之一的，债权债务终止：

（一）债务已经履行；

（二）债务相互抵销；

（三）债务人依法将标的物提存；

（四）债权人免除债务；

（五）债权债务同归于一人；

（六）法律规定或者当事人约定终止的其他情形。

❷〈抗辩〉合同解除的，该合同的权利义务关系终止。

第558条　债权债务终止后的义务

〈主要/辅助[①]〉债权债务终止后，当事人应当遵循诚信等原则，根据交易习惯履行通知、协助、保密、旧物回收等义务。

［关联条文：合同通则解释2］

第559条　债的终止及于从权利

〈抗辩〉债权债务终止时，债权的从权利同时消灭，〈反抗

① 通知无法独立诉请，所涉为辅助规范，其他义务所涉为主要规范。

辩〉但是法律另有规定或者当事人另有约定的除外。

第560条　对同一债权人负担数债的履行

❶〈辅助〉债务人对同一债权人负担的数项债务种类相同，债务人的给付不足以清偿全部债务的，除当事人另有约定外，由债务人在清偿时指定其履行的债务。

❷〈辅助〉债务人未作指定的，应当优先履行已经到期的债务；〈辅助〉数项债务均到期的，优先履行对债权人缺乏担保或者担保最少的债务；〈辅助〉均无担保或者担保相等的，优先履行债务人负担较重的债务；〈辅助〉负担相同的，按照债务到期的先后顺序履行；〈辅助〉到期时间相同的，按照债务比例履行。

第561条　债务履行顺序

〈辅助〉债务人在履行主债务外还应当支付利息和实现债权的有关费用，其给付不足以清偿全部债务的，除当事人另有约定外，应当按照下列顺序履行：

（一）实现债权的有关费用；

（二）利息；

（三）主债务。

第562条　合意解除

❶〈抗辩〉当事人协商一致，可以解除合同。

❷〈抗辩〉当事人可以约定一方解除合同的事由。解除合同的事由发生时，解除权人可以解除合同。

「关联条文：合同通则解释52」

第563条　法定解除权

❶〈抗辩〉有下列情形之一的，当事人可以解除合同：

（一）因不可抗力致使不能实现合同目的；

（二）在履行期限届满前，当事人一方明确表示或者以自己的行为表明不履行主要债务；

「关联条文：528，578」

（三）当事人一方迟延履行主要债务，经催告后在合理期限内仍未履行；

［关联条文：商品房买卖解释11］

（四）当事人一方迟延履行债务或者有其他违约行为致使不能实现合同目的；

［关联条文：合同通则解释26；买卖解释19］

（五）法律规定的其他情形。

［关联条文：商品房买卖解释19—20］

❷〈抗辩〉以持续履行的债务为内容的不定期合同，当事人可以随时解除合同，〈辅助〉但是应当在合理期限之前通知对方。

［对比条文：1022；总则解释11.1］

第564条　解除权除斥期间

❶〈抗辩〉法律规定或者当事人约定解除权行使期限，期限届满当事人不行使的，该权利消灭。

❷〈抗辩〉法律没有规定或者当事人没有约定解除权行使期限，自解除权人知道或者应当知道解除事由之日起一年内不行使，或者经对方催告后在合理期限内不行使的，该权利消灭。

［关联条文：时间效力规定25］

第565条　解除权的行使与解除时间

❶〈辅助〉当事人一方依法主张解除合同的，应当通知对方。〈辅助〉合同自通知到达对方时解除；〈辅助〉通知载明债务人在一定期限内不履行债务则合同自动解除，债务人在该期限内未履行债务的，合同自通知载明的期限届满时解除。〈抗辩〉对方对解除合同有异议的，任何一方当事人均可以请求人民法院或者仲裁机构确认解除行为的效力。

❷〈辅助〉当事人一方未通知对方，直接以提起诉讼或者申请仲裁的方式依法主张解除合同，人民法院或者仲裁机构确认该

主张的，合同自起诉状副本或者仲裁申请书副本送达对方时解除。

「关联条文：时间效力规定10；合同通则解释53—54」

第566条　解除的效力

❶〈抗辩〉合同解除后，尚未履行的，终止履行；〈主要〉已经履行的，根据履行情况和合同性质，当事人可以请求恢复原状或者采取其他补救措施，并有权请求赔偿损失。

❷〈主要/提示参引〉合同因违约解除的，解除权人可以请求违约方承担违约责任，但是当事人另有约定的除外。

「关联条文：买卖解释20」

❸〈辅助〉主合同解除后，担保人对债务人应当承担的民事责任仍应当承担担保责任，但是担保合同另有约定的除外。

第567条　结算、清理条款的独立性

〈抗辩排除〉合同的权利义务关系终止，不影响合同中结算和清理条款的效力。

「攻防结构：合同的权利义务关系终止，不构成合同中结算和清理条款效力的抗辩事由。」

第568条　法定抵销

❶〈抗辩〉当事人互负债务，该债务的标的物种类、品质相同的，任何一方可以将自己的债务与对方的到期债务抵销；〈反抗辩〉但是，根据债务性质、按照当事人约定或者依照法律规定不得抵销的除外。

❷〈辅助〉当事人主张抵销的，应当通知对方。〈辅助〉通知自到达对方时生效。〈反抗辩〉抵销不得附条件或者附期限。

「关联条文：合同通则解释55—58」

第569条　合意抵销

〈抗辩〉当事人互负债务，标的物种类、品质不相同的，经协商一致，也可以抵销。

第570条　提存

❶〈抗辩〉有下列情形之一，难以履行债务的，债务人可

以将标的物提存：

（一）债权人无正当理由拒绝受领；

（二）债权人下落不明；

（三）债权人死亡未确定继承人、遗产管理人，或者丧失民事行为能力未确定监护人；

（四）法律规定的其他情形。

❷〈抗辩〉标的物不适于提存或者提存费用过高的，债务人依法可以拍卖或者变卖标的物，提存所得的价款。

第571条　提存的成立

❶〈辅助〉债务人将标的物或者将标的物依法拍卖、变卖所得价款交付提存部门时，提存成立。

❷〈辅助〉提存成立的，视为债务人在其提存范围内已经交付标的物。

第572条　提存后债务人的通知义务

〈辅助〉标的物提存后，债务人应当及时通知债权人或者债权人的继承人、遗产管理人、监护人、财产代管人。

第573条　提存的风险负担、孳息归属、费用负担

〈反抗辩〉标的物提存后，毁损、灭失的风险由债权人承担。〈辅助〉提存期间，标的物的孳息归债权人所有。〈主要〉提存费用由债权人负担。

第574条　提存物的领取

❶〈辅助〉债权人可以随时领取提存物。〈抗辩〉但是，债权人对债务人负有到期债务的，在债权人未履行债务或者提供担保之前，提存部门根据债务人的要求应当拒绝其领取提存物。

❷〈抗辩〉债权人领取提存物的权利，自提存之日起五年内不行使而消灭，〈辅助〉提存物扣除提存费用后归国家所有。〈主要/抗辩〉但是，债权人未履行对债务人的到期债务，或者债权人向提存部门书面表示放弃领取提存物权利的，债务人负担提存费用后有权取回提存物。

第575条　债务免除

〈抗辩〉债权人免除债务人部分或者全部债务的，债权债务部分或者全部终止，〈反抗辩〉但是债务人在合理期限内拒绝的除外。

第576条　债权债务混同

〈抗辩〉债权和债务同归于一人的，债权债务终止，〈反抗辩〉但是损害第三人利益的除外。

第八章　违约责任

第577条　违约责任

〈主要〉当事人一方不履行合同义务或者履行合同义务不符合约定的，应当承担继续履行、采取补救措施或者赔偿损失等违约责任。

<table>
<tr><th colspan="6">违约损害赔偿请求权
请求权基础：第577条后半句第3种情形</th></tr>
<tr><td rowspan="11">请求权已产生</td><td rowspan="11">责任成立</td><td rowspan="11">合同有效</td><td rowspan="6">合同成立</td><td rowspan="3">要约</td><td>辅助：第472条、第474条</td></tr>
<tr><td>抗辩：第475条、第476主文、第478条</td></tr>
<tr><td>反抗辩：第476条但书</td></tr>
<tr><td rowspan="2">承诺</td><td>辅助：第479条、第480条主文、第481—482条、第483条主文、第484条</td></tr>
<tr><td>抗辩：第480条但书、第485条</td></tr>
<tr><td colspan="2">法定要式/要物</td></tr>
<tr><td rowspan="2">合同未成立抗辩</td><td colspan="2">抗辩：如意定形式要件</td></tr>
<tr><td colspan="2">反抗辩：第490条第1款第2句、第2款</td></tr>
<tr><td>法定生效要件</td><td colspan="2">如批准</td></tr>
<tr><td rowspan="2">合同未生效抗辩</td><td colspan="2">抗辩：如意定生效要件，附延缓条件、附始期</td></tr>
<tr><td colspan="2">反抗辩：延缓条件成就、始期届至</td></tr>
</table>

续表

<table>
<tr><td rowspan="17">请求权已产生</td><td rowspan="13">责任成立</td><td rowspan="8">合同有效</td><td>无效抗辩</td><td colspan="2">第144条、第146第1款、第153条第1款主文、第153条第2款、第154条</td></tr>
<tr><td rowspan="5">效力待定抗辩</td><td rowspan="2">限制行为能力抗辩</td><td>反抗辩：第145条第1款</td></tr>
<tr><td>再抗辩：第145条第2款第3句</td></tr>
<tr><td rowspan="3">无权代理</td><td>抗辩：第171条第1款前半句</td></tr>
<tr><td>反抗辩：第171条第1款后半句</td></tr>
<tr><td>再抗辩：第171条第2款第3句</td></tr>
<tr><td rowspan="2">撤销抗辩</td><td colspan="2">抗辩：第147—151条</td></tr>
<tr><td colspan="2">反抗辩：第152条</td></tr>
<tr><td>履行障碍</td><td colspan="3">例如，给付不能，第580条第1款但书第1—2项</td></tr>
<tr><td colspan="2" rowspan="2">不可抗力抗辩</td><td colspan="2">第590条第1款第1句主文</td></tr>
<tr><td colspan="2">反抗辩：第590条第2款</td></tr>
<tr><td colspan="2">与有过失抗辩[①]</td><td colspan="2">第592条第2款</td></tr>
<tr><td colspan="2">第三人原因抗辩</td><td colspan="2">第593条第1句</td></tr>
<tr><td rowspan="4">责任范围</td><td>损害</td><td colspan="3">第584条主文（辅助）</td></tr>
<tr><td rowspan="2">责任范围因果关系</td><td colspan="3">可预见性抗辩：第584条但书</td></tr>
<tr><td colspan="3">合同目的限制抗辩</td></tr>
<tr><td colspan="4">违反减损义务抗辩：第591条第1款</td></tr>
<tr><td colspan="2" rowspan="2">请求权未消灭（抗辩）</td><td colspan="2">债的消灭事由</td><td colspan="2">第557条第1款</td></tr>
<tr><td colspan="2">损益相抵</td><td colspan="2">合同通则解释第63条第3款</td></tr>
<tr><td colspan="2" rowspan="5">请求权可行使（抗辩）</td><td colspan="2" rowspan="2">履行抗辩权</td><td colspan="2">抗辩：第525条—第527条第1款</td></tr>
<tr><td colspan="2">反抗辩：第528条第2句</td></tr>
<tr><td colspan="2" rowspan="3">时效抗辩权</td><td colspan="2">抗辩：第192条第1款</td></tr>
<tr><td colspan="2">反抗辩：第194条第1款、第195条</td></tr>
<tr><td colspan="2">再抗辩：第194条第2款</td></tr>
</table>

① 部分责任不成立的抗辩。

第578条　预期违约

〈主要〉当事人一方明确表示或者以自己的行为表明不履行合同义务的，对方可以在履行期限届满前请求其承担违约责任。

第579条　金钱债务的继续履行

〈抗辩排除〉当事人一方未支付价款、报酬、租金、利息，或者不履行其他金钱债务的，对方可以请求其支付。

「攻防结构：价款、报酬、租金、利息，或者其他金钱债务，不得提出履行不能的抗辩。」

第580条　非金钱债务的继续履行及其例外

❶〈提示参引[①]〉当事人一方不履行非金钱债务或者履行非金钱债务不符合约定的，对方可以请求履行，〈抗辩〉但是有下列情形之一的除外：

（一）法律上或者事实上不能履行；

（二）债务的标的不适于强制履行或者履行费用过高；

（三）债权人在合理期限内未请求履行。

❷〈抗辩〉有前款规定的除外情形之一，致使不能实现合同目的的，人民法院或者仲裁机构可以根据当事人的请求终止合同权利义务关系，〈抗辩排除〉但是不影响违约责任的承担。

「关联条文：时间效力规定11；合同通则解释59」

「对比条文：563.2，九民纪要48」

「攻防结构：（第2款）有前款规定的除外情形之一，致使不能实现合同目的的，人民法院或者仲裁机构可以根据当事人的请求终止合同权利义务关系，但是上述终止不构成违约的抗辩事由。」

---

① 参引原给付义务。

第581条　第三人替代履行的费用

〈主要〉当事人一方不履行债务或者履行债务不符合约定，根据债务的性质不得强制履行的，对方可以请求其负担由第三人替代履行的费用。

第582条　瑕疵履行的违约责任

〈主要/抗辩[1]〉履行不符合约定的，应当按照当事人的约定承担违约责任。对违约责任没有约定或者约定不明确，依据本法第五百一十条的规定仍不能确定的，受损害方根据标的的性质以及损失的大小，可以合理选择请求对方承担修理、重作、更换、退货、减少价款或者报酬等违约责任。

第583条　继续履行、补正履行与损害赔偿

〈主要〉当事人一方不履行合同义务或者履行合同义务不符合约定的，在履行义务或者采取补救措施后，对方还有其他损失的，应当赔偿损失。

第584条　违约损害赔偿范围与可预见性原则

〈辅助〉当事人一方不履行合同义务或者履行合同义务不符合约定，造成对方损失的，损失赔偿额应当相当于因违约所造成的损失，包括合同履行后可以获得的利益；〈抗辩〉但是，不得超过违约一方订立合同时预见到或者应当预见到的因违约可能造成的损失。

「关联条文：合同通则解释60—63；买卖解释22—23；商品房买卖解释13」

第585条　违约金

❶〈辅助〉当事人可以约定一方违约时应当根据违约情况向对方支付一定数额的违约金，也可以约定因违约产生的损失赔偿额的计算方法。

---

① 退货（解除）、减价（权利部分消灭）对应抗辩。

❷〈主要〉约定的违约金低于造成的损失的，人民法院或者仲裁机构可以根据当事人的请求予以增加；〈抗辩〉约定的违约金过分高于造成的损失的，人民法院或者仲裁机构可以根据当事人的请求予以适当减少。

「关联条文：合同通则解释64—66；买卖解释20—21；商品房买卖解释12」

❸〈辅助〉当事人就迟延履行约定违约金的，违约方支付违约金后，还应当履行债务。

「关联条文：买卖解释18」

第586条　定金

❶〈辅助〉当事人可以约定一方向对方给付定金作为债权的担保。〈辅助〉定金合同自实际交付定金时成立。

❷〈抗辩〉定金的数额由当事人约定；但是，不得超过主合同标的额的百分之二十，超过部分不产生定金的效力。〈抗辩〉实际交付的定金数额多于或者少于约定数额的，视为变更约定的定金数额。

第587条　定金罚则

〈主要/抗辩〉债务人履行债务的，定金应当抵作价款或者收回。〈抗辩〉给付定金的一方不履行债务或者履行债务不符合约定，致使不能实现合同目的的，无权请求返还定金；〈主要〉收受定金的一方不履行债务或者履行债务不符合约定，致使不能实现合同目的的，应当双倍返还定金。

「关联条文：合同通则解释67—68；商品房买卖解释4」

第588条　违约金与定金的竞合

❶〈辅助〉当事人既约定违约金，又约定定金的，一方违约时，对方可以选择适用违约金或者定金条款。

❷〈主要〉定金不足以弥补一方违约造成的损失的，对方可以请求赔偿超过定金数额的损失。

第589条　受领迟延

❶〈主要〉债务人按照约定履行债务，债权人无正当理由拒绝受领的，债务人可以请求债权人赔偿增加的费用。

「对比条文：897但书；买卖解释3.2」

❷〈抗辩〉在债权人受领迟延期间，债务人无须支付利息。

第590条　不可抗力的给付不能

❶〈抗辩〉当事人一方因不可抗力不能履行合同的，根据不可抗力的影响，部分或者全部免除责任，〈反抗辩〉但是法律另有规定的除外。〈辅助〉因不可抗力不能履行合同的，应当及时通知对方，以减轻可能给对方造成的损失，并应当在合理期限内提供证明。

❷〈反抗辩〉当事人迟延履行后发生不可抗力的，不免除其违约责任。

第591条　守约方减损义务

❶〈辅助〉当事人一方违约后，对方应当采取适当措施防止损失的扩大；〈抗辩〉没有采取适当措施致使损失扩大的，不得就扩大的损失请求赔偿。

❷〈主要〉当事人因防止损失扩大而支出的合理费用，由违约方负担。

第592条　双方违约/守约方与有过失

❶〈辅助〉当事人都违反合同的，应当各自承担相应的责任。

❷〈抗辩〉当事人一方违约造成对方损失，对方对损失的发生有过错的，可以减少相应的损失赔偿额。

第593条　第三人原因违约

〈提示参引〉当事人一方因第三人的原因造成违约的，应当依法向对方承担违约责任。〈提示参引〉当事人一方和第三人之间的纠纷，依照法律规定或者按照约定处理。

第594条　特殊合同诉讼时效

〈辅助〉因国际货物买卖合同和技术进出口合同争议提起诉讼或者申请仲裁的时效期间为四年。

第二分编　典型合同

第九章　买卖合同

第595条　买卖合同定义

〈辅助〉买卖合同是出卖人转移标的物的所有权于买受人，买受人支付价款的合同。

「关联条文：买卖解释1」

第596条　买卖合同内容

〈辅助〉买卖合同的内容一般包括标的物的名称、数量、质量、价款、履行期限、履行地点和方式、包装方式、检验标准和方法、结算方式、合同使用的文字及其效力等条款。

第597条　出卖无处分权之物

❶〈主要/抗辩〉因出卖人未取得处分权致使标的物所有权不能转移的，买受人可以解除合同并请求出卖人承担违约责任。

「关联条文：合同通则解释19」

「对比条文：612」

❷〈提示参引〉法律、行政法规禁止或者限制转让的标的物，依照其规定。

第598条　出卖人主给付义务

〈主要〉出卖人应当履行向买受人交付标的物或者交付提取标的物的单证，并转移标的物所有权的义务。

「关联条文：买卖解释2，5，6—7」

第599条　出卖人从给付义务

〈主要〉出卖人应当按照约定或者交易习惯向买受人交付

提取标的物单证以外的有关单证和资料。

「关联条文：合同通则解释2；买卖解释4，19」

第600条　买卖合同知识产权保留条款

〈辅助〉出卖具有知识产权的标的物的，除法律另有规定或者当事人另有约定外，该标的物的知识产权不属于买受人。

第601条　交付时间

〈辅助〉出卖人应当按照约定的时间交付标的物。约定交付期限的，出卖人可以在该交付期限内的任何时间交付。

第602条　交付期限的认定

〈提示参引〉当事人没有约定标的物的交付期限或者约定不明确的，适用本法第五百一十条、第五百一十一条第四项的规定。

第603条　交付地点

❶〈辅助〉出卖人应当按照约定的地点交付标的物。

❷〈辅助〉当事人没有约定交付地点或者约定不明确，依据本法第五百一十条的规定仍不能确定的，适用下列规定：

（一）标的物需要运输的，出卖人应当将标的物交付给第一承运人以运交给买受人；

「关联条文：买卖解释8」

（二）标的物不需要运输，出卖人和买受人订立合同时知道标的物在某一地点的，出卖人应当在该地点交付标的物；不知道标的物在某一地点的，应当在出卖人订立合同时的营业地交付标的物。

第604条　交付移转价金风险

〈抗辩〉标的物毁损、灭失的风险，在标的物交付之前由出卖人承担，〈反抗辩〉交付之后由买受人承担，〈反抗辩〉但是法律另有规定或者当事人另有约定的除外。

「关联条文：买卖解释11；商品房买卖解释8」

「攻防结构[①]：（第604—608条）买卖合同履行完毕之前，标的物因风险毁损、灭失的，出卖人可拒绝再为给付，买受人也可拒绝支付价金。但是，价金风险已经移转的除外。

价金风险移转的时点，区分以下情形分别判断：

（一）送货买卖与自提买卖的标的物交付买受人时；

（二）因买受人的原因致使标的物未按照约定的期限交付，买受人违约时；

（三）在途货物买卖合同成立时；

（四）出卖人按照约定将标的物运送至买受人指定地点并交付给承运人时；

（五）代办运输买卖出卖人将标的物交付第一承运人时；

（六）送货买卖与自提买卖的出卖人将标的物置于交付地点，买受人违反约定没有收取时；

（七）法律规定或当事人约定的其他情形。」

第605条　买受人受领迟延的价金风险

〈反抗辩〉因买受人的原因致使标的物未按照约定的期限交付的，买受人应当自违反约定时起承担标的物毁损、灭失的风险。

---

① 规范的原则/例外关系未必等同于诉讼攻防结构。对应狭义抗辩与积极否认的区分，规范的原则/例外关系也存在两种可能：一类是例外构成对原则的抗辩；另一类则是例外与原则不形成抗辩关系，区分的只是相同法效的典型与非典型适用情形。第604条（价金风险移转的一般规则）与第605—608条（价金风险移转的特殊规则）的关系即为后者。买卖合同价金风险移转以第604条为原则（交付时移转），第605—608条为例外（未交付时价金风险即已移转），第604条的“交付”与第605—608条的“未交付”不可能同时为真，但法效均是价金风险移转，只是分别构成价金风险移转的典型与非典型情形。在攻防结构中，第605—608条并非针对第604条的抗辩，第604条与第605—608条处于同一层次，或者更明确地说，第605—608条与第604条均构成同一层级的出卖人反抗辩（对抗买受人拒绝支付价款抗辩），法效均体现为价金风险已经移转。只有“即使出现第604—608条规定的情形，价金风险也不移转”，才可能构成针对此类反抗辩的抗辩（再抗辩）。

第606条　在途货物的价金风险

〈反抗辩〉出卖人出卖交由承运人运输的在途标的物，除当事人另有约定外，毁损、灭失的风险自合同成立时起由买受人承担。

「关联条文：买卖解释10」

第607条　寄送买卖的价金风险

❶〈反抗辩〉出卖人按照约定将标的物运送至买受人指定地点并交付给承运人后，标的物毁损、灭失的风险由买受人承担。

「关联条文：买卖解释9」

❷〈反抗辩〉当事人没有约定交付地点或者约定不明确，依据本法第六百零三条第二款第一项的规定标的物需要运输的，出卖人将标的物交付给第一承运人后，标的物毁损、灭失的风险由买受人承担。

「关联条文：买卖解释8」

第608条　买受人未受领的价金风险

〈反抗辩〉出卖人按照约定或者依据本法第六百零三条第二款第二项的规定将标的物置于交付地点，买受人违反约定没有收取的，标的物毁损、灭失的风险自违反约定时起由买受人承担。

第609条　未交付单证、资料不影响价金风险

〈否认排除〉出卖人按照约定未交付有关标的物的单证和资料的，不影响标的物毁损、灭失风险的转移。

「攻防结构：出卖人按照约定未交付有关标的物的单证和资料的，不构成标的物交付的否认事由。」

第610条　标的物重大瑕疵的效力

〈抗辩〉因标的物不符合质量要求，致使不能实现合同目的的，买受人可以拒绝接受标的物或者解除合同。〈抗辩〉买受人拒绝接受标的物或者解除合同的，标的物毁损、灭失的风险由出卖人承担。

「关联条文：商品房买卖解释9—10.1，15」

「攻防结构[1]：因标的物不符合质量要求，致使不能实现合同目的的，买受人可以拒绝接受标的物或者解除合同。买受人拒绝接受标的物或者解除合同，标的物因风险毁损、灭失的，出卖人无权请求买受人支付价款或折价补偿。」

第611条　价金风险不影响违约责任

〈抗辩排除〉标的物毁损、灭失的风险由买受人承担的，不影响因出卖人履行义务不符合约定，买受人请求其承担违约责任的权利。

「攻防结构：标的物毁损、灭失的风险由买受人承担，不构成可导致出卖人违约责任消灭的抗辩事由。」

第612条　出卖人权利瑕疵义务

〈主要〉出卖人就交付的标的物，负有保证第三人对该标的物不享有任何权利的义务，〈抗辩〉但是法律另有规定的除外。

「对比条文：597.1」

第613条　出卖人权利瑕疵义务的排除

〈抗辩〉买受人订立合同时知道或者应当知道第三人对买卖的标的物享有权利的，出卖人不承担前条规定的义务。

第614条　权利瑕疵时的不安抗辩权

〈抗辩〉买受人有确切证据证明第三人对标的物享有权利的，可以中止支付相应的价款，〈反抗辩〉但是出卖人提供适当担保的除外。

「关联条文：527.1，528」

第615条　出卖人品质瑕疵义务

〈主要〉出卖人应当按照约定的质量要求交付标的物。〈辅助〉出卖人提供有关标的物质量说明的，交付的标的物应当符

---

① 拒收情形价金风险未移转，解除情形由出卖人承担返还不能的风险。

合该说明的质量要求。

第616条　买卖标的物品质要求的认定

〈提示参引〉当事人对标的物的质量要求没有约定或者约定不明确，依据本法第五百一十条的规定仍不能确定的，适用本法第五百一十一条第一项的规定。

第617条　出卖人品质瑕疵义务的违约责任

〈提示参引〉出卖人交付的标的物不符合质量要求的，买受人可以依据本法第五百八十二条至第五百八十四条的规定请求承担违约责任。

［关联条文：买卖解释15—17，商品房买卖解释10.2］

第618条　品质瑕疵义务约定限制的排除

〈反抗辩〉当事人约定减轻或者免除出卖人对标的物瑕疵承担的责任，因出卖人故意或者重大过失不告知买受人标的物瑕疵的，出卖人无权主张减轻或者免除责任。

第619条　包装方式

〈辅助〉出卖人应当按照约定的包装方式交付标的物。对包装方式没有约定或者约定不明确，依据本法第五百一十条的规定仍不能确定的，应当按照通用的方式包装；〈辅助〉没有通用方式的，应当采取足以保护标的物且有利于节约资源、保护生态环境的包装方式。

第620条　买受人检验义务

〈辅助〉买受人收到标的物时应当在约定的检验期限内检验。没有约定检验期限的，应当及时检验。

第621条　买受人检验的通知义务

❶〈辅助[①]〉当事人约定检验期限的，买受人应当在检验期限内将标的物的数量或者质量不符合约定的情形通知出卖人。〈否

① 有疑问的是，“检验间内通知”的“检验期”是瑕疵责任的要件还是抗辩，举证责任在出卖人还是买受人，依本条文义似解释为要件为宜。

认[①]〉买受人怠于通知的，视为标的物的数量或者质量符合约定。

❷〈辅助〉当事人没有约定检验期限的，买受人应当在发现或者应当发现标的物的数量或者质量不符合约定的合理期限内通知出卖人。〈否认〉买受人在合理期限内未通知或者自收到标的物之日起二年内未通知出卖人的，视为标的物的数量或者质量符合约定；〈抗辩〉但是，对标的物有质量保证期的，适用质量保证期，不适用该二年的规定。

［关联条文：买卖解释12—14］

❸〈辅助[②]〉出卖人知道或者应当知道提供的标的物不符合约定的，买受人不受前两款规定的通知时间的限制。

［关联条文：买卖解释24］

第622条　约定检验期过短

❶〈辅助〉当事人约定的检验期限过短，根据标的物的性质和交易习惯，买受人在检验期限内难以完成全面检验的，该期限仅视为买受人对标的物的外观瑕疵提出异议的期限。

［关联条文：合同通则解释2］

❷〈辅助〉约定的检验期限或者质量保证期短于法律、行政法规规定期限的，应当以法律、行政法规规定的期限为准。

第623条　买受人检验的推定

〈辅助〉当事人对检验期限未作约定，买受人签收的送货单、确认单等载明标的物数量、型号、规格的，推定买受人已经对数量和外观瑕疵进行检验，〈否认〉但是有相关证据足以推翻的除外。

第624条　向第三人交付的检验标准

〈辅助〉出卖人依照买受人的指示向第三人交付标的物，

---

① 对“瑕疵+检验期内通知”之“通知”要件的否认。

② 该条款意味着“瑕疵+出卖人知道或应知”是与“瑕疵+买受人检验期内通知”并列的瑕疵责任事由。

出卖人和买受人约定的检验标准与买受人和第三人约定的检验标准不一致的，以出卖人和买受人约定的检验标准为准。

第625条　出卖人回收义务

〈提示参引〉依照法律、行政法规的规定或者按照当事人的约定，标的物在有效使用年限届满后应予回收的，出卖人负有自行或者委托第三人对标的物予以回收的义务。

第626条　买受人主给付义务

〈主要〉买受人应当按照约定的数额和支付方式支付价款。〈提示参引〉对价款的数额和支付方式没有约定或者约定不明确的，适用本法第五百一十条、第五百一十一条第二项和第五项的规定。

「关联条文：买卖解释31」

第627条　价款支付地点

〈辅助〉买受人应当按照约定的地点支付价款。对支付地点没有约定或者约定不明确，依据本法第五百一十条的规定仍不能确定的，买受人应当在出卖人的营业地支付；〈辅助〉但是，约定支付价款以交付标的物或者交付提取标的物单证为条件的，在交付标的物或者交付提取标的物单证的所在地支付。

第628条　价款支付时间

〈辅助〉买受人应当按照约定的时间支付价款。对支付时间没有约定或者约定不明确，依据本法第五百一十条的规定仍不能确定的，买受人应当在收到标的物或者提取标的物单证的同时支付。

第629条　出卖人多交标的物

〈辅助〉出卖人多交标的物的，买受人可以接收或者拒绝接收多交的部分。〈主要〉买受人接收多交部分的，按照约定的价格支付价款；〈辅助〉买受人拒绝接收多交部分的，应当及时通知出卖人。

「关联条文：买卖解释3」

第630条　买卖标的物的孳息

〈辅助〉标的物在交付之前产生的孳息，归出卖人所有；〈辅助〉交付之后产生的孳息，归买受人所有。但是，当事人另有约定的除外。

第631条　主物瑕疵的解除、从物瑕疵的解除

〈辅助〉因标的物的主物不符合约定而解除合同的，解除合同的效力及于从物。〈抗辩排除〉因标的物的从物不符合约定被解除的，解除的效力不及于主物。

第632条　数物买卖的解除

〈抗辩〉标的物为数物，其中一物不符合约定的，买受人可以就该物解除。〈抗辩〉但是，该物与他物分离使标的物的价值显受损害的，买受人可以就数物解除合同。

第633条　分批交付的解除

❶〈抗辩〉出卖人分批交付标的物的，出卖人对其中一批标的物不交付或者交付不符合约定，致使该批标的物不能实现合同目的的，买受人可以就该批标的物解除。

❷〈抗辩〉出卖人不交付其中一批标的物或者交付不符合约定，致使之后其他各批标的物的交付不能实现合同目的的，买受人可以就该批以及之后其他各批标的物解除。

❸〈抗辩〉买受人如果就其中一批标的物解除，该批标的物与其他各批标的物相互依存的，可以就已经交付和未交付的各批标的物解除。

第634条　分期付款出卖人的法定解除权

❶〈主要/抗辩〉分期付款的买受人未支付到期价款的数额达到全部价款的五分之一，经催告后在合理期限内仍未支付到期价款的，出卖人可以请求买受人支付全部价款或者解除合同。

「关联条文：买卖解释27」

❷〈主要〉出卖人解除合同的，可以向买受人请求支付该标的物的使用费。

「关联条文：买卖解释28」

第635条　样品买卖

〈辅助〉凭样品买卖的当事人应当封存样品，并可以对样品质量予以说明。〈辅助〉出卖人交付的标的物应当与样品及其说明的质量相同。

「关联条文：买卖解释29」

第636条　样品买卖隐蔽瑕疵

〈辅助〉凭样品买卖的买受人不知道样品有隐蔽瑕疵的，即使交付的标的物与样品相同，出卖人交付的标的物的质量仍然应当符合同种物的通常标准。

第637条　试用买卖的适用期限

〈辅助〉试用买卖的当事人可以约定标的物的试用期限。对试用期限没有约定或者约定不明确，依据本法第五百一十条的规定仍不能确定的，由出卖人确定。

「关联条文：买卖解释30」

第638条　试用买卖的效力

❶〈辅助〉试用买卖的买受人在试用期内可以购买标的物，也可以拒绝购买。〈辅助〉试用期限届满，买受人对是否购买标的物未作表示的，视为购买。

❷〈辅助〉试用买卖的买受人在试用期内已经支付部分价款或者对标的物实施出卖、出租、设立担保物权等行为的，视为同意购买。

第639条　试用买卖标的物的使用费

〈辅助〉试用买卖的当事人对标的物使用费没有约定或者约定不明确的，出卖人无权请求买受人支付。

第640条　试用买卖的风险承担

〈抗辩〉标的物在试用期内毁损、灭失的风险由出卖人承担。

第641条　所有权保留买卖

❶〈辅助〉当事人可以在买卖合同中约定买受人未履行支

付价款或者其他义务的，标的物的所有权属于出卖人。

［关联条文：买卖解释25］

❷〈抗辩/反抗辩〉出卖人对标的物保留的所有权，未经登记，不得对抗善意第三人。

［关联条文：388.1，414.2；担保解释56，57，67］

［攻防结构：（第2款）出卖人对标的物保留的所有权，未经登记，不得对抗第三人。但是，第三人非善意的除外。］

第642条　所有权保留出卖人的取回权

❶〈主要〉当事人约定出卖人保留合同标的物的所有权，在标的物所有权转移前，买受人有下列情形之一，造成出卖人损害的，除当事人另有约定外，出卖人有权取回标的物：

（一）未按照约定支付价款，经催告后在合理期限内仍未支付；

（二）未按照约定完成特定条件；

（三）将标的物出卖、出质或者作出其他不当处分。

［关联条文：买卖解释26］

［对比条文：758.1；担保解释65］

❷〈类推参引〉出卖人可以与买受人协商取回标的物；协商不成的，可以参照适用担保物权的实现程序。

［关联条文：担保解释64］

第643条　已取回标的物的回赎与变价清算

❶〈主要〉出卖人依据前条第一款的规定取回标的物后，买受人在双方约定或者出卖人指定的合理回赎期限内，消除出卖人取回标的物的事由的，可以请求回赎标的物。

❷〈主要〉买受人在回赎期限内没有回赎标的物，出卖人可以以合理价格将标的物出卖给第三人，出卖所得价款扣除买受人未支付的价款以及必要费用后仍有剩余的，应当返还买受人；〈主要〉不足部分由买受人清偿。

第644条　招标投标买卖

〈提示参引〉招标投标买卖的当事人的权利和义务以及招标投标程序等，依照有关法律、行政法规的规定。

第645条　拍卖

〈提示参引〉拍卖的当事人的权利和义务以及拍卖程序等，依照有关法律、行政法规的规定。

第646条　有偿合同参照买卖合同

〈提示参引〉法律对其他有偿合同有规定的，依照其规定；〈类推参引〉没有规定的，参照适用买卖合同的有关规定。

「关联条文：买卖解释32」

第647条　互易参照买卖合同

〈类推参引〉当事人约定易货交易，转移标的物的所有权的，参照适用买卖合同的有关规定。

第十章　供用电、水、气、热力合同

第648条　供用电合同定义

❶〈辅助〉供用电合同是供电人向用电人供电，用电人支付电费的合同。

❷〈主要〉向社会公众供电的供电人，不得拒绝用电人合理的订立合同要求。

第649条　供用电合同内容

〈辅助〉供用电合同的内容一般包括供电的方式、质量、时间，用电容量、地址、性质，计量方式，电价、电费的结算方式，供用电设施的维护责任等条款。

第650条　供用电合同履行地点

〈辅助〉供用电合同的履行地点，按照当事人约定；当事人没有约定或者约定不明确的，供电设施的产权分界处为履行地点。

第651条　供电人主给付义务

〈提示参引〉供电人应当按照国家规定的供电质量标准和约定安全供电。〈主要〉供电人未按照国家规定的供电质量标准和约定安全供电，造成用电人损失的，应当承担赔偿责任。

第652条　供电人通知义务

〈提示参引〉供电人因供电设施计划检修、临时检修、依法限电或者用电人违法用电等原因，需要中断供电时，应当按照国家有关规定事先通知用电人；〈主要〉未事先通知用电人中断供电，造成用电人损失的，应当承担赔偿责任。

第653条　供电人抢修义务

〈提示参引〉因自然灾害等原因断电，供电人应当按照国家有关规定及时抢修；〈主要〉未及时抢修，造成用电人损失的，应当承担赔偿责任。

第654条　用电人主给付义务

❶〈主要〉用电人应当按照国家有关规定和当事人的约定及时支付电费。〈辅助〉用电人逾期不支付电费的，应当按照约定支付违约金。〈抗辩〉经催告用电人在合理期限内仍不支付电费和违约金的，供电人可以按照国家规定的程序中止供电。

❷〈辅助〉供电人依据前款规定中止供电的，应当事先通知用电人。

第655条　用电人依规依约用电义务

〈提示参引〉用电人应当按照国家有关规定和当事人的约定安全、节约和计划用电。〈主要〉用电人未按照国家有关规定和当事人的约定用电，造成供电人损失的，应当承担赔偿责任。

第656条　供用水、供用气、供用热力合同参照适用供用电合同

〈类推参引〉供用水、供用气、供用热力合同，参照适用供用电合同的有关规定。

第十一章　赠与合同

第657条　赠与合同定义

〈辅助〉赠与合同是赠与人将自己的财产无偿给予受赠人，受赠人表示接受赠与的合同。

第658条　赠与人任意撤销权

❶〈抗辩〉赠与人在赠与财产的权利转移之前可以撤销赠与。

❷〈反抗辩〉经过公证的赠与合同或者依法不得撤销的具有救灾、扶贫、助残等公益、道德义务性质的赠与合同，不适用前款规定。

［关联条文：婚姻家庭解释一32］

第659条　需要登记或其他手续的赠与财产

〈提示参引〉赠与的财产依法需要办理登记或者其他手续的，应当办理有关手续。

第660条　赠与人交付义务

❶〈主要〉经过公证的赠与合同或者依法不得撤销的具有救灾、扶贫、助残等公益、道德义务性质的赠与合同，赠与人不交付赠与财产的，受赠人可以请求交付。

❷〈主要〉依据前款规定应当交付的赠与财产因赠与人故意或者重大过失致使毁损、灭失的，赠与人应当承担赔偿责任。

第661条　附义务赠与

❶〈辅助〉赠与可以附义务。

❷〈主要〉赠与附义务的，受赠人应当按照约定履行义务。

第662条　赠与财产瑕疵

❶〈抗辩〉赠与的财产有瑕疵的，赠与人不承担责任。〈类推参引〉附义务的赠与，赠与的财产有瑕疵的，赠与人在附义务的限度内承担与出卖人相同的责任。

❷〈主要／反抗辩〉赠与人故意不告知瑕疵或者保证无瑕

疵，造成受赠人损失的，应当承担赔偿责任。

第663条　赠与人法定撤销权

❶〈抗辩〉受赠人有下列情形之一的，赠与人可以撤销赠与：

（一）严重侵害赠与人或者赠与人近亲属的合法权益；

（二）对赠与人有扶养义务而不履行；

（三）不履行赠与合同约定的义务。

❷〈反抗辩〉赠与人的撤销权，自知道或者应当知道撤销事由之日起一年内行使。

第664条　赠与人的继承人或法定代理人的撤销权

❶〈抗辩〉因受赠人的违法行为致使赠与人死亡或者丧失民事行为能力的，赠与人的继承人或者法定代理人可以撤销赠与。

❷〈反抗辩〉赠与人的继承人或者法定代理人的撤销权，自知道或者应当知道撤销事由之日起六个月内行使。

第665条　撤销赠与的效力

〈提示参引〉撤销权人撤销赠与的，可以向受赠人请求返还赠与的财产。

第666条　赠与义务的免除

〈抗辩〉赠与人的经济状况显著恶化，严重影响其生产经营或者家庭生活的，可以不再履行赠与义务。

第十二章　借款合同

第667条　借款合同定义

〈辅助〉借款合同是借款人向贷款人借款，到期返还借款并支付利息的合同。

［关联条文：借贷规定14］

第668条　借款合同的形式与内容

❶〈辅助〉借款合同应当采用书面形式，但是自然人之间

借款另有约定的除外。

❷〈辅助〉借款合同的内容一般包括借款种类、币种、用途、数额、利率、期限和还款方式等条款。

［关联条文：借贷规定2］

第669条　借款人告知义务

〈主要〉订立借款合同，借款人应当按照贷款人的要求提供与借款有关的业务活动和财务状况的真实情况。

第670条　禁止利息预先扣除

〈抗辩〉借款的利息不得预先在本金中扣除。〈抗辩〉利息预先在本金中扣除的，应当按照实际借款数额返还借款并计算利息。

［关联条文：借贷规定26］

第671条　支付迟延/借款人受领迟延

❶〈主要〉贷款人未按照约定的日期、数额提供借款，造成借款人损失的，应当赔偿损失。

❷〈否认排除〉借款人未按照约定的日期、数额收取借款的，应当按照约定的日期、数额支付利息。

第672条　贷款人检查监督权

〈主要〉贷款人按照约定可以检查、监督借款的使用情况。〈主要〉借款人应当按照约定向贷款人定期提供有关财务会计报表或者其他资料。

第673条　借款人违反借款用途使用借款

〈主要/抗辩〉借款人未按照约定的借款用途使用借款的，贷款人可以停止发放借款、提前收回借款或者解除合同。

第674条　借款利息支付期限

〈主要〉借款人应当按照约定的期限支付利息。〈辅助〉对支付利息的期限没有约定或者约定不明确，依据本法第五百一十条的规定仍不能确定，借款期间不满一年的，应当在返还借款时一并支付；〈辅助〉借款期间一年以上的，应当在每届满一年时支付，剩余期间不满一年的，应当在返还借款时一并支付。

［关联条文：借贷规定24—25，27］

第675条　借款期限

〈主要〉借款人应当按照约定的期限返还借款。〈辅助〉对借款期限没有约定或者约定不明确，依据本法第五百一十条的规定仍不能确定的，借款人可以随时返还；〈辅助〉贷款人可以催告借款人在合理期限内返还。

第676条　还款逾期利息

〈主要〉借款人未按照约定的期限返还借款的，应当按照约定或者国家有关规定支付逾期利息。

［关联条文：借贷规定28—29］

第677条　提前偿还借款

〈辅助〉借款人提前返还借款的，除当事人另有约定外，应当按照实际借款的期间计算利息。

［关联条文：借贷规定30］

第678条　贷款展期

〈辅助〉借款人可以在还款期限届满前向贷款人申请展期；贷款人同意的，可以展期。

第679条　自然人之间借款合同的成立

〈辅助〉自然人之间的借款合同，自贷款人提供借款时成立。

［关联条文：借贷规定9］

第680条　利息规制与利息的确定

❶〈抗辩〉禁止高利放贷，借款的利率不得违反国家有关规定。

❷〈辅助〉借款合同对支付利息没有约定的，视为没有利息。

❸〈裁判指引〉借款合同对支付利息约定不明确，当事人不能达成补充协议的，按照当地或者当事人的交易方式、交易习惯、市场利率等因素确定利息；〈辅助〉自然人之间借款的，

视为没有利息。

「关联条文：合同通则解释2；借贷规定24—29」

第十三章　保证合同

第一节　一般规定

第681条　保证合同定义

〈主要〉保证合同是为保障债权的实现，保证人和债权人约定，当债务人不履行到期债务或者发生当事人约定的情形时，保证人履行债务或者承担责任的合同。

「关联条文：担保解释20，36」

第682条　保证合同从属性/保证合同无效的缔约过失责任

❶〈辅助〉保证合同是主债权债务合同的从合同。〈抗辩〉主债权债务合同无效的，保证合同无效，〈抗辩〉但是法律另有规定的除外。

❷〈主要〉保证合同被确认无效后，债务人、保证人、债权人有过错的，应当根据其过错各自承担相应的民事责任。

「关联条文：388.2；担保解释17」

第683条　禁止为保证人的主体

❶〈抗辩〉机关法人不得为保证人，〈反抗辩〉但是经国务院批准为使用外国政府或者国际经济组织贷款进行转贷的除外。

❷〈抗辩〉以公益为目的的非营利法人、非法人组织不得为保证人。

第684条　保证合同内容

〈辅助〉保证合同的内容一般包括被保证的主债权的种类、数额，债务人履行债务的期限，保证的方式、范围和期间等条款。

第685条　保证合同形式

❶〈辅助〉保证合同可以是单独订立的书面合同，也可以

是主债权债务合同中的保证条款。

❷〈辅助〉第三人单方以书面形式向债权人作出保证，债权人接收且未提出异议的，保证合同成立。

「关联条文：借贷规定20—21」

第686条　保证方式

❶〈辅助〉保证的方式包括一般保证和连带责任保证。

❷〈辅助〉当事人在保证合同中对保证方式没有约定或者约定不明确的，按照一般保证承担保证责任。

「关联条文：担保解释25」

第687条　一般保证

❶〈主要〉当事人在保证合同中约定，债务人不能履行债务时，由保证人承担保证责任的，为一般保证。

❷〈抗辩〉一般保证的保证人〈反抗辩〉在主合同纠纷未经审判或者仲裁，并就债务人财产依法强制执行仍不能履行债务前，有权拒绝向债权人承担保证责任，〈反抗辩〉但是有下列情形之一的除外：

（一）债务人下落不明，且无财产可供执行；

（二）人民法院已经受理债务人破产案件；

（三）债权人有证据证明债务人的财产不足以履行全部债务或者丧失履行债务能力；

（四）保证人书面表示放弃本款规定的权利。

「关联条文：担保解释26—28；借贷规定4.2」

第688条　连带责任保证

❶〈主要〉当事人在保证合同中约定保证人和债务人对债务承担连带责任的，为连带责任保证。

❷〈主要〉连带责任保证的债务人不履行到期债务或者发生当事人约定的情形时，债权人可以请求债务人履行债务，也可以请求保证人在其保证范围内承担保证责任。

「关联条文：借贷规定4.1」

第689条　反担保

〈辅助〉保证人可以要求债务人提供反担保。

第690条　最高额保证

❶〈辅助〉保证人与债权人可以协商订立最高额保证的合同，约定在最高债权额限度内就一定期间连续发生的债权提供保证。

❷〈类推参引〉最高额保证除适用本章规定外，参照适用本法第二编最高额抵押权的有关规定。

「关联条文：担保解释30」

第二节　保证责任

第691条　保证担保的范围

〈辅助〉保证的范围包括主债权及其利息、违约金、损害赔偿金和实现债权的费用。当事人另有约定的，按照其约定。

第692条　保证期间

❶〈辅助〉保证期间是确定保证人承担保证责任的期间，〈抗辩排除〉不发生中止、中断和延长。

❷〈辅助〉债权人与保证人可以约定保证期间，但是约定的保证期间早于主债务履行期限或者与主债务履行期限同时届满的，视为没有约定；〈辅助〉没有约定或者约定不明确的，保证期间为主债务履行期限届满之日起六个月。

❸〈辅助〉债权人与债务人对主债务履行期限没有约定或者约定不明确的，保证期间自债权人请求债务人履行债务的宽限期届满之日起计算。

「关联条文：时间效力规定27」

「攻防结构：（第1款后半句）保证期间是确定保证人承担保证责任的期间，中止、中断和延长不构成保证期间进行的抗辩事由。」

第693条　保证期间届满的效力

❶〈抗辩〉一般保证的债权人未在保证期间对债务人提起诉讼或者申请仲裁的，保证人不再承担保证责任。

❷〈抗辩〉连带责任保证的债权人未在保证期间请求保证人承担保证责任的，保证人不再承担保证责任。

「关联条文：担保解释29—34」

第694条　保证债务诉讼时效的起算

❶〈辅助〉一般保证的债权人在保证期间届满前对债务人提起诉讼或者申请仲裁的，从保证人拒绝承担保证责任的权利消灭之日起，开始计算保证债务的诉讼时效。

❷〈辅助〉连带责任保证的债权人在保证期间届满前请求保证人承担保证责任的，从债权人请求保证人承担保证责任之日起，开始计算保证债务的诉讼时效。

「关联条文：时效规定18；担保解释35」

第695条　主合同变更对保证的影响

❶〈辅助〉债权人和债务人未经保证人书面同意，协商变更主债权债务合同内容，减轻债务的，保证人仍对变更后的债务承担保证责任；〈抗辩〉加重债务的，保证人对加重的部分不承担保证责任。

❷〈抗辩排除〉债权人和债务人变更主债权债务合同的履行期限，〈反抗辩〉未经保证人书面同意的，保证期间不受影响。

「攻防结构：（第2款）债权人和债务人变更主债权债务合同的履行期限，不构成可导致保证期间变更的抗辩事由。但是，保证人书面同意的除外。」

第696条　债权转让对保证的影响

❶〈辅助〉债权人转让全部或者部分债权，未通知保证人的，该转让对保证人不发生效力。

❷〈抗辩〉保证人与债权人约定禁止债权转让，〈反抗辩〉债权人未经保证人书面同意转让债权的，保证人对受让人不再

承担保证责任。

「攻防结构：债权人转让全部或者部分债权，通知保证人后，该转让对保证人发生效力。[①]

保证人与债权人约定禁止债权转让，债权人转让债权的，保证人对受让人不再承担保证责任。但是，保证人书面同意转让债权的除外。」

第697条　债务承担对保证的影响

❶〈抗辩/反抗辩〉债权人未经保证人书面同意，允许债务人转移全部或者部分债务，保证人对未经其同意转移的债务不再承担保证责任，但是债权人和保证人另有约定的除外。

❷〈抗辩排除〉第三人加入债务的，保证人的保证责任不受影响。

「攻防结构：债权人允许债务人转移全部或者部分债务的，保证人的保证责任消灭。但是，保证人书面同意的除外。

第三人加入债务，不构成可导致保证责任消灭的抗辩事由。」

第698条　一般保证人的免责

〈抗辩〉一般保证的保证人在主债务履行期限届满后，向债权人提供债务人可供执行财产的真实情况，债权人放弃或者怠于行使权利致使该财产不能被执行的，保证人在其提供可供执行财产的价值范围内不再承担保证责任。

第699条　共同保证

〈不完全主要〉同一债务有两个以上保证人的，保证人应当按照保证合同约定的保证份额，承担保证责任；〈主要〉没有约定保证份额的，债权人可以请求任何一个保证人在其保证范围内承担保证责任。

---

① 债权转让但未通知保证人的效力，不同于债权转让但未通知债务人。于后者，债务人对原债权人的给付仍生清偿效力；但于前者，很难认为保证人对原债权人的给付即相当于已承担保证责任，并继而对债务人享有追偿权。

第700条　保证人追偿权与法定债权让与

〈主要〉保证人承担保证责任后，除当事人另有约定外，有权在其承担保证责任的范围内向债务人追偿，〈不完全主要/辅助〉享有债权人对债务人的权利，〈抗辩〉但是不得损害债权人的利益。

第701条　保证人得主张主债务人的抗辩

〈抗辩〉保证人可以主张债务人对债权人的抗辩。〈反抗辩排除〉债务人放弃抗辩的，保证人仍有权向债权人主张抗辩。

第702条　保证人在债务人抵销权或撤销权范围内的履行抗辩权

〈抗辩〉债务人对债权人享有抵销权或者撤销权的，保证人可以在相应范围内拒绝承担保证责任。

第十四章　租赁合同

第703条　租赁合同定义

〈辅助〉租赁合同是出租人将租赁物交付承租人使用、收益，承租人支付租金的合同。

第704条　租赁合同内容

〈辅助〉租赁合同的内容一般包括租赁物的名称、数量、用途、租赁期限、租金及其支付期限和方式、租赁物维修等条款。

第705条　租赁期限

❶〈辅助〉租赁期限不得超过二十年。〈抗辩〉超过二十年的，超过部分无效。

❷〈辅助〉租赁期限届满，当事人可以续订租赁合同；〈辅助〉但是，约定的租赁期限自续订之日起不得超过二十年。

第706条　租赁合同未登记备案不影响合同效力

〈抗辩排除〉当事人未依照法律、行政法规规定办理租赁合同登记备案手续的，不影响合同的效力。

「对比条文：租赁解释2—4」

「攻防结构：当事人未依照法律、行政法规规定办理租赁合同登记备案手续，不构成合同效力的抗辩事由。」

第707条　租赁合同的形式

〈辅助〉租赁期限六个月以上的，应当采用书面形式。〈辅助〉当事人未采用书面形式，无法确定租赁期限的，视为不定期租赁。

第708条　出租人主给付义务

〈主要〉出租人应当按照约定将租赁物交付承租人，并在租赁期限内保持租赁物符合约定的用途。

「关联条文：租赁解释5」

第709条　承租人依约使用租赁物义务

〈主要〉承租人应当按照约定的方法使用租赁物。对租赁物的使用方法没有约定或者约定不明确，依据本法第五百一十条的规定仍不能确定的，应当根据租赁物的性质使用。

第710条　租赁物正常损耗不产生赔偿责任

〈否认〉承租人按照约定的方法或者根据租赁物的性质使用租赁物，致使租赁物受到损耗的，不承担赔偿责任。

「攻防结构：承租人按照约定的方法或者根据租赁物的性质使用租赁物，致使租赁物受到损耗的，不构成不履行合同义务或者履行合同义务不符合约定。」

第711条　出租人法定解除权

〈主要/抗辩[①]〉承租人未按照约定的方法或者未根据租赁物的性质使用租赁物，致使租赁物受到损失的，出租人可以解除合同并请求赔偿损失。

「关联条文：租赁解释6」

---

① 解除对应抗辩。

第712条　出租人维修义务

〈主要〉出租人应当履行租赁物的维修义务，但是当事人另有约定的除外。

第713条　租赁物的维修与维修费的负担

❶〈主要〉承租人在租赁物需要维修时可以请求出租人在合理期限内维修。〈主要〉出租人未履行维修义务的，承租人可以自行维修，维修费用由出租人负担。〈主要/抗辩[①]〉因维修租赁物影响承租人使用的，应当相应减少租金或者延长租期。

❷〈抗辩〉因承租人的过错致使租赁物需要维修的，出租人不承担前款规定的维修义务。

第714条　租赁物保管义务

〈主要〉承租人应当妥善保管租赁物，因保管不善造成租赁物毁损、灭失的，应当承担赔偿责任。

第715条　租赁物改善或增设他物

❶〈辅助〉承租人经出租人同意，可以对租赁物进行改善或者增设他物。

❷〈主要〉承租人未经出租人同意，对租赁物进行改善或者增设他物的，出租人可以请求承租人恢复原状或者赔偿损失。

「关联条文：租赁解释7—12」

第716条　转租

❶〈辅助〉承租人经出租人同意，可以将租赁物转租给第三人。〈抗辩排除〉承租人转租的，承租人与出租人之间的租赁合同继续有效；〈主要〉第三人造成租赁物损失的，承租人应当赔偿损失。

❷〈抗辩〉承租人未经出租人同意转租的，出租人可以解除合同。

「关联条文：租赁解释13」

---

① 减少租金对应抗辩。

第717条　转租期限

〈反抗辩〉承租人经出租人同意将租赁物转租给第三人，转租期限超过承租人剩余租赁期限的，超过部分的约定对出租人不具有法律约束力，但是出租人与承租人另有约定的除外。

第718条　同意转租的推定

〈抗辩〉出租人知道或者应当知道承租人转租，〈反抗辩〉但是在六个月内未提出异议的，视为出租人同意转租。

「攻防结构：出租人知道或者应当知道承租人转租，视为出租人同意转租。但是在六个月内提出异议的除外。」

第719条　次承租人代为支付租金与违约金

❶〈主要①〉承租人拖欠租金的，次承租人可以代承租人支付其欠付的租金和违约金，〈抗辩〉但是转租合同对出租人不具有法律约束力的除外。

❷〈抗辩〉次承租人代为支付的租金和违约金，可以充抵次承租人应当向承租人支付的租金；〈主要〉超出其应付的租金数额的，可以向承租人追偿。

第720条　租赁物收益权

〈辅助〉在租赁期限内因占有、使用租赁物获得的收益，归承租人所有，但是当事人另有约定的除外。

第721条　租金支付期限

〈主要〉承租人应当按照约定的期限支付租金。〈辅助〉对支付租金的期限没有约定或者约定不明确，依据本法第五百一十条的规定仍不能确定，租赁期限不满一年的，应当在租赁期限届满时支付；〈辅助〉租赁期限一年以上的，应当在每届满一年时支付，剩余期限不满一年的，应当在租赁期限届满时支付。

---

① 次承租人对出租人有受领请求权。

第722条　承租人租金支付义务

〈辅助〉承租人无正当理由未支付或者迟延支付租金的，出租人可以请求承租人在合理期限内支付；〈抗辩〉承租人逾期不支付的，出租人可以解除合同。

第723条　租赁物权利瑕疵义务

❶〈抗辩〉因第三人主张权利，致使承租人不能对租赁物使用、收益的，承租人可以请求减少租金或者不支付租金。

❷〈辅助〉第三人主张权利的，承租人应当及时通知出租人。

第724条　承租人法定解除权

〈抗辩〉有下列情形之一，非因承租人原因致使租赁物无法使用的，承租人可以解除合同：

（一）租赁物被司法机关或者行政机关依法查封、扣押；

（二）租赁物权属有争议；

（三）租赁物具有违反法律、行政法规关于使用条件的强制性规定情形。

第725条　让与不破租赁

〈抗辩〉租赁物在承租人按照租赁合同占有期限内发生所有权变动的，不影响租赁合同的效力。

［关联条文：405；租赁解释14］

第726条　房屋承租人优先购买权

❶〈主要/辅助〉出租人出卖租赁房屋的，应当在出卖之前的合理期限内通知承租人，承租人享有以同等条件优先购买的权利；〈抗辩〉但是，房屋按份共有人行使优先购买权或者出租人将房屋出卖给近亲属的除外。

❷〈抗辩〉出租人履行通知义务后，承租人在十五日内未明确表示购买的，视为承租人放弃优先购买权。

［关联条文：租赁解释15］

第727条　承租人对拍卖房屋的优先购买权

〈辅助〉出租人委托拍卖人拍卖租赁房屋的，应当在拍卖五日前通知承租人。〈抗辩〉承租人未参加拍卖的，视为放弃优先购买权。

第728条　出卖人侵害承租人优先购买权

〈主要〉出租人未通知承租人或者有其他妨害承租人行使优先购买权情形的，承租人可以请求出租人承担赔偿责任。〈抗辩排除〉但是，出租人与第三人订立的房屋买卖合同的效力不受影响。

第729条　不可归责于承租人的租赁物毁损、灭失

〈抗辩〉因不可归责于承租人的事由，致使租赁物部分或者全部毁损、灭失的，承租人可以请求减少租金或者不支付租金；〈抗辩〉因租赁物部分或者全部毁损、灭失，致使不能实现合同目的的，承租人可以解除合同。

第730条　租赁期限

〈辅助〉当事人对租赁期限没有约定或者约定不明确，依据本法第五百一十条的规定仍不能确定的，视为不定期租赁；〈抗辩〉当事人可以随时解除合同，〈辅助〉但是应当在合理期限之前通知对方。

第731条　租赁物品质瑕疵义务

〈抗辩〉租赁物危及承租人的安全或者健康的，即使承租人订立合同时明知该租赁物质量不合格，承租人仍然可以随时解除合同。

第732条　共同居住人的继续承租权

〈辅助〉承租人在房屋租赁期限内死亡的，与其生前共同居住的人或者共同经营人可以按照原租赁合同租赁该房屋。

第733条　租赁物返还义务

〈主要〉租赁期限届满，承租人应当返还租赁物。〈辅助〉返还的租赁物应当符合按照约定或者根据租赁物的性质使用后的状态。

第734条　续租的推定/优先承租权

❶〈抗辩/辅助[①]〉租赁期限届满，承租人继续使用租赁物，〈反抗辩〉出租人没有提出异议的，原租赁合同继续有效，但是租赁期限为不定期。

❷〈主要〉租赁期限届满，房屋承租人享有以同等条件优先承租的权利。

［关联条文：时间效力规定21］

第十五章　融资租赁合同

第735条　融资租赁合同定义

〈辅助〉融资租赁合同是出租人根据承租人对出卖人、租赁物的选择，向出卖人购买租赁物，提供给承租人使用，承租人支付租金的合同。

［关联条文：融租解释1—2］

第736条　融资租赁合同内容

❶〈辅助〉融资租赁合同的内容一般包括租赁物的名称、数量、规格、技术性能、检验方法，租赁期限，租金构成及其支付期限和方式、币种，租赁期限届满租赁物的归属等条款。

❷〈辅助〉融资租赁合同应当采用书面形式。

第737条　虚构融资租赁物

〈抗辩〉当事人以虚构租赁物方式订立的融资租赁合同无效。

［关联条文：146］

［对比条文：763］

第738条　未经行政许可不影响融资租赁合同效力

〈抗辩排除〉依照法律、行政法规的规定，对于租赁物的经营使用应当取得行政许可的，出租人未取得行政许可不影响

① 以出租人请求返还租赁物为视角，辅助指向不定期。

融资租赁合同的效力。

「攻防结构：依照法律、行政法规的规定，对于租赁物的经营使用应当取得行政许可的，出租人未取得行政许可不构成融资租赁合同效力的抗辩事由。」

第739条　融资租赁承租人地位

〈主要/辅助〉出租人根据承租人对出卖人、租赁物的选择订立的买卖合同，出卖人应当按照约定向承租人交付标的物，承租人享有与受领标的物有关的买受人的权利。

第740条　融资租赁物拒绝受领权

❶〈抗辩〉出卖人违反向承租人交付标的物的义务，有下列情形之一的，承租人可以拒绝受领出卖人向其交付的标的物：

（一）标的物严重不符合约定；

（二）未按照约定交付标的物，经承租人或者出租人催告后在合理期限内仍未交付。

❷〈辅助〉承租人拒绝受领标的物的，应当及时通知出租人。

「关联条文：融租解释3」

第741条　融资租赁承租人索赔权

〈主要〉出租人、出卖人、承租人可以约定，出卖人不履行买卖合同义务的，由承租人行使索赔的权利。〈主要〉承租人行使索赔权利的，出租人应当协助。

第742条　承租人行使索赔权的租金支付

〈抗辩排除〉承租人对出卖人行使索赔权利，不影响其履行支付租金的义务。〈抗辩〉但是，承租人依赖出租人的技能确定租赁物或者出租人干预选择租赁物的，承租人可以请求减免相应租金。

「攻防结构：（第1句）承租人对出卖人行使索赔权利，不构成可导致其租金支付义务消灭的抗辩事由。」

第743条　承租人索赔失败的违约责任承担

❶〈主要〉出租人有下列情形之一，致使承租人对出卖人

行使索赔权利失败的，承租人有权请求出租人承担相应的责任：

（一）明知租赁物有质量瑕疵而不告知承租人；

（二）承租人行使索赔权利时，未及时提供必要协助。

❷〈主要〉出租人怠于行使只能由其对出卖人行使的索赔权利，造成承租人损失的，承租人有权请求出租人承担赔偿责任。

第744条　出租人不得擅自变更买卖合同内容

〈反抗辩〉出租人根据承租人对出卖人、租赁物的选择订立的买卖合同，未经承租人同意，出租人不得变更与承租人有关的合同内容。

［关联条文：融租解释8］

第745条　融资租赁出租人所有权登记对抗

〈抗辩/反抗辩〉出租人对租赁物享有的所有权，未经登记，不得对抗善意第三人。

［关联条文：388.1，414.2；担保解释56，57，67］

［攻防结构：出租人对租赁物享有的所有权，未经登记，不得对抗第三人。但是，第三人非善意的除外。］

第746条　融资租赁租金的确定

〈辅助〉融资租赁合同的租金，除当事人另有约定外，应当根据购买租赁物的大部分或者全部成本以及出租人的合理利润确定。

第747条　融资租赁物品质瑕疵

〈否认〉租赁物不符合约定或者不符合使用目的的，出租人不承担责任。〈主要〉但是，承租人依赖出租人的技能确定租赁物或者出租人干预选择租赁物的除外。

［关联条文：融租解释8］

第748条　出租人保证承租人占有和使用租赁物义务

❶〈主要〉出租人应当保证承租人对租赁物的占有和使用。

❷〈主要〉出租人有下列情形之一的，承租人有权请求其赔偿损失：

（一）无正当理由收回租赁物；

（二）无正当理由妨碍、干扰承租人对租赁物的占有和使用；

（三）因出租人的原因致使第三人对租赁物主张权利；

（四）不当影响承租人对租赁物占有和使用的其他情形。

第749条 租赁物致害

〈抗辩〉承租人占有租赁物期间，租赁物造成第三人人身损害或者财产损失的，出租人不承担责任。

第750条 融资租赁承租人保管、使用、维修义务

❶〈主要〉承租人应当妥善保管、使用租赁物。

❷〈主要〉承租人应当履行占有租赁物期间的维修义务。

第751条 融资租赁物毁损、灭失不消灭租金义务

〈抗辩排除〉承租人占有租赁物期间，租赁物毁损、灭失的，出租人有权请求承租人继续支付租金，〈抗辩〉但是法律另有规定或者当事人另有约定的除外。

第752条 融资租赁承租人租金支付义务

〈主要〉承租人应当按照约定支付租金。〈主要〉承租人经催告后在合理期限内仍不支付租金的，出租人可以请求支付全部租金；〈抗辩〉也可以解除合同，〈主要〉收回租赁物。

「关联条文：融租解释9—11；担保解释65.1」

第753条 融资租赁承租人擅自处分租赁物时出租人的解除权

〈抗辩〉承租人未经出租人同意，将租赁物转让、抵押、质押、投资入股或者以其他方式处分的，出租人可以解除融资租赁合同。

第754条 融资租赁合同的解除权

〈抗辩〉有下列情形之一的，出租人或者承租人可以解除融资租赁合同：

（一）出租人与出卖人订立的买卖合同解除、被确认无效或者被撤销，且未能重新订立买卖合同；

（二）租赁物因不可归责于当事人的原因毁损、灭失，且不能修复或者确定替代物；

（三）因出卖人的原因致使融资租赁合同的目的不能实现。

［关联条文：融租解释5—7］

第755条　融资租赁合同因买卖合同解除、无效而解除

❶〈主要〉融资租赁合同因买卖合同解除、被确认无效或者被撤销而解除，出卖人、租赁物系由承租人选择的，出租人有权请求承租人赔偿相应损失；〈抗辩〉但是，因出租人原因致使买卖合同解除、被确认无效或者被撤销的除外。

❷〈抗辩〉出租人的损失已经在买卖合同解除、被确认无效或者被撤销时获得赔偿的，承租人不再承担相应的赔偿责任。

第756条　融资租赁物折旧补偿

〈主要〉融资租赁合同因租赁物交付承租人后意外毁损、灭失等不可归责于当事人的原因解除的，出租人可以请求承租人按照租赁物折旧情况给予补偿。

第757条　租赁期满融资租赁物的归属

〈辅助〉出租人和承租人可以约定租赁期限届满租赁物的归属；对租赁物的归属没有约定或者约定不明确，依据本法第五百一十条的规定仍不能确定的，租赁物的所有权归出租人。

第758条　融资租赁出租人收回租赁物的清算义务/融资租赁承租人返还不能

❶〈主要〉当事人约定租赁期限届满租赁物归承租人所有，承租人已经支付大部分租金，但是无力支付剩余租金，出租人因此解除合同收回租赁物，收回的租赁物的价值超过承租人欠付的租金以及其他费用的，承租人可以请求相应返还。

［关联条文：融租解释12；担保解释65.2］

［对比条文：642.1］

❷〈主要〉当事人约定租赁期限届满租赁物归出租人所有，

因租赁物毁损、灭失或者附合、混合于他物致使承租人不能返还的，出租人有权请求承租人给予合理补偿。

第759条　租赁物所有权归承租人所有的推定

〈辅助〉当事人约定租赁期限届满，承租人仅需向出租人支付象征性价款的，视为约定的租金义务履行完毕后租赁物的所有权归承租人。

第760条　融资租赁合同无效时租赁物的归属

〈主要〉融资租赁合同无效，当事人就该情形下租赁物的归属有约定的，按照其约定；没有约定或者约定不明确的，租赁物应当返还出租人。〈辅助〉但是，因承租人原因致使合同无效，出租人不请求返还或者返还后会显著降低租赁物效用的，租赁物的所有权归承租人，〈主要〉由承租人给予出租人合理补偿。

第十六章　保理合同

第761条　保理合同定义

〈辅助〉保理合同是应收账款债权人将现有的或者将有的应收账款转让给保理人，保理人提供资金融通、应收账款管理或者催收、应收账款债务人付款担保等服务的合同。

「关联条文：时间效力规定12」

第762条　保理合同内容与形式

❶〈辅助〉保理合同的内容一般包括业务类型、服务范围、服务期限、基础交易合同情况、应收账款信息、保理融资款或者服务报酬及其支付方式等条款。

❷〈辅助〉保理合同应当采用书面形式。

第763条　虚构应收账款

〈反抗辩〉应收账款债权人与债务人虚构应收账款作为转让标的，与保理人订立保理合同的，应收账款债务人不得以应收账款不存在为由对抗保理人，〈再抗辩〉但是保理人明知虚构的除外。

［对比条文：146，737］

第764条　保理人通知债务人时表明身份的义务

〈辅助〉保理人向应收账款债务人发出应收账款转让通知的，应当表明保理人身份并附有必要凭证。

第765条　基础合同的变更、终止对保理人不发生效力

〈反抗辩〉应收账款债务人接到应收账款转让通知后，应收账款债权人与债务人无正当理由协商变更或者终止基础交易合同，对保理人产生不利影响的，对保理人不发生效力。

第766条　有追索权保理

〈主要〉当事人约定有追索权保理的，保理人可以向应收账款债权人主张返还保理融资款本息或者回购应收账款债权，〈不完全主要〉也可以向应收账款债务人主张应收账款债权。〈主要〉保理人向应收账款债务人主张应收账款债权，在扣除保理融资款本息和相关费用后有剩余的，剩余部分应当返还给应收账款债权人。

［关联条文：担保解释66.2］

第767条　无追索权保理

〈主要〉当事人约定无追索权保理的，保理人应当向应收账款债务人主张应收账款债权，〈抗辩排除[①]〉保理人取得超过保理融资款本息和相关费用的部分，无需向应收账款债权人返还。

第768条　多重保理的权利顺位

〈辅助〉应收账款债权人就同一应收账款订立多个保理合同，致使多个保理人主张权利的，已经登记的先于未登记的取得应收账款；〈辅助〉均已经登记的，按照登记时间的先后顺序取得应收账款；〈辅助〉均未登记的，由最先到达应收账款

---

① 不构成请求权未产生的抗辩。

债务人的转让通知中载明的保理人取得应收账款；〈辅助〉既未登记也未通知的，按照保理融资款或者服务报酬的比例取得应收账款。

「关联条文：担保解释66.1」

第769条　保理适用债权转让规则

〈提示参引〉本章没有规定的，适用本编第六章债权转让的有关规定。

第十七章　承揽合同

第770条　承揽合同定义

❶〈辅助〉承揽合同是承揽人按照定作人的要求完成工作，交付工作成果，定作人支付报酬的合同。

❷〈辅助〉承揽包括加工、定作、修理、复制、测试、检验等工作。

第771条　承揽合同内容

〈辅助〉承揽合同的内容一般包括承揽的标的、数量、质量、报酬，承揽方式，材料的提供，履行期限，验收标准和方法等条款。

第772条　承揽合同主要工作的完成

❶〈辅助〉承揽人应当以自己的设备、技术和劳力，完成主要工作，但是当事人另有约定的除外。

❷〈主要〉承揽人将其承揽的主要工作交由第三人完成的，应当就该第三人完成的工作成果向定作人负责；〈抗辩〉未经定作人同意的，定作人也可以解除合同。

第773条　承揽合同辅助性的完成

〈辅助〉承揽人可以将其承揽的辅助工作交由第三人完成。〈主要〉承揽人将其承揽的辅助工作交由第三人完成的，应当就该第三人完成的工作成果向定作人负责。

第774条　承揽人提供材料

〈主要〉承揽人提供材料的，应当按照约定选用材料，并接受定作人检验。

第775条　定作人提供材料

❶〈主要〉定作人提供材料的，应当按照约定提供材料。〈主要〉承揽人对定作人提供的材料应当及时检验，发现不符合约定时，应当及时通知定作人更换、补齐或者采取其他补救措施。

❷〈主要〉承揽人不得擅自更换定作人提供的材料，不得更换不需要修理的零部件。

第776条　承揽人通知义务

〈辅助〉承揽人发现定作人提供的图纸或者技术要求不合理的，应当及时通知定作人。〈主要〉因定作人怠于答复等原因造成承揽人损失的，应当赔偿损失。

第777条　定作人中途变更工作要求

〈主要〉定作人中途变更承揽工作的要求，造成承揽人损失的，应当赔偿损失。

第778条　定作人协助义务

〈主要〉承揽工作需要定作人协助的，定作人有协助的义务。〈主要〉定作人不履行协助义务致使承揽工作不能完成的，承揽人可以催告定作人在合理期限内履行义务，〈抗辩〉并可以顺延履行期限；〈抗辩〉定作人逾期不履行的，承揽人可以解除合同。

第779条　定作人监督检查权

〈主要〉承揽人在工作期间，应当接受定作人必要的监督检验。〈否认①〉定作人不得因监督检验妨碍承揽人的正常工作。

第780条　工作成果的交付与验收

〈主要〉承揽人完成工作的，应当向定作人交付工作成果，

---

① 对“必要”的否认。

并提交必要的技术资料和有关质量证明。〈主要〉定作人应当验收该工作成果。

第781条　工作成果品质瑕疵的违约责任

〈主要/抗辩〉承揽人交付的工作成果不符合质量要求的，定作人可以合理选择请求承揽人承担修理、重作、减少报酬、赔偿损失等违约责任。

第782条　定作人支付报酬的期限

〈主要〉定作人应当按照约定的期限支付报酬。〈辅助〉对支付报酬的期限没有约定或者约定不明确，依据本法第五百一十条的规定仍不能确定的，定作人应当在承揽人交付工作成果时支付；〈主要〉工作成果部分交付的，定作人应当相应支付。

第783条　承揽人留置权

〈辅助/抗辩〉定作人未向承揽人支付报酬或者材料费等价款的，承揽人对完成的工作成果享有留置权或者有权拒绝交付，但是当事人另有约定的除外。

第784条　承揽人保管义务

〈主要〉承揽人应当妥善保管定作人提供的材料以及完成的工作成果，因保管不善造成毁损、灭失的，应当承担赔偿责任。

第785条　承揽人保密义务

〈主要〉承揽人应当按照定作人的要求保守秘密，未经定作人许可，不得留存复制品或者技术资料。

第786条　共同承揽

〈主要〉共同承揽人对定作人承担连带责任，但是当事人另有约定的除外。

第787条　定作人任意解除权

〈抗辩〉定作人在承揽人完成工作前可以随时解除合同，〈主要〉造成承揽人损失的，应当赔偿损失。

第十八章　建设工程合同

第788条　建设工程合同定义

❶〈辅助〉建设工程合同是承包人进行工程建设，发包人支付价款的合同。

❷〈辅助〉建设工程合同包括工程勘察、设计、施工合同。

第789条　建设工程合同形式

〈辅助〉建设工程合同应当采用书面形式。

第790条　建设工程的招标投标

〈提示参引〉建设工程的招标投标活动，应当依照有关法律的规定公开、公平、公正进行。

第791条　建设工程的总包与分包

❶〈辅助〉发包人可以与总承包人订立建设工程合同，也可以分别与勘察人、设计人、施工人订立勘察、设计、施工承包合同。〈抗辩〉发包人不得将应当由一个承包人完成的建设工程支解成若干部分发包给数个承包人。

❷〈辅助〉总承包人或者勘察、设计、施工承包人经发包人同意，可以将自己承包的部分工作交由第三人完成。〈主要〉第三人就其完成的工作成果与总承包人或者勘察、设计、施工承包人向发包人承担连带责任。〈抗辩〉承包人不得将其承包的全部建设工程转包给第三人或者将其承包的全部建设工程支解以后以分包的名义分别转包给第三人。

❸〈抗辩〉禁止承包人将工程分包给不具备相应资质条件的单位。〈抗辩〉禁止分包单位将其承包的工程再分包。〈辅助〉建设工程主体结构的施工必须由承包人自行完成。

「关联条文：建工解释一1，4—7，43—44」

第792条　重大建设工程合同的订立

〈提示参引〉国家重大建设工程合同，应当按照国家规定的程序和国家批准的投资计划、可行性研究报告等文件订立。

第793条　建设工程施工合同无效对工程价款的影响

❶〈主要〉建设工程施工合同无效，但是建设工程经验收合格的，可以参照合同关于工程价款的约定折价补偿承包人。

［关联条文：建工解释一24］

❷建设工程施工合同无效，且建设工程经验收不合格的，按照以下情形处理：

〈主要〉（一）修复后的建设工程经验收合格的，发包人可以请求承包人承担修复费用；

〈否认〉（二）修复后的建设工程经验收不合格的，承包人无权请求参照合同关于工程价款的约定折价补偿。

❸〈主要〉发包人对因建设工程不合格造成的损失有过错的，应当承担相应的责任。

第794条　勘察、设计合同内容

〈辅助〉勘察、设计合同的内容一般包括提交有关基础资料和概预算等文件的期限、质量要求、费用以及其他协作条件等条款。

第795条　施工合同内容

〈辅助〉施工合同的内容一般包括工程范围、建设工期、中间交工工程的开工和竣工时间、工程质量、工程造价、技术资料交付时间、材料和设备供应责任、拨款和结算、竣工验收、质量保修范围和质量保证期、相互协作等条款。

［关联条文：建工解释一8—11］

第796条　建设工程监理

〈辅助〉建设工程实行监理的，发包人应当与监理人采用书面形式订立委托监理合同。〈提示参引〉发包人与监理人的权利和义务以及法律责任，应当依照本编委托合同以及其他有关法律、行政法规的规定。

第797条　发包人检查权

〈主要〉发包人在不妨碍承包人正常作业的情况下，可以随时对作业进度、质量进行检查。

第798条　隐蔽工程的检查

〈辅助〉隐蔽工程在隐蔽以前，承包人应当通知发包人检查。〈主要/抗辩〉发包人没有及时检查的，承包人可以顺延工程日期，并有权请求赔偿停工、窝工等损失。

第799条　竣工验收

❶〈主要〉建设工程竣工后，发包人应当根据施工图纸及说明书、国家颁发的施工验收规范和质量检验标准及时进行验收。〈主要〉验收合格的，发包人应当按照约定支付价款，并接收该建设工程。

❷〈辅助〉建设工程竣工经验收合格后，方可交付使用；〈抗辩〉未经验收或者验收不合格的，不得交付使用。

「关联条文：建工解释一19—23，26—34」

第800条　勘察、设计的违约责任

〈主要/抗辩[①]〉勘察、设计的质量不符合要求或者未按照期限提交勘察、设计文件拖延工期，造成发包人损失的，勘察人、设计人应当继续完善勘察、设计，减收或者免收勘察、设计费并赔偿损失。

第801条　施工质量瑕疵

〈主要〉因施工人的原因致使建设工程质量不符合约定的，发包人有权请求施工人在合理期限内无偿修理或者返工、改建。〈主要〉经过修理或者返工、改建后，造成逾期交付的，施工人应当承担违约责任。

「关联条文：建工解释一12—17」

第802条　建设工程致害

〈主要〉因承包人的原因致使建设工程在合理使用期限内造成人身损害和财产损失的，承包人应当承担赔偿责任。

---

① 减收或者免收勘察、设计费，对应抗辩规范。

［关联条文：建工解释一18］

［对比条文：1252.1］

第803条　发包人违约责任

〈主要/抗辩〉发包人未按照约定的时间和要求提供原材料、设备、场地、资金、技术资料的，承包人可以顺延工程日期，并有权请求赔偿停工、窝工等损失。

第804条　发包人致工程停建、缓建

〈辅助〉因发包人的原因致使工程中途停建、缓建的，发包人应当采取措施弥补或者减少损失，〈主要〉赔偿承包人因此造成的停工、窝工、倒运、机械设备调迁、材料和构件积压等损失和实际费用。

第805条　发包人致勘察、设计返工、停工或修改设计

〈主要〉因发包人变更计划，提供的资料不准确，或者未按照期限提供必需的勘察、设计工作条件而造成勘察、设计的返工、停工或者修改设计，发包人应当按照勘察人、设计人实际消耗的工作量增付费用。

第806条　建设工程合同的法定解除

❶〈抗辩〉承包人将建设工程转包、违法分包的，发包人可以解除合同。

❷〈抗辩〉发包人提供的主要建筑材料、建筑构配件和设备不符合强制性标准或者不履行协助义务，致使承包人无法施工，经催告后在合理期限内仍未履行相应义务的，承包人可以解除合同。

❸〈主要〉合同解除后，已经完成的建设工程质量合格的，发包人应当按照约定支付相应的工程价款；〈类推参引〉已经完成的建设工程质量不合格的，参照本法第七百九十三条的规定处理。

第807条　建设工程价款的支付与承包人优先受偿权

〈主要〉发包人未按照约定支付价款的，承包人可以催告发包人在合理期限内支付价款。〈主要/辅助[1]〉发包人逾期不支付的，除根据建设工程的性质不宜折价、拍卖外，承包人可以与发包人协议将该工程折价，也可以请求人民法院将该工程依法拍卖。〈主要/辅助〉建设工程的价款就该工程折价或者拍卖的价款优先受偿。

［关联条文：建工解释一19—23，26—34，35—42］

第808条　建设工程合同适用承揽

〈类推参引〉本章没有规定的，适用承揽合同的有关规定。

第十九章　运输合同

第一节　一般规定

第809条　运输合同定义

〈辅助〉运输合同是承运人将旅客或者货物从起运地点运输到约定地点，旅客、托运人或者收货人支付票款或者运输费用的合同。

第810条　公共运输承运人强制缔约义务

〈主要〉从事公共运输的承运人不得拒绝旅客、托运人通常、合理的运输要求。

第811条　承运人按约定时间运输义务

〈辅助〉承运人应当在约定期限或者合理期限内将旅客、货物安全运输到约定地点。

第812条　承运人按约定路线运输义务

〈辅助〉承运人应当按照约定的或者通常的运输路线将旅客、货物运输到约定地点。

---

① 理由同第390条第1句。

第813条　票款或运费支付义务

〈主要〉旅客、托运人或者收货人应当支付票款或者运输费用。〈反抗辩〉承运人未按照约定路线或者通常路线运输增加票款或者运输费用的，旅客、托运人或者收货人可以拒绝支付增加部分的票款或者运输费用。

第二节　客运合同

第814条　客运合同的成立

〈辅助〉客运合同自承运人向旅客出具客票时成立，〈抗辩〉但是当事人另有约定或者另有交易习惯的除外。

「关联条文：合同通则解释2」

第815条　客票与补票

❶〈主要〉旅客应当按照有效客票记载的时间、班次和座位号乘坐。〈提示参引〉旅客无票乘坐、超程乘坐、越级乘坐或者持不符合减价条件的优惠客票乘坐的，应当补交票款，承运人可以按照规定加收票款；〈抗辩〉旅客不支付票款的，承运人可以拒绝运输。

❷〈主要〉实名制客运合同的旅客丢失客票的，可以请求承运人挂失补办，〈否认〉承运人不得再次收取票款和其他不合理费用。

第816条　退票与变更

〈辅助〉旅客因自己的原因不能按照客票记载的时间乘坐的，应当在约定的期限内办理退票或者变更手续；〈抗辩〉逾期办理的，承运人可以不退票款，并不再承担运输义务。

第817条　旅客按约定限量携带行李义务

〈主要〉旅客随身携带行李应当符合约定的限量和品类要求；〈主要〉超过限量或者违反品类要求携带行李的，应当办理托运手续。

第818条　禁止携带违禁品或危险品

❶〈主要〉旅客不得随身携带或者在行李中夹带易燃、易爆、有毒、有腐蚀性、有放射性以及可能危及运输工具上人身和财产安全的危险物品或者违禁物品。

❷〈主要〉旅客违反前款规定的，承运人可以将危险物品或者违禁物品卸下、销毁或者送交有关部门。〈抗辩〉旅客坚持携带或者夹带危险物品或者违禁物品的，承运人应当拒绝运输。

第819条　承运人安全运输义务与旅客协作义务

〈主要〉承运人应当严格履行安全运输义务，及时告知旅客安全运输应当注意的事项。〈主要〉旅客对承运人为安全运输所作的合理安排应当积极协助和配合。

第820条　迟延运输

〈主要〉承运人应当按照有效客票记载的时间、班次和座位号运输旅客。〈主要〉承运人迟延运输或者有其他不能正常运输情形的，应当及时告知和提醒旅客，采取必要的安置措施，并根据旅客的要求安排改乘其他班次或者退票；〈主要〉由此造成旅客损失的，承运人应当承担赔偿责任，〈抗辩〉但是不可归责于承运人的除外。

第821条　承运人降低服务标准

〈主要/抗辩〉承运人擅自降低服务标准的，应当根据旅客的请求退票或者减收票款；〈抗辩〉提高服务标准的，不得加收票款。

第822条　承运人救助义务

〈主要〉承运人在运输过程中，应当尽力救助患有急病、分娩、遇险的旅客。

第823条　旅客伤亡

❶〈主要〉承运人应当对运输过程中旅客的伤亡承担赔偿责任；〈抗辩〉但是，伤亡是旅客自身健康原因造成的或者承

运人证明伤亡是旅客故意、重大过失造成的除外。

❷〈辅助〉前款规定适用于按照规定免票、持优待票或者经承运人许可搭乘的无票旅客。

第824条　行李毁损、灭失

❶〈主要〉在运输过程中旅客随身携带物品毁损、灭失，承运人有过错的，应当承担赔偿责任。

❷〈提示参引〉旅客托运的行李毁损、灭失的，适用货物运输的有关规定。

第三节　货运合同

第825条　托运人告知义务

❶〈主要〉托运人办理货物运输，应当向承运人准确表明收货人的姓名、名称或者凭指示的收货人，货物的名称、性质、重量、数量，收货地点等有关货物运输的必要情况。

❷〈主要〉因托运人申报不实或者遗漏重要情况，造成承运人损失的，托运人应当承担赔偿责任。

第826条　托运人提交文件义务

〈主要〉货物运输需要办理审批、检验等手续的，托运人应当将办理完有关手续的文件提交承运人。

第827条　托运人包装义务

❶〈主要〉托运人应当按照约定的方式包装货物。〈提示参引〉对包装方式没有约定或者约定不明确的，适用本法第六百一十九条的规定。

❷〈抗辩〉托运人违反前款规定的，承运人可以拒绝运输。

第828条　托运危险货物的义务

❶〈主要〉托运人托运易燃、易爆、有毒、有腐蚀性、有放射性等危险物品的，应当按照国家有关危险物品运输的规定对危险物品妥善包装，做出危险物品标志和标签，并将有关危

险物品的名称、性质和防范措施的书面材料提交承运人。

❷〈抗辩〉托运人违反前款规定的，承运人可以拒绝运输，〈辅助〉也可以采取相应措施以避免损失的发生，〈主要〉因此产生的费用由托运人负担。

第829条　托运人的变更权

〈主要〉在承运人将货物交付收货人之前，托运人可以要求承运人中止运输、返还货物、变更到达地或者将货物交给其他收货人，〈主要〉但是应当赔偿承运人因此受到的损失。

第830条　承运人通知义务与收货人提货义务

〈主要〉货物运输到达后，承运人知道收货人的，应当及时通知收货人，收货人应当及时提货。〈主要〉收货人逾期提货的，应当向承运人支付保管费等费用。

第831条　收货人检验义务

〈辅助〉收货人提货时应当按照约定的期限检验货物。对检验货物的期限没有约定或者约定不明确，依据本法第五百一十条的规定仍不能确定的，应当在合理期限内检验货物。〈否认〉收货人在约定的期限或者合理期限内对货物的数量、毁损等未提出异议的，视为承运人已经按照运输单证的记载交付的初步证据。

第832条　运输货物毁损、灭失

〈主要〉承运人对运输过程中货物的毁损、灭失承担赔偿责任。〈抗辩〉但是，承运人证明货物的毁损、灭失是因不可抗力、货物本身的自然性质或者合理损耗以及托运人、收货人的过错造成的，不承担赔偿责任。

第833条　货损额的确定

〈辅助〉货物的毁损、灭失的赔偿额，当事人有约定的，按照其约定；没有约定或者约定不明确，依据本法第五百一十条的规定仍不能确定的，按照交付或者应当交付时货物到达地的市场价格计算。〈提示参引〉法律、行政法规对赔偿额的计算方法和赔偿限额另有规定的，依照其规定。

第834条　同一运输方式联运的责任承担

〈主要〉两个以上承运人以同一运输方式联运的，与托运人订立合同的承运人应当对全程运输承担责任；〈主要〉损失发生在某一运输区段的，与托运人订立合同的承运人和该区段的承运人承担连带责任。

第835条　运费义务的消灭

〈抗辩〉货物在运输过程中因不可抗力灭失，未收取运费的，承运人不得请求支付运费；〈主要〉已经收取运费的，托运人可以请求返还。〈抗辩〉法律另有规定的，依照其规定。

第836条　运输物留置权

〈辅助/抗辩〉托运人或者收货人不支付运费、保管费或者其他费用的，承运人对相应的运输货物享有留置权，但是当事人另有约定的除外。

第837条　运输物的提存

〈抗辩〉收货人不明或者收货人无正当理由拒绝受领货物的，承运人依法可以提存货物。

第四节　多式联运合同

第838条　多式联运外部责任

〈主要/辅助〉多式联运经营人负责履行或者组织履行多式联运合同，对全程运输享有承运人的权利，承担承运人的义务。

第839条　多式联运内部责任

〈辅助〉多式联运经营人可以与参加多式联运的各区段承运人就多式联运合同的各区段运输约定相互之间的责任；〈抗辩排除〉但是，该约定不影响多式联运经营人对全程运输承担的义务。

「攻防结构：（但书）该约定不构成可导致多式联运经营人

不承担全程运输义务的抗辩事由。」

第840条　多式联运单据

〈主要〉多式联运经营人收到托运人交付的货物时，应当签发多式联运单据。〈辅助〉按照托运人的要求，多式联运单据可以是可转让单据，也可以是不可转让单据。

第841条　托运人过错责任

〈主要〉因托运人托运货物时的过错造成多式联运经营人损失的，即使托运人已经转让多式联运单据，托运人仍然应当承担赔偿责任。

第842条　多式联运经营人赔偿责任的法律适用

〈提示参引〉货物的毁损、灭失发生于多式联运的某一运输区段的，多式联运经营人的赔偿责任和责任限额，适用调整该区段运输方式的有关法律规定；〈提示参引〉货物毁损、灭失发生的运输区段不能确定的，依照本章规定承担赔偿责任。

第二十章　技术合同

第一节　一般规定

第843条　技术合同定义

〈辅助〉技术合同是当事人就技术开发、转让、许可、咨询或者服务订立的确立相互之间权利和义务的合同。

第844条　订立技术合同的原则

〈原则〉订立技术合同，应当有利于知识产权的保护和科学技术的进步，促进科学技术成果的研发、转化、应用和推广。

第845条　技术合同内容

❶〈辅助〉技术合同的内容一般包括项目的名称，标的的内容、范围和要求，履行的计划、地点和方式，技术信息和资

料的保密，技术成果的归属和收益的分配办法，验收标准和方法，名词和术语的解释等条款。

❷〈辅助〉与履行合同有关的技术背景资料、可行性论证和技术评价报告、项目任务书和计划书、技术标准、技术规范、原始设计和工艺文件，以及其他技术文档，按照当事人的约定可以作为合同的组成部分。

❸〈辅助〉技术合同涉及专利的，应当注明发明创造的名称、专利申请人和专利权人、申请日期、申请号、专利号以及专利权的有效期限。

第846条　技术合同价款、报酬或使用费

❶〈辅助〉技术合同价款、报酬或者使用费的支付方式由当事人约定，可以采取一次总算、一次总付或者一次总算、分期支付，也可以采取提成支付或者提成支付附加预付入门费的方式。

❷〈辅助〉约定提成支付的，可以按照产品价格、实施专利和使用技术秘密后新增的产值、利润或者产品销售额的一定比例提成，也可以按照约定的其他方式计算。〈辅助〉提成支付的比例可以采取固定比例、逐年递增比例或者逐年递减比例。

❸〈辅助〉约定提成支付的，当事人可以约定查阅有关会计账目的办法。

第847条　职务技术成果

❶〈辅助〉职务技术成果的使用权、转让权属于法人或者非法人组织的，法人或者非法人组织可以就该项职务技术成果订立技术合同。〈辅助〉法人或者非法人组织订立技术合同转让职务技术成果时，职务技术成果的完成人享有以同等条件优先受让的权利。

❷〈辅助〉职务技术成果是执行法人或者非法人组织的工作任务，或者主要是利用法人或者非法人组织的物质技术条件所完成的技术成果。

第848条　非职务技术成果

〈辅助〉非职务技术成果的使用权、转让权属于完成技术成果的个人，完成技术成果的个人可以就该项非职务技术成果订立技术合同。

第849条　技术成果的精神权属

〈辅助〉完成技术成果的个人享有在有关技术成果文件上写明自己是技术成果完成者的权利和取得荣誉证书、奖励的权利。

第850条　技术合同的无效事由

〈抗辩〉非法垄断技术或者侵害他人技术成果的技术合同无效。

第二节　技术开发合同

第851条　技术开发合同定义与形式

❶〈辅助〉技术开发合同是当事人之间就新技术、新产品、新工艺、新品种或者新材料及其系统的研究开发所订立的合同。

❷〈辅助〉技术开发合同包括委托开发合同和合作开发合同。

❸〈辅助〉技术开发合同应当采用书面形式。

❹〈类推参引〉当事人之间就具有实用价值的科技成果实施转化订立的合同，参照适用技术开发合同的有关规定。

第852条　委托开发合同委托人义务

〈主要〉委托开发合同的委托人应当按照约定支付研究开发经费和报酬，提供技术资料，提出研究开发要求，完成协作事项，接受研究开发成果。

第853条　委托开发合同受托人义务

〈主要〉委托开发合同的研究开发人应当按照约定制定和实施研究开发计划，合理使用研究开发经费，按期完成研究开发工作，交付研究开发成果，提供有关的技术资料和必要的技术指导，帮助委托人掌握研究开发成果。

第854条　委托开发合同委托人违约责任

〈主要〉委托开发合同的当事人违反约定造成研究开发工作停滞、延误或者失败的，应当承担违约责任。

第855条　合作开发合同的履行

〈主要〉合作开发合同的当事人应当按照约定进行投资，包括以技术进行投资，分工参与研究开发工作，协作配合研究开发工作。

第856条　合作开发各方的违约责任

〈主要〉合作开发合同的当事人违反约定造成研究开发工作停滞、延误或者失败的，应当承担违约责任。

第857条　技术开发合同法定解除

〈辅助〉作为技术开发合同标的的技术已经由他人公开，致使技术开发合同的履行没有意义的，当事人可以解除合同。

第858条　技术开发风险

❶〈裁判指引〉技术开发合同履行过程中，因出现无法克服的技术困难，致使研究开发失败或者部分失败的，该风险由当事人约定；没有约定或者约定不明确，依据本法第五百一十条的规定仍不能确定的，风险由当事人合理分担。

❷〈辅助〉当事人一方发现前款规定的可能致使研究开发失败或者部分失败的情形时，应当及时通知另一方并采取适当措施减少损失；〈主要〉没有及时通知并采取适当措施，致使损失扩大的，应当就扩大的损失承担责任。

第859条　委托开发技术成果权属

❶〈辅助〉委托开发完成的发明创造，除法律另有规定或者当事人另有约定外，申请专利的权利属于研究开发人。〈主要〉研究开发人取得专利权的，委托人可以依法实施该专利。

❷〈主要/辅助〉研究开发人转让专利申请权的，委托人享有以同等条件优先受让的权利。

第860条　合作开发技术成果权属

❶〈辅助〉合作开发完成的发明创造，申请专利的权利属于合作开发的当事人共有；〈主要/辅助〉当事人一方转让其共有的专利申请权的，其他各方享有以同等条件优先受让的权利。但是，当事人另有约定的除外。

❷〈辅助〉合作开发的当事人一方声明放弃其共有的专利申请权的，除当事人另有约定外，可以由另一方单独申请或者由其他各方共同申请。〈抗辩排除〉申请人取得专利权的，放弃专利申请权的一方可以免费实施该专利。

❸〈主要〉合作开发的当事人一方不同意申请专利的，另一方或者其他各方不得申请专利。

第861条　技术秘密成果的权属

〈辅助〉委托开发或者合作开发完成的技术秘密成果的使用权、转让权以及收益的分配办法，由当事人约定；没有约定或者约定不明确，依据本法第五百一十条的规定仍不能确定的，在没有相同技术方案被授予专利权前，当事人均有使用和转让的权利。〈抗辩〉但是，委托开发的研究开发人不得在向委托人交付研究开发成果之前，将研究开发成果转让给第三人。

第三节　技术转让合同和技术许可合同

第862条　技术转让合同、技术许可合同的定义

❶〈辅助〉技术转让合同是合法拥有技术的权利人，将现有特定的专利、专利申请、技术秘密的相关权利让与他人所订立的合同。

❷〈辅助〉技术许可合同是合法拥有技术的权利人，将现有特定的专利、技术秘密的相关权利许可他人实施、使用所订立的合同。

❸〈辅助〉技术转让合同和技术许可合同中关于提供实施

技术的专用设备、原材料或者提供有关的技术咨询、技术服务的约定，属于合同的组成部分。

第863条　技术转让合同与技术许可合同的类型与形式

❶〈辅助〉技术转让合同包括专利权转让、专利申请权转让、技术秘密转让等合同。

❷〈辅助〉技术许可合同包括专利实施许可、技术秘密使用许可等合同。

❸〈辅助〉技术转让合同和技术许可合同应当采用书面形式。

第864条　使用技术秘密的范围

〈辅助〉技术转让合同和技术许可合同可以约定实施专利或者使用技术秘密的范围，〈抗辩〉但是不得限制技术竞争和技术发展。

第865条　专利实施许可合同效力的限制

〈抗辩〉专利实施许可合同仅在该专利权的存续期限内有效。〈主要/抗辩〉专利权有效期限届满或者专利权被宣告无效的，专利权人不得就该专利与他人订立专利实施许可合同。

第866条　专利实施许可合同许可人的义务

〈主要〉专利实施许可合同的许可人应当按照约定许可被许可人实施专利，交付实施专利有关的技术资料，提供必要的技术指导。

第867条　专利实施许可合同被许可人的义务

〈主要〉专利实施许可合同的被许可人应当按照约定实施专利，不得许可约定以外的第三人实施该专利，并按照约定支付使用费。

第868条　技术秘密让与人与许可人的保密义务

❶〈主要〉技术秘密转让合同的让与人和技术秘密使用许可合同的许可人应当按照约定提供技术资料，进行技术指导，保证技术的实用性、可靠性，承担保密义务。

❷〈辅助〉前款规定的保密义务，不限制许可人申请专利，

但是当事人另有约定的除外。

第869条　技术秘密受让人与被许可人的费用支付义务

〈主要〉技术秘密转让合同的受让人和技术秘密使用许可合同的被许可人应当按照约定使用技术，支付转让费、使用费，承担保密义务。

第870条　技术权利担保与技术品质担保义务

〈主要〉技术转让合同的让与人和技术许可合同的许可人应当保证自己是所提供的技术的合法拥有者，并保证所提供的技术完整、无误、有效，能够达到约定的目标。

第871条　技术转让合同受让人与被许可人的保密义务

〈主要〉技术转让合同的受让人和技术许可合同的被许可人应当按照约定的范围和期限，对让与人、许可人提供的技术中尚未公开的秘密部分，承担保密义务。

第872条　技术许可人与让与人的违约责任

❶〈主要〉许可人未按照约定许可技术的，应当返还部分或者全部使用费，并应当承担违约责任；〈主要〉实施专利或者使用技术秘密超越约定的范围的，违反约定擅自许可第三人实施该项专利或者使用该项技术秘密的，应当停止违约行为，承担违约责任；〈主要〉违反约定的保密义务的，应当承担违约责任。

❷〈类推参引〉让与人承担违约责任，参照适用前款规定。

第873条　技术被许可人与受让人的违约责任

❶〈主要〉被许可人未按照约定支付使用费的，应当补交使用费并按照约定支付违约金；〈主要〉不补交使用费或者支付违约金的，应当停止实施专利或者使用技术秘密，交还技术资料，承担违约责任；〈主要〉实施专利或者使用技术秘密超越约定的范围的，未经许可人同意擅自许可第三人实施该专利或者使用该技术秘密的，应当停止违约行为，承担违约责任；〈主要〉违反约定的保密义务的，应当承担违约责任。

❷〈类推参引〉受让人承担违约责任，参照适用前款规定。

第874条　技术侵权内部责任

〈主要〉受让人或者被许可人按照约定实施专利、使用技术秘密侵害他人合法权益的，由让与人或者许可人承担责任，但是当事人另有约定的除外。

第875条　后续改进技术成果的权属

〈否认〉当事人可以按照互利的原则，在合同中约定实施专利、使用技术秘密后续改进的技术成果的分享办法；没有约定或者约定不明确，依据本法第五百一十条的规定仍不能确定的，一方后续改进的技术成果，其他各方无权分享。

第876条　其他知识产权转让和许可参照适用技术许可和转让

〈类推参引〉集成电路布图设计专有权、植物新品种权、计算机软件著作权等其他知识产权的转让和许可，参照适用本节的有关规定。

第877条　技术出口合同或专利、专利申请合同的法律适用

〈提示参引〉法律、行政法规对技术进出口合同或者专利、专利申请合同另有规定的，依照其规定。

第四节　技术咨询合同和技术服务合同

第878条　技术咨询合同、技术服务合同的定义

❶〈辅助〉技术咨询合同是当事人一方以技术知识为对方就特定技术项目提供可行性论证、技术预测、专题技术调查、分析评价报告等所订立的合同。

❷〈辅助〉技术服务合同是当事人一方以技术知识为对方解决特定技术问题所订立的合同，不包括承揽合同和建设工程合同。

第879条　技术咨询合同委托人义务

〈主要〉技术咨询合同的委托人应当按照约定阐明咨询的

问题，提供技术背景材料及有关技术资料，接受受托人的工作成果，支付报酬。

第880条　技术咨询合同受托人义务

〈主要〉技术咨询合同的受托人应当按照约定的期限完成咨询报告或者解答问题，提出的咨询报告应当达到约定的要求。

第881条　技术咨询合同违约责任

❶〈主要/反抗辩[①]〉技术咨询合同的委托人未按照约定提供必要的资料，影响工作进度和质量，不接受或者逾期接受工作成果的，支付的报酬不得追回，未支付的报酬应当支付。

❷〈抗辩〉技术咨询合同的受托人未按期提出咨询报告或者提出的咨询报告不符合约定的，应当承担减收或者免收报酬等违约责任。

❸〈抗辩〉技术咨询合同的委托人按照受托人符合约定要求的咨询报告和意见作出决策所造成的损失，由委托人承担，但是当事人另有约定的除外。

第882条　技术服务合同委托人义务

〈主要〉技术服务合同的委托人应当按照约定提供工作条件，完成配合事项，接受工作成果并支付报酬。

第883条　技术服务合同受托人义务

〈主要〉技术服务合同的受托人应当按照约定完成服务项目，解决技术问题，保证工作质量，并传授解决技术问题的知识。

第884条　技术服务合同违约责任

❶〈主要/反抗辩[②]〉技术服务合同的委托人不履行合同义务或者履行合同义务不符合约定，影响工作进度和质量，不接受或者逾期接受工作成果的，支付的报酬不得追回，未支付的

---

① 支付的报酬不得追回系对第2款的反抗辩。

② 支付的报酬不得追回系对第2款的反抗辩。

报酬应当支付。

❷〈抗辩〉技术服务合同的受托人未按照约定完成服务工作的，应当承担免收报酬等违约责任。

第885条　新技术成果的权属

〈辅助〉技术咨询合同、技术服务合同履行过程中，受托人利用委托人提供的技术资料和工作条件完成的新的技术成果，属于受托人。〈辅助〉委托人利用受托人的工作成果完成的新的技术成果，属于委托人。当事人另有约定的，按照其约定。

第886条　受托人开展工作的费用负担

〈辅助〉技术咨询合同和技术服务合同对受托人正常开展工作所需费用的负担没有约定或者约定不明确的，由受托人负担。

第887条　技术中介合同与技术培训合同的法律适用

〈提示参引〉法律、行政法规对技术中介合同、技术培训合同另有规定的，依照其规定。

第二十一章　保管合同

第888条　保管合同定义

❶〈辅助〉保管合同是保管人保管寄存人交付的保管物，并返还该物的合同。

❷〈辅助〉寄存人到保管人处从事购物、就餐、住宿等活动，将物品存放在指定场所的，视为保管，〈抗辩〉但是当事人另有约定或者另有交易习惯的除外。

［关联条文：合同通则解释2］

第889条　有偿保管与无偿保管

❶〈主要〉寄存人应当按照约定向保管人支付保管费。

❷〈辅助〉当事人对保管费没有约定或者约定不明确，依据本法第五百一十条的规定仍不能确定的，视为无偿保管。

第890条　保管合同的成立

〈辅助〉保管合同自保管物交付时成立，但是当事人另有约定的除外。

第891条　保管人出具保管凭证的义务

〈主要〉寄存人向保管人交付保管物的，保管人应当出具保管凭证，〈抗辩〉但是另有交易习惯的除外。

「关联条文：合同通则解释2」

第892条　保管人妥善保管义务

❶〈主要〉保管人应当妥善保管保管物。

❷〈辅助〉当事人可以约定保管场所或者方法。〈抗辩〉除紧急情况或者为维护寄存人利益外，不得擅自改变保管场所或者方法。

第893条　寄存人告知义务

〈辅助〉寄存人交付的保管物有瑕疵或者根据保管物的性质需要采取特殊保管措施的，寄存人应当将有关情况告知保管人。〈抗辩〉寄存人未告知，致使保管物受损失的，保管人不承担赔偿责任；〈主要〉保管人因此受损失的，〈抗辩〉除保管人知道或者应当知道且未采取补救措施外，寄存人应当承担赔偿责任。

第894条　保管人亲自保管义务

❶〈主要〉保管人不得将保管物转交第三人保管，但是当事人另有约定的除外。

❷〈主要〉保管人违反前款规定，将保管物转交第三人保管，造成保管物损失的，应当承担赔偿责任。

第895条　保管人无权使用保管物

〈主要〉保管人不得使用或者许可第三人使用保管物，但是当事人另有约定的除外。

第896条　第三人主张权利时保管人的义务

❶〈主要〉第三人对保管物主张权利的，〈抗辩〉除依法

对保管物采取保全或者执行措施外，保管人应当履行向寄存人返还保管物的义务。

❷〈辅助〉第三人对保管人提起诉讼或者对保管物申请扣押的，保管人应当及时通知寄存人。

第897条　保管物毁损、灭失的责任

〈主要〉保管期内，因保管人保管不善造成保管物毁损、灭失的，保管人应当承担赔偿责任。〈主要〉但是，无偿保管人证明自己没有故意或者重大过失的，不承担赔偿责任。

「攻防结构：保管期内，因有偿保管人保管不善造成保管物毁损、灭失的，保管人应当承担赔偿责任。无偿保管人因故意或重大过失造成保管物毁损、灭失的，保管人应当承担赔偿责任。[①]」

第898条　寄存贵重物品的声明义务

〈辅助〉寄存人寄存货币、有价证券或者其他贵重物品的，应当向保管人声明，由保管人验收或者封存；〈抗辩〉寄存人未声明的，该物品毁损、灭失后，保管人可以按照一般物品予以赔偿。

第899条　保管物领取时间

❶〈主要〉寄存人可以随时领取保管物。

❷〈主要〉当事人对保管期限没有约定或者约定不明确的，保管人可以随时请求寄存人领取保管物；〈抗辩[②]〉约定保管期限的，保管人无特别事由，不得请求寄存人提前领取保管物。

第900条　保管人归还原物与孳息的义务

〈主要〉保管期限届满或者寄存人提前领取保管物的，保管人应当将原物及其孳息归还寄存人。

---

① “保管不善”包括了故意或重大过失，故意或重大过失不能既由寄存人承担举证责任，又由无偿保管人承担举证责任。

② 有特别事由得提前领取。

第901条　保管可替代物的返还

〈辅助〉保管人保管货币的，可以返还相同种类、数量的货币；〈辅助〉保管其他可替代物的，可以按照约定返还相同种类、品质、数量的物品。

第902条　保管费支付期限

❶〈主要〉有偿的保管合同，寄存人应当按照约定的期限向保管人支付保管费。

❷〈辅助〉当事人对支付期限没有约定或者约定不明确，依据本法第五百一十条的规定仍不能确定的，应当在领取保管物的同时支付。

第903条　保管人留置权

〈辅助/抗辩〉寄存人未按照约定支付保管费或者其他费用的，保管人对保管物享有留置权，但是当事人另有约定的除外。

第二十二章　仓储合同

第904条　仓储合同定义

〈辅助〉仓储合同是保管人储存存货人交付的仓储物，存货人支付仓储费的合同。

第905条　仓储合同的成立

〈辅助〉仓储合同自保管人和存货人意思表示一致时成立。

第906条　危险物品与易变质物品的储存

❶〈主要〉储存易燃、易爆、有毒、有腐蚀性、有放射性等危险物品或者易变质物品的，存货人应当说明该物品的性质，提供有关资料。

❷〈抗辩〉存货人违反前款规定的，保管人可以拒收仓储物，〈辅助〉也可以采取相应措施以避免损失的发生，〈主要〉因此产生的费用由存货人负担。

❸〈主要〉保管人储存易燃、易爆、有毒、有腐蚀性、有放射性等危险物品的，应当具备相应的保管条件。

第907条　仓储物的验收

〈主要〉保管人应当按照约定对入库仓储物进行验收。〈辅助〉保管人验收时发现入库仓储物与约定不符合的，应当及时通知存货人。〈主要〉保管人验收后，发生仓储物的品种、数量、质量不符合约定的，保管人应当承担赔偿责任。

第908条　仓单等凭证的交付

〈主要〉存货人交付仓储物的，保管人应当出具仓单、入库单等凭证。

第909条　仓单的内容

〈主要〉保管人应当在仓单上签名或者盖章。〈辅助〉仓单包括下列事项：

（一）存货人的姓名或者名称和住所；

（二）仓储物的品种、数量、质量、包装及其件数和标记；

（三）仓储物的损耗标准；

（四）储存场所；

（五）储存期限；

（六）仓储费；

（七）仓储物已经办理保险的，其保险金额、期间以及保险人的名称；

（八）填发人、填发地和填发日期。

第910条　仓单的性质与背书转让

〈辅助〉仓单是提取仓储物的凭证。〈辅助〉存货人或者仓单持有人在仓单上背书并经保管人签名或者盖章的，可以转让提取仓储物的权利。

第911条　保管人检查仓储物或提取样品的权利

〈主要〉保管人根据存货人或者仓单持有人的要求，应当同意其检查仓储物或者提取样品。

第912条　保管人通知义务

〈辅助〉保管人发现入库仓储物有变质或者其他损坏的，应当及时通知存货人或者仓单持有人。

第913条　保管人催告义务

〈辅助〉保管人发现入库仓储物有变质或者其他损坏，危及其他仓储物的安全和正常保管的，应当催告存货人或者仓单持有人作出必要的处置。〈辅助〉因情况紧急，保管人可以作出必要的处置；〈辅助〉但是，事后应当将该情况及时通知存货人或者仓单持有人。

第914条　仓储物的提取时间

〈辅助〉当事人对储存期限没有约定或者约定不明确的，存货人或者仓单持有人可以随时提取仓储物，保管人也可以随时请求存货人或者仓单持有人提取仓储物，但是应当给予必要的准备时间。

第915条　仓储物的提取

〈主要〉储存期限届满，存货人或者仓单持有人应当凭仓单、入库单等提取仓储物。〈主要〉存货人或者仓单持有人逾期提取的，应当加收仓储费；〈抗辩排除〉提前提取的，不减收仓储费。

第916条　保管人的催告权与提存权

〈辅助〉储存期限届满，存货人或者仓单持有人不提取仓储物的，保管人可以催告其在合理期限内提取；〈抗辩〉逾期不提取的，保管人可以提存仓储物。

第917条　保管不善的责任

〈主要〉储存期内，因保管不善造成仓储物毁损、灭失的，保管人应当承担赔偿责任。〈抗辩〉因仓储物本身的自然性质、包装不符合约定或者超过有效储存期造成仓储物变质、损坏的，保管人不承担赔偿责任。

第918条　仓储适用保管

〈类推参引〉本章没有规定的，适用保管合同的有关规定。

第二十三章　委托合同

第919条　委托合同定义

〈辅助〉委托合同是委托人和受托人约定，由受托人处理委托人事务的合同。

第920条　特别委托与概括委托

〈辅助〉委托人可以特别委托受托人处理一项或者数项事务，也可以概括委托受托人处理一切事务。

第921条　处理委托事务的费用

〈主要〉委托人应当预付处理委托事务的费用。〈主要〉受托人为处理委托事务垫付的必要费用，委托人应当偿还该费用并支付利息。

第922条　受托人服从指示的义务

〈主要〉受托人应当按照委托人的指示处理委托事务。〈辅助〉需要变更委托人指示的，应当经委托人同意；〈抗辩〉因情况紧急，难以和委托人取得联系的，受托人应当妥善处理委托事务，〈主要〉但是事后应当将该情况及时报告委托人。

第923条　受托人亲自处理委托事务的义务与转委托

〈主要〉受托人应当亲自处理委托事务。〈辅助〉经委托人同意，受托人可以转委托。〈辅助〉转委托经同意或者追认的，委托人可以就委托事务直接指示转委托的第三人，〈主要〉受托人仅就第三人的选任及其对第三人的指示承担责任。〈主要〉转委托未经同意或者追认的，受托人应当对转委托的第三人的行为承担责任；〈抗辩〉但是，在紧急情况下受托人为了维护委托人的利益需要转委托第三人的除外。

第924条　受托人的报告义务

〈主要〉受托人应当按照委托人的要求，报告委托事务的处理情况。〈主要〉委托合同终止时，受托人应当报告委托事务的结果。

第925条　隐名代理

〈辅助〉受托人以自己的名义，在委托人的授权范围内与第三人订立的合同，第三人在订立合同时知道受托人与委托人之间的代理关系的，该合同直接约束委托人和第三人；〈抗辩〉但是，有确切证据证明该合同只约束受托人和第三人的除外。

第926条　委托人的介入权、第三人的选择权

❶〈主要〉受托人以自己的名义与第三人订立合同时，第三人不知道受托人与委托人之间的代理关系的，受托人因第三人的原因对委托人不履行义务，受托人应当向委托人披露第三人，〈不完全主要〉委托人因此可以行使受托人对第三人的权利。〈抗辩〉但是，第三人与受托人订立合同时如果知道该委托人就不会订立合同的除外。

❷〈主要〉受托人因委托人的原因对第三人不履行义务，受托人应当向第三人披露委托人，〈不完全主要〉第三人因此可以选择受托人或者委托人作为相对人主张其权利，〈辅助〉但是第三人不得变更选定的相对人。

❸〈抗辩〉委托人行使受托人对第三人的权利的，第三人可以向委托人主张其对受托人的抗辩。〈抗辩〉第三人选定委托人作为其相对人的，委托人可以向第三人主张其对受托人的抗辩以及受托人对第三人的抗辩。

第927条　受托人移交委托事务所得利益的义务

〈主要〉受托人处理委托事务取得的财产，应当转交给委托人。

第928条　有偿委托的报酬支付

❶〈主要〉受托人完成委托事务的，委托人应当按照约定

向其支付报酬。

❷〈主要〉因不可归责于受托人的事由，委托合同解除或者委托事务不能完成的，委托人应当向受托人支付相应的报酬。当事人另有约定的，按照其约定。

第929条　受托人违约责任

❶〈主要〉有偿的委托合同，因受托人的过错造成委托人损失的，委托人可以请求赔偿损失。〈主要〉无偿的委托合同，因受托人的故意或者重大过失造成委托人损失的，委托人可以请求赔偿损失。

❷〈主要〉受托人超越权限造成委托人损失的，应当赔偿损失。

第930条　无偿受托人受损的求偿权

〈主要〉受托人处理委托事务时，因不可归责于自己的事由受到损失的，可以向委托人请求赔偿损失。

「对比条文：1192.1」

第931条　委托人委托第三人处理事务

〈主要〉委托人经受托人同意，可以在受托人之外委托第三人处理委托事务。〈主要〉因此造成受托人损失的，受托人可以向委托人请求赔偿损失。

第932条　受托人的连带责任

〈主要〉两个以上的受托人共同处理委托事务的，对委托人承担连带责任。

第933条　委托合同任意解除权

〈抗辩〉委托人或者受托人可以随时解除委托合同。〈主要〉因解除合同造成对方损失的，除不可归责于该当事人的事由外，无偿委托合同的解除方应当赔偿因解除时间不当造成的直接损失，有偿委托合同的解除方应当赔偿对方的直接损失和合同履行后可以获得的利益。

第934条　委托合同的终止

〈抗辩〉委托人死亡、终止或者受托人死亡、丧失民事行为能力、终止的，委托合同终止；〈反抗辩〉但是，当事人另有约定或者根据委托事务的性质不宜终止的除外。

第935条　委托终止后受托人继续处理委托事务的事由

〈主要[①]〉因委托人死亡或者被宣告破产、解散，致使委托合同终止将损害委托人利益的，在委托人的继承人、遗产管理人或者清算人承受委托事务之前，受托人应当继续处理委托事务。

第936条　委托终止后受托人继承人等的义务

〈辅助〉因受托人死亡、丧失民事行为能力或者被宣告破产、解散，致使委托合同终止的，受托人的继承人、遗产管理人、法定代理人或者清算人应当及时通知委托人。〈主要〉因委托合同终止将损害委托人利益的，在委托人作出善后处理之前，受托人的继承人、遗产管理人、法定代理人或者清算人应当采取必要措施。

第二十四章　物业服务合同

第937条　物业服务合同定义

❶〈辅助〉物业服务合同是物业服务人在物业服务区域内，为业主提供建筑物及其附属设施的维修养护、环境卫生和相关秩序的管理维护等物业服务，业主支付物业费的合同。

❷〈辅助〉物业服务人包括物业服务企业和其他管理人。

第938条　物业服务合同的内容与形式

❶〈辅助〉物业服务合同的内容一般包括服务事项、服务质量、服务费用的标准和收取办法、维修资金的使用、服务用

---

① 后合同义务，另一种解释可能是成立反抗辩，委托合同不终止。

房的管理和使用、服务期限、服务交接等条款。

❷〈辅助〉物业服务人公开作出的有利于业主的服务承诺，为物业服务合同的组成部分。

❸〈辅助〉物业服务合同应当采用书面形式。

第939条　物业服务合同对业主的约束力

〈辅助〉建设单位依法与物业服务人订立的前期物业服务合同，以及业主委员会与业主大会依法选聘的物业服务人订立的物业服务合同，对业主具有法律约束力。

第940条　前期物业服务合同的提前终止

〈抗辩〉建设单位依法与物业服务人订立的前期物业服务合同约定的服务期限届满前，业主委员会或者业主与新物业服务人订立的物业服务合同生效的，前期物业服务合同终止。

第941条　物业服务合同的转委托

❶〈主要〉物业服务人将物业服务区域内的部分专项服务事项委托给专业性服务组织或者其他第三人的，应当就该部分专项服务事项向业主负责。

❷〈主要/抗辩〉物业服务人不得将其应当提供的全部物业服务转委托给第三人，或者将全部物业服务支解后分别转委托给第三人。

第942条　物业服务人的主给付义务

❶〈主要〉物业服务人应当按照约定和物业的使用性质，妥善维修、养护、清洁、绿化和经营管理物业服务区域内的业主共有部分，维护物业服务区域内的基本秩序，采取合理措施保护业主的人身、财产安全。

❷〈外部〉对物业服务区域内违反有关治安、环保、消防等法律法规的行为，物业服务人应当及时采取合理措施制止、向有关行政主管部门报告并协助处理。

第943条　物业服务人的报告义务

〈主要〉物业服务人应当定期将服务的事项、负责人员、质量要求、收费项目、收费标准、履行情况，以及维修资金使用情况、业主共有部分的经营与收益情况等以合理方式向业主公开并向业主大会、业主委员会报告。

第944条　业主物业费支付义务

❶〈主要〉业主应当按照约定向物业服务人支付物业费。〈否认排除〉物业服务人已经按照约定和有关规定提供服务的，业主不得以未接受或者无需接受相关物业服务为由拒绝支付物业费。

❷〈主要〉业主违反约定逾期不支付物业费的，物业服务人可以催告其在合理期限内支付；〈宣导〉合理期限届满仍不支付的，物业服务人可以提起诉讼或者申请仲裁。

❸〈主要〉物业服务人不得采取停止供电、供水、供热、供燃气等方式催交物业费。

第945条　业主的事先告知义务

❶〈主要〉业主装饰装修房屋的，应当事先告知物业服务人，遵守物业服务人提示的合理注意事项，并配合其进行必要的现场检查。

❷〈主要〉业主转让、出租物业专有部分、设立居住权或者依法改变共有部分用途的，应当及时将相关情况告知物业服务人。

第946条　物业服务合同的法定解除

❶〈抗辩〉业主依照法定程序共同决定解聘物业服务人的，可以解除物业服务合同。〈辅助〉决定解聘的，应当提前六十日书面通知物业服务人，但是合同对通知期限另有约定的除外。

❷〈主要〉依据前款规定解除合同造成物业服务人损失的，〈抗辩〉除不可归责于业主的事由外，业主应当赔偿损失。

第947条　物业服务合同的续订

❶〈主要〉物业服务期限届满前，业主依法共同决定续聘的，应当与原物业服务人在合同期限届满前续订物业服务

合同。

❷〈辅助〉物业服务期限届满前，物业服务人不同意续聘的，应当在合同期限届满前九十日书面通知业主或者业主委员会，但是合同对通知期限另有约定的除外。

第948条　物业服务合同续期的推定

❶〈辅助〉物业服务期限届满后，业主没有依法作出续聘或者另聘物业服务人的决定，物业服务人继续提供物业服务的，原物业服务合同继续有效，但是服务期限为不定期。

❷〈抗辩〉当事人可以随时解除不定期物业服务合同，〈辅助〉但是应当提前六十日书面通知对方。

第949条　物业服务合同终止后原物业服务人的义务

❶〈主要〉物业服务合同终止的，原物业服务人应当在约定期限或者合理期限内退出物业服务区域，将物业服务用房、相关设施、物业服务所必需的相关资料等交还给业主委员会、决定自行管理的业主或者其指定的人，配合新物业服务人做好交接工作，并如实告知物业的使用和管理状况。

❷〈抗辩〉原物业服务人违反前款规定的，不得请求业主支付物业服务合同终止后的物业费；〈主要〉造成业主损失的，应当赔偿损失。

第950条　原物业服务人的继续管理

〈主要〉物业服务合同终止后，在业主或者业主大会选聘的新物业服务人或者决定自行管理的业主接管之前，原物业服务人应当继续处理物业服务事项，〈主要〉并可以请求业主支付该期间的物业费。

第二十五章　行纪合同

第951条　行纪合同定义

〈辅助〉行纪合同是行纪人以自己的名义为委托人从事贸

易活动，委托人支付报酬的合同。

第952条　行纪人处理委托事务的费用负担

〈辅助〉行纪人处理委托事务支出的费用，由行纪人负担，但是当事人另有约定的除外。

第953条　行纪人妥善保管委托物的义务

〈主要〉行纪人占有委托物的，应当妥善保管委托物。

第954条　有瑕疵或易变质的委托物的处分

〈辅助〉委托物交付给行纪人时有瑕疵或者容易腐烂、变质的，经委托人同意，行纪人可以处分该物；〈抗辩〉不能与委托人及时取得联系的，行纪人可以合理处分。

第955条　行纪人按约定价格买卖的义务

❶〈辅助〉行纪人低于委托人指定的价格卖出或者高于委托人指定的价格买入的，应当经委托人同意；〈抗辩〉未经委托人同意，行纪人补偿其差额的，该买卖对委托人发生效力。

❷〈主要〉行纪人高于委托人指定的价格卖出或者低于委托人指定的价格买入的，可以按照约定增加报酬；〈主要〉没有约定或者约定不明确，依据本法第五百一十条的规定仍不能确定的，该利益属于委托人。

❸〈主要〉委托人对价格有特别指示的，行纪人不得违背该指示卖出或者买入。

第956条　行纪人介入权

❶〈辅助[①]〉行纪人卖出或者买入具有市场定价的商品，〈抗辩〉除委托人有相反的意思表示外，行纪人自己可以作为买受人或者出卖人。

❷〈主要〉行纪人有前款规定情形的，仍然可以请求委托人支付报酬。

---

① 第1款第1分句与第3分句结合为辅助规范，第2分句“除委托人有相反的意思表示外”为抗辩规范。

第957条　行纪人对委托物的提存

❶〈主要〉行纪人按照约定买入委托物，委托人应当及时受领。〈抗辩〉经行纪人催告，委托人无正当理由拒绝受领的，行纪人依法可以提存委托物。

❷〈抗辩〉委托物不能卖出或者委托人撤回出卖，经行纪人催告，委托人不取回或者不处分该物的，行纪人依法可以提存委托物。

第958条　行纪人与第三人订立合同的效力

❶〈辅助〉行纪人与第三人订立合同的，行纪人对该合同直接享有权利、承担义务。

❷〈主要〉第三人不履行义务致使委托人受到损害的，行纪人应当承担赔偿责任，但是行纪人与委托人另有约定的除外。

第959条　行纪人的报酬请求权与留置权

〈主要〉行纪人完成或者部分完成委托事务的，委托人应当向其支付相应的报酬。〈辅助/抗辩〉委托人逾期不支付报酬的，行纪人对委托物享有留置权，但是当事人另有约定的除外。

第960条　行纪参照适用委托

〈类推参引〉本章没有规定的，参照适用委托合同的有关规定。

第二十六章　中介合同

第961条　中介合同定义

〈辅助〉中介合同是中介人向委托人报告订立合同的机会或者提供订立合同的媒介服务，委托人支付报酬的合同。

第962条　中介人的如实报告义务

❶〈主要〉中介人应当就有关订立合同的事项向委托人如实报告。

❷〈主要/否认〉中介人故意隐瞒与订立合同有关的重要事实或者提供虚假情况，损害委托人利益的，不得请求支付报酬并应当承担赔偿责任。

第963条　中介人的报酬请求权

❶〈主要〉中介人促成合同成立的，委托人应当按照约定支付报酬。〈辅助〉对中介人的报酬没有约定或者约定不明确，依据本法第五百一十条的规定仍不能确定的，根据中介人的劳务合理确定。〈主要〉因中介人提供订立合同的媒介服务而促成合同成立的，由该合同的当事人平均负担中介人的报酬。

❷〈辅助〉中介人促成合同成立的，中介活动的费用，由中介人负担。

第964条　未促成合同时的中介费用

〈否认〉中介人未促成合同成立的，不得请求支付报酬；〈主要〉但是，可以按照约定请求委托人支付从事中介活动支出的必要费用。

第965条　“跳单”应支付中介报酬

〈主要〉委托人在接受中介人的服务后，利用中介人提供的交易机会或者媒介服务，绕开中介人直接订立合同的，应当向中介人支付报酬。

第966条　中介参照适用委托

〈类推参引〉本章没有规定的，参照适用委托合同的有关规定。

第二十七章　合伙合同

第967条　合伙合同定义

〈辅助〉合伙合同是两个以上合伙人为了共同的事业目的，订立的共享利益、共担风险的协议。

第968条　合伙人出资义务

〈主要〉合伙人应当按照约定的出资方式、数额和缴付期限，履行出资义务。

第969条　合伙财产

❶〈辅助〉合伙人的出资、因合伙事务依法取得的收益和其他财产，属于合伙财产。

❷〈辅助〉合伙合同终止前，合伙人不得请求分割合伙财产。

第970条　合伙事务的执行

❶〈辅助〉合伙人就合伙事务作出决定的，除合伙合同另有约定外，应当经全体合伙人一致同意。

❷〈辅助〉合伙事务由全体合伙人共同执行。〈辅助〉按照合伙合同的约定或者全体合伙人的决定，可以委托一个或者数个合伙人执行合伙事务；其他合伙人不再执行合伙事务，〈主要〉但是有权监督执行情况。

❸〈辅助〉合伙人分别执行合伙事务的，执行事务合伙人可以对其他合伙人执行的事务提出异议；〈主要〉提出异议后，其他合伙人应当暂停该项事务的执行。

第971条　执行合伙事务的报酬

〈否认〉合伙人不得因执行合伙事务而请求支付报酬，但是合伙合同另有约定的除外。

第972条　合伙的利润分配与亏损分担

〈辅助〉合伙的利润分配和亏损分担，按照合伙合同的约定办理；合伙合同没有约定或者约定不明确的，由合伙人协商决定；协商不成的，由合伙人按照实缴出资比例分配、分担；〈辅助〉无法确定出资比例的，由合伙人平均分配、分担。

第973条　合伙人对合伙债务的连带责任与追偿权

〈不完全主要〉合伙人对合伙债务承担连带责任。〈主要〉清偿合伙债务超过自己应当承担份额的合伙人，有权向其他合伙人追偿。

第974条　合伙人对外转让财产份额

〈辅助〉除合伙合同另有约定外，合伙人向合伙人以外的人转让其全部或者部分财产份额的，须经其他合伙人一致同意。

第975条　合伙人债权人代位权的限制

〈抗辩〉合伙人的债权人不得代位行使合伙人依照本章规定和合伙合同享有的权利，〈反抗辩〉但是合伙人享有的利益分配请求权除外。

第976条　合伙期限

❶〈辅助〉合伙人对合伙期限没有约定或者约定不明确，依据本法第五百一十条的规定仍不能确定的，视为不定期合伙。

❷〈抗辩〉合伙期限届满，合伙人继续执行合伙事务，〈反抗辩〉其他合伙人没有提出异议的，原合伙合同继续有效，但是合伙期限为不定期。

❸〈抗辩〉合伙人可以随时解除不定期合伙合同，〈辅助〉但是应当在合理期限之前通知其他合伙人。

第977条　合伙合同的终止

〈抗辩〉合伙人死亡、丧失民事行为能力或者终止的，合伙合同终止；〈反抗辩〉但是，合伙合同另有约定或者根据合伙事务的性质不宜终止的除外。

第978条　合伙合同终止后剩余财产的分配

〈主要/提示参引〉合伙合同终止后，合伙财产在支付因终止而产生的费用以及清偿合伙债务后有剩余的，依据本法第九百七十二条的规定进行分配。

第三分编　准合同

第二十八章　无因管理

第979条　适法无因管理

❶〈主要〉管理人没有法定的或者约定的义务，为避免他人利益受损失而管理他人事务的，可以请求受益人偿还因管理事务而支出的必要费用；〈主要〉管理人因管理事务受到损失的，可以请求受益人给予适当补偿。

❷〈抗辩〉管理事务不符合受益人真实意思的，管理人不

享有前款规定的权利；〈反抗辩〉但是，受益人的真实意思违反法律或者违背公序良俗的除外。

<table>
<tr><th colspan="4">无因管理人对本人的费用偿还请求权
请求权基础：第979条第1款第1分句</th></tr>
<tr><td rowspan="10">请求权已产生</td><td rowspan="6">产生要件</td><td colspan="2">管理人支出费用</td></tr>
<tr><td colspan="2">管理他人事务</td></tr>
<tr><td rowspan="2">管理意思</td><td>客观他人事务
→推定管理人可识别“他人性”[1]
→推定存在管理意思</td></tr>
<tr><td>客观中性事务＋管理意思积极证明</td></tr>
<tr><td colspan="2">费用支出与事务管理间存在因果关系</td></tr>
<tr><td colspan="2">费用的必要性</td></tr>
<tr><td rowspan="3">产生抗辩</td><td colspan="2">管理人对本人负担法定或约定的管理义务</td></tr>
<tr><td colspan="2">管理事务不符合本人真实意思：第979条第2款第1分句</td></tr>
<tr><td colspan="2">管理事务不符合本人可推知的意思：依学理与判例</td></tr>
<tr><td>反抗辩</td><td colspan="2">本人真实意思违法或背俗：第979条第2款但书</td></tr>
<tr><td>请求权未消灭</td><td colspan="3">债的一般消灭事由：第557条第1款</td></tr>
<tr><td>请求权可行使</td><td colspan="3">时效抗辩权：第192条第1款</td></tr>
</table>

第980条　不适法无因管理与不法无因管理受益人主张管理利益时的义务[2]

〈主要/类推参引〉管理人管理事务不属于前条规定的情

① 未能识别“他人性”则为误信管理（误信管理仅限客观他人事务，客观中性事务无从“误信”）。

② 排除误信管理，因为误信管理人（如善意自主占有人）无全额返还的义务（如高价卖出时），适用侵权或（费用支出型）不当得利规则。

形，但是受益人享有管理利益的，受益人应当在其获得的利益范围内向管理人承担前条第一款规定的义务。

第981条　管理人善良管理义务

〈主要〉管理人管理他人事务，应当采取有利于受益人的方法。〈辅助〉中断管理对受益人不利的，无正当理由不得中断。

第982条　管理人通知义务

〈辅助〉管理人管理他人事务，能够通知受益人的，应当及时通知受益人。〈辅助〉管理的事务不需要紧急处理的，应当等待受益人的指示。

第983条　管理人报告与财产移交义务

〈主要〉管理结束后，管理人应当向受益人报告管理事务的情况。〈主要〉管理人管理事务取得的财产，应当及时转交给受益人。

第984条　真正无因管理的追认①

〈提示参引〉管理人管理事务经受益人事后追认的，从管理事务开始时起，适用委托合同的有关规定，〈抗辩〉但是管理人另有意思表示的除外。

第二十九章　不当得利

第985条　不当得利请求权与给付不当得利的排除

〈主要〉得利人没有法律根据取得不当利益的，受损失的人可以请求得利人返还取得的利益，〈抗辩〉但是有下列情形之一的除外：

（一）为履行道德义务进行的给付；

---

① 以管理人有管理意思为前提，否则有悖意思自治，仅凭本人单方追认即可成立委托合同。

（二）债务到期之前的清偿；

（三）明知无给付义务而进行的债务清偿。

<table>
<tr><th colspan="3">给付不当得利请求权
请求权基础：第985条主文</th></tr>
<tr><td rowspan="6">请求权已产生</td><td rowspan="3">产生要件</td><td>相对人受有财产利益</td></tr>
<tr><td>给付关系（吸收因果关系）</td></tr>
<tr><td>给付目的落空（无法律上原因）</td></tr>
<tr><td rowspan="3">产生抗辩
第985条但书</td><td>为履行道德义务进行的给付</td></tr>
<tr><td>债务到期之前的清偿</td></tr>
<tr><td>明知无给付义务而进行的债务清偿</td></tr>
<tr><td rowspan="2">请求权未消灭</td><td colspan="2">得利人善意+得利不存在：第986条（抗辩排除：双务合同无效的双方不当得利返还不适用善意得利丧失抗辩）</td></tr>
<tr><td colspan="2">债的一般消灭事由：第557条第1款</td></tr>
<tr><td>请求权可行使</td><td colspan="2">时效抗辩权：第192条第1款</td></tr>
</table>

<table>
<tr><th colspan="3">权益侵害不当得利请求权
请求权基础：第985条主文</th></tr>
<tr><td rowspan="4">请求权已产生</td><td rowspan="3">产生要件</td><td>相对人取得财产利益</td></tr>
<tr><td>利益应归属于请求人</td></tr>
<tr><td>权益侵害（吸收因果关系）≠侵权行为</td></tr>
<tr><td>产生抗辩</td><td>得利有法律上原因[①]</td></tr>
<tr><td rowspan="2">请求权未消灭</td><td colspan="2">得利人善意+得利不存在：第986条</td></tr>
<tr><td colspan="2">债的一般消灭事由：第557条第1款</td></tr>
<tr><td>请求权可行使</td><td colspan="2">时效抗辩权：第192条第1款</td></tr>
</table>

① 在给付不当得利，得利无法律上原因（给付目的落空）为要件，由请求方承担举证责任。而在权益侵害不当得利，得利有法律上原因为抗辩，由相对方承担举证责任。

<table>
<tr><th colspan="4">费用支出不当得利请求权
请求权基础：第985条主文</th></tr>
<tr><td rowspan="4">请求权已产生</td><td rowspan="4">产生要件</td><td colspan="2">相对人取得财产利益</td></tr>
<tr><td>请求人对相对人之物支出费用</td><td>否认：基于给付意思[①]</td></tr>
<tr><td>基于错误支出费用[②]（如误以为对己有利）</td><td>否认：费用支出人的同意（即得利有法律上原因）</td></tr>
<tr><td colspan="2">因果关系</td></tr>
<tr><td rowspan="2">请求权未消灭</td><td colspan="3">得利人善意+得利不存在：第986条</td></tr>
<tr><td colspan="3">债的一般消灭事由：第557条第1款</td></tr>
<tr><td>请求权可行使</td><td colspan="3">时效抗辩权：第192条第1款</td></tr>
</table>

第986条　善意得利人

〈抗辩〉得利人不知道且不应当知道取得的利益没有法律根据，取得的利益已经不存在的，不承担返还该利益的义务。

第987条　恶意得利人

〈提示参引〉得利人知道或者应当知道取得的利益没有法律根据的，受损失的人可以请求得利人返还其取得的利益并依法赔偿损失。

第988条　无偿受让利益第三人的返还义务

〈主要〉得利人已经将取得的利益无偿转让给第三人的，受损失的人可以请求第三人在相应范围内承担返还义务。

---

① 费用系非以给付为目的的自愿财产牺牲，以给付为目的的则仅得成立给付不当得利。

② 费用支出是自愿的财产移转，而费用支出人同意财产移转，可构成法律上的得利原因，从而排除不当得利。因而，仅在费用支出基于“错误”时，此之自愿的财产移转才可被认为不存在法律上的得利原因。

第四编　人格权

第一章　一般规定

第989条　人格权编调整范围

〈宣导〉本编调整因人格权的享有和保护产生的民事关系。

第990条　人格权

❶〈辅助〉人格权是民事主体享有的生命权、身体权、健康权、姓名权、名称权、肖像权、名誉权、荣誉权、隐私权等权利。

❷〈辅助〉除前款规定的人格权外，自然人享有基于人身自由、人格尊严产生的其他人格权益。

「对比条文：婚姻家庭解释一23」

第991条　人格权益受法律保护

〈宣导〉民事主体的人格权受法律保护，任何组织或者个人不得侵害。

第992条　人格权不得放弃、转让、继承

〈抗辩排除[①]〉人格权不得放弃、转让或者继承。

第993条　标表性人格要素的许可使用

〈辅助〉民事主体可以将自己的姓名、名称、肖像等许可他人使用，〈抗辩〉但是依照法律规定或者根据其性质不得许可的除外。

第994条　死者人格保护

〈不完全主要〉死者的姓名、肖像、名誉、荣誉、隐私、遗体等受到侵害的，其配偶、子女、父母有权依法请求行为人承担民事责任；〈不完全主要〉死者没有配偶、子女且父母已

① 不构成导致人格权消灭的抗辩事由。

经死亡的，其他近亲属有权依法请求行为人承担民事责任。

「关联条文：精神损害解释3」

第995条　不适用诉讼时效的人格权保护请求权

〈提示参引〉人格权受到侵害的，受害人有权依照本法和其他法律的规定请求行为人承担民事责任。〈抗辩排除〉受害人的停止侵害、排除妨碍、消除危险、消除影响、恢复名誉、赔礼道歉请求权，不适用诉讼时效的规定。

「关联条文：196」

第996条　违约责任不影响精神损害赔偿

〈抗辩排除〉因当事人一方的违约行为，损害对方人格权并造成严重精神损害，受损害方选择请求其承担违约责任的，不影响受损害方请求精神损害赔偿。

「关联条文：1183」

「攻防结构：因当事人一方的违约行为，损害对方人格权并造成严重精神损害，受损害方选择请求其承担违约责任的，不构成可导致受损害方请求精神损害赔偿的权利消灭的抗辩事由。」

第997条　人格权保护禁令

〈辅助〉民事主体有证据证明行为人正在实施或者即将实施侵害其人格权的违法行为，不及时制止将使其合法权益受到难以弥补的损害的，有权依法向人民法院申请采取责令行为人停止有关行为的措施。

「关联条文：婚姻家庭解释二12.1」

第998条　框架人格权侵害的法益衡量

〈裁判指引〉认定行为人承担侵害除生命权、身体权和健康权外的人格权的民事责任，应当考虑行为人和受害人的职业、影响范围、过错程度，以及行为的目的、方式、后果等因素。

第999条　标表性人格要素的合理使用

〈裁判指引/抗辩〉为公共利益实施新闻报道、舆论监督等行为的，可以合理使用民事主体的姓名、名称、肖像、个人信息等；〈提示参引〉使用不合理侵害民事主体人格权的，应当依法承担民事责任。

「关联条文：1020，1036」

第1000条　人格权特殊救济权的实现

❶〈辅助〉行为人因侵害人格权承担消除影响、恢复名誉、赔礼道歉等民事责任的，应当与行为的具体方式和造成的影响范围相当。

❷〈裁判指引〉行为人拒不承担前款规定的民事责任的，人民法院可以采取在报刊、网络等媒体上发布公告或者公布生效裁判文书等方式执行，〈主要〉产生的费用由行为人负担。

第1001条　身份权保护参照人格权保护

〈提示参引〉对自然人因婚姻家庭关系等产生的身份权利的保护，适用本法第一编、第五编和其他法律的相关规定；〈类推参引〉没有规定的，可以根据其性质参照适用本编人格权保护的有关规定。

第二章　生命权、身体权和健康权

第1002条　生命权

〈宣导〉自然人享有生命权。自然人的生命安全和生命尊严受法律保护。任何组织或者个人不得侵害他人的生命权。

第1003条　身体权

〈宣导〉自然人享有身体权。自然人的身体完整和行动自由受法律保护。任何组织或者个人不得侵害他人的身体权。

第1004条　健康权

〈宣导〉自然人享有健康权。自然人的身心健康受法律保护。任何组织或者个人不得侵害他人的健康权。

第1005条　物质性人格权受侵害时的法定救助义务

〈提示参引〉自然人的生命权、身体权、健康权受到侵害或者处于其他危难情形的，负有法定救助义务的组织或者个人应当及时施救。

第1006条　无偿人体捐献

❶〈辅助〉完全民事行为能力人有权依法自主决定无偿捐献其人体细胞、人体组织、人体器官、遗体。〈辅助〉任何组织或者个人不得强迫、欺骗、利诱其捐献。

❷〈辅助〉完全民事行为能力人依据前款规定同意捐献的，应当采用书面形式，也可以订立遗嘱。

❸〈辅助〉自然人生前未表示不同意捐献的，该自然人死亡后，其配偶、成年子女、父母可以共同决定捐献，决定捐献应当采用书面形式。

第1007条　禁止人体买卖

❶〈辅助①〉禁止以任何形式买卖人体细胞、人体组织、人体器官、遗体。

❷〈抗辩〉违反前款规定的买卖行为无效。

第1008条　人体试验

❶〈辅助〉为研制新药、医疗器械或者发展新的预防和治疗方法，需要进行临床试验的，应当依法经相关主管部门批准并经伦理委员会审查同意，向受试者或者受试者的监护人告知试验目的、用途和可能产生的风险等详细情况，并经其书面同意。

❷〈辅助②〉进行临床试验的，不得向受试者收取试验费用。

第1009条　人体科研

〈宣导〉从事与人体基因、人体胚胎等有关的医学和科研活动，应当遵守法律、行政法规和国家有关规定，不得危害人体健康，不得违背伦理道德，不得损害公共利益。

---

① 系本条第2款的辅助规范。

② 效力性强制规范。

第1010条　性侵扰

❶〈主要/提示参引〉违背他人意愿，以言语、文字、图像、肢体行为等方式对他人实施性骚扰的，受害人有权依法请求行为人承担民事责任。

❷〈主要〉机关、企业、学校等单位应当采取合理的预防、受理投诉、调查处置等措施，防止和制止利用职权、从属关系等实施性骚扰。

第1011条　人身自由

〈主要/提示参引〉以非法拘禁等方式剥夺、限制他人的行动自由，或者非法搜查他人身体的，受害人有权依法请求行为人承担民事责任。

第三章　姓名权和名称权

第1012条　姓名权

〈宣导〉自然人享有姓名权，〈辅助〉有权依法决定、使用、变更或者许可他人使用自己的姓名，〈抗辩〉但是不得违背公序良俗。

第1013条　名称权

〈辅助〉法人、非法人组织享有名称权，有权依法决定、使用、变更、转让或者许可他人使用自己的名称。

第1014条　姓名权与名称权侵害方式

〈辅助〉任何组织或者个人不得以干涉、盗用、假冒等方式侵害他人的姓名权或者名称权。

第1015条　姓氏选取

❶〈辅助〉自然人应当随父姓或者母姓，〈抗辩〉但是有下列情形之一的，可以在父姓和母姓之外选取姓氏：

（一）选取其他直系长辈血亲的姓氏；

（二）因由法定扶养人以外的人扶养而选取扶养人姓氏；

（三）有不违背公序良俗的其他正当理由。

❷〈辅助〉少数民族自然人的姓氏可以遵从本民族的文化传统和风俗习惯。

第1016条　姓名与名称的登记

❶〈提示参引〉自然人决定、变更姓名，或者法人、非法人组织决定、变更、转让名称的，应当依法向有关机关办理登记手续，〈抗辩〉但是法律另有规定的除外。

❷〈否认排除〉民事主体变更姓名、名称的，变更前实施的民事法律行为对其具有法律约束力。

「关联条文：532」

第1017条　姓名与名称的扩展保护

〈类推参引〉具有一定社会知名度，被他人使用足以造成公众混淆的笔名、艺名、网名、译名、字号、姓名和名称的简称等，参照适用姓名权和名称权保护的有关规定。

第四章　肖像权

第1018条　肖像权

❶〈宣导〉自然人享有肖像权，〈辅助〉有权依法制作、使用、公开或者许可他人使用自己的肖像。

❷〈辅助〉肖像是通过影像、雕塑、绘画等方式在一定载体上所反映的特定自然人可以被识别的外部形象。

第1019条　肖像权的侵害方式

❶〈辅助〉任何组织或者个人不得以丑化、污损，或者利用信息技术手段伪造等方式侵害他人的肖像权。〈辅助〉未经肖像权人同意，不得制作、使用、公开肖像权人的肖像，〈抗辩〉但是法律另有规定的除外。

❷〈辅助〉未经肖像权人同意，肖像作品权利人不得以发表、复制、发行、出租、展览等方式使用或者公开肖像权人的肖像。

第1020条　肖像权的合理使用

〈裁判指引/抗辩[①]〉合理实施下列行为的，可以不经肖像权人同意：

（一）为个人学习、艺术欣赏、课堂教学或者科学研究，在必要范围内使用肖像权人已经公开的肖像；

（二）为实施新闻报道，不可避免地制作、使用、公开肖像权人的肖像；

（三）为依法履行职责，国家机关在必要范围内制作、使用、公开肖像权人的肖像；

（四）为展示特定公共环境，不可避免地制作、使用、公开肖像权人的肖像；

（五）为维护公共利益或者肖像权人合法权益，制作、使用、公开肖像权人的肖像的其他行为。

［关联条文：999，1036］

第1021条　肖像许可使用合同的解释

〈裁判指引〉当事人对肖像许可使用合同中关于肖像使用条款的理解有争议的，应当作出有利于肖像权人的解释。

第1022条　肖像许可使用合同的解除

❶〈抗辩〉当事人对肖像许可使用期限没有约定或者约定不明确的，任何一方当事人可以随时解除肖像许可使用合同，〈辅助〉但是应当在合理期限之前通知对方。

❷〈抗辩〉当事人对肖像许可使用期限有明确约定，肖像权人有正当理由的，可以解除肖像许可使用合同，〈辅助〉但是应当在合理期限之前通知对方。〈主要〉因解除合同造成对方损失的，〈抗辩〉除不可归责于肖像权人的事由外，应当赔偿损失。

［对比条文：563］

---

① 本条形式上首先体现为抗辩规范，但同时兼有裁判指引规范的因素，因为“必要范围”“不可避免”均涉及法益衡量。

第1023条　其他标表性人格要素的许可使用参照肖像权

❶〈类推参引〉对姓名等的许可使用，参照适用肖像许可使用的有关规定。

❷〈类推参引〉对自然人声音的保护，参照适用肖像权保护的有关规定。

第五章　名誉权和荣誉权

第1024条　名誉权

❶〈宣导〉民事主体享有名誉权。〈辅助〉任何组织或者个人不得以侮辱、诽谤等方式侵害他人的名誉权。

❷〈辅助〉名誉是对民事主体的品德、声望、才能、信用等的社会评价。

第1025条　新闻、舆论与名誉权侵害[①]

〈裁判指引/抗辩〉行为人为公共利益实施新闻报道、舆论监督等行为，影响他人名誉的，不承担民事责任，但是有下列情形之一的除外：

〈辅助〉(一)捏造、歪曲事实；

〈裁判指引/反抗辩〉(二)对他人提供的严重失实内容未尽到合理核实义务；

〈辅助〉(三)使用侮辱性言辞等贬损他人名誉。

第1026条　合理审查义务

〈裁判指引〉认定行为人是否尽到前条第二项规定的合理核实义务，应当考虑下列因素：

(一)内容来源的可信度；

(二)对明显可能引发争议的内容是否进行了必要的调查；

(三)内容的时限性；

---

① 第1025条第1项与第3项是对第1024条第1款第2句侮辱、诽谤的具体化，系后者的辅助规范。

（四）内容与公序良俗的关联性；

（五）受害人名誉受贬损的可能性；

（六）核实能力和核实成本。

第1027条　文学、艺术作品与名誉权侵害

❶〈主要/提示参引〉行为人发表的文学、艺术作品以真人真事或者特定人为描述对象，含有侮辱、诽谤内容，侵害他人名誉权的，受害人有权依法请求该行为人承担民事责任。

❷〈否认〉行为人发表的文学、艺术作品不以特定人为描述对象，仅其中的情节与该特定人的情况相似的，不承担民事责任。

「攻防结构：（第2款）行为人发表的文学、艺术作品不以特定人为描述对象，仅其中的情节与该特定人的情况相似的，不构成名誉权侵害。」

第1028条　名誉权消极防御请求权

〈主要〉民事主体有证据证明报刊、网络等媒体报道的内容失实，侵害其名誉权的，有权请求该媒体及时采取更正或者删除等必要措施。

「关联条文：196」

名誉权消极防御请求权
请求权基础：第1028条

请求内容	更正或删除等必要措施（实为特殊的排除妨碍请求权）	
请求权已产生	产生要件	报刊、网络等媒体报道
		内容失实
	产生抗辩	为公共利益：第1025条主文
	反抗辩	虽为公共利益但未尽合理核实义务：第1025条但书第2项
请求权未消灭	已履行：第557条第1款第1项	
	免除：第557条第1款第4项	
请求权可行使	抗辩排除	时效抗辩的排除： 第196条第1项（排除妨碍请求权不适用诉讼时效）

第1029条　信用评价

〈主要〉民事主体可以依法查询自己的信用评价；〈主要〉发现信用评价不当的，有权提出异议并请求采取更正、删除等必要措施。〈主要〉信用评价人应当及时核查，经核查属实的，应当及时采取必要措施。

第1030条　民事主体与信用信息处理者关系适用个人信息保护

〈提示参引〉民事主体与征信机构等信用信息处理者之间的关系，适用本编有关个人信息保护的规定和其他法律、行政法规的有关规定。

第1031条　荣誉权

❶〈宣导〉民事主体享有荣誉权。〈辅助〉任何组织或者个人不得非法剥夺他人的荣誉称号，〈辅助〉不得诋毁、贬损他人的荣誉。

❷〈主要〉获得的荣誉称号应当记载而没有记载的，民事主体可以请求记载；〈主要〉获得的荣誉称号记载错误的，民事主体可以请求更正。

第六章　隐私权和个人信息保护

第1032条　隐私权

❶〈宣导〉自然人享有隐私权。〈辅助〉任何组织或者个人不得以刺探、侵扰、泄露、公开等方式侵害他人的隐私权。

❷〈辅助〉隐私是自然人的私人生活安宁和不愿为他人知晓的私密空间、私密活动、私密信息。

第1033条　隐私权的侵害方式

〈辅助〉除法律另有规定或者权利人明确同意外，任何组织或者个人不得实施下列行为：

（一）以电话、短信、即时通讯工具、电子邮件、传单等方式侵扰他人的私人生活安宁；

（二）进入、拍摄、窥视他人的住宅、宾馆房间等私密空间；

（三）拍摄、窥视、窃听、公开他人的私密活动；

（四）拍摄、窥视他人身体的私密部位；

（五）处理他人的私密信息；

（六）以其他方式侵害他人的隐私权。

第1034条　个人信息保护

❶〈宣导〉自然人的个人信息受法律保护。

❷〈辅助〉个人信息是以电子或者其他方式记录的能够单独或者与其他信息结合识别特定自然人的各种信息，包括自然人的姓名、出生日期、身份证件号码、生物识别信息、住址、电话号码、电子邮箱、健康信息、行踪信息等。

❸〈提示参引〉个人信息中的私密信息，适用有关隐私权的规定；〈提示参引〉没有规定的，适用有关个人信息保护的规定。

第1035条　个人信息处理

❶〈辅助〉处理个人信息的，应当遵循合法、正当、必要原则，不得过度处理，并符合下列条件：

（一）征得该自然人或者其监护人同意，〈抗辩〉但是法律、行政法规另有规定的除外；

（二）公开处理信息的规则；

（三）明示处理信息的目的、方式和范围；

（四）不违反法律、行政法规的规定和双方的约定。

❷〈辅助〉个人信息的处理包括个人信息的收集、存储、使用、加工、传输、提供、公开等。

第1036条　个人信息的合理处理

〈裁判指引/抗辩[①]〉处理个人信息，有下列情形之一的，行

---

① 本条形式上首先体现为抗辩规范，但同时兼有裁判指引规范的因素，“合理”“重大利益”均涉及法益衡量。

为人不承担民事责任：

（一）在该自然人或者其监护人同意的范围内合理实施的行为；

（二）合理处理该自然人自行公开的或者其他已经合法公开的信息，〈反抗辩〉但是该自然人明确拒绝或者处理该信息侵害其重大利益的除外；

（三）为维护公共利益或者该自然人合法权益，合理实施的其他行为。

［关联条文：999，1020］

第1037条　信息自决

❶〈主要〉自然人可以依法向信息处理者查阅或者复制其个人信息；〈主要〉发现信息有错误的，有权提出异议并请求及时采取更正等必要措施。

❷〈主要〉自然人发现信息处理者违反法律、行政法规的规定或者双方的约定处理其个人信息的，有权请求信息处理者及时删除。

第1038条　个人信息安全

❶〈辅助〉信息处理者不得泄露或者篡改其收集、存储的个人信息；〈辅助〉未经自然人同意，不得向他人非法提供其个人信息，〈抗辩〉但是经过加工无法识别特定个人且不能复原的除外。

❷〈主要〉信息处理者应当采取技术措施和其他必要措施，确保其收集、存储的个人信息安全，防止信息泄露、篡改、丢失；〈主要〉发生或者可能发生个人信息泄露、篡改、丢失的，应当及时采取补救措施，按照规定告知自然人并向有关主管部门报告。

第1039条　公职机构与人员的个人信息保密义务

〈辅助〉国家机关、承担行政职能的法定机构及其工作人员对于履行职责过程中知悉的自然人的隐私和个人信息，应当予以保密，不得泄露或者向他人非法提供。

第五编　婚姻家庭

第一章　一般规定

第1040条　婚姻家庭编调整范围

〈宣导〉本编调整因婚姻家庭产生的民事关系。

第1041条　婚姻制度

❶〈宣导〉婚姻家庭受国家保护。

❷〈原则〉实行婚姻自由、一夫一妻、男女平等的婚姻制度。

❸〈原则〉保护妇女、未成年人、老年人、残疾人的合法权益。

第1042条　婚姻自由/禁止重婚/禁止家庭暴力

❶〈辅助〉禁止包办、买卖婚姻和其他干涉婚姻自由的行为。〈辅助〉禁止借婚姻索取财物。

❷〈辅助〉禁止重婚。〈辅助〉禁止有配偶者与他人同居。

「关联条文：婚姻家庭解释一2—3」

❸〈辅助〉禁止家庭暴力。〈辅助〉禁止家庭成员间的虐待和遗弃。

「关联条文：婚姻家庭解释一1」

第1043条　倡导家庭美德

❶〈宣导〉家庭应当树立优良家风，弘扬家庭美德，重视家庭文明建设。

❷〈宣导〉夫妻应当互相忠实，互相尊重，互相关爱；家庭成员应当敬老爱幼，互相帮助，维护平等、和睦、文明的婚姻家庭关系。

「关联条文：婚姻家庭解释一4」

第1044条　收养原则

❶〈原则〉收养应当遵循最有利于被收养人的原则，保障被收养人和收养人的合法权益。

❷〈辅助〉禁止借收养名义买卖未成年人。

第1045条　亲属、近亲属与家庭成员

❶〈辅助〉亲属包括配偶、血亲和姻亲。

❷〈辅助〉配偶、父母、子女、兄弟姐妹、祖父母、外祖父母、孙子女、外孙子女为近亲属。

❸〈辅助〉配偶、父母、子女和其他共同生活的近亲属为家庭成员。

第二章　结　婚

第1046条　结婚自愿

〈辅助〉结婚应当男女双方完全自愿，禁止任何一方对另一方加以强迫，禁止任何组织或者个人加以干涉。

第1047条　法定婚龄

〈辅助〉结婚年龄，男不得早于二十二周岁，女不得早于二十周岁。

第1048条　禁止结婚情形

〈辅助〉直系血亲或者三代以内的旁系血亲禁止结婚。

第1049条　结婚登记

〈辅助〉要求结婚的男女双方应当亲自到婚姻登记机关申请结婚登记。〈外部〉符合本法规定的，予以登记，发给结婚证。〈辅助〉完成结婚登记，即确立婚姻关系。〈辅助〉未办理结婚登记的，应当补办登记。

「关联条文：婚姻家庭解释一6—8」

第1050条　男女双方互为家庭成员

〈辅助〉登记结婚后，按照男女双方约定，女方可以成为男方家庭的成员，男方可以成为女方家庭的成员。

第1051条　婚姻无效

〈抗辩〉有下列情形之一的，婚姻无效：

（一）重婚；

（二）有禁止结婚的亲属关系；

（三）未到法定婚龄。

［关联条文：1047—1048；婚姻家庭解释一9—17；婚姻家庭解释二1］

第1052条　受胁迫婚姻的撤销

❶〈抗辩〉因胁迫结婚的，受胁迫的一方可以向人民法院请求撤销婚姻。

［关联条文：婚姻家庭解释一18］

❷〈反抗辩〉请求撤销婚姻的，应当自胁迫行为终止之日起一年内提出。

［关联条文：时间效力规定26；婚姻家庭解释一19］

❸〈反抗辩〉被非法限制人身自由的当事人请求撤销婚姻的，应当自恢复人身自由之日起一年内提出。

第1053条　重大疾病告知义务

❶〈辅助〉一方患有重大疾病的，应当在结婚登记前如实告知另一方；〈抗辩〉不如实告知的，另一方可以向人民法院请求撤销婚姻。

［关联条文：148，149；总则解释21］

❷〈反抗辩〉请求撤销婚姻的，应当自知道或者应当知道撤销事由之日起一年内提出。

第1054条　婚姻无效或被撤销的法律后果

❶〈辅助〉无效的或者被撤销的婚姻自始没有法律约束力，当事人不具有夫妻的权利和义务。〈辅助〉同居期间所得的财产，由当事人协议处理；〈裁判指引〉协议不成的，由人民法院根据照顾无过错方的原则判决。〈裁判指引〉对重婚导致的无

效婚姻的财产处理，不得侵害合法婚姻当事人的财产权益。〈提示参引〉当事人所生的子女，适用本法关于父母子女的规定。

❷〈主要〉婚姻无效或者被撤销的，无过错方有权请求损害赔偿。

「关联条文：婚姻家庭解释一20—22」

第三章　家庭关系

第一节　夫妻关系

第1055条　夫妻平等

〈原则〉夫妻在婚姻家庭中地位平等。

第1056条　夫妻姓名独立

〈辅助〉夫妻双方都有各自使用自己姓名的权利。

第1057条　夫妻人格独立

〈原则〉夫妻双方都有参加生产、工作、学习和社会活动的自由，一方不得对另一方加以限制或者干涉。

第1058条　父母共同抚养教育未成年子女

〈辅助〉夫妻双方平等享有对未成年子女抚养、教育和保护的权利，共同承担对未成年子女抚养、教育和保护的义务。

第1059条　夫妻扶养义务

❶〈主要〉夫妻有相互扶养的义务。

❷〈主要〉需要扶养的一方，在另一方不履行扶养义务时，有要求其给付扶养费的权利。

第1060条　家事代理权

❶〈抗辩排除/抗辩〉夫妻一方因家庭日常生活需要而实施的民事法律行为，对夫妻双方发生效力，〈抗辩〉但是夫妻一方与相对人另有约定的除外。

❷〈抗辩/反抗辩〉夫妻之间对一方可以实施的民事法律

行为范围的限制，不得对抗善意相对人。

「攻防结构：（第2款）夫妻之间对一方可以实施的民事法律行为范围的限制，不得对抗相对人。但是，相对人非善意的除外。」

第1061条　夫妻相互继承

〈辅助〉夫妻有相互继承遗产的权利。

第1062条　夫妻共同财产

❶〈辅助〉夫妻在婚姻关系存续期间所得的下列财产，为夫妻的共同财产，归夫妻共同所有：

（一）工资、奖金、劳务报酬；

（二）生产、经营、投资的收益；

（三）知识产权的收益；

「关联条文：婚姻家庭解释一24」

（四）继承或者受赠的财产，但是本法第一千零六十三条第三项规定的除外；

（五）其他应当归共同所有的财产。

「关联条文：婚姻家庭解释一25—27」

❷〈辅助〉夫妻对共同财产，有平等的处理权。

「关联条文：婚姻家庭解释一28」

第1063条　夫妻个人财产

〈辅助〉下列财产为夫妻一方的个人财产：

（一）一方的婚前财产；

（二）一方因受到人身损害获得的赔偿或者补偿；

（三）遗嘱或者赠与合同中确定只归一方的财产；

（四）一方专用的生活用品；

（五）其他应当归一方的财产。

「关联条文：婚姻家庭解释一26，29—32，78」

第1064条　夫妻共同债务

❶〈主要〉夫妻双方共同签名或者夫妻一方事后追认等共

同意思表示所负的债务，以及夫妻一方在婚姻关系存续期间以个人名义为家庭日常生活需要所负的债务，属于夫妻共同债务。

❷〈否认〉夫妻一方在婚姻关系存续期间以个人名义超出家庭日常生活需要所负的债务，不属于夫妻共同债务；〈辅助[①]〉但是，债权人能够证明该债务用于夫妻共同生活、共同生产经营或者基于夫妻双方共同意思表示的除外。

「关联条文：婚姻家庭解释一33—36，78」

第1065条　夫妻财产制约定

❶〈辅助〉男女双方可以约定婚姻关系存续期间所得的财产以及婚前财产归各自所有、共同所有或者部分各自所有、部分共同所有。〈辅助〉约定应当采用书面形式。〈提示参引〉没有约定或者约定不明确的，适用本法第一千零六十二条、第一千零六十三条的规定。

❷〈辅助〉夫妻对婚姻关系存续期间所得的财产以及婚前财产的约定，对双方具有法律约束力。

❸〈主要〉夫妻对婚姻关系存续期间所得的财产约定归各自所有，夫或者妻一方对外所负的债务，相对人知道该约定的，以夫或者妻一方的个人财产清偿。

「关联条文：婚姻家庭解释一37」

第1066条　婚内共同财产分割请求权

〈主要〉婚姻关系存续期间，有下列情形之一的，夫妻一方可以向人民法院请求分割共同财产：

（一）一方有隐藏、转移、变卖、毁损、挥霍夫妻共同财产或者伪造夫妻共同债务等严重损害夫妻共同财产利益的行为；

（二）一方负有法定扶养义务的人患重大疾病需要医治，

---

① 实质是确认了“夫妻一方在婚姻关系存续期间以个人名义所负的债务+用于夫妻共同生活、共同生产经营或者基于夫妻双方共同意思表示”为夫妻共同债务。

另一方不同意支付相关医疗费用。

「关联条文：婚姻家庭解释一38；婚姻家庭解释二6，7.2」

第二节　父母子女关系和其他近亲属关系

第1067条　抚养费与赡养费

❶〈主要〉父母不履行抚养义务的，未成年子女或者不能独立生活的成年子女，有要求父母给付抚养费的权利。

「关联条文：婚姻家庭解释一41—43」

❷〈主要〉成年子女不履行赡养义务的，缺乏劳动能力或者生活困难的父母，有要求成年子女给付赡养费的权利。

第1068条　父母对未成年子女的义务

〈主要/辅助〉父母有教育、保护未成年子女的权利和义务。〈提示参引〉未成年子女造成他人损害的，父母应当依法承担民事责任。

第1069条　子女对父母的义务

〈辅助〉子女应当尊重父母的婚姻权利，不得干涉父母离婚、再婚以及婚后的生活。〈抗辩排除〉子女对父母的赡养义务，不因父母的婚姻关系变化而终止。

第1070条　父母子女相互继承

〈辅助〉父母和子女有相互继承遗产的权利。

第1071条　非婚生子女法律地位

❶〈辅助〉非婚生子女享有与婚生子女同等的权利，任何组织或者个人不得加以危害和歧视。

❷〈主要〉不直接抚养非婚生子女的生父或者生母，应当负担未成年子女或者不能独立生活的成年子女的抚养费。

第1072条　继父母子女关系

❶〈辅助〉继父母与继子女间，不得虐待或者歧视。

❷〈提示参引〉继父或者继母和受其抚养教育的继子女间

的权利义务关系，适用本法关于父母子女关系的规定。

［关联条文：婚姻家庭解释二18—19］

第1073条　亲子关系确认

❶〈辅助〉对亲子关系有异议且有正当理由的，父或者母可以向人民法院提起诉讼，请求确认或者否认亲子关系。

❷〈辅助〉对亲子关系有异议且有正当理由的，成年子女可以向人民法院提起诉讼，请求确认亲子关系。

［关联条文：婚姻家庭解释一39—40］

第1074条　祖孙间的抚养赡养义务

❶〈主要〉有负担能力的祖父母、外祖父母，对于父母已经死亡或者父母无力抚养的未成年孙子女、外孙子女，有抚养的义务。

❷〈主要〉有负担能力的孙子女、外孙子女，对于子女已经死亡或者子女无力赡养的祖父母、外祖父母，有赡养的义务。

第1075条　兄姐与弟妹的扶养义务

❶〈主要〉有负担能力的兄、姐，对于父母已经死亡或者父母无力抚养的未成年弟、妹，有扶养的义务。

❷〈主要〉由兄、姐扶养长大的有负担能力的弟、妹，对于缺乏劳动能力又缺乏生活来源的兄、姐，有扶养的义务。

第四章　离　婚

第1076条　协议离婚

❶〈辅助〉夫妻双方自愿离婚的，应当签订书面离婚协议，并亲自到婚姻登记机关申请离婚登记。

❷〈辅助〉离婚协议应当载明双方自愿离婚的意思表示和对子女抚养、财产以及债务处理等事项协商一致的意见。

第1077条　离婚冷静期

❶〈抗辩〉自婚姻登记机关收到离婚登记申请之日起三十日内，任何一方不愿意离婚的，可以向婚姻登记机关撤回离婚

登记申请。

❷〈辅助〉前款规定期限届满后三十日内，双方应当亲自到婚姻登记机关申请发给离婚证；〈辅助〉未申请的，视为撤回离婚登记申请。

第1078条　协议离婚的登记

〈辅助〉婚姻登记机关查明双方确实是自愿离婚，并已经对子女抚养、财产以及债务处理等事项协商一致的，予以登记，发给离婚证。

「关联条文：婚姻家庭解释二2」

第1079条　调解与诉讼离婚

❶〈辅助〉夫妻一方要求离婚的，可以由有关组织进行调解或者直接向人民法院提起离婚诉讼。

「关联条文：婚姻家庭解释一62」

❷〈裁判指引〉人民法院审理离婚案件，应当进行调解；如果感情确已破裂，调解无效的，应当准予离婚。

❸〈辅助〉有下列情形之一，调解无效的，应当准予离婚：

（一）重婚或者与他人同居；

（二）实施家庭暴力或者虐待、遗弃家庭成员；

（三）有赌博、吸毒等恶习屡教不改；

（四）因感情不和分居满二年；

（五）其他导致夫妻感情破裂的情形。

「关联条文：婚姻家庭解释一63」

❹〈辅助〉一方被宣告失踪，另一方提起离婚诉讼的，应当准予离婚。

❺〈辅助〉经人民法院判决不准离婚后，双方又分居满一年，一方再次提起离婚诉讼的，应当准予离婚。

「关联条文：时间效力规定22」

第1080条　婚姻关系的解除

〈辅助〉完成离婚登记，或者离婚判决书、调解书生效，即解除婚姻关系。

第1081条　军婚保护

〈辅助〉现役军人的配偶要求离婚，应当征得军人同意，〈抗辩〉但是军人一方有重大过错的除外。

［关联条文：婚姻家庭解释一64］

第1082条　女方生育前后的婚姻保护

〈抗辩〉女方在怀孕期间、分娩后一年内或者终止妊娠后六个月内，男方不得提出离婚；〈反抗辩〉但是，女方提出离婚或者人民法院认为确有必要受理男方离婚请求的除外。

第1083条　复婚

〈辅助〉离婚后，男女双方自愿恢复婚姻关系的，应当到婚姻登记机关重新进行结婚登记。

第1084条　离婚后的子女抚养

❶〈否认排除〉父母与子女间的关系，不因父母离婚而消除。〈否认排除〉离婚后，子女无论由父或者母直接抚养，仍是父母双方的子女。

❷〈抗辩排除〉离婚后，父母对于子女仍有抚养、教育、保护的权利和义务。

❸〈辅助〉离婚后，不满两周岁的子女，以由母亲直接抚养为原则。〈裁判指引〉已满两周岁的子女，父母双方对抚养问题协议不成的，由人民法院根据双方的具体情况，按照最有利于未成年子女的原则判决。〈辅助〉子女已满八周岁的，应当尊重其真实意愿。

［关联条文：婚姻家庭解释一44—48，54—57，60；婚姻家庭解释二13—14，16.2，19.1］

第1085条　离婚后子女抚养费的负担

❶〈主要〉离婚后，子女由一方直接抚养的，另一方应当负担部分或者全部抚养费。〈裁判指引〉负担费用的多少和期限的长短，由双方协议；协议不成的，由人民法院判决。

❷〈抗辩排除〉前款规定的协议或者判决，不妨碍子女在必要时向父母任何一方提出超过协议或者判决原定数额的合理要求。

「关联条文：婚姻家庭解释一49—53，55，58—59，61；婚姻家庭解释二16.1，17」

第1086条　离婚后的子女探望权

❶〈主要〉离婚后，不直接抚养子女的父或者母，有探望子女的权利，另一方有协助的义务。

❷〈裁判指引〉行使探望权利的方式、时间由当事人协议；协议不成的，由人民法院判决。

❸〈抗辩〉父或者母探望子女，不利于子女身心健康的，由人民法院依法中止探望；〈反抗辩〉中止的事由消失后，应当恢复探望。

「关联条文：婚姻家庭解释一65—68；婚姻家庭解释二12.1」

第1087条　离婚时夫妻共同财产的处理

❶〈裁判指引〉离婚时，夫妻的共同财产由双方协议处理；协议不成的，由人民法院根据财产的具体情况，按照照顾子女、女方和无过错方权益的原则判决。

❷〈提示参引〉对夫或者妻在家庭土地承包经营中享有的权益等，应当依法予以保护。

「关联条文：婚姻家庭解释一69—83；婚姻家庭解释二5，8，10，20」

第1088条　离婚经济补偿

〈主要〉夫妻一方因抚育子女、照料老年人、协助另一方工作等负担较多义务的，离婚时有权向另一方请求补偿，另一方应当给予补偿。〈裁判指引〉具体办法由双方协议；协议不成的，由人民法院判决。

「关联条文：婚姻家庭解释二21」

第1089条　离婚时夫妻共同债务的清偿

〈主要〉离婚时，夫妻共同债务应当共同偿还。〈裁判指引〉

共同财产不足清偿或者财产归各自所有的，由双方协议清偿；协议不成的，由人民法院判决。

第1090条　离婚经济帮助

〈主要〉离婚时，如果一方生活困难，有负担能力的另一方应当给予适当帮助。〈裁判指引〉具体办法由双方协议；协议不成的，由人民法院判决。

「关联条文：婚姻家庭解释二22」

第1091条　离婚损害赔偿

〈主要〉有下列情形之一，导致离婚的，无过错方有权请求损害赔偿：

（一）重婚；

（二）与他人同居；

（三）实施家庭暴力；

（四）虐待、遗弃家庭成员；

（五）有其他重大过错。

「关联条文：婚姻家庭解释一86—90」

「攻防结构：有下列情形之一，导致离婚的，对方有权请求损害赔偿：

（一）重婚；

（二）与他人同居；

（三）实施家庭暴力；

（四）虐待、遗弃家庭成员；

（五）有其他重大过错。

但对方也有前款规定情形之一的除外。」

第1092条　隐藏、变卖、毁损夫妻共同财产或伪造共同债务的后果

〈抗辩〉夫妻一方隐藏、转移、变卖、毁损、挥霍夫妻共同财产，或者伪造夫妻共同债务企图侵占另一方财产的，在离婚分割夫妻共同财产时，对该方可以少分或者不分。〈主要〉离婚后，另一方发现有上述行为的，可以向人民法院提起诉讼，请求再次分割夫妻共同财产。

［关联条文：婚姻家庭解释一84；婚姻家庭解释二6，7.2］

第五章　收　养

第一节　收养关系的成立

第1093条　被收养人

〈辅助〉下列未成年人，可以被收养：

（一）丧失父母的孤儿；

（二）查找不到生父母的未成年人；

（三）生父母有特殊困难无力抚养的子女。

第1094条　送养人

〈辅助〉下列个人、组织可以作送养人：

（一）孤儿的监护人；

（二）儿童福利机构；

（三）有特殊困难无力抚养子女的生父母。

第1095条　欠缺行为能力的监护人送养

〈辅助〉未成年人的父母均不具备完全民事行为能力且可能严重危害该未成年人的，该未成年人的监护人可以将其送养。

第1096条　监护人送养孤儿

〈辅助〉监护人送养孤儿的，应当征得有抚养义务的人同意。〈提示参引〉有抚养义务的人不同意送养、监护人不愿意继续履行监护职责的，应当依照本法第一编的规定另行确定监护人。

第1097条　共同送养与单方送养

〈辅助〉生父母送养子女，应当双方共同送养。〈辅助〉生父母一方不明或者查找不到的，可以单方送养。

第1098条　收养人

〈辅助〉收养人应当同时具备下列条件：

（一）无子女或者只有一名子女；

（二）有抚养、教育和保护被收养人的能力；

（三）未患有在医学上认为不应当收养子女的疾病；

（四）无不利于被收养人健康成长的违法犯罪记录；

（五）年满三十周岁。

第1099条　三代以内旁系同辈血亲的收养

❶〈抗辩〉收养三代以内旁系同辈血亲的子女，可以不受本法第一千零九十三条第三项、第一千零九十四条第三项和第一千一百零二条规定的限制。

❷〈抗辩〉华侨收养三代以内旁系同辈血亲的子女，还可以不受本法第一千零九十八条第一项规定的限制。

第1100条　收养人数

❶〈辅助〉无子女的收养人可以收养两名子女；〈辅助〉有子女的收养人只能收养一名子女。

❷〈抗辩〉收养孤儿、残疾未成年人或者儿童福利机构抚养的查找不到生父母的未成年人，可以不受前款和本法第一千零九十八条第一项规定的限制。

第1101条　共同收养

〈辅助〉有配偶者收养子女，应当夫妻共同收养。

第1102条　无配偶者收养异性子女

〈辅助〉无配偶者收养异性子女的，收养人与被收养人的年龄应当相差四十周岁以上。

第1103条　收养继子女

〈辅助〉继父或者继母经继子女的生父母同意，可以收养继子女，〈抗辩〉并可以不受本法第一千零九十三条第三项、第一千零九十四条第三项、第一千零九十八条和第一千一百条第一款规定的限制。

第1104条　收养自愿

〈辅助〉收养人收养与送养人送养，应当双方自愿。〈辅助〉收养八周岁以上未成年人的，应当征得被收养人的同意。

第1105条　收养关系的成立

❶〈辅助〉收养应当向县级以上人民政府民政部门登记。〈辅助〉收养关系自登记之日起成立。

❷〈外部〉收养查找不到生父母的未成年人的，办理登记的民政部门应当在登记前予以公告。

❸〈辅助〉收养关系当事人愿意签订收养协议的，可以签订收养协议。

❹〈辅助〉收养关系当事人各方或者一方要求办理收养公证的，应当办理收养公证。

❺〈外部〉县级以上人民政府民政部门应当依法进行收养评估。

第1106条　收养户口登记

〈外部〉收养关系成立后，公安机关应当按照国家有关规定为被收养人办理户口登记。

第1107条　亲属、朋友的抚养

〈辅助〉孤儿或者生父母无力抚养的子女，可以由生父母的亲属、朋友抚养；〈辅助〉抚养人与被抚养人的关系不适用本章规定。

第1108条　祖父母、外祖父母优先抚养权

〈辅助〉配偶一方死亡，另一方送养未成年子女的，死亡一方的父母有优先抚养的权利。

第1109条　涉外收养

❶〈辅助〉外国人依法可以在中华人民共和国收养子女。

❷〈辅助〉外国人在中华人民共和国收养子女，应当经其所在国主管机关依照该国法律审查同意。〈辅助〉收养人应当提供由其所在国有权机构出具的有关其年龄、婚姻、职业、财

产、健康、有无受过刑事处罚等状况的证明材料，并与送养人签订书面协议，亲自向省、自治区、直辖市人民政府民政部门登记。

❸〈辅助〉前款规定的证明材料应当经收养人所在国外交机关或者外交机关授权的机构认证，并经中华人民共和国驻该国使领馆认证，〈抗辩〉但是国家另有规定的除外。

第1110条　保守收养秘密

〈主要〉收养人、送养人要求保守收养秘密的，其他人应当尊重其意愿，不得泄露。

第二节　收养的效力

第1111条　收养效力

❶〈辅助〉自收养关系成立之日起，养父母与养子女间的权利义务关系，适用本法关于父母子女关系的规定；〈辅助[1]〉养子女与养父母的近亲属间的权利义务关系，适用本法关于子女与父母的近亲属关系的规定。

❷〈抗辩〉养子女与生父母以及其他近亲属间的权利义务关系，因收养关系的成立而消除。

第1112条　养子女姓氏

〈辅助〉养子女可以随养父或者养母的姓氏，经当事人协商一致，也可以保留原姓氏。

第1113条　收养的无效

❶〈提示参引〉有本法第一编关于民事法律行为无效规定情形或者违反本编规定的收养行为无效。

❷〈辅助〉无效的收养行为自始没有法律约束力。

---

① 此款的“适用”意义不在参引而在说明。

第三节　收养关系的解除

第1114条　子女成年前收养的解除

❶〈抗辩[①]〉收养人在被收养人成年以前，不得解除收养关系，〈抗辩〉但是收养人、送养人双方协议解除的除外。〈辅助〉养子女八周岁以上的，应当征得本人同意。

❷〈抗辩〉收养人不履行抚养义务，有虐待、遗弃等侵害未成年养子女合法权益行为的，送养人有权要求解除养父母与养子女间的收养关系。〈宣导〉送养人、收养人不能达成解除收养关系协议的，可以向人民法院提起诉讼。

第1115条　子女成年后收养的解除

〈抗辩〉养父母与成年养子女关系恶化、无法共同生活的，可以协议解除收养关系。〈辅助〉不能达成协议的，可以向人民法院提起诉讼。

第1116条　协议解除收养的登记

〈辅助〉当事人协议解除收养关系的，应当到民政部门办理解除收养关系登记。

第1117条　收养解除的效力

〈抗辩〉收养关系解除后，养子女与养父母以及其他近亲属间的权利义务关系即行消除，〈反抗辩〉与生父母以及其他近亲属间的权利义务关系自行恢复。〈再抗辩〉但是，成年养子女与生父母以及其他近亲属间的权利义务关系是否恢复，可以协商确定。

第1118条　收养解除后对养父母的抚养义务、养父母抚养费的补偿

❶〈主要〉收养关系解除后，经养父母抚养的成年养子女，对缺乏劳动能力又缺乏生活来源的养父母，应当给付生活费。

① 被收养人成年后，收养人得解除收养关系。

〈主要〉因养子女成年后虐待、遗弃养父母而解除收养关系的，养父母可以要求养子女补偿收养期间支出的抚养费。

❷〈主要〉生父母要求解除收养关系的，养父母可以要求生父母适当补偿收养期间支出的抚养费；〈抗辩〉但是，因养父母虐待、遗弃养子女而解除收养关系的除外。

第六编　继　承

第一章　一般规定

第1119条　继承编调整范围

〈宣导〉本编调整因继承产生的民事关系。

第1120条　继承权保护

〈宣导〉国家保护自然人的继承权。

第1121条　继承开始时间

❶〈辅助〉继承从被继承人死亡时开始。

「关联条文：继承解释一1」

❷〈辅助〉相互有继承关系的数人在同一事件中死亡，难以确定死亡时间的，推定没有其他继承人的人先死亡。〈辅助〉都有其他继承人，辈份不同的，推定长辈先死亡；〈辅助〉辈份相同的，推定同时死亡，相互不发生继承。

第1122条　遗产

❶〈辅助〉遗产是自然人死亡时遗留的个人合法财产。

❷〈提示参引〉依照法律规定或者根据其性质不得继承的遗产，不得继承。

「关联条文：继承解释一2，39」

第1123条　继承方式

〈辅助〉继承开始后，按照法定继承办理；有遗嘱的，按照遗嘱继承或者遗赠办理；有遗赠扶养协议的，按照协议办理。

「关联条文：继承解释一3—4」

第1124条　继承与遗赠的接受或放弃

❶〈抗辩〉继承开始后，继承人放弃继承的，应当在遗产处理前，以书面形式作出放弃继承的表示；〈辅助〉没有表示的，视为接受继承。

「关联条文：婚姻家庭解释二11；继承解释一32—37，44」

❷〈辅助〉受遗赠人应当在知道受遗赠后六十日内，作出接受或者放弃受遗赠的表示；〈辅助〉到期没有表示的，视为放弃受遗赠。

「关联条文：继承解释一38」

第1125条　继承权与受遗赠权的丧失

❶〈抗辩〉继承人有下列行为之一的，丧失继承权：

（一）故意杀害被继承人；

（二）为争夺遗产而杀害其他继承人；

（三）遗弃被继承人，或者虐待被继承人情节严重；

（四）伪造、篡改、隐匿或者销毁遗嘱，情节严重；

（五）以欺诈、胁迫手段迫使或者妨碍被继承人设立、变更或者撤回遗嘱，情节严重。

❷〈反抗辩〉继承人有前款第三项至第五项行为，确有悔改表现，被继承人表示宽恕或者事后在遗嘱中将其列为继承人的，该继承人不丧失继承权。

❸〈抗辩〉受遗赠人有本条第一款规定行为的，丧失受遗赠权。

「关联条文：时间效力规定13；继承解释一5—9」

第二章　法定继承

第1126条　继承权男女平等

〈原则〉继承权男女平等。

第1127条　继承人范围与顺序

❶〈辅助〉遗产按照下列顺序继承：

（一）第一顺序：配偶、子女、父母；

「关联条文：继承解释一11」

（二）第二顺序：兄弟姐妹、祖父母、外祖父母。

「关联条文：继承解释一12—13」

❷〈辅助〉继承开始后，由第一顺序继承人继承，第二顺序继承人不继承；〈辅助〉没有第一顺序继承人继承的，由第二顺序继承人继承。

❸〈辅助〉本编所称子女，包括婚生子女、非婚生子女、养子女和有扶养关系的继子女。

❹〈辅助〉本编所称父母，包括生父母、养父母和有扶养关系的继父母。

❺〈辅助〉本编所称兄弟姐妹，包括同父母的兄弟姐妹、同父异母或者同母异父的兄弟姐妹、养兄弟姐妹、有扶养关系的继兄弟姐妹。

第1128条　代位继承

❶〈辅助〉被继承人的子女先于被继承人死亡的，由被继承人的子女的直系晚辈血亲代位继承。

「关联条文：继承解释一14—15，18」

❷〈辅助〉被继承人的兄弟姐妹先于被继承人死亡的，由被继承人的兄弟姐妹的子女代位继承。

「关联条文：时间效力规定14」

❸〈辅助〉代位继承人一般只能继承被代位继承人有权继承的遗产份额。

「关联条文：继承解释一16—17」

第1129条　丧偶儿媳、女婿的继承权

〈辅助〉丧偶儿媳对公婆，丧偶女婿对岳父母，尽了主要赡养义务的，作为第一顺序继承人。

［关联条文：继承解释一18—19］

第1130条　遗产分配

❶〈辅助〉同一顺序继承人继承遗产的份额，一般应当均等。

❷〈辅助〉对生活有特殊困难又缺乏劳动能力的继承人，分配遗产时，应当予以照顾。

❸〈主要〉对被继承人尽了主要扶养义务或者与被继承人共同生活的继承人，分配遗产时，可以多分。

❹〈抗辩〉有扶养能力和有扶养条件的继承人，不尽扶养义务的，分配遗产时，应当不分或者少分。

❺〈抗辩〉继承人协商同意的，也可以不均等。

［关联条文：继承解释一22—23，43］

第1131条　遗产酌分

〈主要〉对继承人以外的依靠被继承人扶养的人，或者继承人以外的对被继承人扶养较多的人，可以分给适当的遗产。

［关联条文：继承解释一10，16—17，20，41］

第1132条　继承问题的协商处理

〈辅助〉继承人应当本着互谅互让、和睦团结的精神，协商处理继承问题。〈宣导〉遗产分割的时间、办法和份额，由继承人协商确定；协商不成的，可以由人民调解委员会调解或者向人民法院提起诉讼。

第三章　遗嘱继承和遗赠

第1133条　遗嘱

❶〈辅助〉自然人可以依照本法规定立遗嘱处分个人财产，并可以指定遗嘱执行人。

❷〈辅助〉自然人可以立遗嘱将个人财产指定由法定继承人中的一人或者数人继承。

❸〈辅助〉自然人可以立遗嘱将个人财产赠与国家、集体或者法定继承人以外的组织、个人。

❹〈提示参引〉自然人可以依法设立遗嘱信托。

第1134条　自书遗嘱

〈辅助〉自书遗嘱由遗嘱人亲笔书写，签名，注明年、月、日。

「关联条文：继承解释一27」

第1135条　代书遗嘱

〈辅助〉代书遗嘱应当有两个以上见证人在场见证，由其中一人代书，并由遗嘱人、代书人和其他见证人签名，注明年、月、日。

第1136条　打印遗嘱

〈辅助〉打印遗嘱应当有两个以上见证人在场见证。〈辅助〉遗嘱人和见证人应当在遗嘱每一页签名，注明年、月、日。

「关联条文：时间效力规定15」

第1137条　录音录像遗嘱

〈辅助〉以录音录像形式立的遗嘱，应当有两个以上见证人在场见证。〈辅助〉遗嘱人和见证人应当在录音录像中记录其姓名或者肖像，以及年、月、日。

第1138条　口头遗嘱

〈辅助〉遗嘱人在危急情况下，可以立口头遗嘱。口头遗嘱应当有两个以上见证人在场见证。〈抗辩〉危急情况消除后，遗嘱人能够以书面或者录音录像形式立遗嘱的，所立的口头遗嘱无效。

第1139条　公证遗嘱

〈辅助〉公证遗嘱由遗嘱人经公证机构办理。

第1140条　禁止见证遗嘱的人员

〈抗辩〉下列人员不能作为遗嘱见证人：

（一）无民事行为能力人、限制民事行为能力人以及其他不具有见证能力的人；

（二）继承人、受遗赠人；

（三）与继承人、受遗赠人有利害关系的人。

［关联条文：继承解释一24］

第1141条　必留份

〈主要〉遗嘱应当为缺乏劳动能力又没有生活来源的继承人保留必要的遗产份额。

［关联条文：继承解释一25］

第1142条　遗嘱撤回、变更与多重遗嘱

❶〈抗辩〉遗嘱人可以撤回、变更自己所立的遗嘱。

❷〈辅助〉立遗嘱后，遗嘱人实施与遗嘱内容相反的民事法律行为的，视为对遗嘱相关内容的撤回。

❸〈辅助〉立有数份遗嘱，内容相抵触的，以最后的遗嘱为准。

［关联条文：时间效力规定23］

第1143条　遗嘱无效

❶〈抗辩〉无民事行为能力人或者限制民事行为能力人所立的遗嘱无效。

［关联条文：继承解释一28］

❷〈抗辩〉遗嘱必须表示遗嘱人的真实意思，受欺诈、胁迫所立的遗嘱无效。

❸〈抗辩〉伪造的遗嘱无效。

❹〈抗辩〉遗嘱被篡改的，篡改的内容无效。

［关联条文：继承解释一26］

第1144条　附义务的遗嘱

〈主要〉遗嘱继承或者遗赠附有义务的，继承人或者受遗赠人应当履行义务。〈抗辩〉没有正当理由不履行义务的，经利害关系人或者有关组织请求，人民法院可以取消其接受附义务部分遗产的权利。

［关联条文：继承解释一29］

第四章 遗产的处理

第1145条 遗产管理人

〈辅助〉继承开始后，遗嘱执行人为遗产管理人；〈辅助〉没有遗嘱执行人的，继承人应当及时推选遗产管理人；〈辅助〉继承人未推选的，由继承人共同担任遗产管理人；〈辅助〉没有继承人或者继承人均放弃继承的，由被继承人生前住所地的民政部门或者村民委员会担任遗产管理人。

第1146条 申请指定遗产管理人

〈辅助〉对遗产管理人的确定有争议的，利害关系人可以向人民法院申请指定遗产管理人。

第1147条 遗产管理人职责

〈主要〉遗产管理人应当履行下列职责：

（一）清理遗产并制作遗产清单；

（二）向继承人报告遗产情况；

（三）采取必要措施防止遗产毁损、灭失；

（四）处理被继承人的债权债务；

（五）按照遗嘱或者依照法律规定分割遗产；

（六）实施与管理遗产有关的其他必要行为。

第1148条 遗产管理人违反职责

〈主要〉遗产管理人应当依法履行职责，因故意或者重大过失造成继承人、受遗赠人、债权人损害的，应当承担民事责任。

第1149条 遗产管理人的报酬

〈主要〉遗产管理人可以依照法律规定或者按照约定获得报酬。

第1150条 继承开始的通知

〈辅助〉继承开始后，知道被继承人死亡的继承人应当及时通知其他继承人和遗嘱执行人。〈外部〉继承人中无人知道被继承人死亡或者知道被继承人死亡而不能通知的，由被继承人生前所在单位或者住所地的居民委员会、村民委员会负责通知。

「关联条文：继承解释一30」

第1151条　遗产的保管义务

〈主要〉存有遗产的人，应当妥善保管遗产，〈宣导〉任何组织或者个人不得侵吞或者争抢。

第1152条　转继承

〈辅助〉继承开始后，继承人于遗产分割前死亡，并没有放弃继承的，该继承人应当继承的遗产转给其继承人，〈抗辩〉但是遗嘱另有安排的除外。

「关联条文：继承解释一38」

第1153条　遗产的认定

❶〈辅助〉夫妻共同所有的财产，除有约定的外，遗产分割时，应当先将共同所有的财产的一半分出为配偶所有，其余的为被继承人的遗产。

❷〈辅助〉遗产在家庭共有财产之中的，遗产分割时，应当先分出他人的财产。

第1154条　法定继承适用范围

〈反抗辩〉有下列情形之一的，遗产中的有关部分按照法定继承办理：

（一）遗嘱继承人放弃继承或者受遗赠人放弃受遗赠；

（二）遗嘱继承人丧失继承权或者受遗赠人丧失受遗赠权；

（三）遗嘱继承人、受遗赠人先于遗嘱人死亡或者终止；

（四）遗嘱无效部分所涉及的遗产；

（五）遗嘱未处分的遗产。

第1155条　胎儿应继份

〈主要〉遗产分割时，应当保留胎儿的继承份额。〈反抗辩〉胎儿娩出时是死体的，保留的份额按照法定继承办理。

「关联条文：继承解释一31」

第1156条　遗产分割的规则和方法

❶〈原则〉遗产分割应当有利于生产和生活需要，不损害遗产的效用。

❷〈辅助〉不宜分割的遗产，可以采取折价、适当补偿或者共有等方法处理。

「关联条文：继承解释一42」

第1157条　再婚不影响已继承财产

〈宣导〉夫妻一方死亡后另一方再婚的，有权处分所继承的财产，任何组织或者个人不得干涉。

第1158条　遗赠扶养协议

〈辅助〉自然人可以与继承人以外的组织或者个人签订遗赠扶养协议。〈主要〉按照协议，该组织或者个人承担该自然人生养死葬的义务，享有受遗赠的权利。

「关联条文：继承解释一40」

第1159条　继承债务的清偿

〈主要〉分割遗产，应当清偿被继承人依法应当缴纳的税款和债务；〈抗辩〉但是，应当为缺乏劳动能力又没有生活来源的继承人保留必要的遗产。

第1160条　无人继承遗产

〈辅助〉无人继承又无人受遗赠的遗产，归国家所有，用于公益事业；〈辅助〉死者生前是集体所有制组织成员的，归所在集体所有制组织所有。

「关联条文：继承解释一41」

第1161条　限定继承

❶〈抗辩〉继承人以所得遗产实际价值为限清偿被继承人依法应当缴纳的税款和债务。〈反抗辩〉超过遗产实际价值部分，继承人自愿偿还的不在此限。

❷〈抗辩〉继承人放弃继承的，对被继承人依法应当缴纳的税款和债务可以不负清偿责任。

「关联条文：继承解释一32」

第1162条　清偿债务优先于遗赠执行

〈辅助〉执行遗赠不得妨碍清偿遗赠人依法应当缴纳的税款和债务。

第1163条　法定继承与遗嘱继承、遗赠并存时遗产债务的清偿

〈主要〉既有法定继承又有遗嘱继承、遗赠的，由法定继承人清偿被继承人依法应当缴纳的税款和债务；〈主要〉超过法定继承遗产实际价值部分，由遗嘱继承人和受遗赠人按比例以所得遗产清偿。

第七编　侵权责任

第一章　一般规定

第1164条　侵权调整范围

〈宣导〉本编调整因侵害民事权益产生的民事关系。

第1165条　过错侵权/过错推定侵权

❶〈主要〉行为人因过错侵害他人民事权益造成损害的，应当承担侵权责任。

❷〈提示参引〉依照法律规定推定行为人有过错，其不能证明自己没有过错的，应当承担侵权责任。[①]

---

① 有疑问的是，对受害人而言，过错推定是举证负担的减轻还是举证责任的倒置。如果将过错推定作为举证负担的减轻方式，则意味着过错为积极要件，结果意义上的举证责任仍在受害人方。虽然受害人证明前提事实即可推定行为人存在过错，但行为人可反证推翻过错的成立（积极否认），反证不必达到高度盖然性的证明标准，使过错与否陷于真伪不明，即足以推翻过错推定。在此情形下，受害人仍承担过错的举证责任（本证），需提供具有高度盖然性的证据证明行为人的过错，否则过错与否真伪不明，不利由受害人承担，不得认定为过错存在。在此观点下，过错推定并未改变举证分配，但的确减轻了受害人的举证负担。

而如果将过错推定作为举证责任的倒置，则意味着过错并非积极要件，而系抗辩，受害人不承担过错的举证责任，行为人则须通过证明不存在过错来抗辩责任的成立（本证）。若行为人无法提供具有高度盖然性的证据证明不存在过错，过错与否陷于真伪不明，不利后果由行为人承担，认定为过错存在。

相较之下，过错推定作为举证负担的减轻方式，行为人证明无过错为否认（反证）；过错推定作为举证责任的倒置，行为人证明无过错为抗辩（本证）。就《民法典》第1165条第2款的文义而言，似乎更符合举证责任倒置的解释结果。由此引申的问题是，不同语境下的"推定"对应的是举证负担的减轻还是举证责任的倒置。

<table>
<tr><th colspan="4">过错侵权请求权
请求权基础：第1165条第1款</th></tr>
<tr><td rowspan="4">检视程式</td><td rowspan="3">责任成立</td><td>事实构成</td><td>民事权益＋加害行为＋责任成立因果关系</td></tr>
<tr><td>不法性</td><td>不法性阻却抗辩</td></tr>
<tr><td>可归责性</td><td>责任能力抗辩＋过错</td></tr>
<tr><td>责任范围</td><td colspan="2">损害＋责任范围因果关系</td></tr>
<tr><td rowspan="16">请求权已产生</td><td rowspan="13">责任成立</td><td>民事权益</td><td>第109—114、123、124—126条等（辅助）</td></tr>
<tr><td>加害行为</td><td>依学理与判例</td></tr>
<tr><td rowspan="3">责任成立因果关系</td><td>依学理与判例</td></tr>
<tr><td>受害人故意：第1174条（否认）</td></tr>
<tr><td>第三人原因：第1175条（否认）</td></tr>
<tr><td rowspan="5">不法性阻却抗辩</td><td>正当防卫：第181条第1款（抗辩）</td></tr>
<tr><td>紧急避险：第182条第1、2款（抗辩）</td></tr>
<tr><td>紧急救助：第184条（抗辩）</td></tr>
<tr><td>自助行为：第1177条第1款主文（抗辩）</td></tr>
<tr><td>自甘风险：第1176条第1款主文（抗辩）</td></tr>
<tr><td>责任能力抗辩</td><td>依学理与判例</td></tr>
<tr><td>过错</td><td>依学理与判例</td></tr>
<tr><td>与有过失抗辩</td><td>第1173条（抗辩）[①]</td></tr>
<tr><td rowspan="3">责任范围</td><td>损害</td><td>第1179—1185、1187条（辅助）</td></tr>
<tr><td>责任范围因果关系</td><td>依学理与判例</td></tr>
<tr><td>损害范围扩大的与有过失抗辩</td><td>第1173条（抗辩）</td></tr>
<tr><td colspan="2" rowspan="2">请求权未消灭</td><td colspan="2">债的消灭事由：第557条第1款（抗辩）</td></tr>
<tr><td colspan="2">损益相抵抗辩</td></tr>
<tr><td colspan="2">请求权可行使</td><td colspan="2">时效抗辩权：第192条第1款（抗辩）</td></tr>
</table>

① 部分责任不成立的抗辩，类似因果关系聚合型数人侵权（第1172条），行为人与受害人自身的过失共同导致同一损害。

<table>
<tr><th colspan="5">不作为侵权请求权
请求权基础：第1165条第1款</th></tr>
<tr><td rowspan="11">请求权已产生</td><td rowspan="10">责任成立</td><td rowspan="5">产生要件</td><td colspan="2">权益侵害</td></tr>
<tr><td rowspan="4">作为义务→推定</td><td>不作为</td></tr>
<tr><td>责任成立因果关系</td></tr>
<tr><td>不法性</td></tr>
<tr><td>过错</td></tr>
<tr><td rowspan="4">成立否认</td><td rowspan="3">尽到作为义务→否认</td><td>不作为</td></tr>
<tr><td>不法性</td></tr>
<tr><td>过错</td></tr>
<tr><td colspan="2">无避免可能性→
否认：责任成立因果关系的条件性</td></tr>
<tr><td>产生抗辩</td><td colspan="2">欠缺责任能力</td></tr>
<tr><td>责任范围</td><td colspan="3" rowspan="3">同过错侵权请求权</td></tr>
<tr><td colspan="2">请求权未消灭</td></tr>
<tr><td colspan="2">请求权可行使</td></tr>
</table>

第1166条　不问过错侵权

〈提示参引〉行为人造成他人民事权益损害，不论行为人有无过错，法律规定应当承担侵权责任的，依照其规定。

第1167条　消极防御请求权

〈主要〉侵权行为危及他人人身、财产安全的，被侵权人有权请求侵权人承担停止侵害、排除妨碍、消除危险等侵权责任。

「关联条文：196」

第1168条　共同侵权

〈主要〉二人以上共同实施侵权行为，造成他人损害的，应当承担连带责任。

第1169条　教唆、帮助侵权

❶〈主要〉教唆、帮助他人实施侵权行为的，应当与行为

人承担连带责任。

❷〈主要〉教唆、帮助无民事行为能力人、限制民事行为能力人实施侵权行为的，应当承担侵权责任；〈主要〉该无民事行为能力人、限制民事行为能力人的监护人未尽到监护职责的，应当承担相应的责任。

［关联条文：1172；侵权解释一11—13］

第1170条　共同危险

〈提示参引〉二人以上实施危及他人人身、财产安全的行为，其中一人或者数人的行为造成他人损害，能够确定具体侵权人的，由侵权人承担责任；〈主要〉不能确定具体侵权人的，行为人承担连带责任。

［攻防结构：二人以上实施危及他人人身、财产安全的行为，其中一人或者数人的行为造成他人损害，不能确定具体侵权人的，行为人承担连带责任。］

<table>
<tr><th colspan="4">共同危险侵权请求权
请求权基础：第1170条第2分句</th></tr>
<tr><td colspan="2">请求权内容</td><td colspan="2">第178条第1款</td></tr>
<tr><td rowspan="7">请求权已产生</td><td rowspan="6">产生要件</td><td rowspan="5">责任成立</td><td>人身、财产权益：第109—114、123条</td></tr>
<tr><td>复数行为人</td></tr>
<tr><td>各行为人均实施危险行为</td></tr>
<tr><td>不能确定具体侵权人（推定责任成立因果关系）</td></tr>
<tr><td>责任成立抗辩：同过错侵权请求权</td></tr>
<tr><td>责任范围</td><td>同过错侵权请求权</td></tr>
<tr><td>产生抗辩</td><td colspan="2" rowspan="3">同过错侵权请求权</td></tr>
<tr><td colspan="2">请求权未消灭</td></tr>
<tr><td colspan="2">请求权可行使</td></tr>
</table>

第1171条　因果关系竞合型数人侵权

〈主要〉二人以上分别实施侵权行为造成同一损害，每个人的侵权行为都足以造成全部损害的，行为人承担连带责任。

第1172条　因果关系聚合型数人侵权

〈主要〉二人以上分别实施侵权行为造成同一损害，能够确定责任大小的，各自承担相应的责任；〈主要〉难以确定责任大小的，平均承担责任。

第1173条　与有过失

〈抗辩〉被侵权人对同一损害的发生或者扩大有过错的，可以减轻侵权人的责任。

「对比条文：1172」

第1174条　受害人故意

〈否认[①]〉损害是因受害人故意造成的，行为人不承担责任。

「攻防结构：损害是因受害人故意造成的，行为人行为与损害间的因果关系不成立。」

第1175条　第三人原因

〈提示参引／否认〉损害是因第三人造成的，第三人应当承担侵权责任。

「攻防结构：损害是因第三人造成的，行为人行为与损害间的因果关系不成立，第三人应当承担侵权责任。」

第1176条　自甘风险

❶〈抗辩〉自愿参加具有一定风险的文体活动，因其他参加者的行为受到损害的，受害人不得请求其他参加者承担侵权责任；〈反抗辩〉但是，其他参加者对损害的发生有故意或者重大过失的除外。

❷〈提示参引〉活动组织者的责任适用本法第一千一百九十八条至第一千二百零一条的规定。

「关联条文：时间效力规定16」

---

① 否认“责任成立因果关系”。

第1177条　自助行为

❶〈抗辩〉合法权益受到侵害，情况紧迫且不能及时获得国家机关保护，不立即采取措施将使其合法权益受到难以弥补的损害的，受害人可以在保护自己合法权益的必要范围内采取扣留侵权人的财物等合理措施；〈辅助〉但是，应当立即请求有关国家机关处理。

❷〈提示参引〉受害人采取的措施不当造成他人损害的，应当承担侵权责任。

［关联条文：时间效力规定17］

第1178条　免责减责特则

〈提示参引〉本法和其他法律对不承担责任或者减轻责任的情形另有规定的，依照其规定。

第二章　损害赔偿

第1179条　人身损害赔偿

〈辅助〉侵害他人造成人身损害的，应当赔偿医疗费、护理费、交通费、营养费、住院伙食补助费等为治疗和康复支出的合理费用，以及因误工减少的收入。〈辅助〉造成残疾的，还应当赔偿辅助器具费和残疾赔偿金；〈辅助〉造成死亡的，还应当赔偿丧葬费和死亡赔偿金。

［关联条文：人身损害解释6—22］

第1180条　同命同价

〈裁判指引〉因同一侵权行为造成多人死亡的，可以以相同数额确定死亡赔偿金。

第1181条　被侵权者死亡或分立、合并时的请求权人

❶〈不完全主要〉被侵权人死亡的，其近亲属有权请求侵权人承担侵权责任。〈不完全主要〉被侵权人为组织，该组织分立、合并的，承继权利的组织有权请求侵权人承担侵权责任。

「关联条文：人身损害解释1；精神损害解释3；侵权解释一3」

❷〈主要〉被侵权人死亡的，支付被侵权人医疗费、丧葬费等合理费用的人有权请求侵权人赔偿费用，〈抗辩〉但是侵权人已经支付该费用的除外。

第1182条　侵害人身的财产损失认定

〈辅助〉侵害他人人身权益造成财产损失的，按照被侵权人因此受到的损失或者侵权人因此获得的利益赔偿；〈裁判指引〉被侵权人因此受到的损失以及侵权人因此获得的利益难以确定，被侵权人和侵权人就赔偿数额协商不一致，向人民法院提起诉讼的，由人民法院根据实际情况确定赔偿数额。

第1183条　精神损害赔偿

❶〈主要〉侵害自然人人身权益造成严重精神损害的，被侵权人有权请求精神损害赔偿。

「关联条文：侵权解释一2」

❷〈主要〉因故意或者重大过失侵害自然人具有人身意义的特定物造成严重精神损害的，被侵权人有权请求精神损害赔偿。

「关联条文：996；精神损害解释1—5」

精神损害赔偿请求权
请求权基础：以第1183条第1款为例

请求权已产生	责任成立	自然人人身权益：第109—112条等
		其他要件与抗辩：同过错侵权请求权
	责任范围	严重精神损害
		责任范围因果关系：依学理与判例
请求权未消灭		同过错侵权请求权
请求权可行使		

第1184条　侵害财产的损失计算

〈辅助〉侵害他人财产的，财产损失按照损失发生时的市场价格或者其他合理方式计算。

第1185条　侵害知识产权惩罚性赔偿责任

〈主要〉故意侵害他人知识产权，情节严重的，被侵权人有权请求相应的惩罚性赔偿。

第1186条　公平责任

〈提示参引〉受害人和行为人对损害的发生都没有过错的，依照法律的规定由双方分担损失。

第1187条　赔偿费用的支付

〈辅助〉损害发生后，当事人可以协商赔偿费用的支付方式。协商不一致的，赔偿费用应当一次性支付；〈辅助〉一次性支付确有困难的，可以分期支付，〈主要〉但是被侵权人有权请求提供相应的担保。

第三章　责任主体的特殊规定

第1188条　被监护人致害

❶〈主要①〉无民事行为能力人、限制民事行为能力人造成他人损害的，由监护人承担侵权责任。〈抗辩〉监护人尽到监护职责的，可以减轻其侵权责任。

❷〈主要〉有财产的无民事行为能力人、限制民事行为能力人造成他人损害的，从本人财产中支付赔偿费用；〈主要〉不足部分，由监护人赔偿。

「关联条文：侵权解释一4—9」

「攻防结构：无民事行为能力人、限制民事行为能力人造成他人损害，监护人承担侵权责任。监护人尽到监护职责的，可以相应地减轻其侵权责任。限制民事行为能力人的侵权责任适用本法第1165条第1款的规定。

① 若将监护人责任解释为转承责任，则该规范同时构成被监护人责任不成立的抗辩。

被监护人侵权责任不成立，且监护人因尽到监护职责不必承担侵权责任，但被监护人有财产的，可以综合考量被监护人与被侵权人的情况，从本人财产中支付赔偿费用；不足部分，可以由监护人赔偿。」

第1189条　委托监护被监护人致害

〈主要〉无民事行为能力人、限制民事行为能力人造成他人损害，监护人将监护职责委托给他人的，监护人应当承担侵权责任；〈主要〉受托人有过错的，承担相应的责任。

「关联条文：总则解释13；侵权解释一10」

第1190条　暂时丧失意识或失去控制致害

❶〈主要/反抗辩〉完全民事行为能力人对自己的行为暂时没有意识或者失去控制造成他人损害有过错的，应当承担侵权责任；〈主要〉没有过错的，根据行为人的经济状况对受害人适当补偿。

❷〈主要/反抗辩〉完全民事行为能力人因醉酒、滥用麻醉药品或者精神药品对自己的行为暂时没有意识或者失去控制造成他人损害的，应当承担侵权责任。

「攻防结构：完全民事行为能力人对自己的行为暂时没有意识或者失去控制的，造成他人损害不成立侵权。但是，因醉酒、滥用麻醉药品或者精神药品或者其他过错对自己的行为暂时没有意识或者失去控制的，应当承担侵权责任。因没有过错不成立侵权的，根据行为人的经济状况对受害人适当补偿。」

第1191条　工作人员致害

❶〈主要[①]〉用人单位的工作人员因执行工作任务造成他人损害的，由用人单位承担侵权责任。〈主要〉用人单位承担侵权责任后，可以向有故意或者重大过失的工作人员追偿。

---

① 若将雇主责任解释为转承责任，则该规范同时构成雇员不必直接对受害人负责的抗辩。

❷〈主要〉劳务派遣期间，被派遣的工作人员因执行工作任务造成他人损害的，由接受劳务派遣的用工单位承担侵权责任；〈主要〉劳务派遣单位有过错的，承担相应的责任。

［关联条文：1218；侵权解释一16—17］

［攻防结构：（第1款）用人单位的工作人员因执行工作任务造成他人损害的，由用人单位承担侵权责任。工作人员有故意或者重大过失的，与用人单位承担连带责任。用人单位承担侵权责任后，可以向有故意或者重大过失的工作人员追偿。］

第1192条　个人劳务关系中的损害

❶〈主要〉个人之间形成劳务关系，提供劳务一方因劳务造成他人损害的，由接受劳务一方承担侵权责任。〈主要〉接受劳务一方承担侵权责任后，可以向有故意或者重大过失的提供劳务一方追偿。〈提示参引[①]〉提供劳务一方因劳务受到损害的，根据双方各自的过错承担相应的责任。

［对比条文：930；人身损害解释4—5.1］

❷〈提示参引〉提供劳务期间，因第三人的行为造成提供劳务一方损害的，提供劳务一方有权请求第三人承担侵权责任，〈主要〉也有权请求接受劳务一方给予补偿。〈主要〉接受劳务一方补偿后，可以向第三人追偿。

［对比条文：人身损害解释5.2］

［攻防结构：（第1款）个人之间形成劳务关系，提供劳务一方因劳务造成他人损害的，由接受劳务一方承担侵权责任。提供劳务一方有故意或者重大过失的，与接受劳务一方承担连带责任。接受劳务一方承担侵权责任后，可以向有故意或者重大过失的提供劳务一方追偿。提供劳务一方因劳务受到损害，接受劳务一方有过错的，应当承担赔偿责任，但是，提供劳务一方也有过错的，可以减轻接受劳务一方的责任。］

---

① 参引过错侵权与受害人与有过失规则。

第1193条　承揽人致害

〈否认[①]〉承揽人在完成工作过程中造成第三人损害或者自己损害的，定作人不承担侵权责任。〈主要〉但是，定作人对定作、指示或者选任有过错的，应当承担相应的责任。

「关联条文：侵权解释一18」

「攻防结构：承揽人在完成工作过程中造成第三人损害或者自己损害，定作人对定作、指示或者选任有过错的，应当承担相应的责任。」

第1194条　网络侵权

〈主要〉网络用户、网络服务提供者利用网络侵害他人民事权益的，应当承担侵权责任。〈抗辩〉法律另有规定的，依照其规定。

第1195条　避风港原则之通知规则

❶〈主要〉网络用户利用网络服务实施侵权行为的，权利人有权通知网络服务提供者采取删除、屏蔽、断开链接等必要措施。〈辅助〉通知应当包括构成侵权的初步证据及权利人的真实身份信息。

❷〈主要〉网络服务提供者接到通知后，应当及时将该通知转送相关网络用户，并根据构成侵权的初步证据和服务类型采取必要措施；〈主要〉未及时采取必要措施的，对损害的扩大部分与该网络用户承担连带责任。

❸〈主要〉权利人因错误通知造成网络用户或者网络服务提供者损害的，应当承担侵权责任。〈抗辩〉法律另有规定的，依照其规定。

第1196条　避风港原则之反通知规则

❶〈抗辩〉网络用户接到转送的通知后，可以向网络服务提供者提交不存在侵权行为的声明。〈辅助〉声明应当包括不

---

① 对第2句“过错”要件的否认。

存在侵权行为的初步证据及网络用户的真实身份信息。

❷〈主要〉网络服务提供者接到声明后，应当将该声明转送发出通知的权利人，并告知其可以向有关部门投诉或者向人民法院提起诉讼。〈主要〉网络服务提供者在转送声明到达权利人后的合理期限内，未收到权利人已经投诉或者提起诉讼通知的，应当及时终止所采取的措施。

第1197条　网络服务提供者与网络用户的连带责任

〈主要〉网络服务提供者知道或者应当知道网络用户利用其网络服务侵害他人民事权益，未采取必要措施的，与该网络用户承担连带责任。

第1198条　安全保障义务

❶〈主要〉宾馆、商场、银行、车站、机场、体育场馆、娱乐场所等经营场所、公共场所的经营者、管理者或者群众性活动的组织者，未尽到安全保障义务，造成他人损害的，应当承担侵权责任。

❷〈提示参引〉因第三人的行为造成他人损害的，由第三人承担侵权责任；〈主要[①]〉经营者、管理者或者组织者未尽到安全保障义务的，承担相应的补充责任。〈主要〉经营者、管理者或者组织者承担补充责任后，可以向第三人追偿。

「攻防结构：（第2款）因第三人的行为造成他人损害的，由第三人承担侵权责任；经营者、管理者或者组织者未尽到安全保障义务的，在相应的责任范围内与第三人承担连带责任。经营者、管理者或者组织者承担相应的责任后，可以向第三人追偿。」

第1199条　无行为能力人在教育机构受损

〈主要〉无民事行为能力人在幼儿园、学校或者其他教育机构学习、生活期间受到人身损害的，幼儿园、学校或者其他

① 补充责任情形，第三人对外承担全部责任，补充责任人则对外承担与其过错程度与原因力相当的责任（相应的补充责任），实质是对外的部分连带责任。在此意义上，补充责任人并不享有责任顺位抗辩权。

教育机构应当承担侵权责任；〈抗辩〉但是，能够证明尽到教育、管理职责的，不承担侵权责任。

第1200条　限制行为能力人在教育机构受损

〈主要〉限制民事行为能力人在学校或者其他教育机构学习、生活期间受到人身损害，学校或者其他教育机构未尽到教育、管理职责的，应当承担侵权责任。

第1201条　第三人在教育机构致害

〈提示参引〉无民事行为能力人或者限制民事行为能力人在幼儿园、学校或者其他教育机构学习、生活期间，受到幼儿园、学校或者其他教育机构以外的第三人人身损害的，由第三人承担侵权责任；〈主要〉幼儿园、学校或者其他教育机构未尽到管理职责的，承担相应的补充责任。〈主要〉幼儿园、学校或者其他教育机构承担补充责任后，可以向第三人追偿。

「关联条文：侵权解释一14」

「攻防结构：无民事行为能力人或者限制民事行为能力人在幼儿园、学校或者其他教育机构学习、生活期间，受到幼儿园、学校或者其他教育机构以外的第三人人身损害的，由第三人承担侵权责任；幼儿园、学校或者其他教育机构未尽到管理职责的，在相应的责任范围内与第三人承担连带责任。幼儿园、学校或者其他教育机构承担相应的责任后，可以向第三人追偿。」

第四章　产品责任

第1202条　缺陷产品致害的生产者责任

〈主要〉因产品存在缺陷造成他人损害的，生产者应当承担侵权责任。

「关联条文：侵权解释一19」

第1203条　生产者、销售者的不真正连带责任与追偿权

❶〈主要〉因产品存在缺陷造成他人损害的，被侵权人可

以向产品的生产者请求赔偿，也可以向产品的销售者请求赔偿。

❷〈主要〉产品缺陷由生产者造成的，销售者赔偿后，有权向生产者追偿。〈主要〉因销售者的过错使产品存在缺陷的，生产者赔偿后，有权向销售者追偿。

「关联条文：1223，1252.1；侵权解释一19」

第1204条　生产者、销售者的第三人追偿权

〈主要〉因运输者、仓储者等第三人的过错使产品存在缺陷，造成他人损害的，产品的生产者、销售者赔偿后，有权向第三人追偿。

第1205条　缺陷产品消极防御性请求权

〈主要〉因产品缺陷危及他人人身、财产安全的，被侵权人有权请求生产者、销售者承担停止侵害、排除妨碍、消除危险等侵权责任。

「关联条文：196」

第1206条　缺陷产品预防性补救责任

❶〈主要〉产品投入流通后发现存在缺陷的，生产者、销售者应当及时采取停止销售、警示、召回等补救措施；〈主要〉未及时采取补救措施或者补救措施不力造成损害扩大的，对扩大的损害也应当承担侵权责任。

❷〈主要〉依据前款规定采取召回措施的，生产者、销售者应当负担被侵权人因此支出的必要费用。

第1207条　缺陷产品惩罚性赔偿

〈主要/提示参引〉明知产品存在缺陷仍然生产、销售，或者没有依据前条规定采取有效补救措施，造成他人死亡或者健康严重损害的，被侵权人有权请求相应的惩罚性赔偿。

第五章　机动车交通事故责任

第1208条　机动车交通事故的法律适用

〈提示参引〉机动车发生交通事故造成损害的，依照道路交通安全法律和本法的有关规定承担赔偿责任。

第1209条　租赁、借用机动车交通事故责任

〈主要〉因租赁、借用等情形机动车所有人、管理人与使用人不是同一人时，发生交通事故造成损害，属于该机动车一方责任的，由机动车使用人承担赔偿责任；〈主要〉机动车所有人、管理人对损害的发生有过错的，承担相应的赔偿责任。

第1210条　转让机动车未登记交通事故责任

〈主要〉当事人之间已经以买卖或者其他方式转让并交付机动车但是未办理登记，发生交通事故造成损害，属于该机动车一方责任的，由受让人承担赔偿责任。

第1211条　挂靠机动车交通事故责任

〈主要〉以挂靠形式从事道路运输经营活动的机动车，发生交通事故造成损害，属于该机动车一方责任的，由挂靠人和被挂靠人承担连带责任。

第1212条　无权驾驶他人机动车交通事故责任

〈主要〉未经允许驾驶他人机动车，发生交通事故造成损害，属于该机动车一方责任的，由机动车使用人承担赔偿责任；〈主要〉机动车所有人、管理人对损害的发生有过错的，承担相应的赔偿责任，〈抗辩〉但是本章另有规定的除外。

第1213条　交通事故损害赔偿顺序

〈主要〉机动车发生交通事故造成损害，属于该机动车一方责任的，先由承保机动车强制保险的保险人在强制保险责任限额范围内予以赔偿；〈主要〉不足部分，由承保机动车商业保险的保险人按照保险合同的约定予以赔偿；〈主要〉仍然不足或者没有投保机动车商业保险的，由侵权人赔偿。

第1214条　拼装车、报废车交通事故责任

〈主要〉以买卖或者其他方式转让拼装或者已经达到报废标准的机动车，发生交通事故造成损害的，由转让人和受让人承担连带责任。

「关联条文：侵权解释一20」

第1215条　盗抢机动车交通事故责任

❶〈主要〉盗窃、抢劫或者抢夺的机动车发生交通事故造成损害的，由盗窃人、抢劫人或者抢夺人承担赔偿责任。〈主要〉盗窃人、抢劫人或者抢夺人与机动车使用人不是同一人，发生交通事故造成损害，属于该机动车一方责任的，由盗窃人、抢劫人或者抢夺人与机动车使用人承担连带责任。

❷〈主要〉保险人在机动车强制保险责任限额范围内垫付抢救费用的，有权向交通事故责任人追偿。

第1216条　驾驶人逃逸

〈主要〉机动车驾驶人发生交通事故后逃逸，该机动车参加强制保险的，由保险人在机动车强制保险责任限额范围内予以赔偿；〈主要〉机动车不明、该机动车未参加强制保险或者抢救费用超过机动车强制保险责任限额，需要支付被侵权人人身伤亡的抢救、丧葬等费用的，由道路交通事故社会救助基金垫付。〈主要〉道路交通事故社会救助基金垫付后，其管理机构有权向交通事故责任人追偿。

「关联条文：侵权解释一21」

第1217条　好意同乘

〈抗辩〉非营运机动车发生交通事故造成无偿搭乘人损害，属于该机动车一方责任的，应当减轻其赔偿责任，〈反抗辩〉但是机动车使用人有故意或者重大过失的除外。

「关联条文：时间效力规定18」

第六章　医疗损害责任

第1218条　医疗侵权

〈主要〉患者在诊疗活动中受到损害，医疗机构或者其医务人员有过错的，由医疗机构承担赔偿责任。

「关联条文：1191」

第1219条　医疗人员说明与取得同意义务

❶〈主要〉医务人员在诊疗活动中应当向患者说明病情和医疗措施。〈主要〉需要实施手术、特殊检查、特殊治疗的，医务人员应当及时向患者具体说明医疗风险、替代医疗方案等情况，〈辅助〉并取得其明确同意；〈主要〉不能或者不宜向患者说明的，应当向患者的近亲属说明，〈辅助〉并取得其明确同意。

❷〈主要〉医务人员未尽到前款义务，造成患者损害的，医疗机构应当承担赔偿责任。

第1220条　医疗机构紧急救助

〈抗辩〉因抢救生命垂危的患者等紧急情况，不能取得患者或者其近亲属意见的，经医疗机构负责人或者授权的负责人批准，可以立即实施相应的医疗措施。

第1221条　未尽诊疗义务

〈主要〉医务人员在诊疗活动中未尽到与当时的医疗水平相应的诊疗义务，造成患者损害的，医疗机构应当承担赔偿责任。

第1222条　医疗过错认定

〈辅助①〉患者在诊疗活动中受到损害，有下列情形之一的，推定医疗机构有过错：

（一）违反法律、行政法规、规章以及其他有关诊疗规范的规定；

（二）隐匿或者拒绝提供与纠纷有关的病历资料；

（三）遗失、伪造、篡改或者违法销毁病历资料。

第1223条　医疗品缺陷

〈主要〉因药品、消毒产品、医疗器械的缺陷，或者输入

---

① 本条虽使用了“推定”的表述，但实为过错的认定因素，无推翻的可能。

不合格的血液造成患者损害的，患者可以向药品上市许可持有人、生产者、血液提供机构请求赔偿，也可以向医疗机构请求赔偿。〈主要〉患者向医疗机构请求赔偿的，医疗机构赔偿后，有权向负有责任的药品上市许可持有人、生产者、血液提供机构追偿。

「关联条文：1203」

第1224条　医疗责任的防御事由

❶患者在诊疗活动中受到损害，有下列情形之一的，医疗机构不承担赔偿责任：

〈抗辩〉(一) 患者或者其近亲属不配合医疗机构进行符合诊疗规范的诊疗；

〈否认〉(二) 医务人员在抢救生命垂危的患者等紧急情况下已经尽到合理诊疗义务；

〈否认〉(三) 限于当时的医疗水平难以诊疗。

❷〈抗辩〉前款第一项情形中，医疗机构或者其医务人员也有过错的，应当承担相应的赔偿责任。

「攻防结构：患者在诊疗活动中受到损害，有下列情形之一的，可以认定为医疗机构与医务人员的过错不成立：

(一) 医务人员在抢救生命垂危的患者等紧急情况下已经尽到合理诊疗义务；

(二) 限于当时的医疗水平难以诊疗。

医疗机构或者其医务人员有过错，但患者或者其近亲属不配合医疗机构进行符合诊疗规范的诊疗，可以减轻医疗机构的责任。」

第1225条　病历资料填写、保管与提供义务

❶〈主要〉医疗机构及其医务人员应当按照规定填写并妥善保管住院志、医嘱单、检验报告、手术及麻醉记录、病理资料、护理记录等病历资料。

❷〈主要〉患者要求查阅、复制前款规定的病历资料的，

医疗机构应当及时提供。

第1226条　患者隐私与个人信息保密义务

〈主要〉医疗机构及其医务人员应当对患者的隐私和个人信息保密。〈主要/提示参引〉泄露患者的隐私和个人信息，或者未经患者同意公开其病历资料的，应当承担侵权责任。

第1227条　不实施不必要检查的义务

〈主要〉医疗机构及其医务人员不得违反诊疗规范实施不必要的检查。

第1228条　禁止干扰医疗秩序

❶〈宣导〉医疗机构及其医务人员的合法权益受法律保护。

❷〈提示参引〉干扰医疗秩序，妨碍医务人员工作、生活，侵害医务人员合法权益的，应当依法承担法律责任。

第七章　环境污染和生态破坏责任

第1229条　环境生态侵权

〈主要〉因污染环境、破坏生态造成他人损害的，侵权人应当承担侵权责任。

第1230条　环境生态侵权的抗辩事由

〈抗辩〉因污染环境、破坏生态发生纠纷，行为人应当就法律规定的不承担责任或者减轻责任的情形及其行为与损害之间不存在因果关系承担举证责任。

第1231条　数人环境生态侵权

〈裁判指引〉两个以上侵权人污染环境、破坏生态的，承担责任的大小，根据污染物的种类、浓度、排放量，破坏生态的方式、范围、程度，以及行为对损害后果所起的作用等因素确定。

第1232条　环境生态侵权惩罚性赔偿

〈主要〉侵权人违反法律规定故意污染环境、破坏生态造成严重后果的，被侵权人有权请求相应的惩罚性赔偿。

第1233条　第三人过错的环境生态侵权

〈不完全主要〉因第三人的过错污染环境、破坏生态的，被侵权人可以向侵权人请求赔偿，〈主要〉也可以向第三人请求赔偿。〈主要〉侵权人赔偿后，有权向第三人追偿。

第1234条　生态环境修复义务

〈主要〉违反国家规定造成生态环境损害，生态环境能够修复的，国家规定的机关或者法律规定的组织有权请求侵权人在合理期限内承担修复责任。〈辅助〉侵权人在期限内未修复的，国家规定的机关或者法律规定的组织可以自行或者委托他人进行修复，〈主要〉所需费用由侵权人负担。

第1235条　生态环境损害赔偿范围

〈辅助〉违反国家规定造成生态环境损害的，国家规定的机关或者法律规定的组织有权请求侵权人赔偿下列损失和费用：

（一）生态环境受到损害至修复完成期间服务功能丧失导致的损失；

（二）生态环境功能永久性损害造成的损失；

（三）生态环境损害调查、鉴定评估等费用；

（四）清除污染、修复生态环境费用；

（五）防止损害的发生和扩大所支出的合理费用。

第八章　高度危险责任

第1236条　高度危险责任

〈提示参引〉从事高度危险作业造成他人损害的，应当承担侵权责任。

第1237条　民用核设施致害

〈主要〉民用核设施或者运入运出核设施的核材料发生核事故造成他人损害的，民用核设施的营运单位应当承担侵权责任；〈抗辩〉但是，能够证明损害是因战争、武装冲突、暴乱等情形或者受害人故意造成的，不承担责任。

第1238条　民用航空器致害

〈主要〉民用航空器造成他人损害的，民用航空器的经营者应当承担侵权责任；〈抗辩〉但是，能够证明损害是因受害人故意造成的，不承担责任。

第1239条　占有或使用高度危险物致害

〈主要〉占有或者使用易燃、易爆、剧毒、高放射性、强腐蚀性、高致病性等高度危险物造成他人损害的，占有人或者使用人应当承担侵权责任；〈抗辩〉但是，能够证明损害是因受害人故意或者不可抗力造成的，不承担责任。〈抗辩〉被侵权人对损害的发生有重大过失的，可以减轻占有人或者使用人的责任。

第1240条　高度危险活动致害

〈主要〉从事高空、高压、地下挖掘活动或者使用高速轨道运输工具造成他人损害的，经营者应当承担侵权责任；〈抗辩〉但是，能够证明损害是因受害人故意或者不可抗力造成的，不承担责任。〈抗辩〉被侵权人对损害的发生有重大过失的，可以减轻经营者的责任。

第1241条　遗失、抛弃高度危险物致害

〈主要〉遗失、抛弃高度危险物造成他人损害的，由所有人承担侵权责任。〈主要〉所有人将高度危险物交由他人管理的，由管理人承担侵权责任；〈主要〉所有人有过错的，与管理人承担连带责任。

第1242条　非法占有高度危险物致害

〈主要〉非法占有高度危险物造成他人损害的，由非法占有人承担侵权责任。〈主要〉所有人、管理人不能证明对防止非法占有尽到高度注意义务的，与非法占有人承担连带责任。

第1243条　未经许可进入高度危险区域受损

〈抗辩〉未经许可进入高度危险活动区域或者高度危险物存放区域受到损害，管理人能够证明已经采取足够安全措施并尽到充分警示义务的，可以减轻或者不承担责任。

第1244条　高度危险责任限额

〈提示参引〉承担高度危险责任，法律规定赔偿限额的，依照其规定，〈反抗辩〉但是行为人有故意或者重大过失的除外。

第九章　饲养动物损害责任

第1245条　饲养动物致害

〈主要〉饲养的动物造成他人损害的，动物饲养人或者管理人应当承担侵权责任；〈抗辩〉但是，能够证明损害是因被侵权人故意或者重大过失造成的，可以不承担或者减轻责任。

［攻防结构：（第1245—1247条）饲养的动物造成他人损害的，动物饲养人或者管理人应当承担侵权责任；但是，能够证明损害是因被侵权人故意或者重大过失造成的，可以不承担或者减轻责任。

违反管理规定，未对动物采取安全措施造成他人损害的，不适用上款但书规定的动物饲养人或者管理人因被侵权人故意免责（只适用故意减责）或因被侵权人重大过失免责减责规定。

禁止饲养的烈性犬等危险动物造成他人损害的，不适用第一款但书规定。］

第1246条　违规未对动物采取安全措施致害

〈主要/抗辩排除[①]〉违反管理规定，未对动物采取安全措施造成他人损害的，动物饲养人或者管理人应当承担侵权责任；〈抗辩〉但是，能够证明损害是因被侵权人故意造成的，可以

---

① 本项规范同时为抗辩排除规范。不得因被侵权人重大过失而主张免责或减责，不得因被侵权人故意而免责。

减轻责任。

第1247条　禁止饲养的危险动物致害

〈主要/抗辩排除[①]〉禁止饲养的烈性犬等危险动物造成他人损害的，动物饲养人或者管理人应当承担侵权责任。

「关联条文：侵权解释一23」

第1248条　动物园动物致害

〈主要〉动物园的动物造成他人损害的，动物园应当承担侵权责任；〈抗辩〉但是，能够证明尽到管理职责的，不承担侵权责任。

第1249条　遗弃、逃逸动物致害

〈主要〉遗弃、逃逸的动物在遗弃、逃逸期间造成他人损害的，由动物原饲养人或者管理人承担侵权责任。

第1250条　第三人过错的动物致害

〈不完全主要〉因第三人的过错致使动物造成他人损害的，被侵权人可以向动物饲养人或者管理人请求赔偿，〈提示参引〉也可以向第三人请求赔偿。〈主要〉动物饲养人或者管理人赔偿后，有权向第三人追偿。

第1251条　饲养动物的社会责任

〈宣导〉饲养动物应当遵守法律法规，尊重社会公德，不得妨碍他人生活。

第十章　建筑物和物件损害责任

第1252条　建筑物质量缺陷致害/非因质量缺陷的建筑物致害

❶〈主要〉建筑物、构筑物或者其他设施倒塌、塌陷造

---

① 本项规范同时为抗辩排除规范，可构成第1245条第2分句之免责减责抗辩的抗辩排除，即不得因被侵权人故意或重大过失而主张免责或减责。

成他人损害的，由建设单位与施工单位承担连带责任，〈抗辩〉但是建设单位与施工单位能够证明不存在质量缺陷的除外。〈主要〉建设单位、施工单位赔偿后，有其他责任人的，有权向其他责任人追偿。

「关联条文：1203」

「对比条文：802；建工解释一18」

❷〈主要〉因所有人、管理人、使用人或者第三人的原因，建筑物、构筑物或者其他设施倒塌、塌陷造成他人损害的，由所有人、管理人、使用人或者第三人承担侵权责任。

第1253条　建筑物致害

〈主要〉建筑物、构筑物或者其他设施及其搁置物、悬挂物发生脱落、坠落造成他人损害，〈抗辩〉所有人、管理人或者使用人不能证明自己没有过错的，应当承担侵权责任。〈主要〉所有人、管理人或者使用人赔偿后，有其他责任人的，有权向其他责任人追偿。

第1254条　高空抛物致害

❶〈辅助〉禁止从建筑物中抛掷物品。〈提示参引〉从建筑物中抛掷物品或者从建筑物上坠落的物品造成他人损害的，由侵权人依法承担侵权责任；〈主要〉经调查难以确定具体侵权人的，〈抗辩〉除能够证明自己不是侵权人的外，由可能加害的建筑物使用人给予补偿。〈主要〉可能加害的建筑物使用人补偿后，有权向侵权人追偿。

❷〈主要〉物业服务企业等建筑物管理人应当采取必要的安全保障措施防止前款规定情形的发生；〈提示参引〉未采取必要的安全保障措施的，应当依法承担未履行安全保障义务的侵权责任。

「关联条文：1198；侵权解释一25」

❸〈外部〉发生本条第一款规定的情形的，公安等机关应当依法及时调查，查清责任人。

「关联条文：时间效力规定19」

第1255条　堆放物致害

〈主要〉堆放物倒塌、滚落或者滑落造成他人损害，〈抗辩〉堆放人不能证明自己没有过错的，应当承担侵权责任。

<table>
<tr><th colspan="4">堆放物过错推定侵权请求权
请求权基础：第1255条</th></tr>
<tr><td rowspan="5">请求权已产生</td><td rowspan="4">责任成立</td><td>产生要件</td><td>堆放物倒塌、滚落或者滑落造成权益侵害</td></tr>
<tr><td rowspan="2">产生抗辩</td><td>欠缺责任能力</td></tr>
<tr><td>没有过错</td></tr>
<tr><td colspan="2">其他要件与抗辩：同过错侵权请求权</td></tr>
<tr><td>责任范围</td><td colspan="2" rowspan="3">同过错侵权请求权</td></tr>
<tr><td colspan="2">请求权未消灭</td></tr>
<tr><td colspan="2">请求权可行使</td></tr>
</table>

第1256条　公共道路障碍物致害

〈主要〉在公共道路上堆放、倾倒、遗撒妨碍通行的物品造成他人损害的，由行为人承担侵权责任。〈抗辩〉公共道路管理人不能证明已经尽到清理、防护、警示等义务的，〈主要〉应当承担相应的责任。

第1257条　林木致害

〈主要〉因林木折断、倾倒或者果实坠落等造成他人损害，〈抗辩〉林木的所有人或者管理人不能证明自己没有过错的，应当承担侵权责任。

第1258条　地下设施施工与地下设施致害

❶〈主要〉在公共场所或者道路上挖掘、修缮安装地下设施等造成他人损害，〈抗辩〉施工人不能证明已经设置明显标志和采取安全措施的，应当承担侵权责任。

❷〈主要〉窨井等地下设施造成他人损害，〈抗辩〉管理人不能证明尽到管理职责的，应当承担侵权责任。

附　　则

第1259条　本数的计算

〈辅助〉民法所称的“以上”、“以下”、“以内”、“届满”，包括本数；〈辅助〉所称的“不满”、“超过”、“以外”，不包括本数。

第1260条　施行日期与旧法废止

〈辅助〉本法自2021年1月1日起施行。〈辅助〉《中华人民共和国婚姻法》、《中华人民共和国继承法》、《中华人民共和国民法通则》、《中华人民共和国收养法》、《中华人民共和国担保法》、《中华人民共和国合同法》、《中华人民共和国物权法》、《中华人民共和国侵权责任法》、《中华人民共和国民法总则》同时废止。

最高人民法院关于适用《中华人民共和国民法典》时间效力的若干规定

（2020年12月14日　法释〔2020〕15号）

根据《中华人民共和国立法法》《中华人民共和国民法典》等法律规定，就人民法院在审理民事纠纷案件中有关适用民法典时间效力问题作出如下规定。

一、一般规定

第1条　〈裁判指引〉民法典施行后的法律事实引起的民事纠纷案件，适用民法典的规定。

〈裁判指引〉民法典施行前的法律事实引起的民事纠纷案件，适用当时的法律、司法解释的规定，但是法律、司法解释另有规定的除外。

〈裁判指引〉民法典施行前的法律事实持续至民法典施行后，该法律事实引起的民事纠纷案件，适用民法典的规定，〈裁判指引〉但是法律、司法解释另有规定的除外。

第2条　〈裁判指引〉民法典施行前的法律事实引起的民事纠纷案件，当时的法律、司法解释有规定，适用当时的法律、司法解释的规定，〈裁判指引〉但是适用民法典的规定更有利于保护民事主体合法权益，更有利于维护社会和经济秩序，更有利于弘扬社会主义核心价值观的除外。

第3条　〈裁判指引〉民法典施行前的法律事实引起的民事纠纷案件，当时的法律、司法解释没有规定而民法典有规定的，可以适用民法典的规定，〈抗辩〉但是明显减损当事人合法权益、增加当事人法定义务或者背离当事人合理预期的除外。

第4条　〈裁判指引〉民法典施行前的法律事实引起的民事纠纷案件，当时的法律、司法解释仅有原则性规定而民法典有具体规定的，适用当时的法律、司法解释的规定，〈裁判指引〉但是可以依据民法典具体规定进行裁判说理。

第5条 〈裁判指引〉民法典施行前已经终审的案件，当事人申请再审或者按照审判监督程序决定再审的，不适用民法典的规定。

二、溯及适用的具体规定

第6条 〈提示参引〉《中华人民共和国民法总则》施行前，侵害英雄烈士等的姓名、肖像、名誉、荣誉，损害社会公共利益引起的民事纠纷案件，适用民法典第一百八十五条的规定。

第7条 〈提示参引〉民法典施行前，当事人在债务履行期限届满前约定债务人不履行到期债务时抵押财产或者质押财产归债权人所有的，适用民法典第四百零一条和第四百二十八条的规定。

第8条 〈反抗辩〉民法典施行前成立的合同，适用当时的法律、司法解释的规定合同无效而适用民法典的规定合同有效的，适用民法典的相关规定。

第9条 〈提示参引〉民法典施行前订立的合同，提供格式条款一方未履行提示或者说明义务，涉及格式条款效力认定的，适用民法典第四百九十六条的规定。

第10条 〈提示参引〉民法典施行前，当事人一方未通知对方而直接以提起诉讼方式依法主张解除合同的，适用民法典第五百六十五条第二款的规定。

第11条 〈辅助〉民法典施行前成立的合同，当事人一方不履行非金钱债务或者履行非金钱债务不符合约定，对方可以请求履行，〈提示参引〉但是有民法典第五百八十条第一款第一项、第二项、第三项除外情形之一，致使不能实现合同目的，当事人请求终止合同权利义务关系的，适用民法典第五百八十条第二款的规定。

第12条 〈提示参引〉民法典施行前订立的保理合同发生争议的，适用民法典第三编第十六章的规定。

第13条 〈提示参引〉民法典施行前，继承人有民法典第一千一百二十五条第一款第四项和第五项规定行为之一，对该继承人是否丧失继承权发生争议的，适用民法典第一千一百二十五条第一款和第二款的规定。

〈提示参引〉民法典施行前，受遗赠人有民法典第一千一百二十五条第一款规定行为之一，对受遗赠人是否丧失受遗赠权发生争议的，适用民法典第一千一百二十五条第一款和第三款的规定。

第14条 〈提示参引〉被继承人在民法典施行前死亡，遗产无人继承又无人受遗赠，其兄弟姐妹的子女请求代位继承的，适用民法典第一千一百二十八条第二款和第三款的规定，〈抗辩〉但是遗产已经在民法典施行前处理完毕的除外。

第15条 〈提示参引〉民法典施行前，遗嘱人以打印方式立的遗嘱，当事人对该遗嘱效力发生争议的，适用民法典第一千一百三十六条的规定，〈抗辩〉但是遗产已经在民法典施行前处理完毕的除外。

第16条 〈提示参引〉民法典施行前，受害人自愿参加具有一定风险的文体活动受到损害引起的民事纠纷案件，适用民法典第一千一百七十六条的规定。

第17条 〈提示参引〉民法典施行前，受害人为保护自己合法权益采取扣留侵权人的财物等措施引起的民事纠纷案件，适用民法典第一千一百七十七条的规定。

第18条 〈提示参引〉民法典施行前，因非营运机动车发生交通事故造成无偿搭乘人损害引起的民事纠纷案件，适用民法典第一千二百一十七条的规定。

第19条 〈提示参引〉民法典施行前，从建筑物中抛掷物品或者从建筑物上坠落的物品造成他人损害引起的民事纠纷案件，适用民法典第一千二百五十四条的规定。

三、衔接适用的具体规定

第20条 〈裁判指引〉民法典施行前成立的合同，依照法律规定或者当事人约定该合同的履行持续至民法典施行后，因民法典施行前履行合同发生争议的，适用当时的法律、司法解释的规定；因民法典施行后履行合同发生争议的，适用民法典第三编第四章和第五章的相关规定。

第21条 〈裁判指引〉民法典施行前租赁期限届满，当事人主张适用民法典第七百三十四条第二款规定的，人民法院不予支持；租赁期限在民法典施行后届满，当事人主张适用民法典第七百三十四条第二款规定的，人民法院依法予以支持。

第22条 〈提示参引〉民法典施行前，经人民法院判决不准离婚后，双方又分居满一年，一方再次提起离婚诉讼的，适用民法典第一千零七十九条第五款的规定。

第23条 〈提示参引〉被继承人在民法典施行前立有公证遗嘱，民法典施行后又立有新遗嘱，其死亡后，因该数份遗嘱内容相抵触发生争议的，适用民法典第一千一百四十二条第三款的规定。

第24条 〈裁判指引〉侵权行为发生在民法典施行前，但是损害后果出现在民法典施行后的民事纠纷案件，适用民法典的规定。

第25条 〈反抗辩〉民法典施行前成立的合同，当时的法律、司法解释没有规定且当事人没有约定解除权行使期限，对方当事人也未催告的，解除权人在民法典施行前知道或者应当知道解除事由，自民法典施行之日起一年内不行使的，人民法院应当依法认定该解除权消灭；〈提示参引〉解除权人在民法典施行后知道或者应当知道解除事由的，适用民法典第五百六十四条第二款关于解除权行使期限的规定。

第26条 〈提示参引〉当事人以民法典施行前受胁迫结婚为由请求人民法院撤销婚姻的，撤销权的行使期限适用民法典第一千零五十二条第二款的规定。

第27条 〈裁判指引〉民法典施行前成立的保证合同，当事人对保证期间约定不明确，主债务履行期限届满至民法典施行之日不满二年，当事人主张保证期间为主债务履行期限届满之日起二年的，人民法院依法予以支持；〈裁判指引〉当事人对保证期间没有约定，主债务履行期限届满至民法典施行之日不满六个月，当事人主张保证期间为主债务履行期限届满之日起六个月的，人民法院依法予以支持。

四、附则

第28条 〈辅助〉本规定自2021年1月1日起施行。

〈裁判指引〉本规定施行后，人民法院尚未审结的一审、二审案件适用本规定。

最高人民法院关于适用《中华人民共和国民法典》总则编若干问题的解释

（2021年12月30日　法释〔2022〕6号）

为正确审理民事案件，依法保护民事主体的合法权益，维护社会和经济秩序，根据《中华人民共和国民法典》《中华人民共和国民事诉讼法》等相关法律规定，结合审判实践，制定本解释。

一、一般规定

第1条　〈裁判指引〉民法典第二编至第七编对民事关系有规定的，人民法院直接适用该规定；民法典第二编至第七编没有规定的，适用民法典第一编的规定，但是根据其性质不能适用的除外。

〈裁判指引〉就同一民事关系，其他民事法律的规定属于对民法典相应规定的细化的，应当适用该民事法律的规定。民法典规定适用其他法律的，适用该法律的规定。

〈裁判指引〉民法典及其他法律对民事关系没有具体规定的，可以遵循民法典关于基本原则的规定。

第2条　〈辅助〉在一定地域、行业范围内长期为一般人从事民事活动时普遍遵守的民间习俗、惯常做法等，可以认定为民法典第十条规定的习惯。

〈裁判指引〉当事人主张适用习惯的，应当就习惯及其具体内容提供相应证据；必要时，人民法院可以依职权查明。

〈裁判指引/抗辩〉适用习惯，不得违背社会主义核心价值观，不得违背公序良俗。

第3条　〈裁判指引〉对于民法典第一百三十二条所称的滥用民事权利，

人民法院可以根据权利行使的对象、目的、时间、方式、造成当事人之间利益失衡的程度等因素作出认定。

〈辅助〉行为人以损害国家利益、社会公共利益、他人合法权益为主要目的行使民事权利的，人民法院应当认定构成滥用民事权利。

〈抗辩〉构成滥用民事权利的，人民法院应当认定该滥用行为不发生相应的法律效力。〈提示参引〉滥用民事权利造成损害的，依照民法典第七编等有关规定处理。

二、民事权利能力和民事行为能力

第4条 〈辅助〉涉及遗产继承、接受赠与等胎儿利益保护，父母在胎儿娩出前作为法定代理人主张相应权利的，人民法院依法予以支持。

第5条 〈裁判指引〉限制民事行为能力人实施的民事法律行为是否与其年龄、智力、精神健康状况相适应，人民法院可以从行为与本人生活相关联的程度，本人的智力、精神健康状况能否理解其行为并预见相应的后果，以及标的、数量、价款或者报酬等方面认定。

三、监护

第6条 〈裁判指引〉人民法院认定自然人的监护能力，应当根据其年龄、身心健康状况、经济条件等因素确定；〈裁判指引〉认定有关组织的监护能力，应当根据其资质、信用、财产状况等因素确定。

第7条 〈提示参引〉担任监护人的被监护人父母通过遗嘱指定监护人，遗嘱生效时被指定的人不同意担任监护人的，人民法院应当适用民法典第二十七条、第二十八条的规定确定监护人。

〈提示参引〉未成年人由父母担任监护人，父母中的一方通过遗嘱指定监护人，另一方在遗嘱生效时有监护能力，有关当事人对监护人的确定有争议的，人民法院应当适用民法典第二十七条第一款的规定确定监护人。

第8条 〈抗辩排除〉未成年人的父母与其他依法具有监护资格的人订立协议，约定免除具有监护能力的父母的监护职责的，人民法院不予支持。〈辅助〉协议约定在未成年人的父母丧失监护能力时由该具有监护资格的人担任监护人的，人民法院依法予以支持。

〈辅助〉依法具有监护资格的人之间依据民法典第三十条的规定，约定由民法典第二十七条第二款、第二十八条规定的不同顺序的人共同担任监护人，或者由顺序在后的人担任监护人的，人民法院依法予以支持。

第9条 〈裁判指引〉人民法院依据民法典第三十一条第二款、第三十六条第一款的规定指定监护人时，应当尊重被监护人的真实意愿，按照最有利于被监护人的原则指定，具体参考以下因素：

（一）与被监护人生活、情感联系的密切程度；

（二）依法具有监护资格的人的监护顺序；

（三）是否有不利于履行监护职责的违法犯罪等情形；

（四）依法具有监护资格的人的监护能力、意愿、品行等。

〈裁判指引〉人民法院依法指定的监护人一般应当是一人，由数人共同担任监护人更有利于保护被监护人利益的，也可以是数人。

第10条 〈裁判指引〉有关当事人不服居民委员会、村民委员会或者民政部门的指定，在接到指定通知之日起三十日内向人民法院申请指定监护人的，人民法院经审理认为指定并无不当，依法裁定驳回申请；认为指定不当，依法判决撤销指定并另行指定监护人。

〈裁判指引〉有关当事人在接到指定通知之日起三十日后提出申请的，人民法院应当按照变更监护关系处理。

第11条 〈抗辩〉具有完全民事行为能力的成年人与他人依据民法典第三十三条的规定订立书面协议事先确定自己的监护人后，协议的任何一方在该成年人丧失或者部分丧失民事行为能力前请求解除协议的，人民法院依法予以支持。〈抗辩[①]〉该成年人丧失或者部分丧失民事行为能力后，协议确定的监护人无正当理由请求解除协议的，人民法院不予支持。

〈提示参引〉该成年人丧失或者部分丧失民事行为能力后，协议确定的监护人有民法典第三十六条第一款规定的情形之一，该条第二款规定的有关

① 抗辩的内容是依正当理由解除。

个人、组织申请撤销其监护人资格的，人民法院依法予以支持。

第12条 〈裁判指引〉监护人、其他依法具有监护资格的人之间就监护人是否有民法典第三十九条第一款第二项、第四项规定的应当终止监护关系的情形发生争议，申请变更监护人的，人民法院应当依法受理。经审理认为理由成立的，人民法院依法予以支持。

〈裁判指引〉被依法指定的监护人与其他具有监护资格的人之间协议变更监护人的，人民法院应当尊重被监护人的真实意愿，按照最有利于被监护人的原则作出裁判。

第13条 〈抗辩排除[①]〉监护人因患病、外出务工等原因在一定期限内不能完全履行监护职责，将全部或者部分监护职责委托给他人，当事人主张受托人因此成为监护人的，人民法院不予支持。

四、宣告失踪和宣告死亡

第14条 〈辅助〉人民法院审理宣告失踪案件时，下列人员应当认定为民法典第四十条规定的利害关系人：

（一）被申请人的近亲属；

（二）依据民法典第一千一百二十八条、第一千一百二十九条规定对被申请人有继承权的亲属；

（三）债权人、债务人、合伙人等与被申请人有民事权利义务关系的民事主体，〈抗辩〉但是不申请宣告失踪不影响其权利行使、义务履行的除外。

第15条 〈裁判指引〉失踪人的财产代管人向失踪人的债务人请求偿还债务的，人民法院应当将财产代管人列为原告。

〈裁判指引〉债权人提起诉讼，请求失踪人的财产代管人支付失踪人所欠的债务和其他费用的，人民法院应当将财产代管人列为被告。〈裁判指引〉经审理认为债权人的诉讼请求成立的，人民法院应当判决财产代管人从失踪人的财产中支付失踪人所欠的债务和其他费用。

---

① 不构成可导致监护职责消灭的抗辩事由。

第16条 〈辅助〉人民法院审理宣告死亡案件时，被申请人的配偶、父母、子女，以及依据民法典第一千一百二十九条规定对被申请人有继承权的亲属应当认定为民法典第四十六条规定的利害关系人。

〈辅助〉符合下列情形之一的，被申请人的其他近亲属，以及依据民法典第一千一百二十八条规定对被申请人有继承权的亲属应当认定为民法典第四十六条规定的利害关系人：

（一）被申请人的配偶、父母、子女均已死亡或者下落不明的；

（二）不申请宣告死亡不能保护其相应合法权益的。

〈辅助〉被申请人的债权人、债务人、合伙人等民事主体不能认定为民法典第四十六条规定的利害关系人，但是不申请宣告死亡不能保护其相应合法权益的除外。

［攻防结构（第3款）：不申请宣告死亡不能保护其相应合法权益的被申请人的债权人、债务人、合伙人等民事主体应当认定为《民法典》第46条规定的利害关系人。］

第17条 〈辅助〉自然人在战争期间下落不明的，利害关系人申请宣告死亡的期间适用民法典第四十六条第一款第一项的规定，自战争结束之日或者有关机关确定的下落不明之日起计算。

五、民事法律行为

第18条 〈辅助〉当事人未采用书面形式或者口头形式，但是实施的行为本身表明已经作出相应意思表示，并符合民事法律行为成立条件的，人民法院可以认定为民法典第一百三十五条规定的采用其他形式实施的民事法律行为。

第19条 〈辅助〉行为人对行为的性质、对方当事人或者标的物的品种、质量、规格、价格、数量等产生错误认识，按照通常理解如果不发生该错误认识行为人就不会作出相应意思表示的，人民法院可以认定为民法典第一百四十七条规定的重大误解。

〈裁判指引〉行为人能够证明自己实施民事法律行为时存在重大误解，并请求撤销该民事法律行为的，人民法院依法予以支持；〈反抗辩〉但是，根据交易习惯等认定行为人无权请求撤销的除外。

第20条 〈辅助〉行为人以其意思表示存在第三人转达错误为由请求撤销民事法律行为的，适用本解释第十九条的规定。

第21条 〈辅助〉故意告知虚假情况，或者负有告知义务的人故意隐瞒真实情况，致使当事人基于错误认识作出意思表示的，人民法院可以认定为民法典第一百四十八条、第一百四十九条规定的欺诈。

第22条 〈辅助〉以给自然人及其近亲属等的人身权利、财产权利以及其他合法权益造成损害或者以给法人、非法人组织的名誉、荣誉、财产权益等造成损害为要挟，迫使其基于恐惧心理作出意思表示的，人民法院可以认定为民法典第一百五十条规定的胁迫。

第23条 〈类推参引〉民事法律行为不成立，当事人请求返还财产、折价补偿或者赔偿损失的，参照适用民法典第一百五十七条的规定。

第24条 〈裁判指引[①]〉民事法律行为所附条件不可能发生，当事人约定为生效条件的，人民法院应当认定民事法律行为不发生效力；〈裁判指引〉当事人约定为解除条件的，应当认定未附条件，民事法律行为是否失效，依照民法典和相关法律、行政法规的规定认定。

六、代理

第25条 〈辅助〉数个委托代理人共同行使代理权，其中一人或者数人未与其他委托代理人协商，擅自行使代理权的，依据民法典第一百七十一条、第一百七十二条等规定处理。

第26条 〈辅助〉由于急病、通讯联络中断、疫情防控等特殊原因，委托代理人自己不能办理代理事项，又不能与被代理人及时取得联系，如不及时转委托第三人代理，会给被代理人的利益造成损失或者扩大损失的，人民法院应当认定为民法典第一百六十九条规定的紧急情况。

第27条 〈抗辩〉无权代理行为未被追认，相对人请求行为人履行债务

① 意思表示解释规则。

或者赔偿损失的，由行为人就相对人知道或者应当知道行为人无权代理承担举证责任。〈裁判指引〉行为人不能证明的，人民法院依法支持相对人的相应诉讼请求；〈裁判指引〉行为人能够证明的，人民法院应当按照各自的过错认定行为人与相对人的责任。

第28条 同时符合下列条件的，人民法院可以认定为民法典第一百七十二条规定的相对人有理由相信行为人有代理权：

〈辅助〉（一）存在代理权的外观；

〈否认[①]〉（二）相对人不知道行为人行为时没有代理权，且无过失。

〈辅助〉因是否构成表见代理发生争议的，相对人应当就无权代理符合前款第一项规定的条件承担举证责任；〈抗辩〉被代理人应当就相对人不符合前款第二项规定的条件承担举证责任。

第29条 〈提示参引〉法定代理人、被代理人依据民法典第一百四十五条、第一百七十一条的规定向相对人作出追认的意思表示的，人民法院应当依据民法典第一百三十七条的规定确认其追认意思表示的生效时间。

七、民事责任

第30条 〈辅助〉为了使国家利益、社会公共利益、本人或者他人的人身权利、财产权利以及其他合法权益免受正在进行的不法侵害，而针对实施侵害行为的人采取的制止不法侵害的行为，应当认定为民法典第一百八十一条规定的正当防卫。

第31条 〈裁判指引〉对于正当防卫是否超过必要的限度，人民法院应当综合不法侵害的性质、手段、强度、危害程度和防卫的时机、手段、强度、损害后果等因素判断。

〈否认〉经审理，正当防卫没有超过必要限度的，人民法院应当认定正当防卫人不承担责任。〈提示参引／反抗辩〉正当防卫超过必要限度的，人民法院应当认定正当防卫人在造成不应有的损害范围内承担部分责任；〈抗辩〉

① “非善意”为抗辩，“善意”系对该抗辩的否认。

实施侵害行为的人请求正当防卫人承担全部责任的，人民法院不予支持。

〈反抗辩排除〉实施侵害行为的人不能证明防卫行为造成不应有的损害，仅以正当防卫人采取的反击方式和强度与不法侵害不相当为由主张防卫过当的，人民法院不予支持。

第32条 〈辅助〉为了使国家利益、社会公共利益、本人或者他人的人身权利、财产权利以及其他合法权益免受正在发生的急迫危险，不得已而采取紧急措施的，应当认定为民法典第一百八十二条规定的紧急避险。

第33条 〈裁判指引〉对于紧急避险是否采取措施不当或者超过必要的限度，人民法院应当综合危险的性质、急迫程度、避险行为所保护的权益以及造成的损害后果等因素判断。

〈否认〉经审理，紧急避险采取措施并无不当且没有超过必要限度的，人民法院应当认定紧急避险人不承担责任。〈裁判指引〉紧急避险采取措施不当或者超过必要限度的，人民法院应当根据紧急避险人的过错程度、避险措施造成不应有的损害的原因力大小、紧急避险人是否为受益人等因素认定紧急避险人在造成的不应有的损害范围内承担相应的责任。

第34条 〈裁判指引〉因保护他人民事权益使自己受到损害，受害人依据民法典第一百八十三条的规定请求受益人适当补偿的，人民法院可以根据受害人所受损失和已获赔偿的情况、受益人受益的多少及其经济条件等因素确定受益人承担的补偿数额。

八、诉讼时效

第35条 〈辅助〉民法典第一百八十八条第一款规定的三年诉讼时效期间，可以适用民法典有关诉讼时效中止、中断的规定，〈反抗辩排除〉不适用延长的规定。〈抗辩排除〉该条第二款规定的二十年期间不适用中止、中断的规定。

第36条 〈辅助〉无民事行为能力人或者限制民事行为能力人的权利受到损害的，诉讼时效期间自其法定代理人知道或者应当知道权利受到损害以及义务人之日起计算，〈抗辩〉但是法律另有规定的除外。

第37条 〈提示参引〉无民事行为能力人、限制民事行为能力人的权利受到原法定代理人损害，且在取得、恢复完全民事行为能力或者在原法定代理终止并确定新的法定代理人后，相应民事主体才知道或者应当知道权利受到损害的，有关请求权诉讼时效期间的计算适用民法典第一百八十八条第二款、本解释第三十六条的规定。

第38条 〈抗辩〉诉讼时效依据民法典第一百九十五条的规定中断后，在新的诉讼时效期间内，再次出现第一百九十五条规定的中断事由，可以认定为诉讼时效再次中断。

〈辅助〉权利人向义务人的代理人、财产代管人或者遗产管理人等提出履行请求的，可以认定为民法典第一百九十五条规定的诉讼时效中断。

九、附则

第39条 〈辅助〉本解释自2022年3月1日起施行。

〈裁判指引〉民法典施行后的法律事实引起的民事案件，本解释施行后尚未终审的，适用本解释；〈裁判指引〉本解释施行前已经终审，当事人申请再审或者按照审判监督程序决定再审的，不适用本解释。

最高人民法院关于审理民事案件适用诉讼时效制度若干问题的规定

（2020年12月14日　法释〔2020〕17号）

为正确适用法律关于诉讼时效制度的规定，保护当事人的合法权益，依照《中华人民共和国民法典》《中华人民共和国民事诉讼法》等法律的规定，结合审判实践，制定本规定。

第1条　〈抗辩排除〉当事人可以对债权请求权提出诉讼时效抗辩，但对下列债权请求权提出诉讼时效抗辩的，人民法院不予支持：

（一）支付存款本金及利息请求权；

（二）兑付国债、金融债券以及向不特定对象发行的企业债券本息请求权；

（三）基于投资关系产生的缴付出资请求权；

（四）其他依法不适用诉讼时效规定的债权请求权。

第2条　〈裁判指引〉当事人未提出诉讼时效抗辩，人民法院不应对诉讼时效问题进行释明。

第3条　〈裁判指引〉当事人在一审期间未提出诉讼时效抗辩，在二审期间提出的，人民法院不予支持，〈裁判指引〉但其基于新的证据能够证明对方当事人的请求权已过诉讼时效期间的情形除外。

〈裁判指引〉当事人未按照前款规定提出诉讼时效抗辩，以诉讼时效期间届满为由申请再审或者提出再审抗辩的，人民法院不予支持。

第4条　〈辅助〉未约定履行期限的合同，依照民法典第五百一十条、第五百一十一条的规定，可以确定履行期限的，诉讼时效期间从履行期限届满之日起计算；〈辅助〉不能确定履行期限的，诉讼时效期间从债权人要求债务人履行义务的宽限期届满之日起计算，〈抗辩〉但债务人在债权人第一次向其主张权利之时明确表示不履行义务的，诉讼时效期间从债务人明确表示不履行义务之日起计算。

第5条 〈抗辩〉享有撤销权的当事人一方请求撤销合同的，应适用民法典关于除斥期间的规定。〈抗辩排除〉对方当事人对撤销合同请求权提出诉讼时效抗辩的，人民法院不予支持。

〈辅助〉合同被撤销，返还财产、赔偿损失请求权的诉讼时效期间从合同被撤销之日起计算。

第6条 〈辅助〉返还不当得利请求权的诉讼时效期间，从当事人一方知道或者应当知道不当得利事实及对方当事人之日起计算。

第7条 〈辅助〉管理人因无因管理行为产生的给付必要管理费用、赔偿损失请求权的诉讼时效期间，从无因管理行为结束并且管理人知道或者应当知道本人之日起计算。

〈辅助〉本人因不当无因管理行为产生的赔偿损失请求权的诉讼时效期间，从其知道或者应当知道管理人及损害事实之日起计算。

第8条 〈辅助〉具有下列情形之一的，应当认定为民法典第一百九十五条规定的“权利人向义务人提出履行请求”，产生诉讼时效中断的效力：

（一）当事人一方直接向对方当事人送交主张权利文书，对方当事人在文书上签名、盖章、按指印或者虽未签名、盖章、按指印但能够以其他方式证明该文书到达对方当事人的；

（二）当事人一方以发送信件或者数据电文方式主张权利，信件或者数据电文到达或者应当到达对方当事人的；

（三）当事人一方为金融机构，依照法律规定或者当事人约定从对方当事人账户中扣收欠款本息的；

（四）当事人一方下落不明，对方当事人在国家级或者下落不明的当事人一方住所地的省级有影响的媒体上刊登具有主张权利内容的公告的，但法律和司法解释另有特别规定的，适用其规定。

〈辅助〉前款第（一）项情形中，对方当事人为法人或者其他组织的，签收人可以是其法定代表人、主要负责人、负责收发信件的部门或者被授权主体；〈辅助〉对方当事人为自然人的，签收人可以是自然人本人、同住的具有完全行为能力的亲属或者被授权主体。

第9条 〈反抗辩[①]〉权利人对同一债权中的部分债权主张权利，诉讼时效中断的效力及于剩余债权，〈抗辩[②]〉但权利人明确表示放弃剩余债权的情形除外。

第10条 〈辅助〉当事人一方向人民法院提交起诉状或者口头起诉的，诉讼时效从提交起诉状或者口头起诉之日起中断。

第11条 〈辅助〉下列事项之一，人民法院应当认定与提起诉讼具有同等诉讼时效中断的效力：

（一）申请支付令；

（二）申请破产、申报破产债权；

（三）为主张权利而申请宣告义务人失踪或死亡；

（四）申请诉前财产保全、诉前临时禁令等诉前措施；

（五）申请强制执行；

（六）申请追加当事人或者被通知参加诉讼；

（七）在诉讼中主张抵销；

（八）其他与提起诉讼具有同等诉讼时效中断效力的事项。

第12条 〈辅助〉权利人向人民调解委员会以及其他依法有权解决相关民事纠纷的国家机关、事业单位、社会团体等社会组织提出保护相应民事权利的请求，诉讼时效从提出请求之日起中断。

第13条 〈辅助〉权利人向公安机关、人民检察院、人民法院报案或者控告，请求保护其民事权利的，诉讼时效从其报案或者控告之日起中断。

〈辅助〉上述机关决定不立案、撤销案件、不起诉的，诉讼时效期间从权利人知道或者应当知道不立案、撤销案件或者不起诉之日起重新计算；〈辅助〉刑事案件进入审理阶段，诉讼时效期间从刑事裁判文书生效之日起重新计算。

---

① 时效抗辩的反抗辩。

② 剩余债权消灭的抗辩。

第14条 〈辅助〉义务人作出分期履行、部分履行、提供担保、请求延期履行、制定清偿债务计划等承诺或者行为的，应当认定为民法典第一百九十五条规定的“义务人同意履行义务”。

第15条 〈反抗辩〉对于连带债权人中的一人发生诉讼时效中断效力的事由，应当认定对其他连带债权人也发生诉讼时效中断的效力。

〈反抗辩〉对于连带债务人中的一人发生诉讼时效中断效力的事由，应当认定对其他连带债务人也发生诉讼时效中断的效力。

第16条 〈反抗辩〉债权人提起代位权诉讼的，应当认定对债权人的债权和债务人的债权均发生诉讼时效中断的效力。

第17条 〈辅助〉债权转让的，应当认定诉讼时效从债权转让通知到达债务人之日起中断。

〈辅助〉债务承担情形下，构成原债务人对债务承认的，应当认定诉讼时效从债务承担意思表示到达债权人之日起中断。

第18条 〈抗辩〉主债务诉讼时效期间届满，保证人享有主债务人的诉讼时效抗辩权。

〈抗辩①〉保证人未主张前述诉讼时效抗辩权，承担保证责任后向主债务人行使追偿权的，人民法院不予支持，〈反抗辩〉但主债务人同意给付的情形除外。

第19条 〈反抗辩〉诉讼时效期间届满，当事人一方向对方当事人作出同意履行义务的意思表示或者自愿履行义务后，又以诉讼时效期间届满为由进行抗辩的，人民法院不予支持。

〈反抗辩〉当事人双方就原债务达成新的协议，债权人主张义务人放弃诉讼时效抗辩权的，人民法院应予支持。

〈反抗辩〉超过诉讼时效期间，贷款人向借款人发出催收到期贷款通知单，债务人在通知单上签字或者盖章，能够认定借款人同意履行诉讼时效期间已经届满的义务的，对于贷款人关于借款人放弃诉讼时效抗辩权的主张，

---

① 追偿权消灭的抗辩。

人民法院应予支持。

第20条 〈裁判指引〉本规定施行后，案件尚在一审或者二审阶段的，适用本规定；〈裁判指引〉本规定施行前已经终审的案件，人民法院进行再审时，不适用本规定。

第21条 〈裁判指引〉本规定施行前本院作出的有关司法解释与本规定相抵触的，以本规定为准。

最高人民法院关于适用《中华人民共和国民法典》物权编的解释（一）

（2020年12月25日　法释〔2020〕24号）

为正确审理物权纠纷案件，根据《中华人民共和国民法典》等相关法律规定，结合审判实践，制定本解释。

第1条　〈裁判指引〉因不动产物权的归属，以及作为不动产物权登记基础的买卖、赠与、抵押等产生争议，当事人提起民事诉讼的，应当依法受理。〈裁判指引〉当事人已经在行政诉讼中申请一并解决上述民事争议，且人民法院一并审理的除外。

第2条　〈辅助〉当事人有证据证明不动产登记簿的记载与真实权利状态不符、其为该不动产物权的真实权利人，请求确认其享有物权的，应予支持。

第3条　〈裁判指引〉异议登记因民法典第二百二十条第二款规定的事由失效后，当事人提起民事诉讼，请求确认物权归属的，应当依法受理。〈裁判指引〉异议登记失效不影响人民法院对案件的实体审理。

第4条　〈抗辩〉未经预告登记的权利人同意，转让不动产所有权等物权，或者设立建设用地使用权、居住权、地役权、抵押权等其他物权的，应当依照民法典第二百二十一条第一款的规定，认定其不发生物权效力。

第5条　〈辅助〉预告登记的买卖不动产物权的协议被认定无效、被撤销，或者预告登记的权利人放弃债权的，应当认定为民法典第二百二十一条第二款所称的“债权消灭”。

第6条 〈否认[①]〉转让人转让船舶、航空器和机动车等所有权，受让人已经支付合理价款并取得占有，虽未经登记，但转让人的债权人主张其为民法典第二百二十五条所称的“善意第三人”的，不予支持，〈否认排除〉法律另有规定的除外。

第7条 〈辅助〉人民法院、仲裁机构在分割共有不动产或者动产等案件中作出并依法生效的改变原有物权关系的判决书、裁决书、调解书，以及人民法院在执行程序中作出的拍卖成交裁定书、变卖成交裁定书、以物抵债裁定书，应当认定为民法典第二百二十九条所称导致物权设立、变更、转让或者消灭的人民法院、仲裁机构的法律文书。

第8条 〈辅助〉依据民法典第二百二十九条至第二百三十一条规定享有物权，但尚未完成动产交付或者不动产登记的权利人，依据民法典第二百三十五条至第二百三十八条的规定，请求保护其物权的，应予支持。

第9条 〈否认[②]〉共有份额的权利主体因继承、遗赠等原因发生变化时，其他按份共有人主张优先购买的，不予支持，但按份共有人之间另有约定的除外。

第10条 〈裁判指引〉民法典第三百零五条所称的“同等条件”，应当综合共有份额的转让价格、价款履行方式及期限等因素确定。

第11条 〈辅助〉优先购买权的行使期间，按份共有人之间有约定的，按照约定处理；没有约定或者约定不明的，按照下列情形确定：

（一）转让人向其他按份共有人发出的包含同等条件内容的通知中载明行使期间的，以该期间为准；

（二）通知中未载明行使期间，或者载明的期间短于通知送达之日起十五日的，为十五日；

（三）转让人未通知的，为其他按份共有人知道或者应当知道最终确定的同等条件之日起十五日；

（四）转让人未通知，且无法确定其他按份共有人知道或者应当知道最

---

① 对“善意”的否认。

② 对“转让”要件的否认。

终确定的同等条件的，为共有份额权属转移之日起六个月。

第12条 〈主要/辅助〉按份共有人向共有人之外的人转让其份额，其他按份共有人根据法律、司法解释规定，请求按照同等条件优先购买该共有份额的，应予支持。其他按份共有人的请求具有下列情形之一的，不予支持：

（一）〈抗辩〉未在本解释第十一条规定的期间内主张优先购买，〈否认[①]〉或者虽主张优先购买，但提出减少转让价款、增加转让人负担等实质性变更要求；

〈否认[②]〉（二）以其优先购买权受到侵害为由，仅请求撤销共有份额转让合同或者认定该合同无效。

第13条 〈抗辩〉按份共有人之间转让共有份额，其他按份共有人主张依据民法典第三百零五条规定优先购买的，不予支持，但按份共有人之间另有约定的除外。

第14条 〈辅助〉受让人受让不动产或者动产时，不知道转让人无处分权，且无重大过失的，应当认定受让人为善意。

〈抗辩〉真实权利人主张受让人不构成善意的，应当承担举证证明责任。

第15条 〈辅助〉具有下列情形之一的，应当认定不动产受让人知道转让人无处分权：

（一）登记簿上存在有效的异议登记；

（二）预告登记有效期内，未经预告登记的权利人同意；

（三）登记簿上已经记载司法机关或者行政机关依法裁定、决定查封或者以其他形式限制不动产权利的有关事项；

（四）受让人知道登记簿上记载的权利主体错误；

（五）受让人知道他人已经依法享有不动产物权。

〈辅助〉真实权利人有证据证明不动产受让人应当知道转让人无处分权的，应当认定受让人具有重大过失。

第16条 〈辅助〉受让人受让动产时，交易的对象、场所或者时机等不

---

① 对“同等条件”要件的否认。

② 对“优先购买权的行使”要件的否认。

符合交易习惯的，应当认定受让人具有重大过失。

第17条 〈辅助〉民法典第三百一十一条第一款第一项所称的“受让人受让该不动产或者动产时”，是指依法完成不动产物权转移登记或者动产交付之时。

〈辅助〉当事人以民法典第二百二十六条规定的方式交付动产的，转让动产民事法律行为生效时为动产交付之时；〈辅助〉当事人以民法典第二百二十七条规定的方式交付动产的，转让人与受让人之间有关转让返还原物请求权的协议生效时为动产交付之时。

〈抗辩①〉法律对不动产、动产物权的设立另有规定的，应当按照法律规定的时间认定权利人是否为善意。

第18条 〈裁判指引〉民法典第三百一十一条第一款第二项所称“合理的价格”，应当根据转让标的物的性质、数量以及付款方式等具体情况，参考转让时交易地市场价格以及交易习惯等因素综合认定。

第19条 〈辅助〉转让人将民法典第二百二十五条规定的船舶、航空器和机动车等交付给受让人的，应当认定符合民法典第三百一十一条第一款第三项规定的善意取得的条件。

第20条 〈抗辩②〉具有下列情形之一，受让人主张依据民法典第三百一十一条规定取得所有权的，不予支持：

（一）转让合同被认定无效；

（二）转让合同被撤销。

第21条 〈辅助〉本解释自2021年1月1日起施行。

---

① 对辅助规范的抗辩。

② 权利未产生的抗辩。

最高人民法院关于适用《中华人民共和国民法典》有关担保制度的解释

（2020年12月25日 法释〔2020〕28号）

为正确适用《中华人民共和国民法典》有关担保制度的规定，结合民事审判实践，制定本解释。

一、关于一般规定

第1条 〈辅助〉因抵押、质押、留置、保证等担保发生的纠纷，适用本解释。〈辅助〉所有权保留买卖、融资租赁、保理等涉及担保功能发生的纠纷，适用本解释的有关规定。

第2条 〈抗辩〉当事人在担保合同中约定担保合同的效力独立于主合同，或者约定担保人对主合同无效的法律后果承担担保责任，该有关担保独立性的约定无效。〈抗辩排除〉主合同有效的，有关担保独立性的约定无效不影响担保合同的效力；〈抗辩〉主合同无效的，人民法院应当认定担保合同无效，〈反抗辩〉但是法律另有规定的除外。

〈提示参引〉因金融机构开立的独立保函发生的纠纷，适用《最高人民法院关于审理独立保函纠纷案件若干问题的规定》。

第3条 〈抗辩〉当事人对担保责任的承担约定专门的违约责任，或者约定的担保责任范围超出债务人应当承担的责任范围，担保人主张仅在债务人应当承担的责任范围内承担责任的，人民法院应予支持。

〈抗辩〉担保人承担的责任超出债务人应当承担的责任范围，担保人向债务人追偿，债务人主张仅在其应当承担的责任范围内承担责任的，人民法院应予支持；〈辅助〉担保人请求债权人返还超出部分的，人民法院依法予以支持。

第4条 〈辅助〉有下列情形之一，当事人将担保物权登记在他人名下，债务人不履行到期债务或者发生当事人约定的实现担保物权的情形，债权人或者其受托人主张就该财产优先受偿的，人民法院依法予以支持：

（一）为债券持有人提供的担保物权登记在债券受托管理人名下；

（二）为委托贷款人提供的担保物权登记在受托人名下；

（三）担保人知道债权人与他人之间存在委托关系的其他情形。

第5条 〈抗辩〉机关法人提供担保的，人民法院应当认定担保合同无效，〈反抗辩〉但是经国务院批准为使用外国政府或者国际经济组织贷款进行转贷的除外。

〈抗辩〉居民委员会、村民委员会提供担保的，人民法院应当认定担保合同无效，〈反抗辩〉但是依法代行村集体经济组织职能的村民委员会，依照村民委员会组织法规定的讨论决定程序对外提供担保的除外。

第6条 〈抗辩〉以公益为目的的非营利性学校、幼儿园、医疗机构、养老机构等提供担保的，人民法院应当认定担保合同无效，〈反抗辩〉但是有下列情形之一的除外：

（一）在购入或者以融资租赁方式承租教育设施、医疗卫生设施、养老服务设施和其他公益设施时，出卖人、出租人为担保价款或者租金实现而在该公益设施上保留所有权；

（二）以教育设施、医疗卫生设施、养老服务设施和其他公益设施以外的不动产、动产或者财产权利设立担保物权。

〈否认〉登记为营利法人的学校、幼儿园、医疗机构、养老机构等提供担保，当事人以其不具有担保资格为由主张担保合同无效的，人民法院不予支持。

第7条 公司的法定代表人违反公司法关于公司对外担保决议程序的规定，超越权限代表公司与相对人订立担保合同，人民法院应当依照民法典第六十一条和第五百零四条等规定处理：

〈否认[①]〉（一）相对人善意的，担保合同对公司发生效力；相对人请求公司承担担保责任的，人民法院应予支持。

〈抗辩〉（二）相对人非善意的，担保合同对公司不发生效力；〈类推参引〉相对人请求公司承担赔偿责任的，参照适用本解释第十七条的有关规定。

〈辅助〉法定代表人超越权限提供担保造成公司损失，公司请求法定代表人承担赔偿责任的，人民法院应予支持。

〈辅助〉第一款所称善意，是指相对人在订立担保合同时不知道且不应当知道法定代表人超越权限。〈否认〉相对人有证据证明已对公司决议进行了合理审查，人民法院应当认定其构成善意，〈抗辩〉但是公司有证据证明相对人知道或者应当知道决议系伪造、变造的除外。

第8条 〈否认[②]〉有下列情形之一，公司以其未依照公司法关于公司对外担保的规定作出决议为由主张不承担担保责任的，人民法院不予支持：

（一）金融机构开立保函或者担保公司提供担保；

（二）公司为其全资子公司开展经营活动提供担保；

（三）担保合同系由单独或者共同持有公司三分之二以上对担保事项有表决权的股东签字同意。

〈辅助[③]〉上市公司对外提供担保，不适用前款第二项、第三项的规定。

「对比条文：九民纪要19」

---

① 《民法典》第504条以相对人非善意为抗辩，非善意的举证责任在公司一方（本证）；“善意”系对非善意的否认（反证）。具体到《担保解释》第7条，“担保合同”为相对人的请求权基础，“违反决议程序+相对人非善意”为公司的抗辩，“相对人善意”系对抗辩的否认。

需要说明的是，代理与代表的举证不同：代理情形，代理权为积极要件，相对人须证明代理权的存在（本证，通常证明代理权外观即可），被代理人主张行为人无代理权为否认（反证）；而在代表情形，相对人证明行为人为法定代表人即可，不必证明代表权限，代表权限属于消极要件，或者说欠缺代表权限为权利未产生的抗辩，公司主张法定代表人超越代表权限，需要承担举证责任（本证）。

② 对“违反决议程序”的否认。

③ “违反决议程序”的辅助规范。

第9条 〈否认[①]〉相对人根据上市公司公开披露的关于担保事项已经董事会或者股东大会决议通过的信息，与上市公司订立担保合同，相对人主张担保合同对上市公司发生效力，并由上市公司承担担保责任的，人民法院应予支持。

〈抗辩〉相对人未根据上市公司公开披露的关于担保事项已经董事会或者股东大会决议通过的信息，与上市公司订立担保合同，上市公司主张担保合同对其不发生效力，且不承担担保责任或者赔偿责任的，人民法院应予支持。

〈提示参引〉相对人与上市公司已公开披露的控股子公司订立的担保合同，或者相对人与股票在国务院批准的其他全国性证券交易场所交易的公司订立的担保合同，适用前两款规定。

第10条 〈否认〉一人有限责任公司为其股东提供担保，公司以违反公司法关于公司对外担保决议程序的规定为由主张不承担担保责任的，人民法院不予支持。〈辅助〉公司因承担担保责任导致无法清偿其他债务，提供担保时的股东不能证明公司财产独立于自己的财产，其他债权人请求该股东承担连带责任的，人民法院应予支持。

第11条 〈抗辩〉公司的分支机构未经公司股东（大）会或者董事会决议以自己的名义对外提供担保，相对人请求公司或者其分支机构承担担保责任的，人民法院不予支持，〈否认[②]〉但是相对人不知道且不应当知道分支机构对外提供担保未经公司决议程序的除外。

〈否认[③]〉金融机构的分支机构在其营业执照记载的经营范围内开立保函，或者经有权从事担保业务的上级机构授权开立保函，金融机构或者其分支机构以违反公司法关于公司对外担保决议程序的规定为由主张不承担担保责任

① 对“违反决议程序”的否认。

② 对“非善意”要件的否认。

③ “担保合同”为相对人的请求权基础，“违反决议程序+相对人非善意”为公司的抗辩，“公司系金融结构+担保权限”为相对人对“违反决议程序”的否认，否认成立则抗辩被推翻，相对人的请求权成立。

的，人民法院不予支持。〈抗辩[①]〉金融机构的分支机构未经金融机构授权提供保函之外的担保，金融机构或者其分支机构主张不承担担保责任的，人民法院应予支持，〈否认〉但是相对人不知道且不应当知道分支机构对外提供担保未经金融机构授权的除外。

〈抗辩〉担保公司的分支机构未经担保公司授权对外提供担保，担保公司或者其分支机构主张不承担担保责任的，人民法院应予支持，〈否认〉但是相对人不知道且不应当知道分支机构对外提供担保未经担保公司授权的除外。

〈类推参引〉公司的分支机构对外提供担保，相对人非善意，请求公司承担赔偿责任的，参照本解释第十七条的有关规定处理。

第12条 〈类推参引〉法定代表人依照民法典第五百五十二条的规定以公司名义加入债务的，人民法院在认定该行为的效力时，可以参照本解释关于公司为他人提供担保的有关规则处理。

第13条 〈辅助〉同一债务有两个以上第三人提供担保，担保人之间约定相互追偿及分担份额，承担了担保责任的担保人请求其他担保人按照约定分担份额的，人民法院应予支持；担保人之间约定承担连带共同担保，或者约定相互追偿但是未约定分担份额的，各担保人按照比例分担向债务人不能追偿的部分。

〈辅助〉同一债务有两个以上第三人提供担保，担保人之间未对相互追偿作出约定且未约定承担连带共同担保，但是各担保人在同一份合同书上签字、盖章或者按指印，承担了担保责任的担保人请求其他担保人按照比例分担向债务人不能追偿部分的，人民法院应予支持。

〈否认〉除前两款规定的情形外，承担了担保责任的担保人请求其他担保人分担向债务人不能追偿部分的，人民法院不予支持。

第14条 〈辅助〉同一债务有两个以上第三人提供担保，担保人受让债

① “公司系金融机构+未经授权”属于“违反决议程序”的情形之一，与“相对人非善意”共同构成公司的抗辩；“相对人对金融机构未经授权的善意”系对其中“非善意”的否认，否认成立则抗辩被推翻，相对人的请求权成立。

权的，人民法院应当认定该行为系承担担保责任。〈否认〉受让债权的担保人作为债权人请求其他担保人承担担保责任的，人民法院不予支持；〈提示参引〉该担保人请求其他担保人分担相应份额的，依照本解释第十三条的规定处理。

第15条 〈辅助〉最高额担保中的最高债权额，是指包括主债权及其利息、违约金、损害赔偿金、保管担保财产的费用、实现债权或者实现担保物权的费用等在内的全部债权，但是当事人另有约定的除外。

〈否认排除〉登记的最高债权额与当事人约定的最高债权额不一致的，人民法院应当依据登记的最高债权额确定债权人优先受偿的范围。

第16条 〈抗辩〉主合同当事人协议以新贷偿还旧贷，债权人请求旧贷的担保人承担担保责任的，人民法院不予支持；债权人请求新贷的担保人承担担保责任的，按照下列情形处理：

〈辅助〉（一）新贷与旧贷的担保人相同的，人民法院应予支持；

（二）〈抗辩〉新贷与旧贷的担保人不同，或者旧贷无担保新贷有担保的，人民法院不予支持，〈反抗辩〉但是债权人有证据证明新贷的担保人提供担保时对以新贷偿还旧贷的事实知道或者应当知道的除外。

〈抗辩〉主合同当事人协议以新贷偿还旧贷，旧贷的物的担保人在登记尚未注销的情形下同意继续为新贷提供担保，在订立新的贷款合同前又以该担保财产为其他债权人设立担保物权，其他债权人主张其担保物权顺位优先于新贷债权人的，人民法院不予支持。

第17条 主合同有效而第三人提供的担保合同无效，人民法院应当区分不同情形确定担保人的赔偿责任：

〈抗辩[①]〉（一）债权人与担保人均有过错的，担保人承担的赔偿责任不应超过债务人不能清偿部分的二分之一；

〈辅助〉（二）担保人有过错而债权人无过错的，担保人对债务人不能清偿的部分承担赔偿责任；

---

① 对本条第1款第2项的抗辩。

〈否认〉（三）债权人有过错而担保人无过错的，担保人不承担赔偿责任。

〈否认〉主合同无效导致第三人提供的担保合同无效，担保人无过错的，不承担赔偿责任；〈辅助〉担保人有过错的，其承担的赔偿责任不应超过债务人不能清偿部分的三分之一。

第18条 〈辅助〉承担了担保责任或者赔偿责任的担保人，在其承担责任的范围内向债务人追偿的，人民法院应予支持。

〈辅助〉同一债权既有债务人自己提供的物的担保，又有第三人提供的担保，承担了担保责任或者赔偿责任的第三人，主张行使债权人对债务人享有的担保物权的，人民法院应予支持。

［关联条文：合同通则解释30］

第19条 〈辅助〉担保合同无效，承担了赔偿责任的担保人按照反担保合同的约定，在其承担赔偿责任的范围内请求反担保人承担担保责任的，人民法院应予支持。

〈提示参引〉反担保合同无效的，依照本解释第十七条的有关规定处理。〈抗辩排除〉当事人仅以担保合同无效为由主张反担保合同无效的，人民法院不予支持。

第20条 〈类推参引〉人民法院在审理第三人提供的物的担保纠纷案件时，可以适用民法典第六百九十五条第一款、第六百九十六条第一款、第六百九十七条第二款、第六百九十九条、第七百条、第七百零一条、第七百零二条等关于保证合同的规定。

第21条 〈裁判指引〉主合同或者担保合同约定了仲裁条款的，人民法院对约定仲裁条款的合同当事人之间的纠纷无管辖权。

〈裁判指引〉债权人一并起诉债务人和担保人的，应当根据主合同确定管辖法院。

〈裁判指引〉债权人依法可以单独起诉担保人且仅起诉担保人的，应当根据担保合同确定管辖法院。

第22条 〈抗辩〉人民法院受理债务人破产案件后，债权人请求担保人承担担保责任，担保人主张担保债务自人民法院受理破产申请之日起停止计息的，人民法院对担保人的主张应予支持。

第23条 〈裁判指引〉人民法院受理债务人破产案件，债权人在破产程序中申报债权后又向人民法院提起诉讼，请求担保人承担担保责任的，人民法院依法予以支持。

〈辅助〉担保人清偿债权人的全部债权后，可以代替债权人在破产程序中受偿；〈否认〉在债权人的债权未获全部清偿前，担保人不得代替债权人在破产程序中受偿，〈辅助〉但是有权就债权人通过破产分配和实现担保债权等方式获得清偿总额中超出债权的部分，在其承担担保责任的范围内请求债权人返还。

〈辅助〉债权人在债务人破产程序中未获全部清偿，请求担保人继续承担担保责任的，人民法院应予支持；〈抗辩〉担保人承担担保责任后，向和解协议或者重整计划执行完毕后的债务人追偿的，人民法院不予支持。

第24条 〈抗辩〉债权人知道或者应当知道债务人破产，既未申报债权也未通知担保人，致使担保人不能预先行使追偿权的，担保人就该债权在破产程序中可能受偿的范围内免除担保责任，〈反抗辩〉但是担保人因自身过错未行使追偿权的除外。

二、关于保证合同

第25条 〈裁判指引〉当事人在保证合同中约定了保证人在债务人不能履行债务或者无力偿还债务时才承担保证责任等类似内容，具有债务人应当先承担责任的意思表示的，人民法院应当将其认定为一般保证。

〈裁判指引〉当事人在保证合同中约定了保证人在债务人不履行债务或者未偿还债务时即承担保证责任、无条件承担保证责任等类似内容，不具有债务人应当先承担责任的意思表示的，人民法院应当将其认定为连带责任保证。

第26条 〈裁判指引〉一般保证中，债权人以债务人为被告提起诉讼的，人民法院应予受理。〈裁判指引〉债权人未就主合同纠纷提起诉讼或者申请仲裁，仅起诉一般保证人的，人民法院应当驳回起诉。

「对比条文：借贷规定4.2」

〈裁判指引〉一般保证中，债权人一并起诉债务人和保证人的，人民法院可以受理，〈裁判指引〉但是在作出判决时，除有民法典第六百八十七条第二款但书规定的情形外，应当在判决书主文中明确，保证人仅对债务人财产依法强制执行后仍不能履行的部分承担保证责任。

〈裁判指引〉债权人未对债务人的财产申请保全，或者保全的债务人的财产足以清偿债务，债权人申请对一般保证人的财产进行保全的，人民法院不予准许。

第27条 〈抗辩排除〉一般保证的债权人取得对债务人赋予强制执行效力的公证债权文书后，在保证期间内向人民法院申请强制执行，保证人以债权人未在保证期间内对债务人提起诉讼或者申请仲裁为由主张不承担保证责任的，人民法院不予支持。

第28条 〈辅助〉一般保证中，债权人依据生效法律文书对债务人的财产依法申请强制执行，保证债务诉讼时效的起算时间按照下列规则确定：

（一）人民法院作出终结本次执行程序裁定，或者依照民事诉讼法第二百五十七条第三项、第五项的规定作出终结执行裁定的，自裁定送达债权人之日起开始计算；

（二）人民法院自收到申请执行书之日起一年内未作出前项裁定的，自人民法院收到申请执行书满一年之日起开始计算，〈抗辩〉但是保证人有证据证明债务人仍有财产可供执行的除外。

〈辅助〉一般保证的债权人在保证期间届满前对债务人提起诉讼或者申请仲裁，债权人举证证明存在民法典第六百八十七条第二款但书规定情形的，保证债务的诉讼时效自债权人知道或者应当知道该情形之日起开始计算。

第29条 〈抗辩〉同一债务有两个以上保证人，债权人以其已经在保证期间内依法向部分保证人行使权利为由，主张已经在保证期间内向其他保证人行使权利的，人民法院不予支持。

〈抗辩〉同一债务有两个以上保证人，保证人之间相互有追偿权，债权人未在保证期间内依法向部分保证人行使权利，导致其他保证人在承担保证责任后丧失追偿权，其他保证人主张在其不能追偿的范围内免除保证责任的，人民法院应予支持。

第30条 〈辅助〉最高额保证合同对保证期间的计算方式、起算时间等有约定的，按照其约定。

〈辅助〉最高额保证合同对保证期间的计算方式、起算时间等没有约定或者约定不明，被担保债权的履行期限均已届满的，保证期间自债权确定之日起开始计算；〈辅助〉被担保债权的履行期限尚未届满的，保证期间自最后到期债权的履行期限届满之日起开始计算。

〈提示参引〉前款所称债权确定之日，依照民法典第四百二十三条的规定认定。

第31条 〈抗辩〉一般保证的债权人在保证期间内对债务人提起诉讼或者申请仲裁后，又撤回起诉或者仲裁申请，债权人在保证期间届满前未再行提起诉讼或者申请仲裁，保证人主张不再承担保证责任的，人民法院应予支持。

〈辅助〉连带责任保证的债权人在保证期间内对保证人提起诉讼或者申请仲裁后，又撤回起诉或者仲裁申请，起诉状副本或者仲裁申请书副本已经送达保证人的，人民法院应当认定债权人已经在保证期间内向保证人行使了权利。

第32条 〈辅助〉保证合同约定保证人承担保证责任直至主债务本息还清时为止等类似内容的，视为约定不明，保证期间为主债务履行期限届满之日起六个月。

第33条 〈抗辩〉保证合同无效，债权人未在约定或者法定的保证期间内依法行使权利，保证人主张不承担赔偿责任的，人民法院应予支持。

第34条 〈辅助〉人民法院在审理保证合同纠纷案件时，应当将保证期间是否届满、债权人是否在保证期间内依法行使权利等事实作为案件基本事实予以查明。

〈抗辩〉债权人在保证期间内未依法行使权利的，保证责任消灭。〈裁判指引[①]〉保证责任消灭后，债权人书面通知保证人要求承担保证责任，保证

---

① “保证责任消灭后，债权人书面通知保证人要求承担保证责任，保证人在通知书上签字、盖章或者按指印，债权人请求保证人继续承担保证责任”并非“成立了新的保证合同”的充分证据。

人在通知书上签字、盖章或者按指印，债权人请求保证人继续承担保证责任的，人民法院不予支持，〈辅助〉但是债权人有证据证明成立了新的保证合同的除外。

第35条 〈反抗辩〉保证人知道或者应当知道主债权诉讼时效期间届满仍然提供保证或者承担保证责任，又以诉讼时效期间届满为由拒绝承担保证责任或者请求返还财产的，人民法院不予支持；〈抗辩〉保证人承担保证责任后向债务人追偿的，人民法院不予支持，〈反抗辩〉但是债务人放弃诉讼时效抗辩的除外。

第36条 〈类推参引〉第三人向债权人提供差额补足、流动性支持等类似承诺文件作为增信措施，具有提供担保的意思表示，债权人请求第三人承担保证责任的，人民法院应当依照保证的有关规定处理。

〈辅助〉第三人向债权人提供的承诺文件，具有加入债务或者与债务人共同承担债务等意思表示的，人民法院应当认定为民法典第五百五十二条规定的债务加入。

〈裁判指引〉前两款中第三人提供的承诺文件难以确定是保证还是债务加入的，人民法院应当将其认定为保证。

〈否认〉第三人向债权人提供的承诺文件不符合前三款规定的情形，债权人请求第三人承担保证责任或者连带责任的，人民法院不予支持，〈辅助〉但是不影响其依据承诺文件请求第三人履行约定的义务或者承担相应的民事责任。

三、关于担保物权

（一）担保合同与担保物权的效力

第37条 〈提示参引〉当事人以所有权、使用权不明或者有争议的财产抵押，经审查构成无权处分的，人民法院应当依照民法典第三百一十一条的规定处理。

〈反抗辩〉当事人以依法被查封或者扣押的财产抵押，抵押权人请求行使抵押权，经审查查封或者扣押措施已经解除的，人民法院应予支持。〈抗辩排除〉抵押人以抵押权设立时财产被查封或者扣押为由主张抵押合同无效的，人民法院不予支持。

〈提示参引〉以依法被监管的财产抵押的，适用前款规定。

第38条 〈辅助〉主债权未受全部清偿，担保物权人主张就担保财产的全部行使担保物权的，人民法院应予支持，〈提示参引〉但是留置权人行使留置权的，应当依照民法典第四百五十条的规定处理。

〈辅助〉担保财产被分割或者部分转让，担保物权人主张就分割或者转让后的担保财产行使担保物权的，人民法院应予支持，〈抗辩〉但是法律或者司法解释另有规定的除外。

第39条 〈辅助〉主债权被分割或者部分转让，各债权人主张就其享有的债权份额行使担保物权的，人民法院应予支持，〈抗辩〉但是法律另有规定或者当事人另有约定的除外。

〈辅助〉主债务被分割或者部分转移，债务人自己提供物的担保，债权人请求以该担保财产担保全部债务履行的，人民法院应予支持；〈抗辩①〉第三人提供物的担保，主张对未经其书面同意转移的债务不再承担担保责任的，人民法院应予支持。

第40条 〈辅助〉从物产生于抵押权依法设立前，抵押权人主张抵押权的效力及于从物的，人民法院应予支持，但是当事人另有约定的除外。

〈否认〉从物产生于抵押权依法设立后，抵押权人主张抵押权的效力及于从物的，人民法院不予支持，〈辅助〉但是在抵押权实现时可以一并处分。

第41条 〈辅助〉抵押权依法设立后，抵押财产被添附，添附物归第三人所有，抵押权人主张抵押权效力及于补偿金的，人民法院应予支持。

〈辅助〉抵押权依法设立后，抵押财产被添附，抵押人对添附物享有所有权，抵押权人主张抵押权的效力及于添附物的，人民法院应予支持，〈辅助②〉但是添附导致抵押财产价值增加的，抵押权的效力不及于增加的价值部分。

---

① 权利消灭的抗辩。

② 价值增加部分处分所得为不当得利，应予返还。

〈辅助〉抵押权依法设立后，抵押人与第三人因添附成为添附物的共有人，抵押权人主张抵押权的效力及于抵押人对共有物享有的份额的，人民法院应予支持。

〈辅助〉本条所称添附，包括附合、混合与加工。

第42条 〈辅助〉抵押权依法设立后，抵押财产毁损、灭失或者被征收等，抵押权人请求按照原抵押权的顺位就保险金、赔偿金或者补偿金等优先受偿的，人民法院应予支持。

〈抗辩〉给付义务人已经向抵押人给付了保险金、赔偿金或者补偿金，抵押权人请求给付义务人向其给付保险金、赔偿金或者补偿金的，人民法院不予支持，〈反抗辩〉但是给付义务人接到抵押权人要求向其给付的通知后仍然向抵押人给付的除外。

〈裁判指引〉抵押权人请求给付义务人向其给付保险金、赔偿金或者补偿金的，人民法院可以通知抵押人作为第三人参加诉讼。

第43条 〈抗辩排除〉当事人约定禁止或者限制转让抵押财产但是未将约定登记，抵押人违反约定转让抵押财产，抵押权人请求确认转让合同无效的，人民法院不予支持；〈抗辩排除〉抵押财产已经交付或者登记，抵押权人请求确认转让不发生物权效力的，人民法院不予支持，〈抗辩〉但是抵押权人有证据证明受让人知道的除外；〈辅助〉抵押权人请求抵押人承担违约责任的，人民法院依法予以支持。

〈抗辩排除〉当事人约定禁止或者限制转让抵押财产且已经将约定登记，抵押人违反约定转让抵押财产，抵押权人请求确认转让合同无效的，人民法院不予支持；〈否认排除①〉抵押财产已经交付或者登记，抵押权人主张转让不发生物权效力的，人民法院应予支持，〈反抗辩②〉但是因受让人代替债务人清偿债务导致抵押权消灭的除外。

第44条 〈抗辩〉主债权诉讼时效期间届满后，抵押权人主张行使抵押

---

① “已经交付或者登记”不构成此种情形下“不发生物权效力”的否认事由。

② 登记禁转约定导致物权变动不生效为抗辩，受让人代替债务人清偿债务导致抵押权消灭为反抗辩，此情形下登记的禁转约定不影响物权变动的效力。

权的，人民法院不予支持；〈抗辩〉抵押人以主债权诉讼时效期间届满为由，主张不承担担保责任的，人民法院应予支持。〈抗辩〉主债权诉讼时效期间届满前，债权人仅对债务人提起诉讼，经人民法院判决或者调解后未在民事诉讼法规定的申请执行时效期间内对债务人申请强制执行，其向抵押人主张行使抵押权的，人民法院不予支持。

〈抗辩排除〉主债权诉讼时效期间届满后，财产被留置的债务人或者对留置财产享有所有权的第三人请求债权人返还留置财产的，人民法院不予支持；〈辅助〉债务人或者第三人请求拍卖、变卖留置财产并以所得价款清偿债务的，人民法院应予支持。

〈类推参引〉主债权诉讼时效期间届满的法律后果，以登记作为公示方式的权利质权，参照适用第一款的规定；〈类推参引〉动产质权、以交付权利凭证作为公示方式的权利质权，参照适用第二款的规定。

第45条 〈辅助〉当事人约定当债务人不履行到期债务或者发生当事人约定的实现担保物权的情形，担保物权人有权将担保财产自行拍卖、变卖并就所得的价款优先受偿的，该约定有效。〈辅助〉因担保人的原因导致担保物权人无法自行对担保财产进行拍卖、变卖，担保物权人请求担保人承担因此增加的费用的，人民法院应予支持。

〈裁判指引〉当事人依照民事诉讼法有关“实现担保物权案件”的规定，申请拍卖、变卖担保财产，被申请人以担保合同约定仲裁条款为由主张驳回申请的，人民法院经审查后，应当按照以下情形分别处理：

（一）当事人对担保物权无实质性争议且实现担保物权条件已经成就的，应当裁定准许拍卖、变卖担保财产；

（二）当事人对实现担保物权有部分实质性争议的，可以就无争议的部分裁定准许拍卖、变卖担保财产，并告知可以就有争议的部分申请仲裁；

（三）当事人对实现担保物权有实质性争议的，裁定驳回申请，并告知可以向仲裁机构申请仲裁。

〈裁判指引〉债权人以诉讼方式行使担保物权的，应当以债务人和担保人作为共同被告。

（二）不动产抵押

第46条 〈辅助〉不动产抵押合同生效后未办理抵押登记手续，债权人请求抵押人办理抵押登记手续的，人民法院应予支持。

〈抗辩〉抵押财产因不可归责于抵押人自身的原因灭失或者被征收等导致不能办理抵押登记，债权人请求抵押人在约定的担保范围内承担责任的，人民法院不予支持；〈反抗辩〉但是抵押人已经获得保险金、赔偿金或者补偿金等，债权人请求抵押人在其所获金额范围内承担赔偿责任的，人民法院依法予以支持。

〈辅助〉因抵押人转让抵押财产或者其他可归责于抵押人自身的原因导致不能办理抵押登记，债权人请求抵押人在约定的担保范围内承担责任的，人民法院依法予以支持，〈抗辩〉但是不得超过抵押权能够设立时抵押人应当承担的责任范围。

「对比条文：九民纪要60，67」

第47条 〈否认排除〉不动产登记簿就抵押财产、被担保的债权范围等所作的记载与抵押合同约定不一致的，人民法院应当根据登记簿的记载确定抵押财产、被担保的债权范围等事项。

第48条 〈辅助〉当事人申请办理抵押登记手续时，因登记机构的过错致使其不能办理抵押登记，当事人请求登记机构承担赔偿责任的，人民法院依法予以支持。

第49条 〈抗辩〉以违法的建筑物抵押的，抵押合同无效，〈反抗辩〉但是一审法庭辩论终结前已经办理合法手续的除外。〈提示参引〉抵押合同无效的法律后果，依照本解释第十七条的有关规定处理。

〈抗辩排除〉当事人以建设用地使用权依法设立抵押，抵押人以土地上存在违法的建筑物为由主张抵押合同无效的，人民法院不予支持。

第50条 〈抗辩排除〉抵押人以划拨建设用地上的建筑物抵押，当事人以该建设用地使用权不能抵押或者未办理批准手续为由主张抵押合同无效或者不生效的，人民法院不予支持。〈辅助〉抵押权依法实现时，拍卖、变卖建筑物所得的价款，应当优先用于补缴建设用地使用权出让金。

〈抗辩排除〉当事人以划拨方式取得的建设用地使用权抵押，抵押人以未办理批准手续为由主张抵押合同无效或者不生效的，人民法院不予支持。〈辅助〉已经依法办理抵押登记，抵押权人主张行使抵押权的，人民法院应予支持。〈提示参引〉抵押权依法实现时所得的价款，参照前款有关规定处理。

第51条 〈辅助〉当事人仅以建设用地使用权抵押，债权人主张抵押权的效力及于土地上已有的建筑物以及正在建造的建筑物已完成部分的，人民法院应予支持。〈否认〉债权人主张抵押权的效力及于正在建造的建筑物的续建部分以及新增建筑物的，人民法院不予支持。

〈辅助〉当事人以正在建造的建筑物抵押，抵押权的效力范围限于已办理抵押登记的部分。〈否认〉当事人按照担保合同的约定，主张抵押权的效力及于续建部分、新增建筑物以及规划中尚未建造的建筑物的，人民法院不予支持。

〈辅助〉抵押人将建设用地使用权、土地上的建筑物或者正在建造的建筑物分别抵押给不同债权人的，人民法院应当根据抵押登记的时间先后确定清偿顺序。

第52条 〈否认〉当事人办理抵押预告登记后，预告登记权利人请求就抵押财产优先受偿，经审查存在尚未办理建筑物所有权首次登记、预告登记的财产与办理建筑物所有权首次登记时的财产不一致、抵押预告登记已经失效等情形，导致不具备办理抵押登记条件的，人民法院不予支持；〈辅助〉经审查已经办理建筑物所有权首次登记，且不存在预告登记失效等情形的，人民法院应予支持，并应当认定抵押权自预告登记之日起设立。

〈辅助〉当事人办理了抵押预告登记，抵押人破产，经审查抵押财产属于破产财产，预告登记权利人主张就抵押财产优先受偿的，人民法院应当在受理破产申请时抵押财产的价值范围内予以支持，〈抗辩〉但是在人民法院受理破产申请前一年内，债务人对没有财产担保的债务设立抵押预告登记的除外。

（三）动产与权利担保

第53条 〈辅助〉当事人在动产和权利担保合同中对担保财产进行概括

描述，该描述能够合理识别担保财产的，人民法院应当认定担保成立。

第54条　动产抵押合同订立后未办理抵押登记，动产抵押权的效力按照下列情形分别处理：

（一）〈抗辩〉抵押人转让抵押财产，受让人占有抵押财产后，抵押权人向受让人请求行使抵押权的，人民法院不予支持，〈反抗辩〉但是抵押权人能够举证证明受让人知道或者应当知道已经订立抵押合同的除外；

（二）〈抗辩〉抵押人将抵押财产出租给他人并移转占有，抵押权人行使抵押权的，租赁关系不受影响，〈反抗辩〉但是抵押权人能够举证证明承租人知道或者应当知道已经订立抵押合同的除外；

〈抗辩〉（三）抵押人的其他债权人向人民法院申请保全或者执行抵押财产，人民法院已经作出财产保全裁定或者采取执行措施，抵押权人主张对抵押财产优先受偿的，人民法院不予支持；

〈抗辩〉（四）抵押人破产，抵押权人主张对抵押财产优先受偿的，人民法院不予支持。

第55条　〈辅助〉债权人、出质人与监管人订立三方协议，出质人以通过一定数量、品种等概括描述能够确定范围的货物为债务的履行提供担保，当事人有证据证明监管人系受债权人的委托监管并实际控制该货物的，人民法院应当认定质权于监管人实际控制货物之日起设立。〈辅助〉监管人违反约定向出质人或者其他人放货、因保管不善导致货物毁损灭失，债权人请求监管人承担违约责任的，人民法院依法予以支持。

〈否认〉在前款规定情形下，当事人有证据证明监管人系受出质人委托监管该货物，或者虽然受债权人委托但是未实际履行监管职责，导致货物仍由出质人实际控制的，人民法院应当认定质权未设立。〈辅助〉债权人可以基于质押合同的约定请求出质人承担违约责任，〈抗辩〉但是不得超过质权有效设立时出质人应当承担的责任范围。〈辅助〉监管人未履行监管职责，债权人请求监管人承担责任的，人民法院依法予以支持。

第56条　〈抗辩〉买受人在出卖人正常经营活动中通过支付合理对价取得已被设立担保物权的动产，担保物权人请求就该动产优先受偿的，人民法院不予支持，〈否认〉但是有下列情形之一的除外：

（一）购买商品的数量明显超过一般买受人；

（二）购买出卖人的生产设备；

（三）订立买卖合同的目的在于担保出卖人或者第三人履行债务；

（四）买受人与出卖人存在直接或者间接的控制关系；

（五）买受人应当查询抵押登记而未查询的其他情形。

〈辅助〉前款所称出卖人正常经营活动，是指出卖人的经营活动属于其营业执照明确记载的经营范围，且出卖人持续销售同类商品。〈辅助〉前款所称担保物权人，是指已经办理登记的抵押权人、所有权保留买卖的出卖人、融资租赁合同的出租人。

第57条 〈辅助〉担保人在设立动产浮动抵押并办理抵押登记后又购入或者以融资租赁方式承租新的动产，下列权利人为担保价款债权或者租金的实现而订立担保合同，并在该动产交付后十日内办理登记，主张其权利优先于在先设立的浮动抵押权的，人民法院应予支持：

（一）在该动产上设立抵押权或者保留所有权的出卖人；

（二）为价款支付提供融资而在该动产上设立抵押权的债权人；

（三）以融资租赁方式出租该动产的出租人。

〈辅助〉买受人取得动产但未付清价款或者承租人以融资租赁方式占有租赁物但是未付清全部租金，又以标的物为他人设立担保物权，前款所列权利人为担保价款债权或者租金的实现而订立担保合同，并在该动产交付后十日内办理登记，主张其权利优先于买受人为他人设立的担保物权的，人民法院应予支持。

〈辅助〉同一动产上存在多个价款优先权的，人民法院应当按照登记的时间先后确定清偿顺序。

第58条 〈辅助〉以汇票出质，当事人以背书记载“质押”字样并在汇票上签章，汇票已经交付质权人的，人民法院应当认定质权自汇票交付质权人时设立。

第59条 〈辅助〉存货人或者仓单持有人在仓单上以背书记载“质押”字样，并经保管人签章，仓单已经交付质权人的，人民法院应当认定质权自仓单交付质权人时设立。〈辅助〉没有权利凭证的仓单，依法可以办理出质登记的，仓单质权自办理出质登记时设立。

〈辅助〉出质人既以仓单出质，又以仓储物设立担保，按照公示的先后确定清偿顺序；〈辅助〉难以确定先后的，按照债权比例清偿。

〈辅助〉保管人为同一货物签发多份仓单，出质人在多份仓单上设立多个质权，按照公示的先后确定清偿顺序；〈辅助〉难以确定先后的，按照债权比例受偿。

〈辅助〉存在第二款、第三款规定的情形，债权人举证证明其损失系由出质人与保管人的共同行为所致，请求出质人与保管人承担连带赔偿责任的，人民法院应予支持。

第60条 〈提示参引〉在跟单信用证交易中，开证行与开证申请人之间约定以提单作为担保的，人民法院应当依照民法典关于质权的有关规定处理。

〈辅助〉在跟单信用证交易中，开证行依据其与开证申请人之间的约定或者跟单信用证的惯例持有提单，开证申请人未按照约定付款赎单，开证行主张对提单项下货物优先受偿的，人民法院应予支持；〈否认〉开证行主张对提单项下货物享有所有权的，人民法院不予支持。

〈辅助〉在跟单信用证交易中，开证行依据其与开证申请人之间的约定或者跟单信用证的惯例，通过转让提单或者提单项下货物取得价款，开证申请人请求返还超出债权部分的，人民法院应予支持。

〈否认排除〉前三款规定不影响合法持有提单的开证行以提单持有人身份主张运输合同项下的权利。

第61条 〈否认排除〉以现有的应收账款出质，应收账款债务人向质权人确认应收账款的真实性后，又以应收账款不存在或者已经消灭为由主张不承担责任的，人民法院不予支持。

〈辅助〉以现有的应收账款出质，应收账款债务人未确认应收账款的真实性，质权人以应收账款债务人为被告，请求就应收账款优先受偿，能够举证证明办理出质登记时应收账款真实存在的，人民法院应予支持；〈裁判指引〉质权人不能举证证明办理出质登记时应收账款真实存在，仅以已经办理出质登记为由，请求就应收账款优先受偿的，人民法院不予支持。

〈抗辩〉以现有的应收账款出质，应收账款债务人已经向应收账款债权人履行了债务，质权人请求应收账款债务人履行债务的，人民法院不予支持，〈反抗辩〉但是应收账款债务人接到质权人要求向其履行的通知后，仍然向应收账款债权人履行的除外。

〈辅助〉以基础设施和公用事业项目收益权、提供服务或者劳务产生的债权以及其他将有的应收账款出质，当事人为应收账款设立特定账户，发生法定或者约定的质权实现事由时，质权人请求就该特定账户内的款项优先受偿的，人民法院应予支持；〈辅助〉特定账户内的款项不足以清偿债务或者未设立特定账户，质权人请求折价或者拍卖、变卖项目收益权等将有的应收账款，并以所得的价款优先受偿的，人民法院依法予以支持。

第62条 〈辅助〉债务人不履行到期债务，债权人因同一法律关系留置合法占有的第三人的动产，并主张就该留置财产优先受偿的，人民法院应予支持。〈否认排除〉第三人以该留置财产并非债务人的财产为由请求返还的，人民法院不予支持。

〈反抗辩〉企业之间留置的动产与债权并非同一法律关系，债务人以该债权不属于企业持续经营中发生的债权为由请求债权人返还留置财产的，人民法院应予支持。

〈反抗辩〉企业之间留置的动产与债权并非同一法律关系，债权人留置第三人的财产，第三人请求债权人返还留置财产的，人民法院应予支持。

四、关于非典型担保

第63条 〈抗辩排除〉债权人与担保人订立担保合同，约定以法律、行政法规尚未规定可以担保的财产权利设立担保，当事人主张合同无效的，人民法院不予支持。〈辅助〉当事人未在法定的登记机构依法进行登记，主张该担保具有物权效力的，人民法院不予支持。

［对比条文：借贷规定23；九民纪要67］

第64条 〈提示参引〉在所有权保留买卖中，出卖人依法有权取回标的物，〈类推参引〉但是与买受人协商不成，当事人请求参照民事诉讼法“实现担保物权案件”的有关规定，拍卖、变卖标的物的，人民法院应予准许。

〈裁判指引〉出卖人请求取回标的物，符合民法典第六百四十二条规定的，人民法院应予支持；〈裁判指引〉买受人以抗辩或者反诉的方式主张拍卖、变卖标的物，并在扣除买受人未支付的价款以及必要费用后返还剩余款项的，人民法院应当一并处理。

第65条 〈辅助〉在融资租赁合同中，承租人未按照约定支付租金，经催告后在合理期限内仍不支付，出租人请求承租人支付全部剩余租金，并以拍卖、变卖租赁物所得的价款受偿的，人民法院应予支持；〈类推参引〉当事人请求参照民事诉讼法“实现担保物权案件”的有关规定，以拍卖、变卖租赁物所得价款支付租金的，人民法院应予准许。

〈裁判指引〉出租人请求解除融资租赁合同并收回租赁物，承租人以抗辩或者反诉的方式主张返还租赁物价值超过欠付租金以及其他费用的，人民法院应当一并处理。〈辅助〉当事人对租赁物的价值有争议的，应当按照下列规则确定租赁物的价值：

（一）融资租赁合同有约定的，按照其约定；

（二）融资租赁合同未约定或者约定不明的，根据约定的租赁物折旧以及合同到期后租赁物的残值来确定；

（三）根据前两项规定的方法仍然难以确定，或者当事人认为根据前两项规定的方法确定的价值严重偏离租赁物实际价值的，根据当事人的申请委托有资质的机构评估。

第66条 〈类推参引〉同一应收账款同时存在保理、应收账款质押和债权转让，当事人主张参照民法典第七百六十八条的规定确定优先顺序的，人民法院应予支持。

〈辅助〉在有追索权的保理中，保理人以应收账款债权人或者应收账款债务人为被告提起诉讼，人民法院应予受理；〈辅助〉保理人一并起诉应收账款债权人和应收账款债务人的，人民法院可以受理。

〈辅助〉应收账款债权人向保理人返还保理融资款本息或者回购应收账款债权后，请求应收账款债务人向其履行应收账款债务的，人民法院应予支持。

第67条 〈类推参引〉在所有权保留买卖、融资租赁等合同中，出卖人、出租人的所有权未经登记不得对抗的“善意第三人”的范围及其效力，参照本解释第五十四条的规定处理。

第68条 〈辅助〉债务人或者第三人与债权人约定将财产形式上转移至债权人名下，债务人不履行到期债务，债权人有权对财产折价或者以拍卖、变卖该财产所得价款偿还债务的，人民法院应当认定该约定有效。〈辅助〉当事人已经完成财产权利变动的公示，债务人不履行到期债务，债权人请求参照民法典关于担保物权的有关规定就该财产优先受偿的，人民法院应予支持。

〈抗辩〉债务人或者第三人与债权人约定将财产形式上转移至债权人名下，债务人不履行到期债务，财产归债权人所有的，人民法院应当认定该约定无效，〈反抗辩〉但是不影响当事人有关提供担保的意思表示的效力。〈抗辩〉当事人已经完成财产权利变动的公示，债务人不履行到期债务，债权人请求对该财产享有所有权的，人民法院不予支持；〈辅助〉债权人请求参照民法典关于担保物权的规定对财产折价或者以拍卖、变卖该财产所得的价款优先受偿的，人民法院应予支持；〈辅助〉债务人履行债务后请求返还财产，或者请求对财产折价或者以拍卖、变卖所得的价款清偿债务的，人民法院应予支持。

〈类推参引〉债务人与债权人约定将财产转移至债权人名下，在一定期间后再由债务人或者其指定的第三人以交易本金加上溢价款回购，债务人到期不履行回购义务，财产归债权人所有的，人民法院应当参照第二款规定处理。〈提示参引〉回购对象自始不存在的，人民法院应当依照民法典第一百四十六条第二款的规定，按照其实际构成的法律关系处理。

第69条 〈抗辩〉股东以将其股权转移至债权人名下的方式为债务履行提供担保，公司或者公司的债权人以股东未履行或者未全面履行出资义务、抽逃出资等为由，请求作为名义股东的债权人与股东承担连带责任的，人民法院不予支持。

第70条 〈辅助〉债务人或者第三人为担保债务的履行，设立专门的保证金账户并由债权人实际控制，或者将其资金存入债权人设立的保证金账户，债权人主张就账户内的款项优先受偿的，人民法院应予支持。〈否认排除〉当事人以保证金账户内的款项浮动为由，主张实际控制该账户的债权人对账户内的款项不享有优先受偿权的，人民法院不予支持。

〈类推参引〉在银行账户下设立的保证金分户，参照前款规定处理。

〈否认〉当事人约定的保证金并非为担保债务的履行设立，或者不符合前两款规定的情形，债权人主张就保证金优先受偿的，人民法院不予支持，〈辅助〉但是不影响当事人依照法律的规定或者按照当事人的约定主张权利。

五、附则

第71条 〈辅助〉本解释自2021年1月1日起施行。

最高人民法院关于适用《中华人民共和国民法典》合同编通则若干问题的解释

（2023年12月4日　法释〔2023〕13号）

为正确审理合同纠纷案件以及非因合同产生的债权债务关系纠纷案件，依法保护当事人的合法权益，根据《中华人民共和国民法典》、《中华人民共和国民事诉讼法》等相关法律规定，结合审判实践，制定本解释。

一、一般规定

第1条　〈裁判指引〉人民法院依据民法典第一百四十二条第一款、第四百六十六条第一款的规定解释合同条款时，应当以词句的通常含义为基础，结合相关条款、合同的性质和目的、习惯以及诚信原则，参考缔约背景、磋商过程、履行行为等因素确定争议条款的含义。

〈裁判指引〉有证据证明当事人之间对合同条款有不同于词句的通常含义的其他共同理解，一方主张按照词句的通常含义理解合同条款的，人民法院不予支持。

〈裁判指引〉对合同条款有两种以上解释，可能影响该条款效力的，人民法院应当选择有利于该条款有效的解释；〈裁判指引〉属于无偿合同的，应当选择对债务人负担较轻的解释。

第2条　下列情形，〈抗辩〉不违反法律、行政法规的强制性规定且不违背公序良俗的，〈辅助〉人民法院可以认定为民法典所称的“交易习惯”：

（一）当事人之间在交易活动中的惯常做法；

（二）在交易行为当地或者某一领域、某一行业通常采用并为交易对方订立合同时所知道或者应当知道的做法。

〈裁判指引〉对于交易习惯，由提出主张的当事人一方承担举证责任。

二、合同的订立

第3条 〈辅助〉当事人对合同是否成立存在争议，人民法院能够确定当事人姓名或者名称、标的和数量的，一般应当认定合同成立。〈抗辩〉但是，法律另有规定或者当事人另有约定的除外。

〈提示参引〉根据前款规定能够认定合同已经成立的，对合同欠缺的内容，人民法院应当依据民法典第五百一十条、第五百一十一条等规定予以确定。

〈提示参引〉当事人主张合同无效或者请求撤销、解除合同等，人民法院认为合同不成立的，应当依据《最高人民法院关于民事诉讼证据的若干规定》第五十三条的规定将合同是否成立作为焦点问题进行审理，〈裁判指引〉并可以根据案件的具体情况重新指定举证期限。

第4条 〈辅助〉采取招标方式订立合同，当事人请求确认合同自中标通知书到达中标人时成立的，人民法院应予支持。〈辅助〉合同成立后，当事人拒绝签订书面合同的，人民法院应当依据招标文件、投标文件和中标通知书等确定合同内容。

〈辅助〉采取现场拍卖、网络拍卖等公开竞价方式订立合同，当事人请求确认合同自拍卖师落槌、电子交易系统确认成交时成立的，人民法院应予支持。〈辅助〉合同成立后，当事人拒绝签订成交确认书的，人民法院应当依据拍卖公告、竞买人的报价等确定合同内容。

〈辅助〉产权交易所等机构主持拍卖、挂牌交易，其公布的拍卖公告、交易规则等文件公开确定了合同成立需要具备的条件，当事人请求确认合同自该条件具备时成立的，人民法院应予支持。

第5条 〈辅助〉第三人实施欺诈、胁迫行为，使当事人在违背真实意思的情况下订立合同，受到损失的当事人请求第三人承担赔偿责任的，人民法院依法予以支持；〈抗辩〉当事人亦有违背诚信原则的行为的，人民法院应当根据各自的过错确定相应的责任。〈抗辩〉但是，法律、司法解释对当事人与第三人的民事责任另有规定的，依照其规定。

第6条 〈辅助〉当事人以认购书、订购书、预订书等形式约定在将来一定期限内订立合同，或者为担保在将来一定期限内订立合同交付了定金，能够确定将来所要订立合同的主体、标的等内容的，人民法院应当认定预约合同成立。

〈否认〉当事人通过签订意向书或者备忘录等方式，仅表达交易的意向，未约定在将来一定期限内订立合同，或者虽然有约定但是难以确定将来所要订立合同的主体、标的等内容，一方主张预约合同成立的，人民法院不予支持。

〈辅助〉当事人订立的认购书、订购书、预订书等已就合同标的、数量、价款或者报酬等主要内容达成合意，符合本解释第三条第一款规定的合同成立条件，未明确约定在将来一定期限内另行订立合同，或者虽然有约定但是当事人一方已实施履行行为且对方接受的，人民法院应当认定本约合同成立。

第7条 〈辅助〉预约合同生效后，当事人一方拒绝订立本约合同或者在磋商订立本约合同时违背诚信原则导致未能订立本约合同的，人民法院应当认定该当事人不履行预约合同约定的义务。

〈裁判指引〉人民法院认定当事人一方在磋商订立本约合同时是否违背诚信原则，应当综合考虑该当事人在磋商时提出的条件是否明显背离预约合同约定的内容以及是否已尽合理努力进行协商等因素。

第8条 〈辅助〉预约合同生效后，当事人一方不履行订立本约合同的义务，对方请求其赔偿因此造成的损失的，人民法院依法予以支持。

〈裁判指引〉前款规定的损失赔偿，当事人有约定的，按照约定；没有约定的，人民法院应当综合考虑预约合同在内容上的完备程度以及订立本约合同的条件的成就程度等因素酌定。

第9条 〈否认排除〉合同条款符合民法典第四百九十六条第一款规定的情形，当事人仅以合同系依据合同示范文本制作或者双方已经明确约定合同条款不属于格式条款为由主张该条款不是格式条款的，人民法院不予支持。

〈否认排除〉从事经营活动的当事人一方仅以未实际重复使用为由主张

其预先拟定且未与对方协商的合同条款不是格式条款的，人民法院不予支持。〈否认〉但是，有证据证明该条款不是为了重复使用而预先拟定的除外。

第10条 〈辅助〉提供格式条款的一方在合同订立时采用通常足以引起对方注意的文字、符号、字体等明显标识，提示对方注意免除或者减轻其责任、排除或者限制对方权利等与对方有重大利害关系的异常条款的，人民法院可以认定其已经履行民法典第四百九十六条第二款规定的提示义务。

〈辅助〉提供格式条款的一方按照对方的要求，就与对方有重大利害关系的异常条款的概念、内容及其法律后果以书面或者口头形式向对方作出通常能够理解的解释说明的，人民法院可以认定其已经履行民法典第四百九十六条第二款规定的说明义务。

〈裁判指引〉提供格式条款的一方对其已经尽到提示义务或者说明义务承担举证责任。〈裁判指引〉对于通过互联网等信息网络订立的电子合同，提供格式条款的一方仅以采取了设置勾选、弹窗等方式为由主张其已经履行提示义务或者说明义务的，人民法院不予支持，〈裁判指引〉但是其举证符合前两款规定的除外。

三、合同的效力

第11条 〈裁判指引〉当事人一方是自然人，根据该当事人的年龄、智力、知识、经验并结合交易的复杂程度，能够认定其对合同的性质、合同订立的法律后果或者交易中存在的特定风险缺乏应有的认知能力的，人民法院可以认定该情形构成民法典第一百五十一条规定的“缺乏判断能力”。

第12条 〈辅助〉合同依法成立后，负有报批义务的当事人不履行报批义务或者履行报批义务不符合合同的约定或者法律、行政法规的规定，对方请求其继续履行报批义务的，人民法院应予支持；〈辅助〉对方主张解除合同并请求其承担违反报批义务的赔偿责任的，人民法院应予支持。

〈辅助〉人民法院判决当事人一方履行报批义务后，其仍不履行，对方主张解除合同并参照违反合同的违约责任请求其承担赔偿责任的，人民法院应予支持。

〈裁判指引〉合同获得批准前，当事人一方起诉请求对方履行合同约定的主要义务，经释明后拒绝变更诉讼请求的，人民法院应当判决驳回其诉讼请求，但是不影响其另行提起诉讼。

〈抗辩〉负有报批义务的当事人已经办理申请批准等手续或者已经履行生效判决确定的报批义务，批准机关决定不予批准，对方请求其承担赔偿责任的，人民法院不予支持。〈辅助〉但是，因迟延履行报批义务等可归责于当事人的原因导致合同未获批准，对方请求赔偿因此受到的损失的，人民法院应当依据民法典第一百五十七条的规定处理。

第13条 〈否认排除〉合同存在无效或者可撤销的情形，当事人以该合同已在有关行政管理部门办理备案、已经批准机关批准或者已依据该合同办理财产权利的变更登记、移转登记等为由主张合同有效的，人民法院不予支持。

第14条 〈抗辩〉当事人之间就同一交易订立多份合同，人民法院应当认定其中以虚假意思表示订立的合同无效。〈提示参引〉当事人为规避法律、行政法规的强制性规定，以虚假意思表示隐藏真实意思表示的，人民法院应当依据民法典第一百五十三条第一款的规定认定被隐藏合同的效力；〈提示参引〉当事人为规避法律、行政法规关于合同应当办理批准等手续的规定，以虚假意思表示隐藏真实意思表示的，人民法院应当依据民法典第五百零二条第二款的规定认定被隐藏合同的效力。

〈提示参引〉依据前款规定认定被隐藏合同无效或者确定不发生效力的，人民法院应当以被隐藏合同为事实基础，依据民法典第一百五十七条的规定确定当事人的民事责任。〈抗辩〉但是，法律另有规定的除外。

〈抗辩〉当事人就同一交易订立的多份合同均系真实意思表示，且不存在其他影响合同效力情形的，人民法院应当在查明各合同成立先后顺序和实际履行情况的基础上，认定合同内容是否发生变更。〈反抗辩〉法律、行政法规禁止变更合同内容的，人民法院应当认定合同的相应变更无效。

第15条 〈裁判指引〉人民法院认定当事人之间的权利义务关系，不应当拘泥于合同使用的名称，而应当根据合同约定的内容。〈裁判指引〉当事人主张的权利义务关系与根据合同内容认定的权利义务关系不一致的，人民法院应当结合缔约背景、交易目的、交易结构、履行行为以及当事人是否存在虚构交易标的等事实认定当事人之间的实际民事法律关系。

第16条 〈反抗辩/裁判指引〉合同违反法律、行政法规的强制性规定，有下列情形之一，由行为人承担行政责任或者刑事责任能够实现强制性规定的立法目的的，人民法院可以依据民法典第一百五十三条第一款关于“该强制性规定不导致该民事法律行为无效的除外”的规定认定该合同不因违反强制性规定无效：

（一）强制性规定虽然旨在维护社会公共秩序，但是合同的实际履行对社会公共秩序造成的影响显著轻微，认定合同无效将导致案件处理结果有失公平公正；

（二）强制性规定旨在维护政府的税收、土地出让金等国家利益或者其他民事主体的合法利益而非合同当事人的民事权益，认定合同有效不会影响该规范目的的实现；

（三）强制性规定旨在要求当事人一方加强风险控制、内部管理等，对方无能力或者无义务审查合同是否违反强制性规定，认定合同无效将使其承担不利后果；

（四）当事人一方虽然在订立合同时违反强制性规定，但是在合同订立后其已经具备补正违反强制性规定的条件却违背诚信原则不予补正；

（五）法律、司法解释规定的其他情形。

〈抗辩排除〉法律、行政法规的强制性规定旨在规制合同订立后的履行行为，当事人以合同违反强制性规定为由请求认定合同无效的，人民法院不予支持。〈抗辩〉但是，合同履行必然导致违反强制性规定或者法律、司法解释另有规定的除外。

〈裁判指引〉依据前两款认定合同有效，但是当事人的违法行为未经处理的，人民法院应当向有关行政管理部门提出司法建议。〈裁判指引〉当事人的行为涉嫌犯罪的，应当将案件线索移送刑事侦查机关；〈裁判指引〉属于刑事自诉案件的，应当告知当事人可以向有管辖权的人民法院另行提起诉讼。

第17条 〈裁判指引〉合同虽然不违反法律、行政法规的强制性规定，但是有下列情形之一，人民法院应当依据民法典第一百五十三条第二款的规定认定合同无效：

（一）合同影响政治安全、经济安全、军事安全等国家安全的；

（二）合同影响社会稳定、公平竞争秩序或者损害社会公共利益等违背社会公共秩序的；

（三）合同背离社会公德、家庭伦理或者有损人格尊严等违背善良风俗的。

〈裁判指引〉人民法院在认定合同是否违背公序良俗时，应当以社会主义核心价值观为导向，综合考虑当事人的主观动机和交易目的、政府部门的监管强度、一定期限内当事人从事类似交易的频次、行为的社会后果等因素，并在裁判文书中充分说理。〈否认〉当事人确因生活需要进行交易，未给社会公共秩序造成重大影响，且不影响国家安全，也不违背善良风俗的，人民法院不应当认定合同无效。

第18条 〈裁判指引〉法律、行政法规的规定虽然有“应当”“必须”或者“不得”等表述，但是该规定旨在限制或者赋予民事权利，行为人违反该规定将构成无权处分、无权代理、越权代表等，或者导致合同相对人、第三人因此获得撤销权、解除权等民事权利的，人民法院应当依据法律、行政法规规定的关于违反该规定的民事法律后果认定合同效力。

第19条 〈抗辩排除〉以转让或者设定财产权利为目的订立的合同，当事人或者真正权利人仅以让与人在订立合同时对标的物没有所有权或者处分权为由主张合同无效的，人民法院不予支持；〈辅助〉因未取得真正权利人事后同意或者让与人事后未取得处分权导致合同不能履行，受让人主张解除合同并请求让与人承担违反合同的赔偿责任的，人民法院依法予以支持。

〈提示参引〉前款规定的合同被认定有效，且让与人已经将财产交付或者移转登记至受让人，真正权利人请求认定财产权利未发生变动或者请求返还财产的，人民法院应予支持。〈抗辩〉但是，受让人依据民法典第三百一十一条等规定善意取得财产权利的除外。

第20条 〈抗辩〉法律、行政法规为限制法人的法定代表人或者非法人组织的负责人的代表权，规定合同所涉事项应当由法人、非法人组织的权力机构或者决策机构决议，或者应当由法人、非法人组织的执行机构决定，法定代表人、负责人未取得授权而以法人、非法人组织的名义订立合同，未尽到合理审查义务的相对人主张该合同对法人、非法人组织发生效力并由其承担违约责任的，人民法院不予支持，〈反抗辩〉但是法人、非法人组织有过错的，可以参照民法典第一百五十七条的规定判决其承担相应的赔偿责任。〈提示参引〉相对人已尽到合理审查义务，构成表见代表的，人民法院应当依据民法典第五百零四条的规定处理。

〈辅助〉合同所涉事项未超越法律、行政法规规定的法定代表人或者负责人的代表权限，但是超越法人、非法人组织的章程或者权力机构等对代表权的限制，相对人主张该合同对法人、非法人组织发生效力并由其承担违约责任的，人民法院依法予以支持。〈抗辩〉但是，法人、非法人组织举证证明相对人知道或者应当知道该限制的除外。

〈辅助〉法人、非法人组织承担民事责任后，向有过错的法定代表人、负责人追偿因越权代表行为造成的损失的，人民法院依法予以支持。〈抗辩〉法律、司法解释对法定代表人、负责人的民事责任另有规定的，依照其规定。

第21条 〈否认〉法人、非法人组织的工作人员就超越其职权范围的事项以法人、非法人组织的名义订立合同，相对人主张该合同对法人、非法人组织发生效力并由其承担违约责任的，人民法院不予支持。〈辅助〉但是，法人、非法人组织有过错的，人民法院可以参照民法典第一百五十七条的规定判决其承担相应的赔偿责任。〈提示参引〉前述情形，构成表见代理的，人民法院应当依据民法典第一百七十二条的规定处理。

〈辅助〉合同所涉事项有下列情形之一的，人民法院应当认定法人、非法人组织的工作人员在订立合同时超越其职权范围：

（一）依法应当由法人、非法人组织的权力机构或者决策机构决议的事项；

（二）依法应当由法人、非法人组织的执行机构决定的事项；

（三）依法应当由法定代表人、负责人代表法人、非法人组织实施的事项；

（四）不属于通常情形下依其职权可以处理的事项。

〈抗辩排除〉合同所涉事项未超越依据前款确定的职权范围，但是超越法人、非法人组织对工作人员职权范围的限制，相对人主张该合同对法人、非法人组织发生效力并由其承担违约责任的，人民法院应予支持。〈抗辩〉但是，法人、非法人组织举证证明相对人知道或者应当知道该限制的除外。

〈辅助〉法人、非法人组织承担民事责任后，向故意或者有重大过失的工作人员追偿的，人民法院依法予以支持。

第22条 〈否认排除〉法定代表人、负责人或者工作人员以法人、非法人组织的名义订立合同且未超越权限，法人、非法人组织仅以合同加盖的印章不是备案印章或者系伪造的印章为由主张该合同对其不发生效力的，人民法院不予支持。

〈辅助〉合同系以法人、非法人组织的名义订立，但是仅有法定代表人、负责人或者工作人员签名或者按指印而未加盖法人、非法人组织的印章，相对人能够证明法定代表人、负责人或者工作人员在订立合同时未超越权限的，人民法院应当认定合同对法人、非法人组织发生效力。〈抗辩〉但是，当事人约定以加盖印章作为合同成立条件的除外。

〈辅助〉合同仅加盖法人、非法人组织的印章而无人员签名或者按指印，相对人能够证明合同系法定代表人、负责人或者工作人员在其权限范围内订立的，人民法院应当认定该合同对法人、非法人组织发生效力。

〈提示参引〉在前三款规定的情形下，法定代表人、负责人或者工作人员在订立合同时虽然超越代表或者代理权限，但是依据民法典第五百零四条的规定构成表见代表，或者依据民法典第一百七十二条的规定构成表见代理的，人民法院应当认定合同对法人、非法人组织发生效力。

第23条 〈抗辩〉法定代表人、负责人或者代理人与相对人恶意串通，以法人、非法人组织的名义订立合同，损害法人、非法人组织的合法权益，法人、非法人组织主张不承担民事责任的，人民法院应予支持。〈辅助〉法人、非法人组织请求法定代表人、负责人或者代理人与相对人对因此受到的损失承担连带赔偿责任的，人民法院应予支持。

〈裁判指引〉根据法人、非法人组织的举证，综合考虑当事人之间的交易习惯、合同在订立时是否显失公平、相关人员是否获取了不正当利益、合同的履行情况等因素，人民法院能够认定法定代表人、负责人或者代理人与相对人存在恶意串通的高度可能性的，可以要求前述人员就合同订立、履行的过程等相关事实作出陈述或者提供相应的证据。〈裁判指引〉其无正当理由拒绝作出陈述，或者所作陈述不具合理性又不能提供相应证据的，人民法院可以认定恶意串通的事实成立。

第24条 〈辅助〉合同不成立、无效、被撤销或者确定不发生效力，当事人请求返还财产，经审查财产能够返还的，人民法院应当根据案件具体情况，单独或者合并适用返还占有的标的物、更正登记簿册记载等方式；〈辅助〉经审查财产不能返还或者没有必要返还的，人民法院应当以认定合同不成立、无效、被撤销或者确定不发生效力之日该财产的市场价值或者以其他合理方式计算的价值为基准判决折价补偿。

〈裁判指引〉除前款规定的情形外，当事人还请求赔偿损失的，人民法院应当结合财产返还或者折价补偿的情况，综合考虑财产增值收益和贬值损失、交易成本的支出等事实，按照双方当事人的过错程度及原因力大小，根据诚信原则和公平原则，合理确定损失赔偿额。

〈裁判指引〉合同不成立、无效、被撤销或者确定不发生效力，当事人的行为涉嫌违法且未经处理，可能导致一方或者双方通过违法行为获得不当利益的，人民法院应当向有关行政管理部门提出司法建议。〈裁判指引〉当事人的行为涉嫌犯罪的，应当将案件线索移送刑事侦查机关；〈裁判指引〉属于刑事自诉案件的，应当告知当事人可以向有管辖权的人民法院另行提起诉讼。

第25条 〈辅助〉合同不成立、无效、被撤销或者确定不发生效力，有权请求返还价款或者报酬的当事人一方请求对方支付资金占用费的，人民法院应当在当事人请求的范围内按照中国人民银行授权全国银行间同业拆借中心公布的一年期贷款市场报价利率（LPR）计算。〈抗辩〉但是，占用资金的当事人对于合同不成立、无效、被撤销或者确定不发生效力没有过错的，应当以中国人民银行公布的同期同类存款基准利率计算。

〈抗辩〉双方互负返还义务，当事人主张同时履行的，人民法院应予支持；〈抗辩〉占有标的物的一方对标的物存在使用或者依法可以使用的情形，对方请求将其应支付的资金占用费与应收取的标的物使用费相互抵销的，人民法院应予支持，〈反抗辩〉但是法律另有规定的除外。

四、合同的履行

第26条 〈辅助〉当事人一方未根据法律规定或者合同约定履行开具发票、提供证明文件等非主要债务，对方请求继续履行该债务并赔偿因怠于履行该债务造成的损失的，人民法院依法予以支持；〈否认〉对方请求解除合同的，人民法院不予支持，〈辅助〉但是不履行该债务致使不能实现合同目的或者当事人另有约定的除外。

第27条 〈辅助〉债务人或者第三人与债权人在债务履行期限届满后达成以物抵债协议，不存在影响合同效力情形的，人民法院应当认定该协议自当事人意思表示一致时生效。

〈抗辩〉债务人或者第三人履行以物抵债协议后，人民法院应当认定相应的原债务同时消灭；〈辅助〉债务人或者第三人未按照约定履行以物抵债协议，经催告后在合理期限内仍不履行，债权人选择请求履行原债务或者以物抵债协议的，人民法院应予支持，〈抗辩〉但是法律另有规定或者当事人另有约定的除外。

〈裁判指引〉前款规定的以物抵债协议经人民法院确认或者人民法院根据当事人达成的以物抵债协议制作成调解书，债权人主张财产权利自确认书、调解书生效时发生变动或者具有对抗善意第三人效力的，人民法院不予支持。

〈提示参引〉债务人或者第三人以自己不享有所有权或者处分权的财产权利订立以物抵债协议的，依据本解释第十九条的规定处理。

第28条 〈辅助〉债务人或者第三人与债权人在债务履行期限届满前达成以物抵债协议的，人民法院应当在审理债权债务关系的基础上认定该协议的效力。

〈辅助〉当事人约定债务人到期没有清偿债务，债权人可以对抵债财产拍卖、变卖、折价以实现债权的，人民法院应当认定该约定有效。〈抗辩〉当事人约定债务人到期没有清偿债务，抵债财产归债权人所有的，人民法院应当认定该约定无效，〈反抗辩〉但是不影响其他部分的效力；〈辅助〉债权人请求对抵债财产拍卖、变卖、折价以实现债权的，人民法院应予支持。

〈辅助〉当事人订立前款规定的以物抵债协议后，债务人或者第三人未将财产权利转移至债权人名下，债权人主张优先受偿的，人民法院不予支持；〈提示参引〉债务人或者第三人已将财产权利转移至债权人名下的，依据《最高人民法院关于适用〈中华人民共和国民法典〉有关担保制度的解释》第六十八条的规定处理。

第29条 〈辅助〉民法典第五百二十二条第二款规定的第三人请求债务人向自己履行债务的，人民法院应予支持；〈抗辩排除〉请求行使撤销权、解除权等民事权利的，人民法院不予支持，〈抗辩〉但是法律另有规定的除外。

〈辅助〉合同依法被撤销或者被解除，债务人请求债权人返还财产的，人民法院应予支持。

〈辅助〉债务人按照约定向第三人履行债务，第三人拒绝受领，债权人请求债务人向自己履行债务的，人民法院应予支持，〈抗辩〉但是债务人已经采取提存等方式消灭债务的除外。〈辅助〉第三人拒绝受领或者受领迟延，债务人请求债权人赔偿因此造成的损失的，人民法院依法予以支持。

第30条 〈辅助〉下列民事主体，人民法院可以认定为民法典第五百二十四条第一款规定的对履行债务具有合法利益的第三人：

（一）保证人或者提供物的担保的第三人；

（二）担保财产的受让人、用益物权人、合法占有人；

（三）担保财产上的后顺位担保权人；

（四）对债务人的财产享有合法权益且该权益将因财产被强制执行而丧失的第三人；

（五）债务人为法人或者非法人组织的，其出资人或者设立人；

（六）债务人为自然人的，其近亲属；

（七）其他对履行债务具有合法利益的第三人。

〈辅助〉第三人在其已经代为履行的范围内取得对债务人的债权，〈抗辩〉但是不得损害债权人的利益。

〈提示参引〉担保人代为履行债务取得债权后，向其他担保人主张担保权利的，依据《最高人民法院关于适用〈中华人民共和国民法典〉有关担保制度的解释》第十三条、第十四条、第十八条第二款等规定处理。

第31条 〈抗辩排除〉当事人互负债务，一方以对方没有履行非主要债务为由拒绝履行自己的主要债务的，人民法院不予支持。〈抗辩〉但是，对方不履行非主要债务致使不能实现合同目的或者当事人另有约定的除外。

〈裁判指引〉当事人一方起诉请求对方履行债务，被告依据民法典第五百二十五条的规定主张双方同时履行的抗辩且抗辩成立，被告未提起反诉的，人民法院应当判决被告在原告履行债务的同时履行自己的债务，并在判项中明确原告申请强制执行的，人民法院应当在原告履行自己的债务后对被告采取执行行为；〈裁判指引〉被告提起反诉的，人民法院应当判决双方同时履行自己的债务，并在判项中明确任何一方申请强制执行的，人民法院应当在该当事人履行自己的债务后对对方采取执行行为。

〈裁判指引〉当事人一方起诉请求对方履行债务，被告依据民法典第五百二十六条的规定主张原告应先履行的抗辩且抗辩成立的，人民法院应当驳回原告的诉讼请求，但是不影响原告履行债务后另行提起诉讼。

第32条 〈辅助〉合同成立后，因政策调整或者市场供求关系异常变动等原因导致价格发生当事人在订立合同时无法预见的、不属于商业风险的涨跌，继续履行合同对于当事人一方明显不公平的，人民法院应当认定合同的基础条件发生了民法典第五百三十三条第一款规定的“重大变化”。〈抗辩〉但是，合同涉及市场属性活跃、长期以来价格波动较大的大宗商品以及股票、期货等风险投资型金融产品的除外。

〈裁判指引〉合同的基础条件发生了民法典第五百三十三条第一款规定的重大变化，当事人请求变更合同的，人民法院不得解除合同；〈裁判指引〉当事人一方请求变更合同，对方请求解除合同的，或者当事人一方请求解除合同，对方请求变更合同的，人民法院应当结合案件的实际情况，根据公平原则判决变更或者解除合同。

〈裁判指引〉人民法院依据民法典第五百三十三条的规定判决变更或者解除合同的，应当综合考虑合同基础条件发生重大变化的时间、当事人重新协商的情况以及因合同变更或者解除给当事人造成的损失等因素，在判项中明确合同变更或者解除的时间。

〈抗辩排除〉当事人事先约定排除民法典第五百三十三条适用的，人民法院应当认定该约定无效。

五、合同的保全

第33条 〈辅助〉债务人不履行其对债权人的到期债务，又不以诉讼或者仲裁方式向相对人主张其享有的债权或者与该债权有关的从权利，致使债权人的到期债权未能实现的，人民法院可以认定为民法典第五百三十五条规定的“债务人怠于行使其债权或者与该债权有关的从权利，影响债权人的到期债权实现”。

第34条 〈辅助〉下列权利，人民法院可以认定为民法典第五百三十五条第一款规定的专属于债务人自身的权利：

（一）抚养费、赡养费或者扶养费请求权；

（二）人身损害赔偿请求权；

（三）劳动报酬请求权，但是超过债务人及其所扶养家属的生活必需费用的部分除外；

（四）请求支付基本养老保险金、失业保险金、最低生活保障金等保障当事人基本生活的权利；

（五）其他专属于债务人自身的权利。

第35条 〈裁判指引〉债权人依据民法典第五百三十五条的规定对债务人的相对人提起代位权诉讼的，由被告住所地人民法院管辖，但是依法应当适用专属管辖规定的除外。

〈裁判指引〉债务人或者相对人以双方之间的债权债务关系订有管辖协议为由提出异议的，人民法院不予支持。

第36条 〈裁判指引〉债权人提起代位权诉讼后，债务人或者相对人以双方之间的债权债务关系订有仲裁协议为由对法院主管提出异议的，人民法院不予支持。〈裁判指引〉但是，债务人或者相对人在首次开庭前就债务人与相对人之间的债权债务关系申请仲裁的，人民法院可以依法中止代位权诉讼。

第37条 〈裁判指引〉债权人以债务人的相对人为被告向人民法院提起代位权诉讼，未将债务人列为第三人的，人民法院应当追加债务人为第三人。

〈裁判指引〉两个以上债权人以债务人的同一相对人为被告提起代位权诉讼的，人民法院可以合并审理。〈辅助〉债务人对相对人享有的债权不足以清偿其对两个以上债权人负担的债务的，人民法院应当按照债权人享有的债权比例确定相对人的履行份额，〈抗辩〉但是法律另有规定的除外。

第38条 〈裁判指引〉债权人向人民法院起诉债务人后，又向同一人民法院对债务人的相对人提起代位权诉讼，属于该人民法院管辖的，可以合并审理。〈裁判指引〉不属于该人民法院管辖的，应当告知其向有管辖权的人民法院另行起诉；〈裁判指引〉在起诉债务人的诉讼终结前，代位权诉讼应当中止。

第39条 〈裁判指引〉在代位权诉讼中，债务人对超过债权人代位请求数额的债权部分起诉相对人，属于同一人民法院管辖的，可以合并审理。〈裁判指引〉不属于同一人民法院管辖的，应当告知其向有管辖权的人民法院另行起诉；〈裁判指引〉在代位权诉讼终结前，债务人对相对人的诉讼应当中止。

第40条 〈裁判指引〉代位权诉讼中，人民法院经审理认为债权人的主张不符合代位权行使条件的，应当驳回诉讼请求，但是不影响债权人根据新的事实再次起诉。

〈否认排除〉债务人的相对人仅以债权人提起代位权诉讼时债权人与债务人之间的债权债务关系未经生效法律文书确认为由，主张债权人提起的诉讼不符合代位权行使条件的，人民法院不予支持。

第41条 〈抗辩排除〉债权人提起代位权诉讼后，债务人无正当理由减免相对人的债务或者延长相对人的履行期限，相对人以此向债权人抗辩的，人民法院不予支持。

第42条 〈裁判指引〉对于民法典第五百三十九条规定的“明显不合理”的低价或者高价，人民法院应当按照交易当地一般经营者的判断，并参考交易时交易地的市场交易价或者物价部门指导价予以认定。

〈辅助〉转让价格未达到交易时交易地的市场交易价或者指导价百分之七十的，一般可以认定为“明显不合理的低价”；〈辅助〉受让价格高于交易时交易地的市场交易价或者指导价百分之三十的，一般可以认定为“明显不合理的高价”。

〈抗辩〉债务人与相对人存在亲属关系、关联关系的，不受前款规定的百分之七十、百分之三十的限制。

第43条 〈提示参引〉债务人以明显不合理的价格，实施互易财产、以物抵债、出租或者承租财产、知识产权许可使用等行为，影响债权人的债权实现，债务人的相对人知道或者应当知道该情形，债权人请求撤销债务人的行为的，人民法院应当依据民法典第五百三十九条的规定予以支持。

第44条 〈裁判指引〉债权人依据民法典第五百三十八条、第五百三十九条的规定提起撤销权诉讼的，应当以债务人和债务人的相对人为共同被告，由债务人或者相对人的住所地人民法院管辖，但是依法应当适用专属管辖规定的除外。

〈裁判指引〉两个以上债权人就债务人的同一行为提起撤销权诉讼的，人民法院可以合并审理。

第45条 〈辅助〉在债权人撤销权诉讼中，被撤销行为的标的可分，当事人主张在受影响的债权范围内撤销债务人的行为的，人民法院应予支持；〈辅助〉被撤销行为的标的不可分，债权人主张将债务人的行为全部撤销的，人民法院应予支持。

〈辅助〉债权人行使撤销权所支付的合理的律师代理费、差旅费等费用，可以认定为民法典第五百四十条规定的“必要费用”。

第46条 〈裁判指引〉债权人在撤销权诉讼中同时请求债务人的相对人向债务人承担返还财产、折价补偿、履行到期债务等法律后果的，人民法院依法予以支持。

〈裁判指引〉债权人请求受理撤销权诉讼的人民法院一并审理其与债务人之间的债权债务关系，属于该人民法院管辖的，可以合并审理。〈裁判指引〉不属于该人民法院管辖的，应当告知其向有管辖权的人民法院另行起诉。

〈裁判指引〉债权人依据其与债务人的诉讼、撤销权诉讼产生的生效法律文书申请强制执行的，人民法院可以就债务人对相对人享有的权利采取强制执行措施以实现债权人的债权。〈裁判指引〉债权人在撤销权诉讼中，申请对相对人的财产采取保全措施的，人民法院依法予以准许。

六、合同的变更和转让

第47条 〈裁判指引〉债权转让后，债务人向受让人主张其对让与人的抗辩的，人民法院可以追加让与人为第三人。

〈裁判指引〉债务转移后，新债务人主张原债务人对债权人的抗辩的，人民法院可以追加原债务人为第三人。

〈裁判指引〉当事人一方将合同权利义务一并转让后，对方就合同权利义务向受让人主张抗辩或者受让人就合同权利义务向对方主张抗辩的，人民法院可以追加让与人为第三人。

第48条 〈抗辩〉债务人在接到债权转让通知前已经向让与人履行，受让人请求债务人履行的，人民法院不予支持；〈辅助〉债务人接到债权转让通知后仍然向让与人履行，受让人请求债务人履行的，人民法院应予支持。

〈辅助〉让与人未通知债务人，受让人直接起诉债务人请求履行债务，人民法院经审理确认债权转让事实的，应当认定债权转让自起诉状副本送达时对债务人发生效力。〈抗辩〉债务人主张因未通知而给其增加的费用或者造成的损失从认定的债权数额中扣除的，人民法院依法予以支持。

第49条 〈反抗辩排除〉债务人接到债权转让通知后，让与人以债权转让合同不成立、无效、被撤销或者确定不发生效力为由请求债务人向其履行的，人民法院不予支持。〈反抗辩〉但是，该债权转让通知被依法撤销的除外。

〈抗辩排除〉受让人基于债务人对债权真实存在的确认受让债权后，债务人又以该债权不存在为由拒绝向受让人履行的，人民法院不予支持。〈抗辩〉但是，受让人知道或者应当知道该债权不存在的除外。

第50条 〈抗辩〉让与人将同一债权转让给两个以上受让人，债务人以已经向最先通知的受让人履行为由主张其不再履行债务的，人民法院应予支持。〈辅助〉债务人明知接受履行的受让人不是最先通知的受让人，最先通知的受让人请求债务人继续履行债务或者依据债权转让协议请求让与人承担违约责任的，人民法院应予支持；〈否认〉最先通知的受让人请求接受履行的受让人返还其接受的财产的，人民法院不予支持，〈辅助〉但是接受履行的受让人明知该债权在其受让前已经转让给其他受让人的除外。

〈辅助〉前款所称最先通知的受让人，是指最先到达债务人的转让通知中载明的受让人。〈裁判指引〉当事人之间对通知到达时间有争议的，人民法院应当结合通知的方式等因素综合判断，而不能仅根据债务人认可的通知时间或者通知记载的时间予以认定。〈辅助〉当事人采用邮寄、通讯电子系统等方式发出通知的，人民法院应当以邮戳时间或者通讯电子系统记载的时间等作为认定通知到达时间的依据。

第51条　〈辅助〉第三人加入债务并与债务人约定了追偿权，其履行债务后主张向债务人追偿的，人民法院应予支持；〈辅助〉没有约定追偿权，第三人依照民法典关于不当得利等的规定，在其已经向债权人履行债务的范围内请求债务人向其履行的，人民法院应予支持，〈抗辩〉但是第三人知道或者应当知道加入债务会损害债务人利益的除外。

〈抗辩〉债务人就其对债权人享有的抗辩向加入债务的第三人主张的，人民法院应予支持。

七、合同的权利义务终止

第52条　〈辅助〉当事人就解除合同协商一致时未对合同解除后的违约责任、结算和清理等问题作出处理，一方主张合同已经解除的，人民法院应予支持。但是，当事人另有约定的除外。

〈抗辩〉有下列情形之一的，〈反抗辩〉除当事人一方另有意思表示外，人民法院可以认定合同解除：

（一）当事人一方主张行使法律规定或者合同约定的解除权，经审理认为不符合解除权行使条件但是对方同意解除；

（二）双方当事人均不符合解除权行使的条件但是均主张解除合同。

〈提示参引〉前两款情形下的违约责任、结算和清理等问题，人民法院应当依据民法典第五百六十六条、第五百六十七条和有关违约责任的规定处理。

第53条 〈辅助〉当事人一方以通知方式解除合同，并以对方未在约定的异议期限或者其他合理期限内提出异议为由主张合同已经解除的，人民法院应当对其是否享有法律规定或者合同约定的解除权进行审查。〈辅助〉经审查，享有解除权的，合同自通知到达对方时解除；〈否认〉不享有解除权的，不发生合同解除的效力。

第54条 〈辅助〉当事人一方未通知对方，直接以提起诉讼的方式主张解除合同，撤诉后再次起诉主张解除合同，人民法院经审理支持该主张的，合同自再次起诉的起诉状副本送达对方时解除。〈辅助〉但是，当事人一方撤诉后又通知对方解除合同且该通知已经到达对方的除外。

第55条 〈抗辩〉当事人一方依据民法典第五百六十八条的规定主张抵销，人民法院经审理认为抵销权成立的，应当认定通知到达对方时双方互负的主债务、利息、违约金或者损害赔偿金等债务在同等数额内消灭。

第56条 〈类推参引〉行使抵销权的一方负担的数项债务种类相同，但是享有的债权不足以抵销全部债务，当事人因抵销的顺序发生争议的，人民法院可以参照民法典第五百六十条的规定处理。

〈类推参引〉行使抵销权的一方享有的债权不足以抵销其负担的包括主债务、利息、实现债权的有关费用在内的全部债务，当事人因抵销的顺序发生争议的，人民法院可以参照民法典第五百六十一条的规定处理。

第57条 〈反抗辩〉因侵害自然人人身权益，或者故意、重大过失侵害他人财产权益产生的损害赔偿债务，侵权人主张抵销的，人民法院不予支持。

第58条 〈反抗辩〉当事人互负债务，一方以其诉讼时效期间已经届满的债权通知对方主张抵销，对方提出诉讼时效抗辩的，人民法院对该抗辩应予支持。〈抗辩〉一方的债权诉讼时效期间已经届满，对方主张抵销的，人民法院应予支持。

八、违约责任

第59条 〈辅助〉当事人一方依据民法典第五百八十条第二款的规定

请求终止合同权利义务关系的，人民法院一般应当以起诉状副本送达对方的时间作为合同权利义务关系终止的时间。〈裁判指引〉根据案件的具体情况，以其他时间作为合同权利义务关系终止的时间更加符合公平原则和诚信原则的，人民法院可以以该时间作为合同权利义务关系终止的时间，但是应当在裁判文书中充分说明理由。

第60条 〈辅助〉人民法院依据民法典第五百八十四条的规定确定合同履行后可以获得的利益时，可以在扣除非违约方为订立、履行合同支出的费用等合理成本后，按照非违约方能够获得的生产利润、经营利润或者转售利润等计算。

〈辅助〉非违约方依法行使合同解除权并实施了替代交易，主张按照替代交易价格与合同价格的差额确定合同履行后可以获得的利益的，人民法院依法予以支持；〈抗辩〉替代交易价格明显偏离替代交易发生时当地的市场价格，违约方主张按照市场价格与合同价格的差额确定合同履行后可以获得的利益的，人民法院应予支持。

〈辅助〉非违约方依法行使合同解除权但是未实施替代交易，主张按照违约行为发生后合理期间内合同履行地的市场价格与合同价格的差额确定合同履行后可以获得的利益的，人民法院应予支持。

第61条 〈辅助〉在以持续履行的债务为内容的定期合同中，一方不履行支付价款、租金等金钱债务，对方请求解除合同，人民法院经审理认为合同应当依法解除的，可以根据当事人的主张，参考合同主体、交易类型、市场价格变化、剩余履行期限等因素确定非违约方寻找替代交易的合理期限，并按照该期限对应的价款、租金等扣除非违约方应当支付的相应履约成本确定合同履行后可以获得的利益。

〈抗辩〉非违约方主张按照合同解除后剩余履行期限相应的价款、租金等扣除履约成本确定合同履行后可以获得的利益的，人民法院不予支持。〈反抗辩〉但是，剩余履行期限少于寻找替代交易的合理期限的除外。

第62条 〈裁判指引〉非违约方在合同履行后可以获得的利益难以根据本解释第六十条、第六十一条的规定予以确定的，人民法院可以综合考虑违约方因违约获得的利益、违约方的过错程度、其他违约情节等因素，遵循公平原则和诚信原则确定。

第63条 〈裁判指引〉在认定民法典第五百八十四条规定的“违约一方订立合同时预见到或者应当预见到的因违约可能造成的损失”时，人民法院应当根据当事人订立合同的目的，综合考虑合同主体、合同内容、交易类型、交易习惯、磋商过程等因素，按照与违约方处于相同或者类似情况的民事主体在订立合同时预见到或者应当预见到的损失予以确定。

〈辅助〉除合同履行后可以获得的利益外，非违约方主张还有其向第三人承担违约责任应当支出的额外费用等其他因违约所造成的损失，并请求违约方赔偿，〈抗辩〉经审理认为该损失系违约一方订立合同时预见到或者应当预见到的，人民法院应予支持。

〈抗辩〉在确定违约损失赔偿额时，违约方主张扣除非违约方未采取适当措施导致的扩大损失、非违约方也有过错造成的相应损失、非违约方因违约获得的额外利益或者减少的必要支出的，人民法院依法予以支持。

第64条 〈裁判指引〉当事人一方通过反诉或者抗辩的方式，请求调整违约金的，人民法院依法予以支持。

〈裁判指引〉违约方主张约定的违约金过分高于违约造成的损失，请求予以适当减少的，应当承担举证责任。〈裁判指引〉非违约方主张约定的违约金合理的，也应当提供相应的证据。

〈抗辩排除/反抗辩排除〉当事人仅以合同约定不得对违约金进行调整为由主张不予调整违约金的，人民法院不予支持。

第65条 〈裁判指引〉当事人主张约定的违约金过分高于违约造成的损失，请求予以适当减少的，人民法院应当以民法典第五百八十四条规定的损失为基础，兼顾合同主体、交易类型、合同的履行情况、当事人的过错程度、履约背景等因素，遵循公平原则和诚信原则进行衡量，并作出裁判。

〈辅助〉约定的违约金超过造成损失的百分之三十的，人民法院一般可以认定为过分高于造成的损失。

〈反抗辩〉恶意违约的当事人一方请求减少违约金的，人民法院一般不予支持。

第66条 〈裁判指引〉当事人一方请求对方支付违约金，对方以合同不成立、无效、被撤销、确定不发生效力、不构成违约或者非违约方不存在损失等为由抗辩，未主张调整过高的违约金的，人民法院应当就若不支持该抗辩，当事人是否请求调整违约金进行释明。〈裁判指引〉第一审人民法院认为抗辩成立且未予释明，第二审人民法院认为应当判决支付违约金的，可以直接释明，并根据当事人的请求，在当事人就是否应当调整违约金充分举证、质证、辩论后，依法判决适当减少违约金。

〈裁判指引〉被告因客观原因在第一审程序中未到庭参加诉讼，但是在第二审程序中到庭参加诉讼并请求减少违约金的，第二审人民法院可以在当事人就是否应当调整违约金充分举证、质证、辩论后，依法判决适当减少违约金。

第67条 〈否认〉当事人交付留置金、担保金、保证金、订约金、押金或者订金等，但是没有约定定金性质，一方主张适用民法典第五百八十七条规定的定金罚则的，人民法院不予支持。〈辅助〉当事人约定了定金性质，但是未约定定金类型或者约定不明，一方主张为违约定金的，人民法院应予支持。

〈提示参引〉当事人约定以交付定金作为订立合同的担保，一方拒绝订立合同或者在磋商订立合同时违背诚信原则导致未能订立合同，对方主张适用民法典第五百八十七条规定的定金罚则的，人民法院应予支持。

〈反抗辩〉当事人约定以交付定金作为合同成立或者生效条件，应当交付定金的一方未交付定金，但是合同主要义务已经履行完毕并为对方所接受的，人民法院应当认定合同在对方接受履行时已经成立或者生效。

〈抗辩〉当事人约定定金性质为解约定金，交付定金的一方主张以丧失定金为代价解除合同的，或者收受定金的一方主张以双倍返还定金为代价解除合同的，人民法院应予支持。

第68条 〈反抗辩/抗辩①〉双方当事人均具有致使不能实现合同目的的违约行为，其中一方请求适用定金罚则的，人民法院不予支持。〈反抗辩排

① “反抗辩”指向受领定金方主张适用定金罚则（不必返还）情形；“抗辩”指向给付定金方主张适用定金罚则（双倍返还）情形。

除／抗辩排除〉当事人一方仅有轻微违约，对方具有致使不能实现合同目的的违约行为，轻微违约方主张适用定金罚则，对方以轻微违约方也构成违约为由抗辩的，人民法院对该抗辩不予支持。

〈反抗辩／抗辩〉当事人一方已经部分履行合同，对方接受并主张按照未履行部分所占比例适用定金罚则的，人民法院应予支持。〈反抗辩／抗辩〉对方主张按照合同整体适用定金罚则的，人民法院不予支持，〈再抗辩／反抗辩〉但是部分未履行致使不能实现合同目的的除外。

〈反抗辩／抗辩〉因不可抗力致使合同不能履行，非违约方主张适用定金罚则的，人民法院不予支持。

九、附则

第69条 〈裁判指引〉本解释自2023年12月5日起施行。

〈裁判指引〉民法典施行后的法律事实引起的民事案件，本解释施行后尚未终审的，适用本解释；〈裁判指引〉本解释施行前已经终审，当事人申请再审或者按照审判监督程序决定再审的，不适用本解释。

最高人民法院关于审理买卖合同纠纷案件适用法律问题的解释

（2020年12月23日　法释〔2020〕24号）

为正确审理买卖合同纠纷案件，根据《中华人民共和国民法典》《中华人民共和国民事诉讼法》等法律的规定，结合审判实践，制定本解释。

一、买卖合同的成立

第1条　〈裁判指引〉当事人之间没有书面合同，一方以送货单、收货单、结算单、发票等主张存在买卖合同关系的，人民法院应当结合当事人之间的交易方式、交易习惯以及其他相关证据，对买卖合同是否成立作出认定。

〈辅助〉对账确认函、债权确认书等函件、凭证没有记载债权人名称，买卖合同当事人一方以此证明存在买卖合同关系的，人民法院应予支持，〈否认〉但有相反证据足以推翻的除外。

二、标的物交付和所有权转移

第2条　〈辅助〉标的物为无需以有形载体交付的电子信息产品，当事人对交付方式约定不明确，且依照民法典第五百一十条的规定仍不能确定的，买受人收到约定的电子信息产品或者权利凭证即为交付。

第3条　〈辅助〉根据民法典第六百二十九条的规定，买受人拒绝接收多交部分标的物的，可以代为保管多交部分标的物。〈辅助〉买受人主张出卖人负担代为保管期间的合理费用的，人民法院应予支持。

〈辅助〉买受人主张出卖人承担代为保管期间非因买受人故意或者重大过失造成的损失的，人民法院应予支持。

第4条 〈辅助〉民法典第五百九十九条规定的"提取标的物单证以外的有关单证和资料"，主要应当包括保险单、保修单、普通发票、增值税专用发票、产品合格证、质量保证书、质量鉴定书、品质检验证书、产品进出口检疫书、原产地证明书、使用说明书、装箱单等。

第5条 〈辅助〉出卖人仅以增值税专用发票及税款抵扣资料证明其已履行交付标的物义务，买受人不认可的，出卖人应当提供其他证据证明交付标的物的事实。

〈辅助〉合同约定或者当事人之间习惯以普通发票作为付款凭证，买受人以普通发票证明已经履行付款义务的，人民法院应予支持，〈否认〉但有相反证据足以推翻的除外。

第6条 〈辅助〉出卖人就同一普通动产订立多重买卖合同，在买卖合同均有效的情况下，买受人均要求实际履行合同的，应当按照以下情形分别处理：

（一）先行受领交付的买受人请求确认所有权已经转移的，人民法院应予支持；

（二）均未受领交付，先行支付价款的买受人请求出卖人履行交付标的物等合同义务的，人民法院应予支持；

（三）均未受领交付，也未支付价款，依法成立在先合同的买受人请求出卖人履行交付标的物等合同义务的，人民法院应予支持。

第7条 〈辅助〉出卖人就同一船舶、航空器、机动车等特殊动产订立多重买卖合同，在买卖合同均有效的情况下，买受人均要求实际履行合同的，应当按照以下情形分别处理：

（一）先行受领交付的买受人请求出卖人履行办理所有权转移登记手续等合同义务的，人民法院应予支持；

（二）均未受领交付，先行办理所有权转移登记手续的买受人请求出卖人履行交付标的物等合同义务的，人民法院应予支持；

（三）均未受领交付，也未办理所有权转移登记手续，依法成立在先合同的买受人请求出卖人履行交付标的物和办理所有权转移登记手续等合同义务的，人民法院应予支持；

（四）出卖人将标的物交付给买受人之一，又为其他买受人办理所有权转移登记，已受领交付的买受人请求将标的物所有权登记在自己名下的，人民法院应予支持。

三、标的物风险负担

第8条 〈辅助〉民法典第六百零三条第二款第一项规定的"标的物需要运输的"，是指标的物由出卖人负责办理托运，承运人系独立于买卖合同当事人之外的运输业者的情形。〈提示参引〉标的物毁损、灭失的风险负担，按照民法典第六百零七条第二款的规定处理。

第9条 〈反抗辩〉出卖人根据合同约定将标的物运送至买受人指定地点并交付给承运人后，标的物毁损、灭失的风险由买受人负担，但当事人另有约定的除外。

第10条 〈再抗辩①〉出卖人出卖交由承运人运输的在途标的物，在合同成立时知道或者应当知道标的物已经毁损、灭失却未告知买受人，买受人主张出卖人负担标的物毁损、灭失的风险的，人民法院应予支持。

第11条 〈否认②〉当事人对风险负担没有约定，标的物为种类物，出卖人未以装运单据、加盖标记、通知买受人等可识别的方式清楚地将标的物特定于买卖合同，买受人主张不负担标的物毁损、灭失的风险的，人民法院应予支持。

四、标的物检验

第12条 〈裁判指引〉人民法院具体认定民法典第六百二十一条第二款

---

① 《民法典》第626条第1句为出卖人请求买受人支付价金的请求权基础；标的物毁损、灭失为买受人拒付价金的抗辩，第606条"在途货物价金风险自合同成立时移转"为反抗辩；"如果情况表明有此需要，从货物交付给签发载有运输合同单据的承运人时起（合同成立之前），风险就由买方承担"为另一反抗辩（法律漏洞）；《买卖解释》第10条意味着，"在合同成立时知道或者应当知道标的物已经毁损、灭失却未告知买受人，则风险不提前移转"，为再抗辩。

② 对"出卖人履行不能"的否认，实质效果是因未特定化给付风险未移转，出卖人仍负担给付义务。

规定的“合理期限”时，应当综合当事人之间的交易性质、交易目的、交易方式、交易习惯、标的物的种类、数量、性质、安装和使用情况、瑕疵的性质、买受人应尽的合理注意义务、检验方法和难易程度、买受人或者检验人所处的具体环境、自身技能以及其他合理因素，依据诚实信用原则进行判断。

〈辅助〉民法典第六百二十一条第二款规定的“二年”是最长的合理期限。〈抗辩排除〉该期限为不变期间，不适用诉讼时效中止、中断或者延长的规定。

第13条 〈抗辩排除〉买受人在合理期限内提出异议，出卖人以买受人已经支付价款、确认欠款数额、使用标的物等为由，主张买受人放弃异议的，人民法院不予支持，但当事人另有约定的除外。

第14条 〈否认〉民法典第六百二十一条规定的检验期限、合理期限、二年期限经过后，买受人主张标的物的数量或者质量不符合约定的，人民法院不予支持。

〈辅助[①]〉出卖人自愿承担违约责任后，又以上述期限经过为由翻悔的，人民法院不予支持。

五、违约责任

第15条 〈抗辩〉买受人依约保留部分价款作为质量保证金，出卖人在质量保证期未及时解决质量问题而影响标的物的价值或者使用效果，出卖人主张支付该部分价款的，人民法院不予支持。

第16条 〈辅助〉买受人在检验期限、质量保证期、合理期限内提出质量异议，出卖人未按要求予以修理或者因情况紧急，买受人自行或者通过第三人修理标的物后，主张出卖人负担因此发生的合理费用的，人民法院应予支持。

第17条 〈辅助〉标的物质量不符合约定，买受人依照民法典第

---

① 该条款实质上确认了“瑕疵+出卖人承认瑕疵”是与“瑕疵+买受人检验期内通知”并列的瑕疵责任事由，对于前者，检验期内通知并非其成立要件。

五百八十二条的规定要求减少价款的，人民法院应予支持。〈辅助〉当事人主张以符合约定的标的物和实际交付的标的物按交付时的市场价值计算差价的，人民法院应予支持。

〈辅助〉价款已经支付，买受人主张返还减价后多出部分价款的，人民法院应予支持。

第18条 〈抗辩〉买卖合同对付款期限作出的变更，不影响当事人关于逾期付款违约金的约定，但该违约金的起算点应当随之变更。

〈抗辩排除〉买卖合同约定逾期付款违约金，买受人以出卖人接受价款时未主张逾期付款违约金为由拒绝支付该违约金的，人民法院不予支持。

〈辅助〉买卖合同约定逾期付款违约金，但对账单、还款协议等未涉及逾期付款责任，出卖人根据对账单、还款协议等主张欠款时请求买受人依约支付逾期付款违约金的，人民法院应予支持，〈抗辩〉但对账单、还款协议等明确载有本金及逾期付款利息数额或者已经变更买卖合同中关于本金、利息等约定内容的除外。

〈辅助〉买卖合同没有约定逾期付款违约金或者该违约金的计算方法，出卖人以买受人违约为由主张赔偿逾期付款损失，违约行为发生在2019年8月19日之前的，人民法院可以中国人民银行同期同类人民币贷款基准利率为基础，参照逾期罚息利率标准计算；〈辅助〉违约行为发生在2019年8月20日之后的，人民法院可以违约行为发生时中国人民银行授权全国银行间同业拆借中心公布的一年期贷款市场报价利率（LPR）标准为基础，加计30—50%计算逾期付款损失。

第19条 〈提示参引〉出卖人没有履行或者不当履行从给付义务，致使买受人不能实现合同目的，买受人主张解除合同的，人民法院应当根据民法典第五百六十三条第一款第四项的规定，予以支持。

第20条 〈辅助〉买卖合同因违约而解除后，守约方主张继续适用违约金条款的，人民法院应予支持；〈提示参引〉但约定的违约金过分高于造成的损失的，人民法院可以参照民法典第五百八十五条第二款的规定处理。

第21条 〈裁判指引〉买卖合同当事人一方以对方违约为由主张支付违约金，对方以合同不成立、合同未生效、合同无效或者不构成违约等为由进行免责抗辩而未主张调整过高的违约金的，人民法院应当就法院若不支持免责抗辩，当事人是否需要主张调整违约金进行释明。

〈裁判指引〉一审法院认为免责抗辩成立且未予释明，二审法院认为应当判决支付违约金的，可以直接释明并改判。

第22条 〈提示参引〉买卖合同当事人一方违约造成对方损失，对方主张赔偿可得利益损失的，人民法院在确定违约责任范围时，应当根据当事人的主张，依据民法典第五百八十四条、第五百九十一条、第五百九十二条、本解释第二十三条等规定进行认定。

第23条 〈抗辩〉买卖合同当事人一方因对方违约而获有利益，违约方主张从损失赔偿额中扣除该部分利益的，人民法院应予支持。

第24条 〈抗辩〉买受人在缔约时知道或者应当知道标的物质量存在瑕疵，主张出卖人承担瑕疵担保责任的，人民法院不予支持，〈反抗辩〉但买受人在缔约时不知道该瑕疵会导致标的物的基本效用显著降低的除外。

六、所有权保留

第25条 〈抗辩〉买卖合同当事人主张民法典第六百四十一条关于标的物所有权保留的规定适用于不动产的，人民法院不予支持。

第26条 〈抗辩〉买受人已经支付标的物总价款的百分之七十五以上，出卖人主张取回标的物的，人民法院不予支持。

〈抗辩〉在民法典第六百四十二条第一款第三项情形下，第三人依据民法典第三百一十一条的规定已经善意取得标的物所有权或者其他物权，出卖人主张取回标的物的，人民法院不予支持。

七、特种买卖

第27条 〈辅助〉民法典第六百三十四条第一款规定的“分期付款”，系指买受人将应付的总价款在一定期限内至少分三次向出卖人支付。

〈抗辩〉分期付款买卖合同的约定违反民法典第六百三十四条第一款的规定，损害买受人利益，买受人主张该约定无效的，人民法院应予支持。

第28条 〈辅助〉分期付款买卖合同约定出卖人在解除合同时可以扣留

已受领价金，出卖人扣留的金额超过标的物使用费以及标的物受损赔偿额，买受人请求返还超过部分的，人民法院应予支持。

〈辅助〉当事人对标的物的使用费没有约定的，人民法院可以参照当地同类标的物的租金标准确定。

第29条 〈辅助〉合同约定的样品质量与文字说明不一致且发生纠纷时当事人不能达成合意，样品封存后外观和内在品质没有发生变化的，人民法院应当以样品为准；〈辅助〉外观和内在品质发生变化，或者当事人对是否发生变化有争议而又无法查明的，人民法院应当以文字说明为准。

第30条 〈否认〉买卖合同存在下列约定内容之一的，不属于试用买卖。买受人主张属于试用买卖的，人民法院不予支持：

（一）约定标的物经过试用或者检验符合一定要求时，买受人应当购买标的物；

（二）约定第三人经试验对标的物认可时，买受人应当购买标的物；

（三）约定买受人在一定期限内可以调换标的物；

（四）约定买受人在一定期限内可以退还标的物。

八、其他问题

第31条 出卖人履行交付义务后诉请买受人支付价款，买受人以出卖人违约在先为由提出异议的，人民法院应当按照下列情况分别处理：

〈裁判指引〉（一）买受人拒绝支付违约金、拒绝赔偿损失或者主张出卖人应当采取减少价款等补救措施的，属于提出抗辩；

〈裁判指引〉（二）买受人主张出卖人应支付违约金、赔偿损失或者要求解除合同的，应当提起反诉。

第32条 〈提示参引〉法律或者行政法规对债权转让、股权转让等权利转让合同有规定的，依照其规定；〈类推参引〉没有规定的，人民法院可以根据民法典第四百六十七条和第六百四十六条的规定，参照适用买卖合同的有关规定。

〈裁判指引〉权利转让或者其他有偿合同参照适用买卖合同的有关规定的，人民法院应当首先引用民法典第六百四十六条的规定，再引用买卖合同的有关规定。

第33条 〈裁判指引〉本解释施行前本院发布的有关购销合同、销售合同等有偿转移标的物所有权的合同的规定，与本解释抵触的，自本解释施行之日起不再适用。

〈裁判指引〉本解释施行后尚未终审的买卖合同纠纷案件，适用本解释；〈裁判指引〉本解释施行前已经终审，当事人申请再审或者按照审判监督程序决定再审的，不适用本解释。

最高人民法院关于审理商品房买卖合同纠纷案件适用法律若干问题的解释

（2020年12月23日　法释〔2020〕17号）

为正确、及时审理商品房买卖合同纠纷案件，根据《中华人民共和国民法典》《中华人民共和国城市房地产管理法》等相关法律，结合民事审判实践，制定本解释。

第1条　〈辅助〉本解释所称的商品房买卖合同，是指房地产开发企业（以下统称为出卖人）将尚未建成或者已竣工的房屋向社会销售并转移房屋所有权于买受人，买受人支付价款的合同。

第2条　〈抗辩〉出卖人未取得商品房预售许可证明，与买受人订立的商品房预售合同，应当认定无效，〈反抗辩〉但是在起诉前取得商品房预售许可证明的，可以认定有效。

第3条　〈否认①〉商品房的销售广告和宣传资料为要约邀请，〈辅助〉但是出卖人就商品房开发规划范围内的房屋及相关设施所作的说明和允诺具体确定，并对商品房买卖合同的订立以及房屋价格的确定有重大影响的，构成要约。〈否认排除〉该说明和允诺即使未载入商品房买卖合同，亦应当为合同内容，当事人违反的，应当承担违约责任。

第4条　〈提示参引〉出卖人通过认购、订购、预订等方式向买受人收受定金作为订立商品房买卖合同担保的，如果因当事人一方原因未能订立商品房买卖合同，应当按照法律关于定金的规定处理；〈辅助〉因不可归责于

① 对“要约”的否认。

当事人双方的事由，导致商品房买卖合同未能订立的，出卖人应当将定金返还买受人。

第5条 〈辅助〉商品房的认购、订购、预订等协议具备《商品房销售管理办法》第十六条规定的商品房买卖合同的主要内容，并且出卖人已经按照约定收受购房款的，该协议应当认定为商品房买卖合同。

第6条 〈抗辩排除〉当事人以商品房预售合同未按照法律、行政法规规定办理登记备案手续为由，请求确认合同无效的，不予支持。

〈抗辩〉当事人约定以办理登记备案手续为商品房预售合同生效条件的，从其约定，〈反抗辩〉但当事人一方已经履行主要义务，对方接受的除外。

第7条 〈抗辩〉买受人以出卖人与第三人恶意串通，另行订立商品房买卖合同并将房屋交付使用，导致其无法取得房屋为由，请求确认出卖人与第三人订立的商品房买卖合同无效的，应予支持。

第8条 〈辅助〉对房屋的转移占有，视为房屋的交付使用，但当事人另有约定的除外。

〈抗辩〉房屋毁损、灭失的风险，在交付使用前由出卖人承担，〈反抗辩〉交付使用后由买受人承担；〈反抗辩〉买受人接到出卖人的书面交房通知，无正当理由拒绝接收的，房屋毁损、灭失的风险自书面交房通知确定的交付使用之日起由买受人承担，〈反抗辩[①]〉但法律另有规定或者当事人另有约定的除外。

第9条 〈辅助/抗辩〉因房屋主体结构质量不合格不能交付使用，或者房屋交付使用后，房屋主体结构质量经核验确属不合格，买受人请求解除合同和赔偿损失的，应予支持。

第10条 〈辅助/抗辩〉因房屋质量问题严重影响正常居住使用，买受人请求解除合同和赔偿损失的，应予支持。

〈辅助〉交付使用的房屋存在质量问题，在保修期内，出卖人应当承担修复责任；〈辅助〉出卖人拒绝修复或者在合理期限内拖延修复的，买受人

---

① 各项价金风险移转规则均为出卖人的反抗辩。

可以自行或者委托他人修复。〈辅助〉修复费用及修复期间造成的其他损失由出卖人承担。

第11条 〈抗辩〉根据民法典第五百六十三条的规定，出卖人迟延交付房屋或者买受人迟延支付购房款，经催告后在三个月的合理期限内仍未履行，解除权人请求解除合同的，应予支持，但当事人另有约定的除外。

〈辅助〉法律没有规定或者当事人没有约定，经对方当事人催告后，解除权行使的合理期限为三个月。〈辅助〉对方当事人没有催告的，解除权人自知道或者应当知道解除事由之日起一年内行使。〈抗辩〉逾期不行使的，解除权消灭。

第12条 〈辅助〉当事人以约定的违约金过高为由请求减少的，应当以违约金超过造成的损失30%为标准适当减少；〈辅助〉当事人以约定的违约金低于造成的损失为由请求增加的，应当以违约造成的损失确定违约金数额。

第13条 商品房买卖合同没有约定违约金数额或者损失赔偿额计算方法，违约金数额或者损失赔偿额可以参照以下标准确定：

〈辅助〉逾期付款的，按照未付购房款总额，参照中国人民银行规定的金融机构计收逾期贷款利息的标准计算。

〈辅助〉逾期交付使用房屋的，按照逾期交付使用房屋期间有关主管部门公布或者有资格的房地产评估机构评定的同地段同类房屋租金标准确定。

第14条 〈辅助〉由于出卖人的原因，买受人在下列期限届满未能取得不动产权属证书的，除当事人有特殊约定外，出卖人应当承担违约责任：

（一）商品房买卖合同约定的办理不动产登记的期限；

（二）商品房买卖合同的标的物为尚未建成房屋的，自房屋交付使用之日起90日；

（三）商品房买卖合同的标的物为已竣工房屋的，自合同订立之日起90日。

〈辅助〉合同没有约定违约金或者损失数额难以确定的，可以按照已付购房款总额，参照中国人民银行规定的金融机构计收逾期贷款利息的标准计算。

第15条 〈辅助/抗辩〉商品房买卖合同约定或者城市房地产开发经营管理条例第三十二条规定的办理不动产登记的期限届满后超过一年，由于出卖人的原因，导致买受人无法办理不动产登记，买受人请求解除合同和赔偿损失的，应予支持。

第16条 〈辅助〉出卖人与包销人订立商品房包销合同，约定出卖人将其开发建设的房屋交由包销人以出卖人的名义销售的，包销期满未销售的房屋，由包销人按照合同约定的包销价格购买，但当事人另有约定的除外。

第17条 〈辅助〉出卖人自行销售已经约定由包销人包销的房屋，包销人请求出卖人赔偿损失的，应予支持，但当事人另有约定的除外。

第18条 〈裁判指引〉对于买受人因商品房买卖合同与出卖人发生的纠纷，人民法院应当通知包销人参加诉讼；〈裁判指引〉出卖人、包销人和买受人对各自的权利义务有明确约定的，按照约定的内容确定各方的诉讼地位。

第19条 〈辅助/抗辩〉商品房买卖合同约定，买受人以担保贷款方式付款、因当事人一方原因未能订立商品房担保贷款合同并导致商品房买卖合同不能继续履行的，对方当事人可以请求解除合同和赔偿损失。〈抗辩〉因不可归责于当事人双方的事由未能订立商品房担保贷款合同并导致商品房买卖合同不能继续履行的，当事人可以请求解除合同，〈辅助〉出卖人应当将收受的购房款本金及其利息或者定金返还买受人。

第20条 〈抗辩〉因商品房买卖合同被确认无效或者被撤销、解除，致使商品房担保贷款合同的目的无法实现，当事人请求解除商品房担保贷款合同的，应予支持。

第21条 〈裁判指引〉以担保贷款为付款方式的商品房买卖合同的当事人一方请求确认商品房买卖合同无效或者撤销、解除合同的，如果担保权人作为有独立请求权第三人提出诉讼请求，应当与商品房担保贷款合同纠纷合并审理；〈裁判指引〉未提出诉讼请求的，仅处理商品房买卖合同纠纷。〈裁判指引〉担保权人就商品房担保贷款合同纠纷另行起诉的，可以与商品房买卖合同纠纷合并审理。

〈辅助〉商品房买卖合同被确认无效或者被撤销、解除后，商品房担保贷款合同也被解除的、出卖人应当将收受的购房贷款和购房款的本金及利息分别返还担保权人和买受人。

第22条　〈裁判指引〉买受人未按照商品房担保贷款合同的约定偿还贷款，亦未与担保权人办理不动产抵押登记手续，担保权人起诉买受人，请求处分商品房买卖合同项下买受人合同权利的，应当通知出卖人参加诉讼；〈裁判指引〉担保权人同时起诉出卖人时，如果出卖人为商品房担保贷款合同提供保证的，应当列为共同被告。

第23条　〈裁判指引〉买受人未按照商品房担保贷款合同的约定偿还贷款，但是已经取得不动产权属证书并与担保权人办理了不动产抵押登记手续，抵押权人请求买受人偿还贷款或者就抵押的房屋优先受偿的，不应当追加出卖人为当事人，〈裁判指引〉但出卖人提供保证的除外。

第24条　〈辅助〉本解释自2003年6月1日起施行。

〈裁判指引〉城市房地产管理法施行后订立的商品房买卖合同发生的纠纷案件，本解释公布施行后尚在一审、二审阶段的，适用本解释。

〈裁判指引〉城市房地产管理法施行后订立的商品房买卖合同发生的纠纷案件，在本解释公布施行前已经终审，当事人申请再审或者按照审判监督程序决定再审的，不适用本解释。

〈裁判指引〉城市房地产管理法施行前发生的商品房买卖行为，适用当时的法律、法规和《最高人民法院〈关于审理房地产管理法施行前房地产开发经营案件若干问题的解答〉》。

最高人民法院关于审理民间借贷案件适用法律若干问题的规定

（2020年12月23日　法释〔2020〕17号）

为正确审理民间借贷纠纷案件，根据《中华人民共和国民法典》《中华人民共和国民事诉讼法》《中华人民共和国刑事诉讼法》等相关法律之规定，结合审判实践，制定本规定。

第1条　〈辅助〉本规定所称的民间借贷，是指自然人、法人和非法人组织之间进行资金融通的行为。

〈裁判指引〉经金融监管部门批准设立的从事贷款业务的金融机构及其分支机构，因发放贷款等相关金融业务引发的纠纷，不适用本规定。

第2条　〈辅助〉出借人向人民法院提起民间借贷诉讼时，应当提供借据、收据、欠条等债权凭证以及其他能够证明借贷法律关系存在的证据。

〈辅助〉当事人持有的借据、收据、欠条等债权凭证没有载明债权人，持有债权凭证的当事人提起民间借贷诉讼的，人民法院应予受理。〈否认〉被告对原告的债权人资格提出有事实依据的抗辩，人民法院经审查认为原告不具有债权人资格的，裁定驳回起诉。

第3条　〈辅助〉借贷双方就合同履行地未约定或者约定不明确，事后未达成补充协议，按照合同相关条款或者交易习惯仍不能确定的，以接受货币一方所在地为合同履行地。

第4条　〈裁判指引〉保证人为借款人提供连带责任保证，出借人仅起诉借款人的，人民法院可以不追加保证人为共同被告；〈裁判指引〉出借人仅起诉保证人的，人民法院可以追加借款人为共同被告。

〈裁判指引〉保证人为借款人提供一般保证，出借人仅起诉保证人的，人民法院应当追加借款人为共同被告；〈裁判指引〉出借人仅起诉借款人的，人民法院可以不追加保证人为共同被告。

［对比条文：担保解释26.1］

第5条 〈裁判指引〉人民法院立案后，发现民间借贷行为本身涉嫌非法集资等犯罪的，应当裁定驳回起诉，并将涉嫌非法集资等犯罪的线索、材料移送公安或者检察机关。

〈裁判指引〉公安或者检察机关不予立案，或者立案侦查后撤销案件，或者检察机关作出不起诉决定，或者经人民法院生效判决认定不构成非法集资等犯罪，当事人又以同一事实向人民法院提起诉讼的，人民法院应予受理。

第6条 〈裁判指引〉人民法院立案后，发现与民间借贷纠纷案件虽有关联但不是同一事实的涉嫌非法集资等犯罪的线索、材料的，人民法院应当继续审理民间借贷纠纷案件，并将涉嫌非法集资等犯罪的线索、材料移送公安或者检察机关。

第7条 〈裁判指引〉民间借贷纠纷的基本案件事实必须以刑事案件的审理结果为依据，而该刑事案件尚未审结的，人民法院应当裁定中止诉讼。

第8条 〈裁判指引〉借款人涉嫌犯罪或者生效判决认定其有罪，出借人起诉请求担保人承担民事责任的，人民法院应予受理。

第9条 〈辅助〉自然人之间的借款合同具有下列情形之一的，可以视为合同成立：

（一）以现金支付的，自借款人收到借款时；

（二）以银行转账、网上电子汇款等形式支付的，自资金到达借款人账户时；

（三）以票据交付的，自借款人依法取得票据权利时；

（四）出借人将特定资金账户支配权授权给借款人的，自借款人取得对该账户实际支配权时；

（五）出借人以与借款人约定的其他方式提供借款并实际履行完成时。

第10条 〈辅助〉法人之间、非法人组织之间以及它们相互之间为生产、经营需要订立的民间借贷合同，〈抗辩〉除存在民法典第一百四十六条、第一百五十三条、第一百五十四条以及本规定第十三条规定的情形外，当事人主张民间借贷合同有效的，人民法院应予支持。

第11条 〈辅助〉法人或者非法人组织在本单位内部通过借款形式向职工筹集资金，用于本单位生产、经营，〈抗辩〉且不存在民法典第一百四十四条、第一百四十六条、第一百五十三条、第一百五十四条以及本规定第十三条规定的情形，当事人主张民间借贷合同有效的，人民法院应予支持。

第12条 〈抗辩排除〉借款人或者出借人的借贷行为涉嫌犯罪，或者已经生效的裁判认定构成犯罪，当事人提起民事诉讼的，民间借贷合同并不当然无效。〈提示参引〉人民法院应当依据民法典第一百四十四条、第一百四十六条、第一百五十三条、第一百五十四条以及本规定第十三条之规定，认定民间借贷合同的效力。

〈辅助〉担保人以借款人或者出借人的借贷行为涉嫌犯罪或者已经生效的裁判认定构成犯罪为由，主张不承担民事责任的，人民法院应当依据民间借贷合同与担保合同的效力、当事人的过错程度，依法确定担保人的民事责任。

第13条 〈抗辩〉具有下列情形之一的，人民法院应当认定民间借贷合同无效：

（一）套取金融机构贷款转贷的；

（二）以向其他营利法人借贷、向本单位职工集资，或者以向公众非法吸收存款等方式取得的资金转贷的；

（三）未依法取得放贷资格的出借人，以营利为目的向社会不特定对象提供借款的；

（四）出借人事先知道或者应当知道借款人借款用于违法犯罪活动仍然提供借款的；

（五）违反法律、行政法规强制性规定的；

（六）违背公序良俗的。

第14条 〈辅助/否认[①]〉原告以借据、收据、欠条等债权凭证为依据提

---

① 被告依据基础法律关系提出“抗辩”，实为对“借贷关系”的否认；提出反诉，则本项规范为反诉的辅助规范。

起民间借贷诉讼，被告依据基础法律关系提出抗辩或者反诉，并提供证据证明债权纠纷非民间借贷行为引起的，人民法院应当依据查明的案件事实，按照基础法律关系审理。

〈抗辩[1]〉当事人通过调解、和解或者清算达成的债权债务协议，不适用前款规定。

第15条 〈抗辩〉原告仅依据借据、收据、欠条等债权凭证提起民间借贷诉讼，被告抗辩已经偿还借款的，被告应当对其主张提供证据证明。〈否认〉被告提供相应证据证明其主张后，原告仍应就借贷关系的存续承担举证责任。

〈否认〉被告抗辩借贷行为尚未实际发生并能作出合理说明的，人民法院应当结合借贷金额、款项交付、当事人的经济能力、当地或者当事人之间的交易方式、交易习惯、当事人财产变动情况以及证人证言等事实和因素，综合判断查证借贷事实是否发生。

第16条 〈否认〉原告仅依据金融机构的转账凭证提起民间借贷诉讼，被告抗辩转账系偿还双方之前借款或者其他债务的，被告应当对其主张提供证据证明。〈裁判指引〉被告提供相应证据证明其主张后，原告仍应就借贷关系的成立承担举证责任。

第17条 〈裁判指引〉依据《最高人民法院关于适用〈中华人民共和国民事诉讼法〉的解释》第一百七十四条第二款之规定，负有举证责任的原告无正当理由拒不到庭，经审查现有证据无法确认借贷行为、借贷金额、支付方式等案件主要事实的，人民法院对原告主张的事实不予认定。

第18条 〈裁判指引〉人民法院审理民间借贷纠纷案件时发现有下列情形之一的，应当严格审查借贷发生的原因、时间、地点、款项来源、交付方式、款项流向以及借贷双方的关系、经济状况等事实，综合判断是否属于虚假民事诉讼：

（一）出借人明显不具备出借能力；

---

① 权利变更（基础法律关系变更）的抗辩。

（二）出借人起诉所依据的事实和理由明显不符合常理；

（三）出借人不能提交债权凭证或者提交的债权凭证存在伪造的可能；

（四）当事人双方在一定期限内多次参加民间借贷诉讼；

（五）当事人无正当理由拒不到庭参加诉讼，委托代理人对借贷事实陈述不清或者陈述前后矛盾；

（六）当事人双方对借贷事实的发生没有任何争议或者诉辩明显不符合常理；

（七）借款人的配偶或者合伙人、案外人的其他债权人提出有事实依据的异议；

（八）当事人在其他纠纷中存在低价转让财产的情形；

（九）当事人不正当放弃权利；

（十）其他可能存在虚假民间借贷诉讼的情形。

第19条 〈裁判指引〉经查明属于虚假民间借贷诉讼，原告申请撤诉的，人民法院不予准许，并应当依据民事诉讼法第一百一十二条之规定，判决驳回其请求。

〈裁判指引〉诉讼参与人或者其他人恶意制造、参与虚假诉讼，人民法院应当依据民事诉讼法第一百一十一条、第一百一十二条和第一百一十三条之规定，依法予以罚款、拘留；〈裁判指引〉构成犯罪的，应当移送有管辖权的司法机关追究刑事责任。

〈裁判指引〉单位恶意制造、参与虚假诉讼的，人民法院应当对该单位进行罚款，并可以对其主要负责人或者直接责任人员予以罚款、拘留；〈裁判指引〉构成犯罪的，应当移送有管辖权的司法机关追究刑事责任。

第20条 〈裁判指引〉他人在借据、收据、欠条等债权凭证或者借款合同上签名或者盖章，但是未表明其保证人身份或者承担保证责任，或者通过其他事实不能推定其为保证人，出借人请求其承担保证责任的，人民法院不予支持。

第21条 〈裁判指引〉借贷双方通过网络贷款平台形成借贷关系，网络贷款平台的提供者仅提供媒介服务，当事人请求其承担担保责任的，人民法院不予支持。

〈辅助〉网络贷款平台的提供者通过网页、广告或者其他媒介明示或者有其他证据证明其为借贷提供担保，出借人请求网络贷款平台的提供者承担担保责任的，人民法院应予支持。

第22条 〈裁判指引〉法人的法定代表人或者非法人组织的负责人以单位名义与出借人签订民间借贷合同，有证据证明所借款项系法定代表人或者负责人个人使用，出借人请求将法定代表人或者负责人列为共同被告或者第三人的，人民法院应予准许。

〈辅助〉法人的法定代表人或者非法人组织的负责人以个人名义与出借人订立民间借贷合同，所借款项用于单位生产经营，出借人请求单位与个人共同承担责任的，人民法院应予支持。

第23条 〈辅助〉当事人以订立买卖合同作为民间借贷合同的担保，借款到期后借款人不能还款，出借人请求履行买卖合同的，人民法院应当按照民间借贷法律关系审理。〈裁判指引〉当事人根据法庭审理情况变更诉讼请求的，人民法院应当准许。

〈辅助〉按照民间借贷法律关系审理作出的判决生效后，借款人不履行生效判决确定的金钱债务，出借人可以申请拍卖买卖合同标的物，以偿还债务。〈辅助〉就拍卖所得的价款与应偿还借款本息之间的差额，借款人或者出借人有权主张返还或者补偿。

第24条 〈裁判指引〉借贷双方没有约定利息，出借人主张支付利息的，人民法院不予支持。

〈裁判指引〉自然人之间借贷对利息约定不明，出借人主张支付利息的，人民法院不予支持。〈裁判指引〉除自然人之间借贷的外，借贷双方对借贷利息约定不明，出借人主张利息的，人民法院应当结合民间借贷合同的内容，并根据当地或者当事人的交易方式、交易习惯、市场报价利率等因素确定利息。

第25条 〈辅助〉出借人请求借款人按照合同约定利率支付利息的，人民法院应予支持，〈抗辩〉但是双方约定的利率超过合同成立时一年期贷款市场报价利率四倍的除外。

〈辅助〉前款所称“一年期贷款市场报价利率”，是指中国人民银行授权全国银行间同业拆借中心自2019年8月20日起每月发布的一年期贷款市场报价利率。

第26条 〈辅助〉借据、收据、欠条等债权凭证载明的借款金额，一般认定为本金。〈抗辩[①]〉预先在本金中扣除利息的，人民法院应当将实际出借的金额认定为本金。

第27条 〈辅助〉借贷双方对前期借款本息结算后将利息计入后期借款本金并重新出具债权凭证，如果前期利率没有超过合同成立时一年期贷款市场报价利率四倍，重新出具的债权凭证载明的金额可认定为后期借款本金。〈抗辩[②]〉超过部分的利息，不应认定为后期借款本金。

〈抗辩〉按前款计算，借款人在借款期间届满后应当支付的本息之和，超过以最初借款本金与以最初借款本金为基数、以合同成立时一年期贷款市场报价利率四倍计算的整个借款期间的利息之和的，人民法院不予支持。

第28条 〈抗辩〉借贷双方对逾期利率有约定的，从其约定，但是以不超过合同成立时一年期贷款市场报价利率四倍为限。

未约定逾期利率或者约定不明的，人民法院可以区分不同情况处理：

〈辅助〉（一）既未约定借期内利率，也未约定逾期利率，出借人主张借款人自逾期还款之日起参照当时一年期贷款市场报价利率标准计算的利息承担逾期还款违约责任的，人民法院应予支持；

〈辅助〉（二）约定了借期内利率但是未约定逾期利率，出借人主张借款人自逾期还款之日起按照借期内利率支付资金占用期间利息的，人民法院应予支持。

第29条 〈辅助〉出借人与借款人既约定了逾期利率，又约定了违约金或者其他费用，出借人可以选择主张逾期利息、违约金或者其他费用，也可以一并主张，〈抗辩〉但是总计超过合同成立时一年期贷款市场报价利率四倍的部分，人民法院不予支持。

第30条 〈辅助〉借款人可以提前偿还借款，但是当事人另有约定的

---

① 部分本金权利未产生的抗辩。

② 超过部分的利息权利未产生的抗辩。

除外。

〈辅助〉借款人提前偿还借款并主张按照实际借款期限计算利息的，人民法院应予支持。

第31条 〈裁判指引〉本规定施行后，人民法院新受理的一审民间借贷纠纷案件，适用本规定。

〈辅助〉2020年8月20日之后新受理的一审民间借贷案件，借贷合同成立于2020年8月20日之前，当事人请求适用当时的司法解释计算自合同成立到2020年8月19日的利息部分的，人民法院应予支持；〈辅助〉对于自2020年8月20日到借款返还之日的利息部分，适用起诉时本规定的利率保护标准计算。

〈裁判指引〉本规定施行后，最高人民法院以前作出的相关司法解释与本规定不一致的，以本规定为准。

最高人民法院关于审理城镇房屋租赁合同纠纷案件具体应用法律若干问题的解释

（2020年12月23日　法释〔2020〕17号）

为正确审理城镇房屋租赁合同纠纷案件，依法保护当事人的合法权益，根据《中华人民共和国民法典》等法律规定，结合民事审判实践，制定本解释。

第1条　〈辅助〉本解释所称城镇房屋，是指城市、镇规划区内的房屋。

〈类推参引〉乡、村庄规划区内的房屋租赁合同纠纷案件，可以参照本解释处理。〈抗辩〉但法律另有规定的，适用其规定。

〈裁判指引〉当事人依照国家福利政策租赁公有住房、廉租住房、经济适用住房产生的纠纷案件，不适用本解释。

第2条　〈抗辩〉出租人就未取得建设工程规划许可证或者未按照建设工程规划许可证的规定建设的房屋，与承租人订立的租赁合同无效。〈反抗辩〉但在一审法庭辩论终结前取得建设工程规划许可证或者经主管部门批准建设的，人民法院应当认定有效。

第3条　〈抗辩〉出租人就未经批准或者未按照批准内容建设的临时建筑，与承租人订立的租赁合同无效。〈反抗辩〉但在一审法庭辩论终结前经主管部门批准建设的，人民法院应当认定有效。

〈抗辩〉租赁期限超过临时建筑的使用期限，超过部分无效。〈反抗辩〉但在一审法庭辩论终结前经主管部门批准延长使用期限的，人民法院应当认定延长使用期限内的租赁期间有效。

第4条　〈辅助〉房屋租赁合同无效，当事人请求参照合同约定的租金标准支付房屋占有使用费的，人民法院一般应予支持。

〈提示参引〉当事人请求赔偿因合同无效受到的损失，人民法院依照民法典第一百五十七条和本解释第七条、第十一条、第十二条的规定处理。

第5条 〈辅助〉出租人就同一房屋订立数份租赁合同，在合同均有效的情况下，承租人均主张履行合同的，人民法院按照下列顺序确定履行合同的承租人：

（一）已经合法占有租赁房屋的；

（二）已经办理登记备案手续的；

（三）合同成立在先的。

〈提示参引〉不能取得租赁房屋的承租人请求解除合同、赔偿损失的，依照民法典的有关规定处理。

第6条 〈提示参引〉承租人擅自变动房屋建筑主体和承重结构或者扩建，在出租人要求的合理期限内仍不予恢复原状，出租人请求解除合同并要求赔偿损失的，人民法院依照民法典第七百一十一条的规定处理。

第7条 〈辅助〉承租人经出租人同意装饰装修，租赁合同无效时，未形成附合的装饰装修物，出租人同意利用的，可折价归出租人所有；〈辅助〉不同意利用的，可由承租人拆除。〈辅助〉因拆除造成房屋毁损的，承租人应当恢复原状。

〈辅助〉已形成附合的装饰装修物，出租人同意利用的，可折价归出租人所有；〈辅助〉不同意利用的，由双方各自按照导致合同无效的过错分担现值损失。

第8条 〈辅助〉承租人经出租人同意装饰装修，租赁期间届满或者合同解除时，除当事人另有约定外，未形成附合的装饰装修物，可由承租人拆除。〈辅助〉因拆除造成房屋毁损的，承租人应当恢复原状。

第9条 承租人经出租人同意装饰装修，合同解除时，双方对已形成附合的装饰装修物的处理没有约定的，人民法院按照下列情形分别处理：

〈辅助〉（一）因出租人违约导致合同解除，承租人请求出租人赔偿剩余租赁期内装饰装修残值损失的，应予支持；

〈否认〉（二）因承租人违约导致合同解除，承租人请求出租人赔偿剩余租赁期内装饰装修残值损失的，不予支持。〈辅助〉但出租人同意利用的，应在利用价值范围内予以适当补偿；

〈辅助〉（三）因双方违约导致合同解除，剩余租赁期内的装饰装修残值损失，由双方根据各自的过错承担相应的责任；

〈辅助〉（四）因不可归责于双方的事由导致合同解除的，剩余租赁期内的装饰装修残值损失，由双方按照公平原则分担。〈抗辩〉法律另有规定的，适用其规定。

第10条 〈否认[①]〉承租人经出租人同意装饰装修，租赁期间届满时，承租人请求出租人补偿附合装饰装修费用的，不予支持。但当事人另有约定的除外。

第11条 〈否认[②]〉承租人未经出租人同意装饰装修或者扩建发生的费用，由承租人负担。〈辅助〉出租人请求承租人恢复原状或者赔偿损失的，人民法院应予支持。

第12条 承租人经出租人同意扩建，但双方对扩建费用的处理没有约定的，人民法院按照下列情形分别处理：

〈辅助〉（一）办理合法建设手续的，扩建造价费用由出租人负担；

〈辅助〉（二）未办理合法建设手续的，扩建造价费用由双方按照过错分担。

第13条 〈辅助〉房屋租赁合同无效、履行期限届满或者解除，出租人请求负有腾房义务的次承租人支付逾期腾房占有使用费的，人民法院应予支持。

第14条 〈辅助〉租赁房屋在承租人按照租赁合同占有期限内发生所有权变动，承租人请求房屋受让人继续履行原租赁合同的，人民法院应予支持。〈抗辩〉但租赁房屋具有下列情形或者当事人另有约定的除外：

（一）房屋在出租前已设立抵押权，因抵押权人实现抵押权发生所有权变动的；

（二）房屋在出租前已被人民法院依法查封的。

---

① 出租人不当得利之得利的否认。

② 出租人不当得利之得利的否认。

第15条 〈辅助〉出租人与抵押权人协议折价、变卖租赁房屋偿还债务，应当在合理期限内通知承租人。〈辅助〉承租人请求以同等条件优先购买房屋的，人民法院应予支持。

第16条 〈裁判指引〉本解释施行前已经终审，本解释施行后当事人申请再审或者按照审判监督程序决定再审的案件，不适用本解释。

最高人民法院关于审理融资租赁合同纠纷案件适用法律问题的解释

（2020年12月23日　法释〔2020〕17号）

为正确审理融资租赁合同纠纷案件，根据《中华人民共和国民法典》《中华人民共和国民事诉讼法》等法律的规定，结合审判实践，制定本解释。

一、融资租赁合同的认定

第1条　〈裁判指引〉人民法院应当根据民法典第七百三十五条的规定，结合标的物的性质、价值、租金的构成以及当事人的合同权利和义务，对是否构成融资租赁法律关系作出认定。

〈否认〉对名为融资租赁合同，但实际不构成融资租赁法律关系的，人民法院应按照其实际构成的法律关系处理。

第2条　〈否认排除〉承租人将其自有物出卖给出租人，再通过融资租赁合同将租赁物从出租人处租回的，人民法院不应仅以承租人和出卖人系同一人为由认定不构成融资租赁法律关系。

二、合同的履行和租赁物的公示

第3条　〈辅助〉承租人拒绝受领租赁物，未及时通知出租人，或者无正当理由拒绝受领租赁物，造成出租人损失，出租人向承租人主张损害赔偿的，人民法院应予支持。

第4条　〈抗辩排除〉出租人转让其在融资租赁合同项下的部分或者全部权利，受让方以此为由请求解除或者变更融资租赁合同的，人民法院不予支持。

三、合同的解除

第5条 〈抗辩〉有下列情形之一，出租人请求解除融资租赁合同的，人民法院应予支持：

（一）承租人未按照合同约定的期限和数额支付租金，符合合同约定的解除条件，经出租人催告后在合理期限内仍不支付的；

（二）合同对于欠付租金解除合同的情形没有明确约定，但承租人欠付租金达到两期以上，或者数额达到全部租金百分之十五以上，经出租人催告后在合理期限内仍不支付的；

（三）承租人违反合同约定，致使合同目的不能实现的其他情形。

第6条 〈抗辩〉因出租人的原因致使承租人无法占有、使用租赁物，承租人请求解除融资租赁合同的，人民法院应予支持。

第7条 〈裁判指引〉当事人在一审诉讼中仅请求解除融资租赁合同，未对租赁物的归属及损失赔偿提出主张的，人民法院可以向当事人进行释明。

四、违约责任

第8条 〈提示参引〉租赁物不符合融资租赁合同的约定且出租人实施了下列行为之一，承租人依照民法典第七百四十四条、第七百四十七条的规定，要求出租人承担相应责任的，人民法院应予支持：

（一）出租人在承租人选择出卖人、租赁物时，对租赁物的选定起决定作用的；

（二）出租人干预或者要求承租人按照出租人意愿选择出卖人或者租赁物的；

（三）出租人擅自变更承租人已经选定的出卖人或者租赁物的。

〈辅助〉承租人主张其系依赖出租人的技能确定租赁物或者出租人干预选择租赁物的，对上述事实承担举证责任。

第9条 〈辅助〉承租人逾期履行支付租金义务或者迟延履行其他付款义务，出租人按照融资租赁合同的约定要求承租人支付逾期利息、相应违约金的，人民法院应予支持。

第10条 〈裁判指引〉出租人既请求承租人支付合同约定的全部未付租金又请求解除融资租赁合同的，人民法院应告知其依照民法典第七百五十二条的规定作出选择。

〈裁判指引〉出租人请求承租人支付合同约定的全部未付租金，人民法院判决后承租人未予履行，出租人再行起诉请求解除融资租赁合同、收回租赁物的，人民法院应予受理。

第11条 〈辅助〉出租人依照本解释第五条的规定请求解除融资租赁合同，同时请求收回租赁物并赔偿损失的，人民法院应予支持。

〈辅助〉前款规定的损失赔偿范围为承租人全部未付租金及其他费用与收回租赁物价值的差额。〈辅助〉合同约定租赁期间届满后租赁物归出租人所有的，损失赔偿范围还应包括融资租赁合同到期后租赁物的残值。

第12条 〈辅助〉诉讼期间承租人与出租人对租赁物的价值有争议的，人民法院可以按照融资租赁合同的约定确定租赁物价值；融资租赁合同未约定或者约定不明的，可以参照融资租赁合同约定的租赁物折旧以及合同到期后租赁物的残值确定租赁物价值。

〈辅助〉承租人或者出租人认为依前款确定的价值严重偏离租赁物实际价值的，可以请求人民法院委托有资质的机构评估或者拍卖确定。

五、其他规定

第13条 〈裁判指引〉出卖人与买受人因买卖合同发生纠纷，或者出租人与承租人因融资租赁合同发生纠纷，当事人仅对其中一个合同关系提起诉讼，人民法院经审查后认为另一合同关系的当事人与案件处理结果有法律上的利害关系的，可以通知其作为第三人参加诉讼。

〈裁判指引〉承租人与租赁物的实际使用人不一致，融资租赁合同当事人未对租赁物的实际使用人提起诉讼，人民法院经审查后认为租赁物的实际使用人与案件处理结果有法律上的利害关系的，可以通知其作为第三人参加诉讼。

〈裁判指引〉承租人基于买卖合同和融资租赁合同直接向出卖人主张受领租赁物、索赔等买卖合同权利的，人民法院应通知出租人作为第三人参加诉讼。

第14条 〈辅助〉当事人因融资租赁合同租金欠付争议向人民法院请求保护其权利的诉讼时效期间为三年，自租赁期限届满之日起计算。

第15条 〈辅助〉本解释自2014年3月1日起施行。《最高人民法院关于审理融资租赁合同纠纷案件若干问题的规定》（法发〔1996〕19号）同时废止。

〈裁判指引〉本解释施行后尚未终审的融资租赁合同纠纷案件，适用本解释；〈裁判指引〉本解释施行前已经终审，当事人申请再审或者按照审判监督程序决定再审的，不适用本解释。

最高人民法院关于审理建设工程施工合同纠纷案件适用法律问题的解释（一）

（2020年12月25日　法释〔2020〕25号）

为正确审理建设工程施工合同纠纷案件，依法保护当事人合法权益，维护建筑市场秩序，促进建筑市场健康发展，根据《中华人民共和国民法典》《中华人民共和国建筑法》《中华人民共和国招标投标法》《中华人民共和国民事诉讼法》等相关法律规定，结合审判实践，制定本解释。

第1条　〈抗辩〉建设工程施工合同具有下列情形之一的，应当依据民法典第一百五十三条第一款的规定，认定无效：

（一）承包人未取得建筑业企业资质或者超越资质等级的；

（二）没有资质的实际施工人借用有资质的建筑施工企业名义的；

（三）建设工程必须进行招标而未招标或者中标无效的。

〈抗辩〉承包人因转包、违法分包建设工程与他人签订的建设工程施工合同，应当依据民法典第一百五十三条第一款及第七百九十一条第二款、第三款的规定，认定无效。

第2条　〈抗辩排除〉招标人和中标人另行签订的建设工程施工合同约定的工程范围、建设工期、工程质量、工程价款等实质性内容，与中标合同不一致，一方当事人请求按照中标合同确定权利义务的，人民法院应予支持。

〈抗辩〉招标人和中标人在中标合同之外就明显高于市场价格购买承建房产、无偿建设住房配套设施、让利、向建设单位捐赠财物等另行签订合同，变相降低工程价款，一方当事人以该合同背离中标合同实质性内容为由请求确认无效的，人民法院应予支持。

第3条 〈抗辩〉当事人以发包人未取得建设工程规划许可证等规划审批手续为由，请求确认建设工程施工合同无效的，人民法院应予支持，〈反抗辩〉但发包人在起诉前取得建设工程规划许可证等规划审批手续的除外。

〈反抗辩〉发包人能够办理审批手续而未办理，并以未办理审批手续为由请求确认建设工程施工合同无效的，人民法院不予支持。

第4条 〈抗辩〉承包人超越资质等级许可的业务范围签订建设工程施工合同，〈反抗辩〉在建设工程竣工前取得相应资质等级，当事人请求按照无效合同处理的，人民法院不予支持。

第5条 〈抗辩排除〉具有劳务作业法定资质的承包人与总承包人、分包人签订的劳务分包合同，当事人请求确认无效的，人民法院依法不予支持。

第6条 〈辅助〉建设工程施工合同无效，一方当事人请求对方赔偿损失的，应当就对方过错、损失大小、过错与损失之间的因果关系承担举证责任。

〈裁判指引〉损失大小无法确定，一方当事人请求参照合同约定的质量标准、建设工期、工程价款支付时间等内容确定损失大小的，人民法院可以结合双方过错程度、过错与损失之间的因果关系等因素作出裁判。

第7条 〈辅助〉缺乏资质的单位或者个人借用有资质的建筑施工企业名义签订建设工程施工合同，发包人请求出借方与借用方对建设工程质量不合格等因出借资质造成的损失承担连带赔偿责任的，人民法院应予支持。

第8条 当事人对建设工程开工日期有争议的，人民法院应当分别按照以下情形予以认定：

〈辅助〉（一）开工日期为发包人或者监理人发出的开工通知载明的开工日期；〈辅助〉开工通知发出后，尚不具备开工条件的，以开工条件具备的时间为开工日期；〈辅助〉因承包人原因导致开工时间推迟的，以开工通知载明的时间为开工日期。

〈辅助〉（二）承包人经发包人同意已经实际进场施工的，以实际进场施工时间为开工日期。

〈裁判指引〉（三）发包人或者监理人未发出开工通知，亦无相关证据证明实际开工日期的，应当综合考虑开工报告、合同、施工许可证、竣工验收报告或者竣工验收备案表等载明的时间，并结合是否具备开工条件的事实，认定开工日期。

第9条 当事人对建设工程实际竣工日期有争议的，人民法院应当分别按照以下情形予以认定：

〈辅助〉（一）建设工程经竣工验收合格的，以竣工验收合格之日为竣工日期；

〈辅助〉（二）承包人已经提交竣工验收报告，发包人拖延验收的，以承包人提交验收报告之日为竣工日期；

〈辅助〉（三）建设工程未经竣工验收，发包人擅自使用的，以转移占有建设工程之日为竣工日期。

第10条 〈辅助〉当事人约定顺延工期应当经发包人或者监理人签证等方式确认，〈辅助〉承包人虽未取得工期顺延的确认，但能够证明在合同约定的期限内向发包人或者监理人申请过工期顺延且顺延事由符合合同约定，承包人以此为由主张工期顺延的，人民法院应予支持。

〈否认〉当事人约定承包人未在约定期限内提出工期顺延申请视为工期不顺延的，按照约定处理，但〈辅助〉发包人在约定期限后同意工期顺延或者〈辅助〉承包人提出合理抗辩的除外。

第11条 〈辅助〉建设工程竣工前，当事人对工程质量发生争议，工程质量经鉴定合格的，鉴定期间为顺延工期期间。

第12条 〈辅助〉因承包人的原因造成建设工程质量不符合约定，承包人拒绝修理、返工或者改建，发包人请求减少支付工程价款的，人民法院应予支持。

第13条 〈辅助〉发包人具有下列情形之一，造成建设工程质量缺陷，应当承担过错责任：

（一）提供的设计有缺陷；

（二）提供或者指定购买的建筑材料、建筑构配件、设备不符合强制性标准；

（三）直接指定分包人分包专业工程。

〈辅助〉承包人有过错的，也应当承担相应的过错责任。

第14条 〈抗辩〉建设工程未经竣工验收，发包人擅自使用后，又以使用部分质量不符合约定为由主张权利的，人民法院不予支持；〈抗辩排除〉但是承包人应当在建设工程的合理使用寿命内对地基基础工程和主体结构质量承担民事责任。

第15条 〈辅助〉因建设工程质量发生争议的，发包人可以以总承包人、分包人和实际施工人为共同被告提起诉讼。

第16条 〈裁判指引〉发包人在承包人提起的建设工程施工合同纠纷案件中，以建设工程质量不符合合同约定或者法律规定为由，就承包人支付违约金或者赔偿修理、返工、改建的合理费用等损失提出反诉的，人民法院可以合并审理。

第17条 〈辅助〉有下列情形之一，承包人请求发包人返还工程质量保证金的，人民法院应予支持：

（一）当事人约定的工程质量保证金返还期限届满；

（二）当事人未约定工程质量保证金返还期限的，自建设工程通过竣工验收之日起满二年；

（三）因发包人原因建设工程未按约定期限进行竣工验收的，自承包人提交工程竣工验收报告九十日后当事人约定的工程质量保证金返还期限届满；当事人未约定工程质量保证金返还期限的，自承包人提交工程竣工验收报告九十日后起满二年。

〈抗辩排除〉发包人返还工程质量保证金后，不影响承包人根据合同约定或者法律规定履行工程保修义务。

第18条 〈辅助〉因保修人未及时履行保修义务，导致建筑物毁损或者造成人身损害、财产损失的，保修人应当承担赔偿责任。

〈辅助〉保修人与建筑物所有人或者发包人对建筑物毁损均有过错的，各自承担相应的责任。

第19条 〈辅助〉当事人对建设工程的计价标准或者计价方法有约定的，按照约定结算工程价款。

〈裁判指引〉因设计变更导致建设工程的工程量或者质量标准发生变化，当事人对该部分工程价款不能协商一致的，可以参照签订建设工程施工合同时当地建设行政主管部门发布的计价方法或者计价标准结算工程价款。

〈提示参引〉建设工程施工合同有效，但建设工程经竣工验收不合格的，依照民法典第五百七十七条规定处理。

第20条 〈辅助〉当事人对工程量有争议的，按照施工过程中形成的签证等书面文件确认。〈辅助〉承包人能够证明发包人同意其施工，但未能提供签证文件证明工程量发生的，可以按照当事人提供的其他证据确认实际发生的工程量。

第21条 〈辅助〉当事人约定，发包人收到竣工结算文件后，在约定期限内不予答复，视为认可竣工结算文件的，按照约定处理。〈辅助〉承包人请求按照竣工结算文件结算工程价款的，人民法院应予支持。

第22条 〈抗辩排除〉当事人签订的建设工程施工合同与招标文件、投标文件、中标通知书载明的工程范围、建设工期、工程质量、工程价款不一致，一方当事人请求将招标文件、投标文件、中标通知书作为结算工程价款的依据的，人民法院应予支持。

第23条 〈辅助〉发包人将依法不属于必须招标的建设工程进行招标后，与承包人另行订立的建设工程施工合同背离中标合同的实质性内容，当事人请求以中标合同作为结算建设工程价款依据的，人民法院应予支持，〈抗辩〉但发包人与承包人因客观情况发生了在招标投标时难以预见的变化而另行订立建设工程施工合同的除外。

第24条 〈辅助〉当事人就同一建设工程订立的数份建设工程施工合同均无效，但建设工程质量合格，一方当事人请求参照实际履行的合同关于工程价款的约定折价补偿承包人的，人民法院应予支持。

〈辅助〉实际履行的合同难以确定，当事人请求参照最后签订的合同关于工程价款的约定折价补偿承包人的，人民法院应予支持。

第25条 〈辅助〉当事人对垫资和垫资利息有约定，承包人请求按照约定返还垫资及其利息的，人民法院应予支持，〈抗辩〉但是约定的利息计算标准高于垫资时的同类贷款利率或者同期贷款市场报价利率的部分除外。

〈辅助〉当事人对垫资没有约定的，按照工程欠款处理。

〈否认〉当事人对垫资利息没有约定，承包人请求支付利息的，人民法院不予支持。

第26条 〈辅助〉当事人对欠付工程价款利息计付标准有约定的，按照约定处理。没有约定的，按照同期同类贷款利率或者同期贷款市场报价利率计息。

第27条 〈辅助〉利息从应付工程价款之日开始计付。〈辅助〉当事人对付款时间没有约定或者约定不明的，下列时间视为应付款时间：

（一）建设工程已实际交付的，为交付之日；

（二）建设工程没有交付的，为提交竣工结算文件之日；

（三）建设工程未交付，工程价款也未结算的，为当事人起诉之日。

第28条 〈裁判指引〉当事人约定按照固定价结算工程价款，一方当事人请求对建设工程造价进行鉴定的，人民法院不予支持。

第29条 〈裁判指引〉当事人在诉讼前已经对建设工程价款结算达成协议，诉讼中一方当事人申请对工程造价进行鉴定的，人民法院不予准许。

第30条 〈裁判指引〉当事人在诉讼前共同委托有关机构、人员对建设工程造价出具咨询意见，诉讼中一方当事人不认可该咨询意见申请鉴定的，人民法院应予准许，但双方当事人明确表示受该咨询意见约束的除外。

第31条 〈裁判指引〉当事人对部分案件事实有争议的，仅对有争议的事实进行鉴定，但争议事实范围不能确定，或者双方当事人请求对全部事实鉴定的除外。

第32条 〈裁判指引〉当事人对工程造价、质量、修复费用等专门性问题有争议，人民法院认为需要鉴定的，应当向负有举证责任的当事人释明。〈裁判指引〉当事人经释明未申请鉴定，虽申请鉴定但未支付鉴定费用或者拒不提供相关材料的，应当承担举证不能的法律后果。

〈裁判指引〉一审诉讼中负有举证责任的当事人未申请鉴定，虽申请鉴定但未支付鉴定费用或者拒不提供相关材料，二审诉讼中申请鉴定，人民法院认为确有必要的，应当依照民事诉讼法第一百七十条第一款第三项的规定处理。

第33条 〈裁判指引〉人民法院准许当事人的鉴定申请后，应当根据当事人申请及查明案件事实的需要，确定委托鉴定的事项、范围、鉴定期限等，并组织当事人对争议的鉴定材料进行质证。

第34条 〈裁判指引〉人民法院应当组织当事人对鉴定意见进行质证。〈裁判指引〉鉴定人将当事人有争议且未经质证的材料作为鉴定依据的，人民法院应当组织当事人就该部分材料进行质证。〈裁判指引〉经质证认为不能作为鉴定依据的，根据该材料作出的鉴定意见不得作为认定案件事实的依据。

第35条 〈提示参引〉与发包人订立建设工程施工合同的承包人，依据民法典第八百零七条的规定请求其承建工程的价款就工程折价或者拍卖的价款优先受偿的，人民法院应予支持。

第36条 〈辅助〉承包人根据民法典第八百零七条规定享有的建设工程价款优先受偿权优于抵押权和其他债权。

第37条 〈辅助〉装饰装修工程具备折价或者拍卖条件，装饰装修工程的承包人请求工程价款就该装饰装修工程折价或者拍卖的价款优先受偿的，人民法院应予支持。

第38条 〈辅助〉建设工程质量合格，承包人请求其承建工程的价款就工程折价或者拍卖的价款优先受偿的，人民法院应予支持。

第39条 〈辅助〉未竣工的建设工程质量合格，承包人请求其承建工程的价款就其承建工程部分折价或者拍卖的价款优先受偿的，人民法院应予支持。

第40条 〈提示参引〉承包人建设工程价款优先受偿的范围依照国务院有关行政主管部门关于建设工程价款范围的规定确定。

〈否认〉承包人就逾期支付建设工程价款的利息、违约金、损害赔偿金等主张优先受偿的，人民法院不予支持。

第41条 〈抗辩〉承包人应当在合理期限内行使建设工程价款优先受偿权，但最长不得超过十八个月，〈辅助〉自发包人应当给付建设工程价款之日起算。

第42条 〈抗辩排除〉发包人与承包人约定放弃或者限制建设工程价款优先受偿权，损害建筑工人利益，发包人根据该约定主张承包人不享有建设工程价款优先受偿权的，人民法院不予支持。

第43条 〈裁判指引〉实际施工人以转包人、违法分包人为被告起诉的，人民法院应当依法受理。

〈裁判指引〉实际施工人以发包人为被告主张权利的，人民法院应当追加转包人或者违法分包人为本案第三人，〈辅助〉在查明发包人欠付转包人或者违法分包人建设工程价款的数额后，判决发包人在欠付建设工程价款范围内对实际施工人承担责任。

第44条 〈提示参引〉实际施工人依据民法典第五百三十五条规定，以转包人或者违法分包人怠于向发包人行使到期债权或者与该债权有关的从权利，影响其到期债权实现，提起代位权诉讼的，人民法院应予支持。

第45条 〈辅助〉本解释自2021年1月1日起施行。

最高人民法院关于适用《中华人民共和国民法典》婚姻家庭编的解释（一）

（2020年12月25日　法释〔2020〕22号）

为正确审理婚姻家庭纠纷案件，根据《中华人民共和国民法典》《中华人民共和国民事诉讼法》等相关法律规定，结合审判实践，制定本解释。

一、一般规定

第1条　〈辅助〉持续性、经常性的家庭暴力，可以认定为民法典第一千零四十二条、第一千零七十九条、第一千零九十一条所称的“虐待”。

第2条　〈辅助〉民法典第一千零四十二条、第一千零七十九条、第一千零九十一条规定的“与他人同居”的情形，是指有配偶者与婚外异性，不以夫妻名义，持续、稳定地共同居住。

第3条　〈裁判指引〉当事人提起诉讼仅请求解除同居关系的，人民法院不予受理；〈裁判指引〉已经受理的，裁定驳回起诉。

〈裁判指引〉当事人因同居期间财产分割或者子女抚养纠纷提起诉讼的，人民法院应当受理。

第4条　〈裁判指引〉当事人仅以民法典第一千零四十三条为依据提起诉讼的，人民法院不予受理；〈裁判指引〉已经受理的，裁定驳回起诉。

第5条　〈辅助〉当事人请求返还按照习俗给付的彩礼的，如果查明属于以下情形，人民法院应当予以支持：

（一）双方未办理结婚登记手续；

（二）双方办理结婚登记手续但确未共同生活；

（三）婚前给付并导致给付人生活困难。

〈辅助〉适用前款第二项、第三项的规定，应当以双方离婚为条件。

二、结婚

第6条 〈辅助〉男女双方依据民法典第一千零四十九条规定补办结婚登记的，婚姻关系的效力从双方均符合民法典所规定的结婚的实质要件时起算。

第7条 未依据民法典第一千零四十九条规定办理结婚登记而以夫妻名义共同生活的男女，提起诉讼要求离婚的，应当区别对待：

〈辅助〉（一）1994年2月1日民政部《婚姻登记管理条例》公布实施以前，男女双方已经符合结婚实质要件的，按事实婚姻处理。

〈辅助〉（二）1994年2月1日民政部《婚姻登记管理条例》公布实施以后，男女双方符合结婚实质要件的，人民法院应当告知其补办结婚登记。〈提示参引〉未补办结婚登记的，依据本解释第三条规定处理。

第8条 〈提示参引〉未依据民法典第一千零四十九条规定办理结婚登记而以夫妻名义共同生活的男女，一方死亡，另一方以配偶身份主张享有继承权的，依据本解释第七条的原则处理。

第9条 〈辅助〉有权依据民法典第一千零五十一条规定向人民法院就已办理结婚登记的婚姻请求确认婚姻无效的主体，包括婚姻当事人及利害关系人。〈辅助〉其中，利害关系人包括：

（一）以重婚为由的，为当事人的近亲属及基层组织；

（二）以未到法定婚龄为由的，为未到法定婚龄者的近亲属；

（三）以有禁止结婚的亲属关系为由的，为当事人的近亲属。

第10条 〈反抗辩〉当事人依据民法典第一千零五十一条规定向人民法院请求确认婚姻无效，法定的无效婚姻情形在提起诉讼时已经消失的，人民法院不予支持。

第11条 〈裁判指引〉人民法院受理请求确认婚姻无效案件后，原告申请撤诉的，不予准许。

〈裁判指引〉对婚姻效力的审理不适用调解，应当依法作出判决。

〈裁判指引〉涉及财产分割和子女抚养的，可以调解。调解达成协议的，另行制作调解书；未达成调解协议的，应当一并作出判决。

第12条 〈裁判指引〉人民法院受理离婚案件后，经审理确属无效婚姻的，应当将婚姻无效的情形告知当事人，并依法作出确认婚姻无效的判决。

第13条 〈裁判指引〉人民法院就同一婚姻关系分别受理了离婚和请求确认婚姻无效案件的，对于离婚案件的审理，应当待请求确认婚姻无效案件作出判决后进行。

第14条 〈辅助〉夫妻一方或者双方死亡后，生存一方或者利害关系人依据民法典第一千零五十一条的规定请求确认婚姻无效的，人民法院应当受理。

第15条 〈裁判指引〉利害关系人依据民法典第一千零五十一条的规定，请求人民法院确认婚姻无效的，利害关系人为原告，婚姻关系当事人双方为被告。

〈裁判指引〉夫妻一方死亡的，生存一方为被告。

第16条 〈裁判指引〉人民法院审理重婚导致的无效婚姻案件时，涉及财产处理的，应当准许合法婚姻当事人作为有独立请求权的第三人参加诉讼。

第17条 〈抗辩排除〉当事人以民法典第一千零五十一条规定的三种无效婚姻以外的情形请求确认婚姻无效的，人民法院应当判决驳回当事人的诉讼请求。

〈裁判指引〉当事人以结婚登记程序存在瑕疵为由提起民事诉讼，主张撤销结婚登记的，告知其可以依法申请行政复议或者提起行政诉讼。

第18条 〈辅助〉行为人以给另一方当事人或者其近亲属的生命、身体、健康、名誉、财产等方面造成损害为要挟，迫使另一方当事人违背真实意愿结婚的，可以认定为民法典第一千零五十二条所称的“胁迫”。

〈辅助〉因受胁迫而请求撤销婚姻的，只能是受胁迫一方的婚姻关系当事人本人。

第19条 〈抗辩排除〉民法典第一千零五十二条规定的“一年”，不适用诉讼时效中止、中断或者延长的规定。

〈抗辩〉受胁迫或者被非法限制人身自由的当事人请求撤销婚姻的，不适用民法典第一百五十二条第二款的规定。

第20条 〈辅助〉民法典第一千零五十四条所规定的“自始没有法律约束力”，是指无效婚姻或者可撤销婚姻在依法被确认无效或者被撤销时，才确定该婚姻自始不受法律保护。

第21条 〈裁判指引〉人民法院根据当事人的请求，依法确认婚姻无效或者撤销婚姻的，应当收缴双方的结婚证书并将生效的判决书寄送当地婚姻登记管理机关。

第22条 〈辅助〉被确认无效或者被撤销的婚姻，当事人同居期间所得的财产，〈否认〉除有证据证明为当事人一方所有的以外，按共同共有处理。

三、夫妻关系

第23条 〈裁判指引〉夫以妻擅自中止妊娠侵犯其生育权为由请求损害赔偿的，人民法院不予支持；〈提示参引〉夫妻双方因是否生育发生纠纷，致使感情确已破裂，一方请求离婚的，人民法院经调解无效，应依照民法典第一千零七十九条第三款第五项的规定处理。

第24条 〈辅助〉民法典第一千零六十二条第一款第三项规定的“知识产权的收益”，是指婚姻关系存续期间，实际取得或者已经明确可以取得的财产性收益。

第25条 〈辅助〉婚姻关系存续期间，下列财产属于民法典第一千零六十二条规定的“其他应当归共同所有的财产”：

（一）一方以个人财产投资取得的收益；

（二）男女双方实际取得或者应当取得的住房补贴、住房公积金；

（三）男女双方实际取得或者应当取得的基本养老金、破产安置补偿费。

第26条 〈辅助〉夫妻一方个人财产在婚后产生的收益，〈抗辩〉除孳息和自然增值外，应认定为夫妻共同财产。

第27条 〈辅助〉由一方婚前承租、婚后用共同财产购买的房屋，登记在一方名下的，应当认定为夫妻共同财产。

第28条 〈否认〉一方未经另一方同意出售夫妻共同所有的房屋，第三人善意购买、支付合理对价并已办理不动产登记，另一方主张追回该房屋的，人民法院不予支持。

〈辅助〉夫妻一方擅自处分共同所有的房屋造成另一方损失，离婚时另一方请求赔偿损失的，人民法院应予支持。

第29条 〈辅助〉当事人结婚前，父母为双方购置房屋出资的，该出资应当认定为对自己子女个人的赠与，〈抗辩〉但父母明确表示赠与双方的除外。

〈提示参引〉当事人结婚后，父母为双方购置房屋出资的，依照约定处理；没有约定或者约定不明确的，按照民法典第一千零六十二条第一款第四项规定的原则处理。

第30条 〈辅助〉军人的伤亡保险金、伤残补助金、医药生活补助费属于个人财产。

第31条 〈否认排除〉民法典第一千零六十三条规定为夫妻一方的个人财产，不因婚姻关系的延续而转化为夫妻共同财产。但当事人另有约定的除外。

第32条 〈提示参引〉婚前或者婚姻关系存续期间，当事人约定将一方所有的房产赠与另一方或者共有，赠与方在赠与房产变更登记之前撤销赠与，另一方请求判令继续履行的，人民法院可以按照民法典第六百五十八条的规定处理。

第33条 〈裁判指引〉债权人就一方婚前所负个人债务向债务人的配偶主张权利的，人民法院不予支持。〈辅助[①]〉但债权人能够证明所负债务用于婚后家庭共同生活的除外。

第34条 〈抗辩〉夫妻一方与第三人串通，虚构债务，第三人主张该债务为夫妻共同债务的，人民法院不予支持。

〈否认〉夫妻一方在从事赌博、吸毒等违法犯罪活动中所负债务，第三人主张该债务为夫妻共同债务的，人民法院不予支持。

第35条 〈辅助〉当事人的离婚协议或者人民法院生效判决、裁定、调

---

① 本句并非抗辩规范，而是确认了“一方婚前所负个人债务+婚后用于婚后共同生活”为夫妻共同债务。

解书已经对夫妻财产分割问题作出处理的，债权人仍有权就夫妻共同债务向男女双方主张权利。

〈辅助〉一方就夫妻共同债务承担清偿责任后，主张由另一方按照离婚协议或者人民法院的法律文书承担相应债务的，人民法院应予支持。

第36条 〈辅助〉夫或者妻一方死亡的，生存一方应当对婚姻关系存续期间的夫妻共同债务承担清偿责任。

第37条 〈辅助〉民法典第一千零六十五条第三款所称“相对人知道该约定的”，夫妻一方对此负有举证责任。

第38条 〈裁判指引〉婚姻关系存续期间，除民法典第一千零六十六条规定情形以外，夫妻一方请求分割共同财产的，人民法院不予支持。

四、父母子女关系

第39条 〈裁判指引〉父或者母向人民法院起诉请求否认亲子关系，并已提供必要证据予以证明，另一方没有相反证据又拒绝做亲子鉴定的，人民法院可以认定否认亲子关系一方的主张成立。

〈裁判指引〉父或者母以及成年子女起诉请求确认亲子关系，并提供必要证据予以证明，另一方没有相反证据又拒绝做亲子鉴定的，人民法院可以认定确认亲子关系一方的主张成立。

第40条 〈辅助〉婚姻关系存续期间，夫妻双方一致同意进行人工授精，所生子女应视为婚生子女，〈提示参引〉父母子女间的权利义务关系适用民法典的有关规定。

第41条 〈辅助〉尚在校接受高中及其以下学历教育，或者丧失、部分丧失劳动能力等非因主观原因而无法维持正常生活的成年子女，可以认定为民法典第一千零六十七条规定的“不能独立生活的成年子女”。

第42条 〈辅助〉民法典第一千零六十七条所称“抚养费”，包括子女生活费、教育费、医疗费等费用。

第43条 〈辅助〉婚姻关系存续期间，父母双方或者一方拒不履行抚养子女义务，未成年子女或者不能独立生活的成年子女请求支付抚养费的，人民法院应予支持。

第44条 〈提示参引〉离婚案件涉及未成年子女抚养的，对不满两周岁的子女，按照民法典第一千零八十四条第三款规定的原则处理。〈抗辩〉母亲有下列情形之一，父亲请求直接抚养的，人民法院应予支持：

（一）患有久治不愈的传染性疾病或者其他严重疾病，子女不宜与其共同生活；

（二）有抚养条件不尽抚养义务，而父亲要求子女随其生活；

（三）因其他原因，子女确不宜随母亲生活。

第45条 〈辅助〉父母双方协议不满两周岁子女由父亲直接抚养，并对子女健康成长无不利影响的，人民法院应予支持。

第46条 〈辅助〉对已满两周岁的未成年子女，父母均要求直接抚养，一方有下列情形之一的，可予优先考虑：

（一）已做绝育手术或者因其他原因丧失生育能力；

（二）子女随其生活时间较长，改变生活环境对子女健康成长明显不利；

（三）无其他子女，而另一方有其他子女；

（四）子女随其生活，对子女成长有利，而另一方患有久治不愈的传染性疾病或者其他严重疾病，或者有其他不利于子女身心健康的情形，不宜与子女共同生活。

第47条 〈辅助〉父母抚养子女的条件基本相同，双方均要求直接抚养子女，但子女单独随祖父母或者外祖父母共同生活多年，且祖父母或者外祖父母要求并且有能力帮助子女照顾孙子女或者外孙子女的，可以作为父或者母直接抚养子女的优先条件予以考虑。

第48条 〈辅助〉在有利于保护子女利益的前提下，父母双方协议轮流直接抚养子女的，人民法院应予支持。

第49条 〈裁判指引〉抚养费的数额，可以根据子女的实际需要、父母双方的负担能力和当地的实际生活水平确定。

〈裁判指引〉有固定收入的，抚养费一般可以按其月总收入的百分之二十至三十的比例给付。负担两个以上子女抚养费的，比例可以适当提高，但一般不得超过月总收入的百分之五十。

〈裁判指引〉无固定收入的，抚养费的数额可以依据当年总收入或者同行业平均收入，参照上述比例确定。

〈裁判指引〉有特殊情况的，可以适当提高或者降低上述比例。

第50条 〈辅助〉抚养费应当定期给付，有条件的可以一次性给付。

第51条 〈辅助〉父母一方无经济收入或者下落不明的，可以用其财物折抵抚养费。

第52条 〈辅助〉父母双方可以协议由一方直接抚养子女并由直接抚养方负担子女全部抚养费。〈裁判指引〉但是，直接抚养方的抚养能力明显不能保障子女所需费用，影响子女健康成长的，人民法院不予支持。

第53条 〈抗辩〉抚养费的给付期限，一般至子女十八周岁为止。

〈抗辩〉十六周岁以上不满十八周岁，以其劳动收入为主要生活来源，并能维持当地一般生活水平的，父母可以停止给付抚养费。

第54条 〈辅助〉生父与继母离婚或者生母与继父离婚时，对曾受其抚养教育的继子女，继父或者继母不同意继续抚养的，仍应由生父或者生母抚养。

第55条 〈裁判指引〉离婚后，父母一方要求变更子女抚养关系的，或者子女要求增加抚养费的，应当另行提起诉讼。

第56条 〈辅助〉具有下列情形之一，父母一方要求变更子女抚养关系的，人民法院应予支持：

（一）与子女共同生活的一方因患严重疾病或者因伤残无力继续抚养子女；

（二）与子女共同生活的一方不尽抚养义务或有虐待子女行为，或者其与子女共同生活对子女身心健康确有不利影响；

（三）已满八周岁的子女，愿随另一方生活，该方又有抚养能力；

（四）有其他正当理由需要变更。

第57条 〈辅助〉父母双方协议变更子女抚养关系的，人民法院应予支持。

第58条 〈辅助〉具有下列情形之一，子女要求有负担能力的父或者母增加抚养费的，人民法院应予支持：

（一）原定抚养费数额不足以维持当地实际生活水平；

（二）因子女患病、上学，实际需要已超过原定数额；

（三）有其他正当理由应当增加。

第59条 〈抗辩排除〉父母不得因子女变更姓氏而拒付子女抚养费。〈辅助〉父或者母擅自将子女姓氏改为继母或继父姓氏而引起纠纷的，应当责令恢复原姓氏。

第60条 〈裁判指引〉在离婚诉讼期间，双方均拒绝抚养子女的，可以先行裁定暂由一方抚养。

第61条 〈提示参引〉对拒不履行或者妨害他人履行生效判决、裁定、调解书中有关子女抚养义务的当事人或者其他人，人民法院可依照民事诉讼法第一百一十一条的规定采取强制措施。

五、离婚

第62条 〈辅助〉无民事行为能力人的配偶有民法典第三十六条第一款规定行为，其他有监护资格的人可以要求撤销其监护资格，并依法指定新的监护人；〈裁判指引〉变更后的监护人代理无民事行为能力一方提起离婚诉讼的，人民法院应予受理。

第63条 〈抗辩排除〉人民法院审理离婚案件，符合民法典第一千零七十九条第三款规定“应当准予离婚”情形的，不应当因当事人有过错而判决不准离婚。

第64条 〈裁判指引〉民法典第一千零八十一条所称的“军人一方有重大过错”，可以依据民法典第一千零七十九条第三款前三项规定及军人有其他重大过错导致夫妻感情破裂的情形予以判断。

第65条 〈裁判指引〉人民法院作出的生效的离婚判决中未涉及探望权，当事人就探望权问题单独提起诉讼的，人民法院应予受理。

第66条 〈裁判指引〉当事人在履行生效判决、裁定或者调解书的过程中，一方请求中止探望的，人民法院在征询双方当事人意见后，认为需要中止探望的，依法作出裁定；〈裁判指引〉中止探望的情形消失后，人民法院应当根据当事人的请求书面通知其恢复探望。

第67条 〈辅助〉未成年子女、直接抚养子女的父或者母以及其他对未成年子女负担抚养、教育、保护义务的法定监护人，有权向人民法院提出中止探望的请求。

第68条 〈裁判指引〉对于拒不协助另一方行使探望权的有关个人或者组织，可以由人民法院依法采取拘留、罚款等强制措施，但是不能对子女的人身、探望行为进行强制执行。

第69条 〈抗辩〉当事人达成的以协议离婚或者到人民法院调解离婚为条件的财产以及债务处理协议，如果双方离婚未成，一方在离婚诉讼中反悔的，人民法院应当认定该财产以及债务处理协议没有生效，〈类推参引〉并根据实际情况依照民法典第一千零八十七条和第一千零八十九条的规定判决。

〈辅助〉当事人依照民法典第一千零七十六条签订的离婚协议中关于财产以及债务处理的条款，对男女双方具有法律约束力。〈裁判指引〉登记离婚后当事人因履行上述协议发生纠纷提起诉讼的，人民法院应当受理。

第70条 〈裁判指引〉夫妻双方协议离婚后就财产分割问题反悔，请求撤销财产分割协议的，人民法院应当受理。

〈裁判指引〉人民法院审理后，未发现订立财产分割协议时存在欺诈、胁迫等情形的，应当依法驳回当事人的诉讼请求。

第71条 〈辅助〉人民法院审理离婚案件，涉及分割发放到军人名下的复员费、自主择业费等一次性费用的，以夫妻婚姻关系存续年限乘以年平均值，所得数额为夫妻共同财产。

〈辅助〉前款所称年平均值，是指将发放到军人名下的上述费用总额按具体年限均分得出的数额。〈辅助〉其具体年限为人均寿命七十岁与军人入伍时实际年龄的差额。

第72条 〈辅助〉夫妻双方分割共同财产中的股票、债券、投资基金份额等有价证券以及未上市股份有限公司股份时，协商不成或者按市价分配有困难的，人民法院可以根据数量按比例分配。

第73条 人民法院审理离婚案件，涉及分割夫妻共同财产中以一方名义在有限责任公司的出资额，另一方不是该公司股东的，按以下情形分别处理：

〈辅助〉（一）夫妻双方协商一致将出资额部分或者全部转让给该股东的配偶，其他股东过半数同意，并且其他股东均明确表示放弃优先购买权的，该股东的配偶可以成为该公司股东；

〈辅助〉（二）夫妻双方就出资额转让份额和转让价格等事项协商一致后，其他股东半数以上不同意转让，但愿意以同等条件购买该出资额的，人民法院可以对转让出资所得财产进行分割。〈辅助〉其他股东半数以上不同意转让，也不愿意以同等条件购买该出资额的，视为其同意转让，该股东的配偶可以成为该公司股东。

〈裁判指引〉用于证明前款规定的股东同意的证据，可以是股东会议材料，也可以是当事人通过其他合法途径取得的股东的书面声明材料。

第74条 人民法院审理离婚案件，涉及分割夫妻共同财产中以一方名义在合伙企业中的出资，另一方不是该企业合伙人的，当夫妻双方协商一致，将其合伙企业中的财产份额全部或者部分转让给对方时，按以下情形分别处理：

〈辅助〉（一）其他合伙人一致同意的，该配偶依法取得合伙人地位；

〈辅助〉（二）其他合伙人不同意转让，在同等条件下行使优先购买权的，可以对转让所得的财产进行分割；

〈辅助〉（三）其他合伙人不同意转让，也不行使优先购买权，但同意该合伙人退伙或者削减部分财产份额的，可以对结算后的财产进行分割；

〈辅助〉（四）其他合伙人既不同意转让，也不行使优先购买权，又不同意该合伙人退伙或者削减部分财产份额的，视为全体合伙人同意转让，该配偶依法取得合伙人地位。

第75条 夫妻以一方名义投资设立个人独资企业的，人民法院分割夫妻在该个人独资企业中的共同财产时，应当按照以下情形分别处理：

〈辅助〉（一）一方主张经营该企业的，对企业资产进行评估后，由取得企业资产所有权一方给予另一方相应的补偿；

〈辅助〉（二）双方均主张经营该企业的，在双方竞价基础上，由取得企业资产所有权的一方给予另一方相应的补偿；

〈提示参引〉（三）双方均不愿意经营该企业的，按照《中华人民共和国个人独资企业法》等有关规定办理。

第76条 双方对夫妻共同财产中的房屋价值及归属无法达成协议时，人民法院按以下情形分别处理：

〈辅助〉（一）双方均主张房屋所有权并且同意竞价取得的，应当准许；

〈辅助〉（二）一方主张房屋所有权的，由评估机构按市场价格对房屋作出评估，取得房屋所有权的一方应当给予另一方相应的补偿；

〈辅助〉（三）双方均不主张房屋所有权的，根据当事人的申请拍卖、变卖房屋，就所得价款进行分割。

第77条 〈辅助〉离婚时双方对尚未取得所有权或者尚未取得完全所有权的房屋有争议且协商不成的，人民法院不宜判决房屋所有权的归属，应当根据实际情况判决由当事人使用。

〈辅助〉当事人就前款规定的房屋取得完全所有权后，有争议的，可以另行向人民法院提起诉讼。

第78条 〈辅助〉夫妻一方婚前签订不动产买卖合同，以个人财产支付首付款并在银行贷款，婚后用夫妻共同财产还贷，不动产登记于首付款支付方名下的，离婚时该不动产由双方协议处理。

〈辅助〉依前款规定不能达成协议的，人民法院可以判决该不动产归登记一方，尚未归还的贷款为不动产登记一方的个人债务。〈类推参引〉双方婚后共同还贷支付的款项及其相对应财产增值部分，离婚时应根据民法典第一千零八十七条第一款规定的原则，由不动产登记一方对另一方进行补偿。

第79条 〈否认〉婚姻关系存续期间，双方用夫妻共同财产出资购买以一方父母名义参加房改的房屋，登记在一方父母名下，离婚时另一方主张按照夫妻共同财产对该房屋进行分割的，人民法院不予支持。〈辅助〉购买该房屋时的出资，可以作为债权处理。

第80条 〈否认〉离婚时夫妻一方尚未退休、不符合领取基本养老金条件，另一方请求按照夫妻共同财产分割基本养老金的，人民法院不予支持；〈辅助〉婚后以夫妻共同财产缴纳基本养老保险费，离婚时一方主张将养老金账户中婚姻关系存续期间个人实际缴纳部分及利息作为夫妻共同财产分割的，人民法院应予支持。

第81条 〈裁判指引〉婚姻关系存续期间，夫妻一方作为继承人依法可以继承的遗产，在继承人之间尚未实际分割，起诉离婚时另一方请求分割的，人民法院应当告知当事人在继承人之间实际分割遗产后另行起诉。

第82条 〈辅助〉夫妻之间订立借款协议，以夫妻共同财产出借给一方从事个人经营活动或者用于其他个人事务的，应视为双方约定处分夫妻共同财产的行为，离婚时可以按照借款协议的约定处理。

第83条 〈辅助〉离婚后，一方以尚有夫妻共同财产未处理为由向人民法院起诉请求分割的，经审查该财产确属离婚时未涉及的夫妻共同财产，人民法院应当依法予以分割。

第84条 〈抗辩〉当事人依据民法典第一千零九十二条的规定向人民法院提起诉讼，请求再次分割夫妻共同财产的诉讼时效期间为三年，〈辅助〉从当事人发现之日起计算。

第85条 〈裁判指引〉夫妻一方申请对配偶的个人财产或者夫妻共同财产采取保全措施的，人民法院可以在采取保全措施可能造成损失的范围内，根据实际情况，确定合理的财产担保数额。

第86条 〈辅助〉民法典第一千零九十一条规定的“损害赔偿”，包括物质损害赔偿和精神损害赔偿。〈提示参引〉涉及精神损害赔偿的，适用《最高人民法院关于确定民事侵权精神损害赔偿责任若干问题的解释》的有关规定。

第87条 〈辅助〉承担民法典第一千零九十一条规定的损害赔偿责任的主体，为离婚诉讼当事人中无过错方的配偶。

〈裁判指引〉人民法院判决不准离婚的案件，对于当事人基于民法典第一千零九十一条提出的损害赔偿请求，不予支持。

〈裁判指引〉在婚姻关系存续期间，当事人不起诉离婚而单独依据民法典第一千零九十一条提起损害赔偿请求的，人民法院不予受理。

第88条 〈裁判指引〉人民法院受理离婚案件时，应当将民法典第一千零九十一条等规定中当事人的有关权利义务，书面告知当事人。在适用民法典第一千零九十一条时，应当区分以下不同情况：

〈裁判指引〉（一）符合民法典第一千零九十一条规定的无过错方作为原

告基于该条规定向人民法院提起损害赔偿请求的，必须在离婚诉讼的同时提出。

〈裁判指引〉（二）符合民法典第一千零九十一条规定的无过错方作为被告的离婚诉讼案件，如果被告不同意离婚也不基于该条规定提起损害赔偿请求的，可以就此单独提起诉讼。

〈裁判指引〉（三）无过错方作为被告的离婚诉讼案件，一审时被告未基于民法典第一千零九十一条规定提出损害赔偿请求，二审期间提出的，人民法院应当进行调解；调解不成的，告知当事人另行起诉。双方当事人同意由第二审人民法院一并审理的，第二审人民法院可以一并裁判。

第89条 〈辅助〉当事人在婚姻登记机关办理离婚登记手续后，以民法典第一千零九十一条规定为由向人民法院提出损害赔偿请求的，人民法院应当受理。〈抗辩〉但当事人在协议离婚时已经明确表示放弃该项请求的，人民法院不予支持。

第90条 〈否认〉夫妻双方均有民法典第一千零九十一条规定的过错情形，一方或者双方向对方提出离婚损害赔偿请求的，人民法院不予支持。

六、附则

第91条 〈辅助〉本解释自2021年1月1日起施行。

最高人民法院关于适用《中华人民共和国民法典》婚姻家庭编的解释（二）

（2024年11月25日　法释〔2025〕1号）

为正确审理婚姻家庭纠纷案件，根据《中华人民共和国民法典》《中华人民共和国民事诉讼法》等相关法律规定，结合审判实践，制定本解释。

第1条　〈抗辩排除〉当事人依据民法典第一千零五十一条第一项规定请求确认重婚的婚姻无效，提起诉讼时合法婚姻当事人已经离婚或者配偶已经死亡，被告以此为由抗辩后一婚姻自以上情形发生时转为有效的，人民法院不予支持。

第2条　〈抗辩排除〉夫妻登记离婚后，一方以双方意思表示虚假为由请求确认离婚无效的，人民法院不予支持。

第3条　〈反抗辩〉夫妻一方的债权人有证据证明离婚协议中财产分割条款影响其债权实现，请求参照适用民法典第五百三十八条或者第五百三十九条规定撤销相关条款的，人民法院应当综合考虑夫妻共同财产整体分割及履行情况、子女抚养费负担、离婚过错等因素，依法予以支持。

第4条　〈裁判指引〉双方均无配偶的同居关系析产纠纷案件中，对同居期间所得的财产，有约定的，按照约定处理；没有约定且协商不成的，人民法院按照以下情形分别处理：

（一）各自所得的工资、奖金、劳务报酬、知识产权收益，各自继承或者受赠的财产以及单独生产、经营、投资的收益等，归各自所有；

（二）共同出资购置的财产或者共同生产、经营、投资的收益以及其他无法区分的财产，以各自出资比例为基础，综合考虑共同生活情况、有无共同子女、对财产的贡献大小等因素进行分割。

第5条 〈裁判指引〉婚前或者婚姻关系存续期间，当事人约定将一方所有的房屋转移登记至另一方或者双方名下，离婚诉讼时房屋所有权尚未转移登记，双方对房屋归属或者分割有争议且协商不成的，人民法院可以根据当事人诉讼请求，结合给予目的，综合考虑婚姻关系存续时间、共同生活及孕育共同子女情况、离婚过错、对家庭的贡献大小以及离婚时房屋市场价格等因素，判决房屋归其中一方所有，并确定是否由获得房屋一方对另一方予以补偿以及补偿的具体数额。

〈裁判指引〉婚前或者婚姻关系存续期间，一方将其所有的房屋转移登记至另一方或者双方名下，离婚诉讼中，双方对房屋归属或者分割有争议且协商不成的，如果婚姻关系存续时间较短且给予方无重大过错，人民法院可以根据当事人诉讼请求，判决该房屋归给予方所有，并结合给予目的，综合考虑共同生活及孕育共同子女情况、离婚过错、对家庭的贡献大小以及离婚时房屋市场价格等因素，确定是否由获得房屋一方对另一方予以补偿以及补偿的具体数额。

〈抗辩〉给予方有证据证明另一方存在欺诈、胁迫、严重侵害给予方或者其近亲属合法权益、对给予方有扶养义务而不履行等情形，请求撤销前两款规定的民事法律行为的，人民法院依法予以支持。

第6条 〈辅助〉夫妻一方未经另一方同意，在网络直播平台用夫妻共同财产打赏，数额明显超出其家庭一般消费水平，严重损害夫妻共同财产利益的，可以认定为民法典第一千零六十六条和第一千零九十二条规定的“挥霍”。另一方〈辅助〉请求在婚姻关系存续期间分割夫妻共同财产，〈抗辩〉或者在离婚分割夫妻共同财产时请求对打赏一方少分或者不分的，人民法院应予支持。

第7条 〈抗辩〉夫妻一方为重婚、与他人同居以及其他违反夫妻忠实义务等目的，将夫妻共同财产赠与他人或者以明显不合理的价格处分夫妻共同财产，另一方主张该民事法律行为违背公序良俗无效的，人民法院应予支持并依照民法典第一百五十七条规定处理。

夫妻一方存在前款规定情形，〈辅助〉另一方以该方存在转移、变卖夫妻共同财产行为，严重损害夫妻共同财产利益为由，依据民法典第一千零六十六条规定请求在婚姻关系存续期间分割夫妻共同财产，〈抗辩〉或者依据民法典第一千零九十二条规定请求在离婚分割夫妻共同财产时对该方少分或者不分的，人民法院应予支持。

第8条 〈裁判指引〉婚姻关系存续期间，夫妻购置房屋由一方父母全额出资，如果赠与合同明确约定只赠与自己子女一方的，按照约定处理；没有约定或者约定不明确的，离婚分割夫妻共同财产时，人民法院可以判决该房屋归出资人子女一方所有，并综合考虑共同生活及孕育共同子女情况、离婚过错、对家庭的贡献大小以及离婚时房屋市场价格等因素，确定是否由获得房屋一方对另一方予以补偿以及补偿的具体数额。

〈裁判指引〉婚姻关系存续期间，夫妻购置房屋由一方父母部分出资或者双方父母出资，如果赠与合同明确约定相应出资只赠与自己子女一方的，按照约定处理；没有约定或者约定不明确的，离婚分割夫妻共同财产时，人民法院可以根据当事人诉讼请求，以出资来源及比例为基础，综合考虑共同生活及孕育共同子女情况、离婚过错、对家庭的贡献大小以及离婚时房屋市场价格等因素，判决房屋归其中一方所有，并由获得房屋一方对另一方予以合理补偿。

第9条 〈抗辩排除〉夫妻一方转让用夫妻共同财产出资但登记在自己名下的有限责任公司股权，另一方以未经其同意侵害夫妻共同财产利益为由请求确认股权转让合同无效的，人民法院不予支持，〈抗辩〉但有证据证明转让人与受让人恶意串通损害另一方合法权益的除外。

第10条 〈裁判指引〉夫妻以共同财产投资有限责任公司，并均登记为股东，双方对相应股权的归属没有约定或者约定不明确，离婚时，一方请求按照股东名册或者公司章程记载的各自出资额确定股权分割比例的，人民法院不予支持；对当事人分割夫妻共同财产的请求，人民法院依照民法典第一千零八十七条规定处理。

第11条 〈反抗辩排除〉夫妻一方以另一方可继承的财产为夫妻共同财产、放弃继承侵害夫妻共同财产利益为由主张另一方放弃继承无效的，人民法院不予支持，〈反抗辩〉但有证据证明放弃继承导致放弃一方不能履行法定扶养义务的除外。

第12条 〈辅助〉父母一方或者其近亲属等抢夺、藏匿未成年子女，另一方向人民法院申请人身安全保护令或者参照适用民法典第九百九十七条规定申请人格权侵害禁令的，人民法院依法予以支持。

〈裁判指引〉抢夺、藏匿未成年子女一方以另一方存在赌博、吸毒、家庭暴力等严重侵害未成年子女合法权益情形，主张其抢夺、藏匿行为有合理事由的，人民法院应当告知其依法通过撤销监护人资格、中止探望或者变更抚养关系等途径解决。〈裁判指引〉当事人对其上述主张未提供证据证明且未在合理期限内提出相关请求的，人民法院依照前款规定处理。

第13条 〈裁判指引〉夫妻分居期间，一方或者其近亲属等抢夺、藏匿未成年子女，致使另一方无法履行监护职责，另一方请求行为人承担民事责任的，人民法院可以参照适用民法典第一千零八十四条关于离婚后子女抚养的有关规定，暂时确定未成年子女的抚养事宜，〈辅助〉并明确暂时直接抚养未成年子女一方有协助另一方履行监护职责的义务。

第14条 〈裁判指引〉离婚诉讼中，父母均要求直接抚养已满两周岁的未成年子女，一方有下列情形之一的，人民法院应当按照最有利于未成年子女的原则，优先考虑由另一方直接抚养：

（一）实施家庭暴力或者虐待、遗弃家庭成员；

（二）有赌博、吸毒等恶习；

（三）重婚、与他人同居或者其他严重违反夫妻忠实义务情形；

（四）抢夺、藏匿未成年子女且另一方不存在本条第一项或者第二项等严重侵害未成年子女合法权益情形；

（五）其他不利于未成年子女身心健康的情形。

第15条 〈抗辩排除〉父母双方以法定代理人身份处分用夫妻共同财产购买并登记在未成年子女名下的房屋后，又以违反民法典第三十五条规定损害未成年子女利益为由向相对人主张该民事法律行为无效的，人民法院不予支持。

第16条 〈辅助〉离婚协议中关于一方直接抚养未成年子女或者不能独立生活的成年子女、另一方不负担抚养费的约定，对双方具有法律约束力。〈辅助〉但是，离婚后，直接抚养子女一方经济状况发生变化导致原生活水平显著降低或者子女生活、教育、医疗等必要合理费用确有显著增加，未成年子女或者不能独立生活的成年子女请求另一方支付抚养费的，人民法院依法予以支持，并综合考虑离婚协议整体约定、子女实际需要、另一方的负担能力、当地生活水平等因素，确定抚养费的数额。

〈裁判指引〉前款但书规定情形下，另一方以直接抚养子女一方无抚养能力为由请求变更抚养关系的，人民法院依照民法典第一千零八十四条规定处理。

第17条 〈辅助〉离婚后，不直接抚养子女一方未按照离婚协议约定或者以其他方式作出的承诺给付抚养费，未成年子女或者不能独立生活的成年子女请求其支付欠付的抚养费的，人民法院应予支持。

〈辅助〉前款规定情形下，如果子女已经成年并能够独立生活，直接抚养子女一方请求另一方支付欠付的费用的，人民法院依法予以支持。

第18条 〈裁判指引〉对民法典第一千零七十二条中继子女受继父或者继母抚养教育的事实，人民法院应当以共同生活时间长短为基础，综合考虑共同生活期间继父母是否实际进行生活照料、是否履行家庭教育职责、是否承担抚养费等因素予以认定。

第19条 〈抗辩〉生父与继母或者生母与继父离婚后，当事人主张继父或者继母和曾受其抚养教育的继子女之间的权利义务关系不再适用民法典关于父母子女关系规定的，人民法院应予支持，〈抗辩〉但继父或者继母与继子女存在依法成立的收养关系或者〈反抗辩〉继子女仍与继父或者继母共同生活的除外。

〈辅助〉继父母子女关系解除后，缺乏劳动能力又缺乏生活来源的继父或者继母请求曾受其抚养教育的成年继子女给付生活费的，人民法院可以综合考虑抚养教育情况、成年继子女负担能力等因素，依法予以支持，〈抗辩〉但是继父或者继母曾存在虐待、遗弃继子女等情况的除外。

第20条 〈裁判指引〉离婚协议约定将部分或者全部夫妻共同财产给予子女，离婚后，一方在财产权利转移之前请求撤销该约定的，人民法院不予支持，但另一方同意的除外。

〈辅助〉一方不履行前款离婚协议约定的义务，另一方请求其承担继续履行或者因无法履行而赔偿损失等民事责任的，人民法院依法予以支持。

〈辅助〉双方在离婚协议中明确约定子女可以就本条第一款中的相关财产直接主张权利，一方不履行离婚协议约定的义务，子女请求参照适用民法典第五百二十二条第二款规定，由该方承担继续履行或者因无法履行而赔偿损失等民事责任的，人民法院依法予以支持。

〈抗辩〉离婚协议约定将部分或者全部夫妻共同财产给予子女，离婚后，一方有证据证明签订离婚协议时存在欺诈、胁迫等情形，请求撤销该约定的，人民法院依法予以支持；〈辅助〉当事人同时请求分割该部分夫妻共同财产的，人民法院依照民法典第一千零八十七条规定处理。

第21条 〈裁判指引〉离婚诉讼中，夫妻一方有证据证明在婚姻关系存续期间因抚育子女、照料老年人、协助另一方工作等负担较多义务，依据民法典第一千零八十八条规定请求另一方给予补偿的，人民法院可以综合考虑负担相应义务投入的时间、精力和对双方的影响以及给付方负担能力、当地居民人均可支配收入等因素，确定补偿数额。

第22条 〈裁判指引〉离婚诉讼中，一方存在年老、残疾、重病等生活困难情形，依据民法典第一千零九十条规定请求有负担能力的另一方给予适当帮助的，人民法院可以根据当事人请求，结合另一方财产状况，依法予以支持。

第23条 〈裁判指引〉本解释自2025年2月1日起施行。

最高人民法院关于适用《中华人民共和国民法典》继承编的解释（一）

（2020年12月25日　法释〔2020〕23号）

为正确审理继承纠纷案件，根据《中华人民共和国民法典》等相关法律规定，结合审判实践，制定本解释。

一、一般规定

第1条　〈辅助〉继承从被继承人生理死亡或者被宣告死亡时开始。

〈辅助〉宣告死亡的，根据民法典第四十八条规定确定的死亡日期，为继承开始的时间。

第2条　〈辅助〉承包人死亡时尚未取得承包收益的，可以将死者生前对承包所投入的资金和所付出的劳动及其增值和孳息，由发包单位或者接续承包合同的人合理折价、补偿。〈辅助〉其价额作为遗产。

第3条　〈辅助〉被继承人生前与他人订有遗赠扶养协议，同时又立有遗嘱的，继承开始后，如果遗赠扶养协议与遗嘱没有抵触，遗产分别按协议和遗嘱处理；〈辅助〉如果有抵触，按协议处理，〈抗辩〉与协议抵触的遗嘱全部或者部分无效。

第4条　〈辅助〉遗嘱继承人依遗嘱取得遗产后，仍有权依照民法典第一千一百三十条的规定取得遗嘱未处分的遗产。

第5条　〈提示参引〉在遗产继承中，继承人之间因是否丧失继承权发生纠纷，向人民法院提起诉讼的，由人民法院依据民法典第一千一百二十五条的规定，判决确认其是否丧失继承权。

第6条　〈辅助〉继承人是否符合民法典第一千一百二十五条第一款第

三项规定的“虐待被继承人情节严重”，可以从实施虐待行为的时间、手段、后果和社会影响等方面认定。

〈辅助〉虐待被继承人情节严重的，不论是否追究刑事责任，均可确认其丧失继承权。

第7条 〈辅助〉继承人故意杀害被继承人的，不论是既遂还是未遂，均应当确认其丧失继承权。

第8条 〈抗辩〉继承人有民法典第一千一百二十五条第一款第一项或者第二项所列之行为，而被继承人以遗嘱将遗产指定由该继承人继承的，可以确认遗嘱无效，〈抗辩〉并确认该继承人丧失继承权。

第9条 〈辅助〉继承人伪造、篡改、隐匿或者销毁遗嘱，侵害了缺乏劳动能力又无生活来源的继承人的利益，并造成其生活困难的，应当认定为民法典第一千一百二十五条第一款第四项规定的“情节严重”。

二、法定继承

第10条 〈辅助〉被收养人对养父母尽了赡养义务，同时又对生父母扶养较多的，除可以依照民法典第一千一百二十七条的规定继承养父母的遗产外，还可以依照民法典第一千一百三十一条的规定分得生父母适当的遗产。

第11条 〈否认排除〉继子女继承了继父母遗产的，不影响其继承生父母的遗产。

〈否认排除〉继父母继承了继子女遗产的，不影响其继承生子女的遗产。

第12条 〈辅助〉养子女与生子女之间、养子女与养子女之间，系养兄弟姐妹，可以互为第二顺序继承人。

〈辅助〉被收养人与其亲兄弟姐妹之间的权利义务关系，因收养关系的成立而消除，不能互为第二顺序继承人。

第13条 〈辅助〉继兄弟姐妹之间的继承权，因继兄弟姐妹之间的扶养关系而发生。〈否认〉没有扶养关系的，不能互为第二顺序继承人。

〈否认排除〉继兄弟姐妹之间相互继承了遗产的，不影响其继承亲兄弟姐妹的遗产。

第14条 〈辅助〉被继承人的孙子女、外孙子女、曾孙子女、外曾孙子女都可以代位继承，代位继承人不受辈数的限制。

第15条 〈辅助〉被继承人的养子女、已形成扶养关系的继子女的生子女可以代位继承；〈辅助〉被继承人亲生子女的养子女可以代位继承；〈辅助〉被继承人养子女的养子女可以代位继承；〈辅助〉与被继承人已形成扶养关系的继子女的养子女也可以代位继承。

第16条 〈辅助〉代位继承人缺乏劳动能力又没有生活来源，或者对被继承人尽过主要赡养义务的，分配遗产时，可以多分。

第17条 〈抗辩〉继承人丧失继承权的，其晚辈直系血亲不得代位继承。〈辅助①〉如该代位继承人缺乏劳动能力又没有生活来源，或者对被继承人尽赡养义务较多的，可以适当分给遗产。

第18条 〈否认排除〉丧偶儿媳对公婆、丧偶女婿对岳父母，无论其是否再婚，依照民法典第一千一百二十九条规定作为第一顺序继承人时，不影响其子女代位继承。

第19条 〈辅助〉对被继承人生活提供了主要经济来源，或者在劳务等方面给予了主要扶助的，应当认定其尽了主要赡养义务或主要扶养义务。

第20条 〈辅助〉依照民法典第一千一百三十一条规定可以分给适当遗产的人，分给他们遗产时，按具体情况可以多于或者少于继承人。

第21条 〈裁判指引〉依照民法典第一千一百三十一条规定可以分给适当遗产的人，在其依法取得被继承人遗产的权利受到侵犯时，本人有权以独立的诉讼主体资格向人民法院提起诉讼。

第22条 〈反抗辩②〉继承人有扶养能力和扶养条件，愿意尽扶养义务，但被继承人因有固定收入和劳动能力，明确表示不要求其扶养的，分配遗产时，一般不应因此而影响其继承份额。

第23条 〈抗辩〉有扶养能力和扶养条件的继承人虽然与被继承人共同生活，但对需要扶养的被继承人不尽扶养义务，分配遗产时，可以少分或者不分。

---

① 《民法典》第1131条的辅助。

② 《民法典》第1130条第4款的反抗辩。

三、遗嘱继承和遗赠

第24条 〈辅助〉继承人、受遗赠人的债权人、债务人，共同经营的合伙人，也应当视为与继承人、受遗赠人有利害关系，不能作为遗嘱的见证人。

第25条 〈辅助〉遗嘱人未保留缺乏劳动能力又没有生活来源的继承人的遗产份额，遗产处理时，应当为该继承人留下必要的遗产，所剩余的部分，才可参照遗嘱确定的分配原则处理。

〈裁判指引〉继承人是否缺乏劳动能力又没有生活来源，应当按遗嘱生效时该继承人的具体情况确定。

第26条 〈抗辩〉遗嘱人以遗嘱处分了国家、集体或者他人财产的，应当认定该部分遗嘱无效。

第27条 〈辅助〉自然人在遗书中涉及死后个人财产处分的内容，确为死者的真实意思表示，有本人签名并注明了年、月、日，又无相反证据的，可以按自书遗嘱对待。

第28条 〈抗辩〉遗嘱人立遗嘱时必须具有完全民事行为能力。〈否认排除〉无民事行为能力人或者限制民事行为能力人所立的遗嘱，即使其本人后来具有完全民事行为能力，仍属无效遗嘱。〈抗辩排除〉遗嘱人立遗嘱时具有完全民事行为能力，后来成为无民事行为能力人或者限制民事行为能力人的，不影响遗嘱的效力。

第29条 〈抗辩〉附义务的遗嘱继承或者遗赠，如义务能够履行，而继承人、受遗赠人无正当理由不履行，经受益人或者其他继承人请求，人民法院可以取消其接受附义务部分遗产的权利，〈辅助〉由提出请求的继承人或者受益人负责按遗嘱人的意愿履行义务，接受遗产。

四、遗产的处理

第30条 〈裁判指引〉人民法院在审理继承案件时，如果知道有继承人而无法通知的，分割遗产时，要保留其应继承的遗产，并确定该遗产的保管人或者保管单位。

第31条 〈辅助〉应当为胎儿保留的遗产份额没有保留的，应从继承人所继承的遗产中扣回。

〈辅助〉为胎儿保留的遗产份额，如胎儿出生后死亡的，由其继承人继承；〈反抗辩〉如胎儿娩出时是死体的，由被继承人的继承人继承。

第32条 〈反抗辩〉继承人因放弃继承权，致其不能履行法定义务的，放弃继承权的行为无效。

第33条 〈辅助〉继承人放弃继承应当以书面形式向遗产管理人或者其他继承人表示。

第34条 〈辅助〉在诉讼中，继承人向人民法院以口头方式表示放弃继承的，要制作笔录，由放弃继承的人签名。

第35条 〈辅助〉继承人放弃继承的意思表示，应当在继承开始后、遗产分割前作出。〈辅助〉遗产分割后表示放弃的不再是继承权，而是所有权。

第36条 〈裁判指引〉遗产处理前或者在诉讼进行中，继承人对放弃继承反悔的，由人民法院根据其提出的具体理由，决定是否承认。〈反抗辩排除〉遗产处理后，继承人对放弃继承反悔的，不予承认。

第37条 〈辅助〉放弃继承的效力，追溯到继承开始的时间。

第38条 〈辅助〉继承开始后，受遗赠人表示接受遗赠，并于遗产分割前死亡的，其接受遗赠的权利转移给他的继承人。

第39条 〈否认排除①〉由国家或者集体组织供给生活费用的烈属和享受社会救济的自然人，其遗产仍应准许合法继承人继承。

第40条 〈抗辩〉继承人以外的组织或者个人与自然人签订遗赠扶养协议后，无正当理由不履行，导致协议解除的，不能享有受遗赠的权利，〈抗辩〉其支付的供养费用一般不予补偿；〈辅助〉遗赠人无正当理由不履行，导致协议解除的，则应当偿还继承人以外的组织或者个人已支付的供养费用。

第41条 〈辅助〉遗产因无人继承又无人受遗赠归国家或者集体所有制

---

① 不构成“遗产”的否认事由。

组织所有时，按照民法典第一千一百三十一条规定可以分给适当遗产的人提出取得遗产的诉讼请求，人民法院应当视情况适当分给遗产。

第42条 〈裁判指引〉人民法院在分割遗产中的房屋、生产资料和特定职业所需要的财产时，应当依据有利于发挥其使用效益和继承人的实际需要，兼顾各继承人的利益进行处理。

第43条 〈抗辩〉人民法院对故意隐匿、侵吞或者争抢遗产的继承人，可以酌情减少其应继承的遗产。

第44条 〈裁判指引〉继承诉讼开始后，如继承人、受遗赠人中有既不愿参加诉讼，又不表示放弃实体权利的，应当追加为共同原告；〈裁判指引〉继承人已书面表示放弃继承、受遗赠人在知道受遗赠后六十日内表示放弃受遗赠或者到期没有表示的，不再列为当事人。

五、附则

第45条 〈辅助〉本解释自2021年1月1日起施行。

最高人民法院关于适用《中华人民共和国民法典》侵权责任编的解释（一）

（2023年12月18日　法释〔2024〕12号）

为正确审理侵权责任纠纷案件，根据《中华人民共和国民法典》、《中华人民共和国民事诉讼法》等法律规定，结合审判实践，制定本解释。

第1条　〈辅助〉非法使被监护人脱离监护，监护人请求赔偿为恢复监护状态而支出的合理费用等财产损失的，人民法院应予支持。

第2条　〈辅助〉非法使被监护人脱离监护，导致父母子女关系或者其他近亲属关系受到严重损害的，应当认定为民法典第一千一百八十三条第一款规定的严重精神损害。

第3条　〈辅助〉非法使被监护人脱离监护，被监护人在脱离监护期间死亡，作为近亲属的监护人既请求赔偿人身损害，又请求赔偿监护关系受侵害产生的损失的，人民法院依法予以支持。

第4条　〈裁判指引〉无民事行为能力人、限制民事行为能力人造成他人损害，被侵权人请求监护人承担侵权责任，或者合并请求监护人和受托履行监护职责的人承担侵权责任的，人民法院应当将无民事行为能力人、限制民事行为能力人列为共同被告。

第5条　〈辅助〉无民事行为能力人、限制民事行为能力人造成他人损害，被侵权人请求监护人承担侵权人应承担的全部责任的，人民法院应予支持，〈辅助〉并在判决中明确，赔偿费用可以先从被监护人财产中支付，不足部分由监护人支付。

〈抗辩排除〉监护人抗辩主张承担补充责任，或者被侵权人、监护人主张人民法院判令有财产的无民事行为能力人、限制民事行为能力人承担赔偿责任的，人民法院不予支持。

〈抗辩〉从被监护人财产中支付赔偿费用的，应当保留被监护人所必需的生活费和完成义务教育所必需的费用。

第6条 〈辅助〉行为人在侵权行为发生时不满十八周岁，被诉时已满十八周岁的，被侵权人请求原监护人承担侵权人应承担的全部责任的，人民法院应予支持，〈辅助〉并在判决中明确，赔偿费用可以先从被监护人财产中支付，不足部分由监护人支付。

〈裁判指引〉前款规定情形，被侵权人仅起诉行为人的，人民法院应当向原告释明申请追加原监护人为共同被告。

第7条 〈辅助〉未成年子女造成他人损害，被侵权人请求父母共同承担侵权责任的，人民法院依照民法典第二十七条第一款、第一千零六十八条以及第一千一百八十八条的规定予以支持。

第8条 〈辅助〉夫妻离婚后，未成年子女造成他人损害，被侵权人请求离异夫妻共同承担侵权责任的，人民法院依照民法典第一千零六十八条、第一千零八十四条以及第一千一百八十八条的规定予以支持。〈抗辩排除〉一方以未与该子女共同生活为由主张不承担或者少承担责任的，人民法院不予支持。

〈辅助〉离异夫妻之间的责任份额，可以由双方协议确定；〈裁判指引〉协议不成的，人民法院可以根据双方履行监护职责的约定和实际履行情况等确定。〈辅助〉实际承担责任超过自己责任份额的一方向另一方追偿的，人民法院应予支持。

第9条 〈否认〉未成年子女造成他人损害的，依照民法典第一千零七十二条第二款的规定，未与该子女形成抚养教育关系的继父或者继母不承担监护人的侵权责任，由该子女的生父母依照本解释第八条的规定承担侵权责任。

第10条 〈辅助〉无民事行为能力人、限制民事行为能力人造成他人损害，被侵权人合并请求监护人和受托履行监护职责的人承担侵权责任的，依照民法典第一千一百八十九条的规定，监护人承担侵权人应承担的全部责任；〈辅助〉受托人在过错范围内与监护人共同承担责任，〈抗辩〉但责任主体实际支付的赔偿费用总和不应超出被侵权人应受偿的损失数额。

〈类推参引〉监护人承担责任后向受托人追偿的，人民法院可以参照民法典第九百二十九条的规定处理。

〈辅助〉仅有一般过失的无偿受托人承担责任后向监护人追偿的，人民法院应予支持。

第11条 〈抗辩排除〉教唆、帮助无民事行为能力人、限制民事行为能力人实施侵权行为，教唆人、帮助人以其不知道且不应当知道行为人为无民事行为能力人、限制民事行为能力人为由，主张不承担侵权责任或者与行为人的监护人承担连带责任的，人民法院不予支持。

第12条 〈辅助〉教唆、帮助无民事行为能力人、限制民事行为能力人实施侵权行为，被侵权人合并请求教唆人、帮助人以及监护人承担侵权责任的，依照民法典第一千一百六十九条第二款的规定，教唆人、帮助人承担侵权人应承担的全部责任；〈辅助〉监护人在未尽到监护职责的范围内与教唆人、帮助人共同承担责任，〈抗辩〉但责任主体实际支付的赔偿费用总和不应超出被侵权人应受偿的损失数额。

〈辅助〉监护人先行支付赔偿费用后，就超过自己相应责任的部分向教唆人、帮助人追偿的，人民法院应予支持。

第13条 〈提示参引〉教唆、帮助无民事行为能力人、限制民事行为能力人实施侵权行为，被侵权人合并请求教唆人、帮助人与监护人以及受托履行监护职责的人承担侵权责任的，依照本解释第十条、第十二条的规定认定民事责任。

第14条 〈辅助/抗辩〉无民事行为能力人或者限制民事行为能力人在幼儿园、学校或者其他教育机构学习、生活期间，受到教育机构以外的第三人人身损害，第三人、教育机构作为共同被告且依法应承担侵权责任的，人民法院应当在判决中明确，教育机构在人民法院就第三人的财产依法强制执行后仍不能履行的范围内，承担与其过错相应的补充责任。

〈裁判指引〉被侵权人仅起诉教育机构的，人民法院应当向原告释明申请追加实施侵权行为的第三人为共同被告。

〈辅助〉第三人不确定的，未尽到管理职责的教育机构先行承担与其过错相应的责任；〈提示参引〉教育机构承担责任后向已经确定的第三人追偿的，人民法院依照民法典第一千二百零一条的规定予以支持。

第15条 〈辅助〉与用人单位形成劳动关系的工作人员、执行用人单位工作任务的其他人员，因执行工作任务造成他人损害，被侵权人依照民法典第一千一百九十一条第一款的规定，请求用人单位承担侵权责任的，人民法院应予支持。

〈辅助〉个体工商户的从业人员因执行工作任务造成他人损害的，适用民法典第一千一百九十一条第一款的规定认定民事责任。

第16条 〈辅助〉劳务派遣期间，被派遣的工作人员因执行工作任务造成他人损害，被侵权人合并请求劳务派遣单位与接受劳务派遣的用工单位承担侵权责任的，依照民法典第一千一百九十一条第二款的规定，接受劳务派遣的用工单位承担侵权人应承担的全部责任；〈辅助〉劳务派遣单位在不当选派工作人员、未依法履行培训义务等过错范围内，与接受劳务派遣的用工单位共同承担责任，〈抗辩〉但责任主体实际支付的赔偿费用总和不应超出被侵权人应受偿的损失数额。

〈辅助〉劳务派遣单位先行支付赔偿费用后，就超过自己相应责任的部分向接受劳务派遣的用工单位追偿的，人民法院应予支持，但双方另有约定的除外。

第17条 〈抗辩排除〉工作人员在执行工作任务中实施的违法行为造成他人损害，构成自然人犯罪的，工作人员承担刑事责任不影响用人单位依法承担民事责任。〈抗辩〉依照民法典第一千一百九十一条规定用人单位应当承担侵权责任的，在刑事案件中已完成的追缴、退赔可以在民事判决书中明确并扣减，也可以在执行程序中予以扣减。

第18条 〈辅助〉承揽人在完成工作过程中造成第三人损害的，人民法院依照民法典第一千一百六十五条的规定认定承揽人的民事责任。

〈辅助〉被侵权人合并请求定作人和承揽人承担侵权责任的，依照民法典第一千一百六十五条、第一千一百九十三条的规定，造成损害的承揽人承担侵权人应承担的全部责任；〈辅助〉定作人在定作、指示或者选任过错范围内与承揽人共同承担责任，〈抗辩〉但责任主体实际支付的赔偿费用总和不应超出被侵权人应受偿的损失数额。

〈辅助〉定作人先行支付赔偿费用后，就超过自己相应责任的部分向承揽人追偿的，人民法院应予支持，但双方另有约定的除外。

第19条 〈辅助〉因产品存在缺陷造成买受人财产损害，买受人请求产品的生产者或者销售者赔偿缺陷产品本身损害以及其他财产损害的，人民法院依照民法典第一千二百零二条、第一千二百零三条的规定予以支持。

第20条 〈抗辩排除〉以买卖或者其他方式转让拼装或者已经达到报废标准的机动车，发生交通事故造成损害，转让人、受让人以其不知道且不应当知道该机动车系拼装或者已经达到报废标准为由，主张不承担侵权责任的，人民法院不予支持。

第21条 〈辅助〉未依法投保强制保险的机动车发生交通事故造成损害，投保义务人和交通事故责任人不是同一人，被侵权人合并请求投保义务人和交通事故责任人承担侵权责任的，交通事故责任人承担侵权人应承担的全部责任；〈辅助〉投保义务人在机动车强制保险责任限额范围内与交通事故责任人共同承担责任，〈抗辩〉但责任主体实际支付的赔偿费用总和不应超出被侵权人应受偿的损失数额。

〈辅助〉投保义务人先行支付赔偿费用后，就超出机动车强制保险责任限额范围部分向交通事故责任人追偿的，人民法院应予支持。

第22条 〈抗辩〉机动车驾驶人离开本车后，因未采取制动措施等自身过错受到本车碰撞、碾压造成损害，机动车驾驶人请求承保本车机动车强制保险的保险人在强制保险责任限额范围内，以及承保本车机动车商业第三者责任保险的保险人按照保险合同的约定赔偿的，人民法院不予支持，〈辅助〉但可以依据机动车车上人员责任保险的有关约定支持相应的赔偿请求。

第23条 〈抗辩排除〉禁止饲养的烈性犬等危险动物造成他人损害，动物饲养人或者管理人主张不承担责任或者减轻责任的，人民法院不予支持。

第24条 〈辅助／抗辩〉物业服务企业等建筑物管理人未采取必要的安全保障措施防止从建筑物中抛掷物品或者从建筑物上坠落的物品造成他人损害，具体侵权人、物业服务企业等建筑物管理人作为共同被告的，人民法院应当依照民法典第一千一百九十八条第二款、第一千二百五十四条的规定，在判决中明确，未采取必要安全保障措施的物业服务企业等建筑物管理人在人民法院就具体侵权人的财产依法强制执行后仍不能履行的范围内，承担与其过错相应的补充责任。

第25条 〈辅助〉物业服务企业等建筑物管理人未采取必要的安全保障措施防止从建筑物中抛掷物品或者从建筑物上坠落的物品造成他人损害，经公安等机关调查，在民事案件一审法庭辩论终结前仍难以确定具体侵权人的，未采取必要安全保障措施的物业服务企业等建筑物管理人承担与其过错相应的责任。〈辅助〉被侵权人其余部分的损害，由可能加害的建筑物使用人给予适当补偿。

〈辅助〉具体侵权人确定后，已经承担责任的物业服务企业等建筑物管理人、可能加害的建筑物使用人向具体侵权人追偿的，人民法院依照民法典第一千一百九十八条第二款、第一千二百五十四条第一款的规定予以支持。

第26条 〈裁判指引〉本解释自2024年9月27日起施行。

〈裁判指引〉本解释施行后，人民法院尚未审结的一审、二审案件适用本解释。〈裁判指引〉本解释施行前已经终审，当事人申请再审或者按照审判监督程序决定再审的，适用当时的法律、司法解释规定。

最高人民法院关于审理人身损害赔偿案件适用法律若干问题的解释

（2022年2月15日　法释〔2022〕14号）

为正确审理人身损害赔偿案件，依法保护当事人的合法权益，根据《中华人民共和国民法典》《中华人民共和国民事诉讼法》等有关法律规定，结合审判实践，制定本解释。

第1条　〈辅助〉因生命、身体、健康遭受侵害，赔偿权利人起诉请求赔偿义务人赔偿物质损害和精神损害的，人民法院应予受理。

〈辅助〉本条所称“赔偿权利人”，是指因侵权行为或者其他致害原因直接遭受人身损害的受害人以及死亡受害人的近亲属。

〈辅助〉本条所称“赔偿义务人”，是指因自己或者他人的侵权行为以及其他致害原因依法应当承担民事责任的自然人、法人或者非法人组织。

第2条　〈裁判指引〉赔偿权利人起诉部分共同侵权人的，人民法院应当追加其他共同侵权人作为共同被告。〈抗辩〉赔偿权利人在诉讼中放弃对部分共同侵权人的诉讼请求的，其他共同侵权人对被放弃诉讼请求的被告应当承担的赔偿份额不承担连带责任。〈辅助〉责任范围难以确定的，推定各共同侵权人承担同等责任。

〈裁判指引〉人民法院应当将放弃诉讼请求的法律后果告知赔偿权利人，并将放弃诉讼请求的情况在法律文书中叙明。

第3条　〈裁判指引〉依法应当参加工伤保险统筹的用人单位的劳动者，因工伤事故遭受人身损害，劳动者或者其近亲属向人民法院起诉请求用人单位承担民事赔偿责任的，告知其按《工伤保险条例》的规定处理。

〈辅助〉因用人单位以外的第三人侵权造成劳动者人身损害，赔偿权利人请求第三人承担民事赔偿责任的，人民法院应予支持。

第4条 〈辅助〉无偿提供劳务的帮工人，在从事帮工活动中致人损害的，被帮工人应当承担赔偿责任。〈辅助〉被帮工人承担赔偿责任后向有故意或者重大过失的帮工人追偿的，人民法院应予支持。〈抗辩〉被帮工人明确拒绝帮工的，不承担赔偿责任。

第5条 〈提示参引〉无偿提供劳务的帮工人因帮工活动遭受人身损害的，根据帮工人和被帮工人各自的过错承担相应的责任；〈抗辩〉被帮工人明确拒绝帮工的，被帮工人不承担赔偿责任，〈反抗辩〉但可以在受益范围内予以适当补偿。

〈提示参引〉帮工人在帮工活动中因第三人的行为遭受人身损害的，有权请求第三人承担赔偿责任，〈辅助〉也有权请求被帮工人予以适当补偿。〈辅助〉被帮工人补偿后，可以向第三人追偿。

第6条 〈辅助〉医疗费根据医疗机构出具的医药费、住院费等收款凭证，结合病历和诊断证明等相关证据确定。〈否认[①]〉赔偿义务人对治疗的必要性和合理性有异议的，应当承担相应的举证责任。

〈辅助〉医疗费的赔偿数额，按照一审法庭辩论终结前实际发生的数额确定。〈辅助〉器官功能恢复训练所必要的康复费、适当的整容费以及其他后续治疗费，赔偿权利人可以待实际发生后另行起诉。〈辅助〉但根据医疗证明或者鉴定结论确定必然发生的费用，可以与已经发生的医疗费一并予以赔偿。

第7条 〈辅助〉误工费根据受害人的误工时间和收入状况确定。

〈辅助〉误工时间根据受害人接受治疗的医疗机构出具的证明确定。〈抗辩〉受害人因伤致残持续误工的，误工时间可以计算至定残日前一天。

〈辅助〉受害人有固定收入的，误工费按照实际减少的收入计算。〈辅助〉受害人无固定收入的，按照其最近三年的平均收入计算；〈辅助〉受害人不能举证证明其最近三年的平均收入状况的，可以参照受诉法院所在地相同或

① 对“责任范围因果关系”的否认。

者相近行业上一年度职工的平均工资计算。

第8条 〈辅助〉护理费根据护理人员的收入状况和护理人数、护理期限确定。

〈辅助〉护理人员有收入的，参照误工费的规定计算；〈辅助〉护理人员没有收入或者雇佣护工的，参照当地护工从事同等级别护理的劳务报酬标准计算。〈辅助〉护理人员原则上为一人，但医疗机构或者鉴定机构有明确意见的，可以参照确定护理人员人数。

〈抗辩〉护理期限应计算至受害人恢复生活自理能力时止。〈裁判指引〉受害人因残疾不能恢复生活自理能力的，可以根据其年龄、健康状况等因素确定合理的护理期限，〈抗辩〉但最长不超过二十年。

〈辅助〉受害人定残后的护理，应当根据其护理依赖程度并结合配制残疾辅助器具的情况确定护理级别。

第9条 〈辅助〉交通费根据受害人及其必要的陪护人员因就医或者转院治疗实际发生的费用计算。〈辅助〉交通费应当以正式票据为凭；有关凭据应当与就医地点、时间、人数、次数相符合。

第10条 〈辅助〉住院伙食补助费可以参照当地国家机关一般工作人员的出差伙食补助标准予以确定。

〈辅助〉受害人确有必要到外地治疗，因客观原因不能住院，受害人本人及其陪护人员实际发生的住宿费和伙食费，其合理部分应予赔偿。

第11条 〈辅助〉营养费根据受害人伤残情况参照医疗机构的意见确定。

第12条 〈辅助〉残疾赔偿金根据受害人丧失劳动能力程度或者伤残等级，按照受诉法院所在地上一年度城镇居民人均可支配收入标准，〈抗辩〉自定残之日起按二十年计算。〈抗辩〉但六十周岁以上的，年龄每增加一岁减少一年；〈抗辩〉七十五周岁以上的，按五年计算。

〈抗辩〉受害人因伤致残但实际收入没有减少，或者伤残等级较轻但造成职业妨害严重影响其劳动就业的，可以对残疾赔偿金作相应调整。

第13条 〈辅助〉残疾辅助器具费按照普通适用器具的合理费用标准计算。〈辅助〉伤情有特殊需要的，可以参照辅助器具配制机构的意见确定相应的合理费用标准。

〈辅助〉辅助器具的更换周期和赔偿期限参照配制机构的意见确定。

第14条 〈辅助〉丧葬费按照受诉法院所在地上一年度职工月平均工资标准，以六个月总额计算。

第15条 〈辅助〉死亡赔偿金按照受诉法院所在地上一年度城镇居民人均可支配收入标准，〈抗辩〉按二十年计算。〈抗辩〉但六十周岁以上的，年龄每增加一岁减少一年；〈抗辩〉七十五周岁以上的，按五年计算。

第16条 〈抗辩〉被扶养人生活费计入残疾赔偿金或者死亡赔偿金。

第17条 〈辅助〉被扶养人生活费根据扶养人丧失劳动能力程度，按照受诉法院所在地上一年度城镇居民人均消费支出标准计算。〈抗辩〉被扶养人为未成年人的，计算至十八周岁；〈抗辩〉被扶养人无劳动能力又无其他生活来源的，计算二十年。〈抗辩〉但六十周岁以上的，年龄每增加一岁减少一年；〈抗辩〉七十五周岁以上的，按五年计算。

〈辅助〉被扶养人是指受害人依法应当承担扶养义务的未成年人或者丧失劳动能力又无其他生活来源的成年近亲属。〈抗辩〉被扶养人还有其他扶养人的，赔偿义务人只赔偿受害人依法应当负担的部分。〈抗辩〉被扶养人有数人的，年赔偿总额累计不超过上一年度城镇居民人均消费支出额。

第18条 〈辅助〉赔偿权利人举证证明其住所地或者经常居住地城镇居民人均可支配收入高于受诉法院所在地标准的，残疾赔偿金或者死亡赔偿金可以按照其住所地或者经常居住地的相关标准计算。

〈辅助〉被扶养人生活费的相关计算标准，依照前款原则确定。

第19条 〈辅助〉超过确定的护理期限、辅助器具费给付年限或者残疾赔偿金给付年限，赔偿权利人向人民法院起诉请求继续给付护理费、辅助器具费或者残疾赔偿金的，人民法院应予受理。〈辅助〉赔偿权利人确需继续护理、配制辅助器具，或者没有劳动能力和生活来源的，人民法院应当判令赔偿义务人继续给付相关费用五至十年。

第20条 〈辅助〉赔偿义务人请求以定期金方式给付残疾赔偿金、辅助器具费的，应当提供相应的担保。〈辅助〉人民法院可以根据赔偿义务人的给付能力和提供担保的情况，确定以定期金方式给付相关费用。〈抗辩〉但是，一审法庭辩论终结前已经发生的费用、死亡赔偿金以及精神损害抚慰金，应当一次性给付。

第21条 〈辅助〉人民法院应当在法律文书中明确定期金的给付时间、方式以及每期给付标准。〈抗辩〉执行期间有关统计数据发生变化的，给付金额应当适时进行相应调整。

〈抗辩排除〉定期金按照赔偿权利人的实际生存年限给付，不受本解释有关赔偿期限的限制。

第22条 〈辅助〉本解释所称“城镇居民人均可支配收入”“城镇居民人均消费支出”“职工平均工资”，按照政府统计部门公布的各省、自治区、直辖市以及经济特区和计划单列市上一年度相关统计数据确定。

〈辅助〉“上一年度”，是指一审法庭辩论终结时的上一统计年度。

第23条 〈提示参引〉精神损害抚慰金适用《最高人民法院关于确定民事侵权精神损害赔偿责任若干问题的解释》予以确定。

第24条 〈辅助〉本解释自2022年5月1日起施行。〈裁判指引〉施行后发生的侵权行为引起的人身损害赔偿案件适用本解释。

〈裁判指引〉本院以前发布的司法解释与本解释不一致的，以本解释为准。

最高人民法院关于确定民事侵权精神损害赔偿责任若干问题的解释

（2020年12月23日　法释〔2020〕17号）

为在审理民事侵权案件中正确确定精神损害赔偿责任，根据《中华人民共和国民法典》等有关法律规定，结合审判实践，制定本解释。

第1条　〈辅助〉因人身权益或者具有人身意义的特定物受到侵害，自然人或者其近亲属向人民法院提起诉讼请求精神损害赔偿的，人民法院应当依法予以受理。

第2条　〈辅助〉非法使被监护人脱离监护，导致亲子关系或者近亲属间的亲属关系遭受严重损害，监护人向人民法院起诉请求赔偿精神损害的，人民法院应当依法予以受理。

第3条　〈辅助〉死者的姓名、肖像、名誉、荣誉、隐私、遗体、遗骨等受到侵害，其近亲属向人民法院提起诉讼请求精神损害赔偿的，人民法院应当依法予以支持。

第4条　〈裁判指引〉法人或者非法人组织以名誉权、荣誉权、名称权遭受侵害为由，向人民法院起诉请求精神损害赔偿的，人民法院不予支持。

第5条　〈裁判指引〉精神损害的赔偿数额根据以下因素确定：

（一）侵权人的过错程度，但是法律另有规定的除外；

（二）侵权行为的目的、方式、场合等具体情节；

（三）侵权行为所造成的后果；

（四）侵权人的获利情况；

（五）侵权人承担责任的经济能力；

（六）受理诉讼法院所在地的平均生活水平。

第6条 〈裁判指引〉在本解释公布施行之前已经生效施行的司法解释，其内容有与本解释不一致的，以本解释为准。

附录1：《九民纪要》

最高人民法院
关于印发《全国法院民商事审判工作会议纪要》的通知

（2019年11月8日　法〔2019〕254号）

各省、自治区、直辖市高级人民法院，解放军军事法院，新疆维吾尔自治区高级人民法院生产建设兵团分院：

《全国法院民商事审判工作会议纪要》（以下简称《会议纪要》）已于2019年9月11日经最高人民法院审判委员会民事行政专业委员会第319次会议原则通过。为便于进一步学习领会和正确适用《会议纪要》，特作如下通知：

一、充分认识《会议纪要》出台的意义

《会议纪要》针对民商事审判中的前沿疑难争议问题，在广泛征求各方面意见的基础上，经最高人民法院审判委员会民事行政专业委员会讨论决定。《会议纪要》的出台，对统一裁判思路，规范法官自由裁量权，增强民商事审判的公开性、透明度以及可预期性，提高司法公信力具有重要意义。各级人民法院要正确把握和理解适用《会议纪要》的精神实质和基本内容。

二、及时组织学习培训

为使各级人民法院尽快准确理解掌握《会议纪要》的内涵，在案件审理中正确理解适用，各级人民法院要在妥善处理好工学关系的前提下，通过多种形式组织学习培训，做好宣传工作。

三、准确把握《会议纪要》的应用范围

纪要不是司法解释，不能作为裁判依据进行援引。《会议纪要》发布后，人民法院尚未审结的一审、二审案件，在裁判文书“本院认为”部分具体分析法律适用的理由时，可以根据《会议纪要》的相关规定进行说理。

对于适用中存在的问题，请层报最高人民法院。

最高人民法院

2019年11月8日

全国法院民商事审判工作会议纪要

目　录

引　言

为全面贯彻党的十九大和十九届二中、三中全会以及中央经济工作会议、中央政法工作会议、全国金融工作会议精神，研究当前形势下如何进一步加强人民法院民商事审判工作，着力提升民商事审判工作能力和水平，为我国经济高质量发展提供更加有力的司法服务和保障，最高人民法院于2019年7月3日至4日在黑龙江省哈尔滨市召开了全国法院民商事审判工作会议。

最高人民法院党组书记、院长周强同志出席会议并讲话。各省、自治区、直辖市高级人民法院分管民商事审判工作的副院长、承担民商事案件审判任务的审判庭庭长、解放军军事法院的代表、最高人民法院有关部门负责人在主会场出席会议，地方各级人民法院的其他负责同志和民商事审判法官在各地分会场通过视频参加会议。中央政法委、全国人大常委会法工委的代表、部分全国人大代表、全国政协委员、最高人民法院特约监督员、专家学者应邀参加会议。

会议认为，民商事审判工作必须坚持正确的政治方向，必须以习近平新时代中国特色社会主义思想武装头脑、指导实践、推动工作。一要坚持党的绝对领导。这是中国特色社会主义司法制度的本质特征和根本要求，是人民法院永远不变的根和魂。在民商事审判工作中，要切实增强“四个意识”、坚定“四个自信”、做到“两个维护”，坚定不移走中国特色社会主义法治道路。二要坚持服务党和国家大局。认清形势，高度关注中国特色社会主义进入新时代背景下经济社会的重大变化、社会主要矛盾的历史性变化、各类风险隐患的多元多变，提高服务大局的自觉性、针对性，主动作为，勇于担当，处理好依法办案和服务大局的辩证关系，着眼于贯彻落实党中央的重大决策部署、维护人民群众的根本利益、维护法治的统一。三要坚持司法为民。牢固树立以人民为中心的发展思想，始终坚守人民立场，胸怀人民群众，满足人民需求，带着对人民群众的深厚感情和强烈责任感去做好民商事审判工作。在民商事审判工作中要弘扬社会主义核心价值观，注意情理法的交融平衡，做到以法为据、以理服人、以情感人，既要义正辞严讲清法理，又要循循善诱讲明事理，还要感同身受讲透情理，争取广大人民群众和社会的理解与支持。要建立健全方便人民群众诉讼的民商事审判工作机制。四要坚持公正司法。公平正义是中国特色社会主义制度的内在要求，也是我党治国理政的一贯主张。司法是维护社会公平正义的最后一道防线，必须把公平正义作为生命线，必须把公平正义作为镌刻在心中的价值坐标，必须把“努力让人民群众在每一个司法案件中感受到公平正义”作为矢志不渝的奋斗目标。

会议指出，民商事审判工作要树立正确的审判理念。注意辩证理解并准确把握契约自由、平等保护、诚实信用、公序良俗等民商事审判基本原则；

注意树立请求权基础思维、逻辑和价值相一致思维、同案同判思维，通过检索类案、参考指导案例等方式统一裁判尺度，有效防止滥用自由裁量权；注意处理好民商事审判与行政监管的关系，通过穿透式审判思维，查明当事人的真实意思，探求真实法律关系；特别注意外观主义系民商法上的学理概括，并非现行法律规定的原则，现行法律只是规定了体现外观主义的具体规则，如《物权法》第106条规定的善意取得，《合同法》第49条、《民法总则》第172条规定的表见代理，《合同法》第50条规定的越权代表，审判实务中应当依据有关具体法律规则进行判断，类推适用亦应当以法律规则设定的情形、条件为基础。从现行法律规则看，外观主义是为保护交易安全设置的例外规定，一般适用于因合理信赖权利外观或意思表示外观的交易行为。实际权利人与名义权利人的关系，应注重财产的实质归属，而不单纯地取决于公示外观。总之，审判实务中要准确把握外观主义的适用边界，避免泛化和滥用。

会议对当前民商事审判工作中的一些疑难法律问题取得了基本一致的看法，现纪要如下：

一、关于民法总则适用的法律衔接

会议认为，民法总则施行后至民法典施行前，拟编入民法典但尚未完成修订的物权法、合同法等民商事基本法，以及不编入民法典的公司法、证券法、信托法、保险法、票据法等民商事特别法，均可能存在与民法总则规定不一致的情形。人民法院应当依照《立法法》第92条、《民法总则》第11条等规定，综合考虑新的规定优于旧的规定、特别规定优于一般规定等法律适用规则，依法处理好民法总则与相关法律的衔接问题，主要是处理好与民法通则、合同法、公司法的关系。

1.【民法总则与民法通则的关系及其适用】民法通则既规定了民法的一些基本制度和一般性规则，也规定了合同、所有权及其他财产权、知识产权、民事责任、涉外民事法律关系适用等具体内容。民法总则基本吸收了民法通则规定的基本制度和一般性规则，同时作了补充、完善和发展。民法通则规定的合同、所有权及其他财产权、民事责任等具体内容还需要在编撰民法典各分编时作进一步统筹，系统整合。因民法总则施行后暂不废止民法通则，在此之前，民法总则与民法通则规定不一致的，根据新的规定优于旧的规定的法律适用规则，适用民法总则的规定。最高人民法院已依据民法总则制定了关于诉讼时效问题的司法解释，而原依据民法通则制定的关于诉讼时效的司法解释，只要与民法总则不冲突，仍可适用。

2.【民法总则与合同法的关系及其适用】根据民法典编撰工作“两步走”的安排，民法总则施行后，目前正在进行民法典的合同编、物权编等各分编的编撰工作。民法典施行后，合同法不再保留。在这之前，因民法总则施行前成立的合同发生的纠纷，原则上适用合同法的有关规定处理。因民法总则施行后成立的合同发生的纠纷，如果合同法“总则”对此的规定与民法总则的规定不一致的，根据新的规定优于旧的规定的法律适用规则，适用民法总则的规定。例如，关于欺诈、胁迫问题，根据合同法的规定，只有合同当事人之间存在欺诈、胁迫行为的，被欺诈、胁迫一方才享有撤销合同的权利。而依民法总则的规定，第三人实施的欺诈、胁迫行为，被欺诈、胁迫一方也有撤销合同的权利。另外，合同法视欺诈、胁迫行为所损害利益的不同，对合同效力作出了不同规定：损害合同当事人利益的，属于可撤销或者可变更合同；损害国家利益的，则属于无效合同。民法总则则未加区别，规定一律按可撤销合同对待。再如，关于显失公平问题，合同法将显失公平与乘人之危作为两类不同的可撤销或者可变更合同事由，而民法总则则将二者合并为一类可撤销合同事由。

民法总则施行后发生的纠纷，在民法典施行前，如果合同法“分则”对此的规定与民法总则不一致的，根据特别规定优于一般规定的法律适用规则，适用合同法“分则”的规定。例如，民法总则仅规定了显名代理，没有规定《合同法》第402条的隐名代理和第403条的间接代理。在民法典施行前，这两条规定应当继续适用。

3.【民法总则与公司法的关系及其适用】民法总则与公司法的关系，是一般法与商事特别法的关系。民法总则第三章“法人”第一节“一般规定”和第二节“营利法人”基本上是根据公司法的有关规定提炼的，二者的精神大体一致。因此，涉及民法总则这一部分的内容，规定一致的，适用民法总则或者公司法皆可；规定不一致的，根据《民法总则》第11条有关“其他法律对民事关系有特别规定的，依照其规定”的规定，原则上应当适用公司法的规定。但应当注意也有例外情况，主要表现在两个方面：一是就同一事项，民法总则制定时有意修正公司法有关条款的，应当适用民法总则的规定。例如，《公司法》第32条第3款规定：“公司应当将股东的姓名或者名称及其出资额向公司登记机关登记；登记事项发生变更的，应当办理变更登记。未经登记或者变更登记的，不得对抗第三人。”而《民法总则》第65条的规定则把“不得对抗第三人”修正为“不得对抗善意相对人”。经查询有关立法理由，可以认为，此种情况应当适用民法总则的规定。二是民法总则在公司法规定基础上增加了新内容的，如《公司法》第22条第2款就公司决议的撤销问题进行了规定，《民法总则》第85条在该条基础上增加规定：“但是营利法人依据该决议与善意相对人形成的民事法律关系不受影响。”此时，也应当适用民法总则的规定。

4.【民法总则的时间效力】根据“法不溯及既往”的原则，民法总则原则上没有溯及力，故只能适用于施行后发生的法律事实；民法总则施行前发生的法律事实，适用当时的法律；某一法律事实发生在民法总则施行前，其行为延续至民法总则施行后的，适用民法总则的规定。但要注意有例外情形，如虽然法律事实发生在民法总则施行前，但当时的法律对此没有规定而民法总则有规定的，例如，对于虚伪意思表示、第三人实施欺诈行为，合同法均无规定，发生纠纷后，基于“法官不得拒绝裁判”规则，可以将民法总则的相关规定作为裁判依据。又如，民法总则施行前成立的合同，根据当时的法律应当认定无效，而根据民法总则应当认定有效或者可撤销的，应当适用民法总则的规定。

在民法总则无溯及力的场合，人民法院应当依据法律事实发生时的法律进行裁判，但如果法律事实发生时的法律虽有规定，但内容不具体、不明确的，如关于无权代理在被代理人不予追认时的法律后果，民法通则和合同法均规定由行为人承担民事责任，但对民事责任的性质和方式没有规定，而民法总则对此有明确且详细的规定，人民法院在审理案件时，就可以在裁判文书的说理部分将民法总则规定的内容作为解释法律事实发生时法律规定的参考。

二、关于公司纠纷案件的审理

会议认为，审理好公司纠纷案件，对于保护交易安全和投资安全，激发经济活力，增强投资创业信心，具有重要意义。要依法协调好公司债权人、股东、公司等各种利益主体之间的关系，处理好公司外部与内部的关系，解决好公司自治与司法介入的关系。

（一）关于“对赌协议”的效力及履行

实践中俗称的“对赌协议”，又称估值调整协议，是指投资方与融资方在达成股权性融资协议时，为解决交易双方对目标公司未来发展的不确定性、信息不对称以及代理成本而设计的包含了股权回购、金钱补偿等对未来目标公司的估值进行调整的协议。从订立“对赌协议”的主体来看，有投资方与目标公司的股东或者实际控制人“对赌”、投资方与目标公司“对赌”、投资方与目标公司的股东、目标公司“对赌”等形式。人民法院在审理“对赌协议”纠纷案件时，不仅应当适用合同法的相关规定，还应当适用公司法的相关规定；既要坚持鼓励投资方对实体企业特别是科技创新企业投资原则，从而在一定程度上缓解企业融资难问题，又要贯彻资本维持原则和保护债权人合法权益原则，依法平衡投资方、公司债权人、公司之间的利益。对于投资方与目标公司的股东或者实际控制人订立的“对赌协议”，如无其他无效事由，认定有效并支持实际履行，实践中并无争议。但投资方与目标公司订立的“对赌协议”是否有效以及能否实际履行，存在争议。对此，应当把握如下处理规则：

5.【与目标公司“对赌”】投资方与目标公司订立的“对赌协议”在不存在法定无效事由的情况下，目标公司仅以存在股权回购或者金钱补偿约定为由，主张“对赌协议”无效的，人民法院不予支持，但投资方主张实际履行的，人民法院应当审查是否符合公司法关于“股东不得抽逃出资”及股份回购的强制性规定，判决是否支持其诉讼请求。

投资方请求目标公司回购股权的，人民法院应当依据《公司法》第35条关于“股东不得抽逃出资”或者第142条关于股份回购的强制性规定进行审查。经审查，目标公司未完成减资程序的，人民法院应当驳回其诉讼请求。

投资方请求目标公司承担金钱补偿义务的，人民法院应当依据《公司法》第35条关于"股东不得抽逃出资"和第166条关于利润分配的强制性规定进行审查。经审查，目标公司没有利润或者虽有利润但不足以补偿投资方的，人民法院应当驳回或者部分支持其诉讼请求。今后目标公司有利润时，投资方还可以依据该事实另行提起诉讼。

（二）关于股东出资加速到期及表决权

6.【股东出资应否加速到期】在注册资本认缴制下，股东依法享有期限利益。债权人以公司不能清偿到期债务为由，请求未届出资期限的股东在未出资范围内对公司不能清偿的债务承担补充赔偿责任的，人民法院不予支持。但是，下列情形除外：

（1）公司作为被执行人的案件，人民法院穷尽执行措施无财产可供执行，已具备破产原因，但不申请破产的；

（2）在公司债务产生后，公司股东（大）会决议或以其他方式延长股东出资期限的。

7.【表决权能否受限】股东认缴的出资未届履行期限，对未缴纳部分的出资是否享有以及如何行使表决权等问题，应当根据公司章程来确定。公司章程没有规定的，应当按照认缴出资的比例确定。如果股东（大）会作出不按认缴出资比例而按实际出资比例或者其他标准确定表决权的决议，股东请求确认决议无效的，人民法院应当审查该决议是否符合修改公司章程所要求的表决程序，即必须经代表三分之二以上表决权的股东通过。符合的，人民法院不予支持；反之，则依法予以支持。

（三）关于股权转让

8.【有限责任公司的股权变动】当事人之间转让有限责任公司股权，受让人以其姓名或者名称已记载于股东名册为由主张其已经取得股权的，人民法院依法予以支持，但法律、行政法规规定应当办理批准手续生效的股权转让除外。未向公司登记机关办理股权变更登记的，不得对抗善意相对人。

9.【侵犯优先购买权的股权转让合同的效力】审判实践中，部分人民法院对公司法司法解释（四）第21条规定的理解存在偏差，往往以保护其他股东的优先购买权为由认定股权转让合同无效。准确理解该条规定，既要注意保护其他股东的优先购买权，也要注意保护股东以外的股权受让人的合法权益，正确认定有限责任公司的股东与股东以外的股权受让人订立的股权转让合同的效力。一方面，其他股东依法享有优先购买权，在其主张按照股权转让合同约定的同等条件购买股权的情况下，应当支持其诉讼请求，除非出现该条第1款规定的情形。另一方面，为保护股东以外的股权受让人的合法权益，股权转让合同如无其他影响合同效力的事由，应当认定有效。其他股东行使优先购买权的，虽然股东以外的股权受让人关于继续履行股权转让合同的请求不能得到支持，但不影响其依约请求转让股东承担相应的违约责任。

（四）关于公司人格否认

公司人格独立和股东有限责任是公司法的基本原则。否认公司独立人格，由滥用公司法人独立地位和股东有限责任的股东对公司债务承担连带责任，是股东有限责任的例外情形，旨在矫正有限责任制度在特定法律事实发生时对债权人保护的失衡现象。在审判实践中，要准确把握《公司法》第20条第3款规定的精神。一是只有在股东实施了滥用公司法人独立地位及股东有限责任的行为，且该行为严重损害了公司债权人利益的情况下，才能适用。损害债权人利益，主要是指股东滥用权利使公司财产不足以清偿公司债权人的债权。二是只有实施了滥用法人独立地位和股东有限责任行为的股东才对公司债务承担连带清偿责任，而其他股东不应承担此责任。三是公司人格否认不是全面、彻底、永久地否定公司的法人资格，而只是在具体案件中依据特定的法律事实、法律关系，突破股东对公司债务不承担责任的一般规则，例外地判令其承担连带责任。人民法院在个案中否认公司人格的判决的既判力仅仅约束该诉讼的各方当事人，不当然适用于涉及该公司的其他诉讼，不影响公司独立法人资格的存续。如果其他债权人提起公司人格否认诉讼，已生效判决认定的事实可以作为证据使用。四是《公司法》第20条第3款规定的滥用行为，实践中常见的情形有人格混同、过度支配与控制、资本显著不足等。在审理案件时，需要根据查明的案件事实进行综合判断，既审慎适用，又当用则用。实践中存在标准把握不严而滥用这一例外制度的现象，同时也存在因法律规定较为原则、抽象，适用难度大，而不善于适用、不敢于适用的现象，均应当引起高度重视。

10.【人格混同】认定公司人格与股东人格是否存在混同，最根本的判断标准是公司是否具有独立意思和独立财产，最主要的表现是公司的财产与股东的财产是否混同且无法区分。在认定是否构成人格混同时，应当综合考虑以下因素：

（1）股东无偿使用公司资金或者财产，不作财务记载的；

（2）股东用公司的资金偿还股东的债务，或者将公司的资金供关联公司无偿使用，不作财务记载的；

（3）公司账簿与股东账簿不分，致使公司财产与股东财产无法区分的；

（4）股东自身收益与公司盈利不加区分，致使双方利益不清的；

（5）公司的财产记载于股东名下，由股东占有、使用的；

（6）人格混同的其他情形。

在出现人格混同的情况下，往往同时出现以下混同：公司业务和股东业务混同；公司员工与股东员工混同，特别是财务人员混同；公司住所与股东住所混同。人民法院在审理案件时，关键要审查是否构成人格混同，而不要求同时具备其他方面的混同，其他方面的混同往往只是人格混同的补强。

11.【过度支配与控制】公司控制股东对公司过度支配与控制，操纵公司的决策过程，使公司完全丧失独立性，沦为控制股东的工具或躯壳，严重损害公司债权人利益，应当否认公司人格，由滥用控制权的股东对公司债务承担连带责任。实践中常见的情形包括：

（1）母子公司之间或者子公司之间进行利益输送的；

（2）母子公司或者子公司之间进行交易，收益归一方，损失却由另一方承担的；

（3）先从原公司抽走资金，然后再成立经营目的相同或者类似的公司，逃避原公司债务的；

（4）先解散公司，再以原公司场所、设备、人员及相同或者相似的经营目的另设公司，逃避原公司债务的；

（5）过度支配与控制的其他情形。

控制股东或实际控制人控制多个子公司或者关联公司，滥用控制权使多个子公司或者关联公司财产边界不清、财务混同，利益相互输送，丧失人格独立性，沦为控制股东逃避债务、非法经营，甚至违法犯罪工具的，可以综合案件事实，否认子公司或者关联公司法人人格，判令承担连带责任。

12.【资本显著不足】资本显著不足指的是，公司设立后在经营过程中，股东实际投入公司的资本数额与公司经营所隐含的风险相比明显不匹配。股东利用较少资本从事力所不及的经营，表明其没有从事公司经营的诚意，实质是恶意利用公司独立人格和股东有限责任把投资风险转嫁给债权人。由于资本显著不足的判断标准有很大的模糊性，特别是要与公司采取“以小博大”的正常经营方式相区分，因此在适用时要十分谨慎，应当与其他因素结合起来综合判断。

13.【诉讼地位】人民法院在审理公司人格否认纠纷案件时，应当根据不同情形确定当事人的诉讼地位：

（1）债权人对债务人公司享有的债权已经由生效裁判确认，其另行提起公司人格否认诉讼，请求股东对公司债务承担连带责任的，列股东为被告，公司为第三人；

（2）债权人对债务人公司享有的债权提起诉讼的同时，一并提起公司人格否认诉讼，请求股东对公司债务承担连带责任的，列公司和股东为共同被告；

（3）债权人对债务人公司享有的债权尚未经生效裁判确认，直接提起公司人格否认诉讼，请求公司股东对公司债务承担连带责任的，人民法院应当向债权人释明，告知其追加公司为共同被告。债权人拒绝追加的，人民法院应当裁定驳回起诉。

（五）关于有限责任公司清算义务人的责任

关于有限责任公司股东清算责任的认定，一些案件的处理结果不适当地扩大了股东的清算责任。特别是实践中出现了一些职业债权人，从其他债权人处大批量超低价收购僵尸企业的“陈年旧账”后，对批量僵尸企业提起强制清算之诉，在获得人民法院对公司主要财产、账册、重要文件等灭失的认定后，根据公司法司法解释（二）第18条第2款的规定，请求有限责任公司的股东对公司债务承担连带清偿责任。有的人民法院没有准确把握上述规定的适用条件，判决没有“怠于履行义务”的小股东或者虽“怠于履行义务”但与公司主要财产、账册、重要文件等灭失没有因果关系的小股东对公司债务承担远远超过其出资数额的责任，导致出现利益明显失衡的现象。需要明确的是，上述司法解释关于有限责任公司股东清算责任的规定，其性质是因股东怠于履行清算义务致使公司无法清算所应当承担的侵权责任。在认定有限责任公司股东是否应当对债权人承担侵权赔偿责任时，应当注意以下问题：

14.【怠于履行清算义务的认定】公司法司法解释（二）第18条第2款规定的“怠于履行义务”，是指有限责任公司的股东在法定清算事由出现后，在能够履行清算义务的情况下，故意拖延、拒绝履行清算义务，或者因过失导致无法进行清算的消极行为。股东举证证明其已经为履行清算义务采取了积极措施，或者小股东举证证明其既不是公司董事会或者监事会成员，也没有选派人员担任该机关成员，且从未参与公司经营管理，以不构成“怠于履行义务”为由，主张其不应当对公司债务承担连带清偿责任的，人民法院依法予以支持。

15.【因果关系抗辩】有限责任公司的股东举证证明其“怠于履行义务”的消极不作为与“公司主要财产、账册、重要文件等灭失，无法进行清算”的结果之间没有因果关系，主张其不应对公司债务承担连带清偿责任的，人民法院依法予以支持。

16.【诉讼时效期间】公司债权人请求股东对公司债务承担连带清偿责任，股东以公司债权人对公司的债权已经超过诉讼时效期间为由抗辩，经查证属实的，人民法院依法予以支持。

公司债权人以公司法司法解释（二）第18条第2款为依据，请求有限责任公司的股东对公司债务承担连带清偿责任的，诉讼时效期间自公司债权人知道或者应当知道公司无法进行清算之日起计算。

（六）关于公司为他人提供担保

关于公司为他人提供担保的合同效力问题，审判实践中裁判尺度不统一，严重影响了司法公信力，有必要予以规范。对此，应当把握以下几点：

17.【违反《公司法》第16条构成越权代表】为防止法定代表人随意代表公司为他人提供担保给公司造成损失，损害中小股东利益，《公司法》第16条对法定代表人的代表权进行了限制。根据该条规定，担保行为不是法定代表人所能单独决定的事项，而必须以公司股东（大）会、董事会等公司机关的决议作为授权的基础和来源。法定代表人未经授权擅自为他人提供担保的，构成越权代表，人民法院应当根据《合同法》第50条关于法定代表人越权代表的规定，区分订立合同时债权人是否善意分别认定合同效力：债权人善意的，合同有效；反之，合同无效。

18.【善意的认定】前条所称的善意，是指债权人不知道或者不应当知道法定代表人超越权限订立担保合同。《公司法》第16条对关联担保和非关联担保的决议机关作出了区别规定，相应地，在善意的判断标准上也应当有所区别。一种情形是，为公司股东或者实际控制人提供关联担保，《公司法》第16条明确规定必须由股东（大）会决议，未经股东（大）会决议，构成越权代表。在此情况下，债权人主张担保合同有效，应当提供证据证明其在订立合同时对股东（大）会决议进行了审查，决议的表决程序符合《公司法》第16条的规定，即在排除被担保股东表决权的情况下，该项表决由出席会议的其他股东所持表决权的过半数通过，签字人员也符合公司章程的规定。另一种情形是，公司为公司股东或者实际控制人以外的人提供非关联担保，根据《公司法》第16条的规定，此时由公司章程规定是由董事会决议还是股东（大）会决议。无论章程是否对决议机关作出规定，也无论章程规定决议机关为董事会还是股东（大）会，根据《民法总则》第61条第3款关于“法人章程或者法人权力机构对法定代表人代表权的限制，不得对抗善意相对人”的规定，只要债权人能够证明其在订立担保合同时对董事会决议或者股东（大）会决议进行了审查，同意决议的人数及签字人员符合公司章程的规定，就应当认定其构成善意，但公司能够证明债权人明知公司章程对决议机关有明确规定的除外。

债权人对公司机关决议内容的审查一般限于形式审查，只要求尽到必要的注意义务即可，标准不宜太过严苛。公司以机关决议系法定代表人伪造或者变造、决议程序违法、签章（名）不实、担保金额超过法定限额等事由抗辩债权人非善意的，人民法院一般不予支持。但是，公司有证据证明债权人明知决议系伪造或者变造的除外。

19.【无须机关决议的例外情况】存在下列情形的，即便债权人知道或者应当知道没有公司机关决议，也应当认定担保合同符合公司的真实意思表示，合同有效：

（1）公司是以为他人提供担保为主营业务的担保公司，或者是开展保函业务的银行或者非银行金融机构；

（2）公司为其直接或者间接控制的公司开展经营活动向债权人提供担保；

（3）公司与主债务人之间存在相互担保等商业合作关系；

（4）担保合同系由单独或者共同持有公司三分之二以上有表决权的股东签字同意。

20.【越权担保的民事责任】依据前述3条规定，担保合同有效，债权人请求公司承担担保责任的，人民法院依法予以支持；担保合同无效，债权人请求公司承担担保责任的，人民法院不予支持，但可以按照担保法及有关司法解释关于担保无效的规定处理。公司举证证明债权人明知法定代表人超越权限或者机关决议系伪造或者变造，债权人请求公司承担合同无效后的民事责任的，人民法院不予支持。

21.【权利救济】法定代表人的越权担保行为给公司造成损失，公司请求法定代表人承担赔偿责任的，人民法院依法予以支持。公司没有提起诉讼，股东依据《公司法》第151条的规定请求法定代表人承担赔偿责任的，人民法院依法予以支持。

22.【上市公司为他人提供担保】债权人根据上市公司公开披露的关于担保事项已经董事会或者股东大会决议通过的信息订立的担保合同，人民法院应当认定有效。

23.【债务加入准用担保规则】法定代表人以公司名义与债务人约定加入

债务并通知债权人或者向债权人表示愿意加入债务，该约定的效力问题，参照本纪要关于公司为他人提供担保的有关规则处理。

（七）关于股东代表诉讼

24.【何时成为股东不影响起诉】股东提起股东代表诉讼，被告以行为发生时原告尚未成为公司股东为由抗辩该股东不是适格原告的，人民法院不予支持。

25.【正确适用前置程序】根据《公司法》第151条的规定，股东提起代表诉讼的前置程序之一是，股东必须先书面请求公司有关机关向人民法院提起诉讼。一般情况下，股东没有履行该前置程序的，应当驳回起诉。但是，该项前置程序针对的是公司治理的一般情况，即在股东向公司有关机关提出书面申请之时，存在公司有关机关提起诉讼的可能性。如果查明的相关事实表明，根本不存在该种可能性的，人民法院不应当以原告未履行前置程序为由驳回起诉。

26.【股东代表诉讼的反诉】股东依据《公司法》第151条第3款的规定提起股东代表诉讼后，被告以原告股东恶意起诉侵犯其合法权益为由提起反诉的，人民法院应予受理。被告以公司在案涉纠纷中应当承担侵权或者违约等责任为由对公司提出的反诉，因不符合反诉的要件，人民法院应当裁定不予受理；已经受理的，裁定驳回起诉。

27.【股东代表诉讼的调解】公司是股东代表诉讼的最终受益人，为避免因原告股东与被告通过调解损害公司利益，人民法院应当审查调解协议是否为公司的意思。只有在调解协议经公司股东（大）会、董事会决议通过后，人民法院才能出具调解书予以确认。至于具体决议机关，取决于公司章程的规定。公司章程没有规定的，人民法院应当认定公司股东（大）会为决议机关。

（八）其他问题

28.【实际出资人显名的条件】实际出资人能够提供证据证明有限责任公司过半数的其他股东知道其实际出资的事实，且对其实际行使股东权利未曾提出异议的，对实际出资人提出的登记为公司股东的请求，人民法院依法予以支持。公司以实际出资人的请求不符合公司法司法解释（三）第24条的规定为由抗辩的，人民法院不予支持。

29.【请求召开股东（大）会不可诉】公司召开股东（大）会本质上属于公司内部治理范围。股东请求判令公司召开股东（大）会的，人民法院应当告知其按照《公司法》第40条或者第101条规定的程序自行召开。股东坚持起诉的，人民法院应当裁定不予受理；已经受理的，裁定驳回起诉。

三、关于合同纠纷案件的审理

会议认为，合同是市场化配置资源的主要方式，合同纠纷也是民商事纠纷的主要类型。人民法院在审理合同纠纷案件时，要坚持鼓励交易原则，充分尊重当事人的意思自治。要依法审慎认定合同效力。要根据诚实信用原则，合理解释合同条款、确定履行内容，合理确定当事人的权利义务关系，审慎适用合同解除制度，依法调整过高的违约金，强化对守约者诚信行为的保护力度，提高违法违约成本，促进诚信社会构建。

（一）关于合同效力

人民法院在审理合同纠纷案件过程中，要依职权审查合同是否存在无效的情形，注意无效与可撤销、未生效、效力待定等合同效力形态之间的区别，准确认定合同效力，并根据效力的不同情形，结合当事人的诉讼请求，确定相应的民事责任。

30.【强制性规定的识别】合同法施行后，针对一些人民法院动辄以违反法律、行政法规的强制性规定为由认定合同无效，不当扩大无效合同范围的情形，合同法司法解释（二）第14条将《合同法》第52条第5项规定的“强制性规定”明确限于“效力性强制性规定”。此后，《最高人民法院关于当前形势下审理民商事合同纠纷案件若干问题的指导意见》进一步提出了“管理性强制性规定”的概念，指出违反管理性强制性规定的，人民法院应当根据具体情形认定合同效力。随着这一概念的提出，审判实践中又出现了另一种倾向，有的人民法院认为凡是行政管理性质的强制性规定都属于“管理性强制性规定”，不影响合同效力。这种望文生义的认定方法，应予纠正。

人民法院在审理合同纠纷案件时，要依据《民法总则》第153条第1款和合同法司法解释（二）第14条的规定慎重判断“强制性规定”的性质，特别是要在考量强制性规定所保护的法益类型、违法行为的法律后果以及交易安全保护等因素的基础上认定其性质，并在裁判文书中充分说明理由。下列强制性规定，应当认定为“效力性强制性规定”：强制性规定涉及金融安全、市场秩序、国家宏观政策等公序良俗的；交易标的禁止买卖的，如禁止人体器官、毒品、枪支等买卖；违反特许经营规定的，如场外配资合同；交易方式严重违法的，如违反招投标等竞争性缔约方式订立的合同；交易场所违法的，如在批准的交易场所之外进行期货交易。关于经营范围、交易时间、交易数量等行政管理性质的强制性规定，一般应当认定为“管理性强制性规定”。

31.【违反规章的合同效力】违反规章一般情况下不影响合同效力，但该规章的内容涉及金融安全、市场秩序、国家宏观政策等公序良俗的，应当认定合同无效。人民法院在认定规章是否涉及公序良俗时，要在考察规范对象基础上，兼顾监管强度、交易安全保护以及社会影响等方面进行慎重考量，并在裁判文书中进行充分说理。

32.【合同不成立、无效或者被撤销的法律后果】《合同法》第58条就合同无效或者被撤销时的财产返还责任和损害赔偿责任作了规定，但未规定合同不成立的法律后果。考虑到合同不成立时也可能发生财产返还和损害赔偿责任问题，故应当参照适用该条的规定。

在确定合同不成立、无效或者被撤销后财产返还或者折价补偿范围时，要根据诚实信用原则的要求，在当事人之间合理分配，不能使不诚信的当事人因合同不成立、无效或者被撤销而获益。合同不成立、无效或者被撤销情况下，当事人所承担的缔约过失责任不应超过合同履行利益。比如，依据《最高人民法院关于审理建设工程施工合同纠纷案件适用法律问题的解释》第2条规定，建设工程施工合同无效，在建设工程经竣工验收合格情况下，可以参照合同约定支付工程款，但除非增加了合同约定之外新的工程项目，一般不应超出合同约定支付工程款。

33.【财产返还与折价补偿】合同不成立、无效或者被撤销后，在确定财产返还时，要充分考虑财产增值或者贬值的因素。双务合同不成立、无效或者被撤销后，双方因该合同取得财产的，应当相互返还。应予返还的股权、房屋等财产相对于合同约定价款出现增值或者贬值的，人民法院要综合考虑市场因素、受让人的经营或者添附等行为与财产增值或者贬值之间的关联性，在当事人之间合理分配或者分担，避免一方因合同不成立、无效或者被撤销而获益。在标的物已经灭失、转售他人或者其他无法返还的情况下，当事人主张返还原物的，人民法院不予支持，但其主张折价补偿的，人民法院依法予以支持。折价时，应当以当事人交易时约定的价款为基础，同时考虑当事人在标的物灭失或者转售时的获益情况综合确定补偿标准。标的物灭失时当事人获得的保险金或者其他赔偿金，转售时取得的对价，均属于当事人因标的物而获得的利益。对获益高于或者低于价款的部分，也应当在当事人之间合理分配或者分担。

34.【价款返还】双务合同不成立、无效或者被撤销时，标的物返还与价款返还互为对待给付，双方应当同时返还。关于应否支付利息问题，只要一方对标的物有使用情形的，一般应当支付使用费，该费用可与占有价款一方应当支付的资金占用费相互抵销，故在一方返还原物前，另一方仅须支付本金，而无须支付利息。

35.【损害赔偿】合同不成立、无效或者被撤销时，仅返还财产或者折价补偿不足以弥补损失，一方还可以向有过错的另一方请求损害赔偿。在确定损害赔偿范围时，既要根据当事人的过错程度合理确定责任，又要考虑在确定财产返还范围时已经考虑过的财产增值或者贬值因素，避免双重获利或者双重受损的现象发生。

36.【合同无效时的释明问题】在双务合同中，原告起诉请求确认合同有效并请求继续履行合同，被告主张合同无效的，或者原告起诉请求确认合同无效并返还财产，而被告主张合同有效的，都要防止机械适用“不告不理”原则，仅就当事人的诉讼请求进行审理，而应向原告释明变更或者增加诉讼请求，或者向被告释明提出同时履行抗辩，尽可能一次性解决纠纷。例如，基于合同有给付行为的原告请求确认合同无效，但并未提出返还原物或者折价补偿、赔偿损失等请求的，人民法院应当向其释明，告知其一并提出相应诉讼请求；原告请求确认合同无效并要求被告返还原物或者赔偿损失，被告基于合同也有给付行为的，人民法院同样应当向被告释明，告知其也可以提出返还请求；人民法院经审理认定合同无效的，除了要在判决书“本院认为”部分对同时返还作出认定外，还应当在判项中作出明确表述，避免因判令单方返还而出现不公平的结果。

第一审人民法院未予释明，第二审人民法院认为应当对合同不成立、无效或者被撤销的法律后果作出判决的，可以直接释明并改判。当然，如果返还财产或者赔偿损失的范围确实难以确定或者双方争议较大的，也可以告知当事人通过另行起诉等方式解决，并在裁判文书中予以明确。

当事人按照释明变更诉讼请求或者提出抗辩的，人民法院应当将其归纳为案件争议焦点，组织当事人充分举证、质证、辩论。

37.【未经批准合同的效力】法律、行政法规规定某类合同应当办理批准手续生效的，如商业银行法、证券法、保险法等法律规定购买商业银行、证券公司、保险公司5%以上股权须经相关主管部门批准，依据《合同法》第44条第2款的规定，批准是合同的法定生效条件，未经批准的合同因欠缺法律规定的特别生效条件而未生效。实践中的一个突出问题是，把未生效合同认定为无效合同，或者虽认定为未生效，却按无效合同处理。无效合同从本质上来说是欠缺合同的有效要件，或者具有合同无效的法定事由，自始不发生法律效力。而未生效合同已具备合同的有效要件，对双方具有一定的拘束力，任何一方不得擅自撤回、解除、变更，但因欠缺法律、行政法规规定或当事人约定的特别生效条件，在该生效条件成就前，不能产生请求对方履行合同主要权利义务的法律效力。

38.【报批义务及相关违约条款独立生效】须经行政机关批准生效的合同，对报批义务及未履行报批义务的违约责任等相关内容作出专门约定的，该约定独立生效。一方因另一方不履行报批义务，请求解除合同并请求其承担合同约定的相应违约责任的，人民法院依法予以支持。

39.【报批义务的释明】须经行政机关批准生效的合同，一方请求另一方履行合同主要权利义务的，人民法院应当向其释明，将诉讼请求变更为请求履行报批义务。一方变更诉讼请求的，人民法院依法予以支持；经释明后当事人拒绝变更的，应当驳回其诉讼请求，但不影响其另行提起诉讼。

40.【判决履行报批义务后的处理】人民法院判决一方履行报批义务后，该当事人拒绝履行，经人民法院强制执行仍未履行，对方请求其承担合同违约责任的，人民法院依法予以支持。一方依据判决履行报批义务，行政机关予以批准，合同发生完全的法律效力，其请求对方履行合同的，人民法院依法予以支持；行政机关没有批准，合同不具有法律上的可履行性，一方请求解除合同的，人民法院依法予以支持。

41.【盖章行为的法律效力】司法实践中，有些公司有意刻制两套甚至多套公章，有的法定代表人或者代理人甚至私刻公章，订立合同时恶意加盖非备案的公章或者假公章，发生纠纷后法人以加盖的是假公章为由否定合同效力的情形并不鲜见。人民法院在审理案件时，应当主要审查签约人于盖章之时有无代表权或者代理权，从而根据代表或者代理的相关规则来确定合同的效力。

法定代表人或者其授权之人在合同上加盖法人公章的行为，表明其是以法人名义签订合同，除《公司法》第16条等法律对其职权有特别规定的情形外，应当由法人承担相应的法律后果。法人以法定代表人事后已无代表权、加盖的是假章、所盖之章与备案公章不一致等为由否定合同效力的，人民法院不予支持。

代理人以被代理人名义签订合同，要取得合法授权。代理人取得合法授权后，以被代理人名义签订的合同，应当由被代理人承担责任。被代理人以代理人事后已无代理权、加盖的是假章、所盖之章与备案公章不一致等为由否定合同效力的，人民法院不予支持。

42.【撤销权的行使】撤销权应当由当事人行使。当事人未请求撤销的，人民法院不应当依职权撤销合同。一方请求另一方履行合同，另一方以合同具有可撤销事由提出抗辩的，人民法院应当在审查合同是否具有可撤销事由以及是否超过法定期间等事实的基础上，对合同是否可撤销作出判断，不能仅以当事人未提起诉讼或者反诉为由不予审查或者不予支持。一方主张合同无效，依据的却是可撤销事由，此时人民法院应当全面审查合同是否具有无效事由以及当事人主张的可撤销事由。当事人关于合同无效的事由成立的，人民法院应当认定合同无效。当事人主张合同无效的理由不成立，而可撤销的事由成立的，因合同无效和可撤销的后果相同，人民法院也可以结合当事人的诉讼请求，直接判决撤销合同。

（二）关于合同履行与救济

在认定以物抵债协议的性质和效力时，要根据订立协议时履行期限是否已经届满予以区别对待。合同解除、违约责任都是非违约方寻求救济的主要方式，人民法院在认定合同应否解除时，要根据当事人有无解除权、是约定解除还是法定解除等不同情形，分别予以处理。在确定违约责任时，尤其要注意依法适用违约金调整的相关规则，避免简单地以民间借贷利率的司法保护上限作为调整依据。

43.【抵销】抵销权既可以通知的方式行使，也可以提出抗辩或者提起反诉的方式行使。抵销的意思表示自到达对方时生效，抵销一经生效，其效力溯及自抵销条件成就之时，双方互负的债务在同等数额内消灭。双方互负的债务数额，是截至抵销条件成就之时各自负有的包括主债务、利息、违约金、赔偿金等在内的全部债务数额。行使抵销权一方享有的债权不足以抵销全部债务数额，当事人对抵销顺序又没有特别约定的，应当根据实现债权的费用、利息、主债务的顺序进行抵销。

44.【履行期届满后达成的以物抵债协议】当事人在债务履行期限届满后达成以物抵债协议，抵债物尚未交付债权人，债权人请求债务人交付的，人民法院要着重审查以物抵债协议是否存在恶意损害第三人合法权益等情形，避免虚假诉讼的发生。经审查，不存在以上情况，且无其他无效事由的，人民法院依法予以支持。

当事人在一审程序中因达成以物抵债协议申请撤回起诉的，人民法院可予准许。当事人在二审程序中申请撤回上诉的，人民法院应当告知其申请撤回起诉。当事人申请撤回起诉，经审查不损害国家利益、社会公共利益、他人合法权益的，人民法院可予准许。当事人不申请撤回起诉，请求人民法院出具调解书对以物抵债协议予以确认的，因债务人完全可以立即履行该协议，没有必要由人民法院出具调解书，故人民法院不应准许，同时应当继续对原债权债务关系进行审理。

45.【履行期届满前达成的以物抵债协议】当事人在债务履行期届满前达成以物抵债协议，抵债物尚未交付债权人，债权人请求债务人交付的，因此种情况不同于本纪要第71条规定的让与担保，人民法院应当向其释明，其应当根据原债权债务关系提起诉讼。经释明后当事人仍拒绝变更诉讼请求的，应当驳回其诉讼请求，但不影响其根据原债权债务关系另行提起诉讼。

46.【通知解除的条件】审判实践中，部分人民法院对合同法司法解释（二）第24条的理解存在偏差，认为不论发出解除通知的一方有无解除权，只要另一方未在异议期限内以起诉方式提出异议，就判令解除合同，这不符合合同法关于合同解除权行使的有关规定。对该条的准确理解是，只有享有法定或者约定解除权的当事人才能以通知方式解除合同。不享有解除权的一方向另一方发出解除通知，另一方即便未在异议期限内提起诉讼，也不发生合同解除的效果。人民法院在审理案件时，应当审查发出解除通知的一方是否享有约定或者法定的解除权来决定合同应否解除，不能仅以受通知一方在约定或者法定的异议期限届满内未起诉这一事实就认定合同已经解除。

47.【约定解除条件】合同约定的解除条件成就时，守约方以此为由请求解除合同的，人民法院应当审查违约方的违约程度是否显著轻微，是否影响守约方合同目的实现，根据诚实信用原则，确定合同应否解除。违约方的违约程度显著轻微，不影响守约方合同目的的实现，守约方请求解除合同的，人民法院不予支持；反之，则依法予以支持。

48.【违约方起诉解除】违约方不享有单方解除合同的权利。但是，在一些长期性合同如房屋租赁合同履行过程中，双方形成合同僵局，一概不允许违约方通过起诉的方式解除合同，有时对双方都不利。在此前提下，符合下列条件，违约方起诉请求解除合同的，人民法院依法予以支持：

（1）违约方不存在恶意违约的情形；

（2）违约方继续履行合同，对其显失公平；

（3）守约方拒绝解除合同，违反诚实信用原则。

人民法院判决解除合同的，违约方本应当承担的违约责任不能因解除合同而减少或者免除。

49.【合同解除的法律后果】合同解除时，一方依据合同中有关违约金、约定损害赔偿的计算方法、定金责任等违约责任条款的约定，请求另一方承担违约责任的，人民法院依法予以支持。

双务合同解除时人民法院的释明问题，参照本纪要第36条的相关规定处理。

50.【违约金过高标准及举证责任】认定约定违约金是否过高，一般应当以《合同法》第113条规定的损失为基础进行判断，这里的损失包括合同履行后可以获得的利益。除借款合同外的双务合同，作为对价的价款或者报酬给付之债，并非借款合同项下的还款义务，不能以受法律保护的民间借贷利率上限作为判断违约金是否过高的标准，而应当兼顾合同履行情况、当事人过错程度以及预期利益等因素综合确定。主张违约金过高的违约方应当对违约金是否过高承担举证责任。

（三）关于借款合同

人民法院在审理借款合同纠纷案件过程中，要根据防范化解重大金融风险、金融服务实体经济、降低融资成本的精神，区别对待金融借贷与民间借贷，并适用不同规则与利率标准。要依法否定高利转贷行为、职业放贷行为的效力，充分发挥司法的示范、引导作用，促进金融服务实体经济。要注意到，为深化利率市场化改革，推动降低实体利率水平，自2019年8月20日起，中国人民银行已经授权全国银行间同业拆借中心于每月20日（遇节假日顺延）9时30分公布贷款市场报价利率（LPR），中国人民银行贷款基准利率这一标准已经取消。因此，自此之后人民法院裁判贷款利息的基本标准应改为全国银行间同业拆借中心公布的贷款市场报价利率。应予注意的是，贷款利率标准尽管发生了变化，但存款基准利率并未发生相应变化，相关标准仍可适用。

51.【变相利息的认定】金融借款合同纠纷中，借款人认为金融机构以服务费、咨询费、顾问费、管理费等为名变相收取利息，金融机构或者由其指定的人收取的相关费用不合理的，人民法院可以根据提供服务的实际情况确定借款人应否支付或者酌减相关费用。

52.【高利转贷】民间借贷中，出借人的资金必须是自有资金。出借人套取金融机构信贷资金又高利转贷给借款人的民间借贷行为，既增加了融资成本，又扰乱了信贷秩序，根据民间借贷司法解释第14条第1项的规定，应当认定此类民间借贷行为无效。人民法院在适用该条规定时，应当注意把握以下几点：一是要审查出借人的资金来源。借款人能够举证证明在签订借款合同时出借人尚欠银行贷款未还的，一般可以推定为出借人套取信贷资金，但出借人能够举反证予以推翻的除外；二是从宽认定"高利"转贷行为的标准，只要出借人通过转贷行为牟利的，就可以认定为是"高利"转贷行为；三是对该条规定的"借款人事先知道或者应当知道的"要件，不宜把握过苛。实践中，只要出借人在签订借款合同时存在尚欠银行贷款未还事实的，一般可以认为满足了该条规定的"借款人事先知道或者应当知道"这一要件。

53.【职业放贷人】未依法取得放贷资格的以民间借贷为业的法人，以及以民间借贷为业的非法人组织或者自然人从事的民间借贷行为，应当依法认定无效。同一出借人在一定期间内多次反复从事有偿民间借贷行为的，一般可以认定为是职业放贷人。民间借贷比较活跃的地方的高级人民法院或者经其授权的中级人民法院，可以根据本地区的实际情况制定具体的认定标准。

四、关于担保纠纷案件的审理

会议认为，要注意担保法及其司法解释与物权法对独立担保、混合担保、担保期间等有关制度的不同规定，根据新的规定优于旧的规定的法律适用规则，优先适用物权法的规定。从属性是担保的基本属性，要慎重认定独立担保行为的效力，将其严格限定在法律或者司法解释明确规定的情形。要根据区分原则，准确认定担保合同效力。要坚持物权法定、公示公信原则，区分不动产与动产担保物权在物权变动、效力规则等方面的异同，准确适用法律。要充分发挥担保对缓解融资难融资贵问题的积极作用，不轻易否定新类型担保、非典型担保的合同效力及担保功能。

（一）关于担保的一般规则

54.【独立担保】从属性是担保的基本属性，但由银行或者非银行金融机构开立的独立保函除外。独立保函纠纷案件依据《最高人民法院关于审理独立保函纠纷案件若干问题的规定》处理。需要进一步明确的是：凡是由银行或者非银行金融机构开立的符合该司法解释第1条、第3条规定情形的保函，无论是用于国际商事交易还是用于国内商事交易，均不影响保函的效力。银行或者非银行金融机构之外的当事人开立的独立保函，以及当事人有关排除担保从属性的约定，应当认定无效。但是，根据“无效法律行为的转换”原理，在否定其独立担保效力的同时，应当将其认定为从属性担保。此时，如果主合同有效，则担保合同有效，担保人与主债务人承担连带保证责任。主合同无效，则该所谓的独立担保也随之无效，担保人无过错的，不承担责任；担保人有过错的，其承担民事责任的部分，不应超过债务人不能清偿部分的三分之一。

55.【担保责任的范围】担保人承担的担保责任范围不应当大于主债务，是担保从属性的必然要求。当事人约定的担保责任的范围大于主债务的，如针对担保责任约定专门的违约责任、担保责任的数额高于主债务、担保责任约定的利息高于主债务利息、担保责任的履行期先于主债务履行期届满，等等，均应当认定大于主债务部分的约定无效，从而使担保责任缩减至主债务的范围。

56.【混合担保中担保人之间的追偿问题】被担保的债权既有保证又有第三人提供的物的担保的，担保法司法解释第38条明确规定，承担了担保责任的担保人可以要求其他担保人清偿其应当分担的份额。但《物权法》第176条并未作出类似规定，根据《物权法》第178条关于“担保法与本法的规定不一致的，适用本法”的规定，承担了担保责任的担保人向其他担保人追偿的，人民法院不予支持，但担保人在担保合同中约定可以相互追偿的除外。

57.【借新还旧的担保物权】贷款到期后，借款人与贷款人订立新的借款合同，将新贷用于归还旧贷，旧贷因清偿而消灭，为旧贷设立的担保物权也随之消灭。贷款人以旧贷上的担保物权尚未进行涂销登记为由，主张对新贷行使担保物权的，人民法院不予支持，但当事人约定继续为新贷提供担保的除外。

58.【担保债权的范围】以登记作为公示方式的不动产担保物权的担保范围，一般应当以登记的范围为准。但是，我国目前不动产担保物权登记，不同地区的系统设置及登记规则并不一致，人民法院在审理案件时应当充分注意制度设计上的差别，作出符合实际的判断：一是多数省区市的登记系统未设置“担保范围”栏目，仅有“被担保主债权数额（最高债权数额）”的表述，且只能填写固定数字。而当事人在合同中又往往约定担保物权的担保范围包括主债权及其利息、违约金等附属债权，致使合同约定的担保范围与登记不一致。显然，这种不一致是由于该地区登记系统设置及登记规则造成的该地区的普遍现象。人民法院以合同约定认定担保物权的担保范围，是符合实际的妥当选择。二是一些省区市不动产登记系统设置与登记规则比较规范，担保物权登记范围与合同约定一致在该地区是常态或者普遍现象，人民法院在审理案件时，应当以登记的担保范围为准。

59.【主债权诉讼时效届满的法律后果】抵押权人应当在主债权的诉讼时效期间内行使抵押权。抵押权人在主债权诉讼时效届满前未行使抵押权，抵押人在主债权诉讼时效届满后请求涂销抵押权登记的，人民法院依法予以支持。

以登记作为公示方法的权利质权，参照适用前款规定。

（二）关于不动产担保物权

60.【未办理登记的不动产抵押合同的效力】不动产抵押合同依法成立，但未办理抵押登记手续，债权人请求抵押人办理抵押登记手续的，人民法院依法予以支持。因抵押物灭失以及抵押物转让他人等原因不能办理抵押登记，债权人请求抵押人以抵押物的价值为限承担责任的，人民法院依法予以支持，但其范围不得超过抵押权有效设立时抵押人所应当承担的责任。

61.【房地分别抵押】根据《物权法》第182条之规定，仅以建筑物设定抵押的，抵押权的效力及于占用范围内的土地；仅以建设用地使用权抵押的，抵押权的效力亦及于其上的建筑物。在房地分别抵押，即建设用地使用权抵押给一个债权人，而其上的建筑物又抵押给另一个人的情况下，可能产生两个抵押权的冲突问题。基于“房地一体”规则，此时应当将建筑物和建设用地使用权视为同一财产，从而依照《物权法》第199条的规定确定清偿顺序：登记在先的先清偿；同时登记的，按照债权比例清偿。同一天登记的，视为同时登记。应予注意的是，根据《物权法》第200条的规定，建设用地使用权抵押后，该土地上新增的建筑物不属于抵押财产。

62.【抵押权随主债权转让】抵押权是从属于主合同的从权利，根据“从随主”规则，债权转让的，除法律另有规定或者当事人另有约定外，担保该债权的抵押权一并转让。受让人向抵押人主张行使抵押权，抵押人以受让人不是抵押合同的当事人、未办理变更登记等为由提出抗辩的，人民法院不予支持。

（三）关于动产担保物权

63.【流动质押的设立与监管人的责任】在流动质押中，经常由债权人、出质人与监管人订立三方监管协议，此时应当查明监管人究竟是受债权人的委托还是受出质人的委托监管质物，确定质物是否已经交付债权人，从而判断质权是否有效设立。如果监管人系受债权人的委托监管质物，则其是债权人的直接占有人，应当认定完成了质物交付，质权有效设立。监管人违反监管协议约定，违规向出质人放货、因保管不善导致质物毁损灭失，债权人请求监管人承担违约责任的，人民法院依法予以支持。

如果监管人系受出质人委托监管质物，表明质物并未交付债权人，应当认定质权未有效设立。尽管监管协议约定监管人系受债权人的委托监管质物，但有证据证明其并未履行监管职责，质物实际上仍由出质人管领控制的，也应当认定质物并未实际交付，质权未有效设立。此时，债权人可以基于质押合同的约定请求质押人承担违约责任，但其范围不得超过质权有效设立时质押人所应当承担的责任。监管人未履行监管职责的，债权人也可以请求监管人承担违约责任。

64.【浮动抵押的效力】企业将其现有的以及将有的生产设备、原材料、半成品及产品等财产设定浮动抵押后，又将其中的生产设备等部分财产设定了动产抵押，并都办理了抵押登记的，根据《物权法》第199条的规定，登记在先的浮动抵押优先于登记在后的动产抵押。

65.【动产抵押权与质权竞存】同一动产上同时设立质权和抵押权的，应当参照适用《物权法》第199条的规定，根据是否完成公示以及公示先后情况来确定清偿顺序：质权有效设立、抵押权办理了抵押登记的，按照公示先后确定清偿顺序；顺序相同的，按照债权比例清偿；质权有效设立，抵押权未办理抵押登记的，质权优先于抵押权；质权未有效设立，抵押权未办理抵押登记的，因此时抵押权已经有效设立，故抵押权优先受偿。

根据《物权法》第178条规定的精神，担保法司法解释第79条第1款不再适用。

（四）关于非典型担保

66.【担保关系的认定】当事人订立的具有担保功能的合同，不存在法定无效情形的，应当认定有效。虽然合同约定的权利义务关系不属于物权法规定的典型担保类型，但是其担保功能应予肯定。

67.【约定担保物权的效力】债权人与担保人订立担保合同，约定以法律、行政法规未禁止抵押或者质押的财产设定以登记作为公示方法的担保，因无法定的登记机构而未能进行登记的，不具有物权效力。当事人请求按照担保合同的约定就该财产折价、变卖或者拍卖所得价款等方式清偿债务的，人民法院依法予以支持，但对其他权利人不具有对抗效力和优先性。

68.【保兑仓交易】保兑仓交易作为一种新类型融资担保方式，其基本交易模式是，以银行信用为载体、以银行承兑汇票为结算工具、由银行控制货权、卖方（或者仓储方）受托保管货物并以承兑汇票与保证金之间的差额作为担保。其基本的交易流程是：卖方、买方和银行订立三方合作协议，其中买方向银行缴存一定比例的承兑保证金，银行向买方签发以卖方为收款人的银行承兑汇票，买方将银行承兑汇票交付卖方作为货款，银行根据买方缴纳的保证金的一定比例向卖方签发提货单，卖方根据提货单向买方交付对应金额的货物，买方销售货物后，将货款再缴存为保证金。

在三方协议中，一般来说，银行的主要义务是及时签发承兑汇票并按约定方式将其交给卖方，卖方的主要义务是根据银行签发的提货单发货，并在买方未及时销售或者回赎货物时，就保证金与承兑汇票之间的差额部分承担责任。银行为保障自身利益，往往还会约定卖方要将货物交给由其指定的当事人监管，并设定质押，从而涉及监管协议以及流动质押等问题。实践中，当事人还可能在前述基本交易模式基础上另行作出其他约定，只要不违反法律、行政法规的效力性强制性规定，这些约定应当认定有效。

一方当事人因保兑仓交易纠纷提起诉讼的，人民法院应当以保兑仓交易合同作为审理案件的基本依据，但买卖双方没有真实买卖关系的除外。

69.【无真实贸易背景的保兑仓交易】保兑仓交易以买卖双方有真实买卖关系为前提。双方无真实买卖关系的，该交易属于名为保兑仓交易实为借款合同，保兑仓交易因构成虚伪意思表示而无效，被隐藏的借款合同是当事人的真实意思表示，如不存在其他合同无效情形，应当认定有效。保兑仓交易认定为借款合同关系的，不影响卖方和银行之间担保关系的效力，卖方仍应当承担担保责任。

70.【保兑仓交易的合并审理】当事人就保兑仓交易中的不同法律关系的相对方分别或者同时向同一人民法院起诉的，人民法院可以根据民事诉讼法司法解释第221条的规定，合并审理。当事人未起诉某一方当事人的，人民法院可以依职权追加未参加诉讼的当事人为第三人，以便查明相关事实，正确认定责任。

71.【让与担保】债务人或者第三人与债权人订立合同，约定将财产形式上转让至债权人名下，债务人到期清偿债务，债权人将该财产返还给债务人或第三人，债务人到期没有清偿债务，债权人可以对财产拍卖、变卖、折价偿还债权的，人民法院应当认定合同有效。合同如果约定债务人到期没有清偿债务，财产归债权人所有的，人民法院应当认定该部分约定无效，但不影响合同其他部分的效力。

当事人根据上述合同约定，已经完成财产权利变动的公示方式转让至债权人名下，债务人到期没有清偿债务，债权人请求确认财产归其所有的，人民法院不予支持，但债权人请求参照法律关于担保物权的规定对财产拍卖、变卖、折价优先偿还其债权的，人民法院依法予以支持。债务人因到期没有清偿债务，请求对该财产拍卖、变卖、折价偿还所欠债权人合同项下债务的，人民法院亦应依法予以支持。

五、关于金融消费者权益保护纠纷案件的审理

会议认为，在审理金融产品发行人、销售者以及金融服务提供者（以下简称卖方机构）与金融消费者之间因销售各类高风险等级金融产品和为金融消费者参与高风险等级投资活动提供服务而引发的民商事案件中，必须坚持“卖者尽责、买者自负”原则，将金融消费者是否充分了解相关金融产品、投资活动的性质及风险并在此基础上作出自主决定作为应当查明的案件基本事实，依法保护金融消费者的合法权益，规范卖方机构的经营行为，推动形成公开、公平、公正的市场环境和市场秩序。

72.【适当性义务】适当性义务是指卖方机构在向金融消费者推介、销售银行理财产品、保险投资产品、信托理财产品、券商集合理财计划、杠杆基金份额、期权及其他场外衍生品等高风险等级金融产品，以及为金融消费者参与融资融券、新三板、创业板、科创板、期货等高风险等级投资活动提供服务的过程中，必须履行的了解客户、了解产品、将适当的产品（或者服务）销售（或者提供）给适合的金融消费者等义务。卖方机构承担适当性义务的目的是为了确保金融消费者能够在充分了解相关金融产品、投资活动的性质及风险的基础上作出自主决定，并承受由此产生的收益和风险。在推介、销售高风险等级金融产品和提供高风险等级金融服务领域，适当性义务的履行是“卖者尽责”的主要内容，也是“买者自负”的前提和基础。

73.【法律适用规则】在确定卖方机构适当性义务的内容时，应当以合同法、证券法、证券投资基金法、信托法等法律规定的基本原则和国务院发布的规范性文件作为主要依据。相关部门在部门规章、规范性文件中对高风险等级金融产品的推介、销售，以及为金融消费者参与高风险等级投资活动提供服务作出的监管规定，与法律和国务院发布的规范性文件的规定不相抵触的，可以参照适用。

74.【责任主体】金融产品发行人、销售者未尽适当性义务，导致金融消费者在购买金融产品过程中遭受损失的，金融消费者既可以请求金融产品的

发行人承担赔偿责任，也可以请求金融产品的销售者承担赔偿责任，还可以根据《民法总则》第167条的规定，请求金融产品的发行人、销售者共同承担连带赔偿责任。发行人、销售者请求人民法院明确各自的责任份额的，人民法院可以在判决发行人、销售者对金融消费者承担连带赔偿责任的同时，明确发行人、销售者在实际承担了赔偿责任后，有权向责任方追偿其应当承担的赔偿份额。

金融服务提供者未尽适当性义务，导致金融消费者在接受金融服务后参与高风险等级投资活动遭受损失的，金融消费者可以请求金融服务提供者承担赔偿责任。

75.【举证责任分配】在案件审理过程中，金融消费者应当对购买产品（或者接受服务）、遭受的损失等事实承担举证责任。卖方机构对其是否履行了适当性义务承担举证责任。卖方机构不能提供其已经建立了金融产品（或者服务）的风险评估及相应管理制度、对金融消费者的风险认知、风险偏好和风险承受能力进行了测试、向金融消费者告知产品（或者服务）的收益和主要风险因素等相关证据的，应当承担举证不能的法律后果。

76.【告知说明义务】告知说明义务的履行是金融消费者能够真正了解各类高风险等级金融产品或者高风险等级投资活动的投资风险和收益的关键，人民法院应当根据产品、投资活动的风险和金融消费者的实际情况，综合理性人能够理解的客观标准和金融消费者能够理解的主观标准来确定卖方机构是否已经履行了告知说明义务。卖方机构简单地以金融消费者手写了诸如“本人明确知悉可能存在本金损失风险”等内容主张其已经履行了告知说明义务，不能提供其他相关证据的，人民法院对其抗辩理由不予支持。

77.【损失赔偿数额】卖方机构未尽适当性义务导致金融消费者损失的，应当赔偿金融消费者所受的实际损失。实际损失为损失的本金和利息，利息按照中国人民银行发布的同期同类存款基准利率计算。

金融消费者因购买高风险等级金融产品或者为参与高风险投资活动接受服务，以卖方机构存在欺诈行为为由，主张卖方机构应当根据《消费者权益保护法》第55条的规定承担惩罚性赔偿责任的，人民法院不予支持。卖方机构的行为构成欺诈的，对金融消费者提出赔偿其支付金钱总额的利息损失请求，应当注意区分不同情况进行处理：

（1）金融产品的合同文本中载明了预期收益率、业绩比较基准或者类似约定的，可以将其作为计算利息损失的标准；

（2）合同文本以浮动区间的方式对预期收益率或者业绩比较基准等进行约定，金融消费者请求按照约定的上限作为利息损失计算标准的，人民法院依法予以支持；

（3）合同文本虽然没有关于预期收益率、业绩比较基准或者类似约定，但金融消费者能够提供证据证明产品发行的广告宣传资料中载明了预期收益率、业绩比较基准或者类似表述的，应当将宣传资料作为合同文本的组成部分；

（4）合同文本及广告宣传资料中未载明预期收益率、业绩比较基准或者类似表述的，按照全国银行间同业拆借中心公布的贷款市场报价利率计算。

78.【免责事由】因金融消费者故意提供虚假信息、拒绝听取卖方机构的建议等自身原因导致其购买产品或者接受服务不适当，卖方机构请求免除相应责任的，人民法院依法予以支持，但金融消费者能够证明该虚假信息的出具系卖方机构误导的除外。卖方机构能够举证证明根据金融消费者的既往投资经验、受教育程度等事实，适当性义务的违反并未影响金融消费者作出自主决定的，对其关于应当由金融消费者自负投资风险的抗辩理由，人民法院依法予以支持。

六、关于证券纠纷案件的审理

（一）关于证券虚假陈述

会议认为，《最高人民法院关于审理证券市场因虚假陈述引发的民事赔偿案件的若干规定》施行以来，证券市场的发展出现了新的情况，证券虚假陈述纠纷案件的审理对司法能力提出了更高的要求。在案件审理过程中，对于需要借助其他学科领域的专业知识进行职业判断的问题，要充分发挥专家证人的作用，使得案件的事实认定符合证券市场的基本常识和普遍认知或者认可的经验法则，责任承担与侵权行为及其主观过错程度相匹配，在切实维护投资者合法权益的同时，通过民事责任追究实现震慑违法的功能，维护公开、公平、公正的资本市场秩序。

79.【共同管辖的案件移送】原告以发行人、上市公司以外的虚假陈述行为人为被告提起诉讼，被告申请追加发行人或者上市公司为共同被告的，人民法院应予准许。人民法院在追加后发现其他有管辖权的人民法院已先行受理因同一虚假陈述引发的民事赔偿案件的，应当按照民事诉讼法司法解释第36条的规定，将案件移送给先立案的人民法院。

80.【案件审理方式】案件审理方式方面，在传统的“一案一立、分别审理”的方式之外，一些人民法院已经进行了将部分案件合并审理、在示范判决基础上委托调解等改革，初步实现了案件审理的集约化和诉讼经济。在认真总结审判实践经验的基础上，有条件的地方人民法院可以选择个案以《民事诉讼法》第54条规定的代表人诉讼方式进行审理，逐步展开试点工作。就案件审理中涉及的适格原告范围认定、公告通知方式、投资者权利登记、代表人推选、执行款项的发放等具体工作，积极协调相关部门和有关方面，推动信息技术审判辅助平台和常态化、可持续的工作机制建设，保障投资者能够便捷、高效、透明和低成本地维护自身合法权益，为构建符合中国国情的证券民事诉讼制度积累审判经验，培养审判队伍。

81.【立案登记】多个投资者就同一虚假陈述向人民法院提起诉讼，可以采用代表人诉讼方式对案件进行审理的，人民法院在登记立案时可以根据原告起诉状中所描述的虚假陈述的数量、性质及其实施日、揭露日或者更正日等时间节点，将投资者作为共同原告统一立案登记。原告主张被告实施了多个虚假陈述的，可以分别立案登记。

82.【案件甄别及程序决定】人民法院决定采用《民事诉讼法》第54条规定的方式审理案件的，在发出公告前，应当先行就被告的行为是否构成虚假陈述，投资者的交易方向与诱多、诱空的虚假陈述是否一致，以及虚假陈述的实施日、揭露日或者更正日等案件基本事实进行审查。

83.【选定代表人】权利登记的期间届满后，人民法院应当通知当事人在指定期间内完成代表人的推选工作。推选不出代表人的，人民法院可以与当事人商定代表人。人民法院在提出人选时，应当将当事人诉讼请求的典型性和利益诉求的份额等作为考量因素，确保代表行为能够充分、公正地表达投资者的诉讼主张。国家设立的投资者保护机构以自己的名义提起诉讼，或者接受投资者的委托指派工作人员或者委托诉讼代理人参与案件审理活动的，人民法院可以商定该机构或者其代理的当事人作为代表人。

84.【揭露日和更正日的认定】虚假陈述的揭露和更正，是指虚假陈述被市场所知悉、了解，其精确程度并不以"镜像规则"为必要，不要求达到全面、完整、准确的程度。原则上，只要交易市场对监管部门立案调查、权威媒体刊载的揭露文章等信息存在着明显的反应，对一方主张市场已经知悉虚假陈述的抗辩，人民法院依法予以支持。

85.【重大性要件的认定】审判实践中，部分人民法院对重大性要件和信赖要件存在着混淆认识，以行政处罚认定的信息披露违法行为对投资者的交易决定没有影响为由否定违法行为的重大性，应当引起注意。重大性是指可能对投资者进行投资决策具有重要影响的信息，虚假陈述已经被监管部门行政处罚的，应当认为是具有重大性的违法行为。在案件审理过程中，对于一方提出的监管部门作出处罚决定的行为不具有重大性的抗辩，人民法院不予支持，同时应当向其释明，该抗辩并非民商事案件的审理范围，应当通过行政复议、行政诉讼加以解决。

（二）关于场外配资

会议认为，将证券市场的信用交易纳入国家统一监管的范围，是维护金融市场透明度和金融稳定的重要内容。不受监管的场外配资业务，不仅盲目扩张了资本市场信用交易的规模，也容易冲击资本市场的交易秩序。融资融券作为证券市场的主要信用交易方式和证券经营机构的核心业务之一，依法属于国家特许经营的金融业务，未经依法批准，任何单位和个人不得非法从事配资业务。

86.【场外配资合同的效力】从审判实践看，场外配资业务主要是指一些P2P公司或者私募类配资公司利用互联网信息技术，搭建起游离于监管体系之外的融资业务平台，将资金融出方、资金融入方即用资人和券商营业部三方连接起来，配资公司利用计算机软件系统的二级分仓功能将其自有资金或者以较低成本融入的资金出借给用资人，赚取利息收入的行为。这些场外配资公司所开展的经营活动，本质上属于只有证券公司才能依法开展的融资活动，不仅规避了监管部门对融资融券业务中资金来源、投资标的、杠杆比例等诸多方面的限制，也加剧了市场的非理性波动。在案件审理过程中，除依法取得融资融券资格的证券公司与客户开展的融资融券业务外，对其他任何单位或者个人与用资人的场外配资合同，人民法院应当根据《证券法》第142条、合同法司法解释（一）第10条的规定，认定为无效。

87.【合同无效的责任承担】场外配资合同被确认无效后，配资方依场外配资合同的约定，请求用资人向其支付约定的利息和费用的，人民法院不予支持。

配资方依场外配资合同的约定，请求分享用资人因使用配资所产生的收益的，人民法院不予支持。

用资人以其因使用配资导致投资损失为由请求配资方予以赔偿的，人民法院不予支持。用资人能够证明因配资方采取更改密码等方式控制账户使得用资人无法及时平仓止损，并据此请求配资方赔偿其因此遭受的损失的，人民法院依法予以支持。

用资人能够证明配资合同是因配资方招揽、劝诱而订立，请求配资方赔偿其全部或者部分损失的，人民法院应当综合考虑配资方招揽、劝诱行为的方式、对用资人的实际影响、用资人自身的投资经历、风险判断和承受能力等因素，判决配资方承担与其过错相适应的赔偿责任。

七、关于营业信托纠纷案件的审理

会议认为，从审判实践看，营业信托纠纷主要表现为事务管理信托纠纷和主动管理信托纠纷两种类型。在事务管理信托纠纷案件中，对信托公司开展和参与的多层嵌套、通道业务、回购承诺等融资活动，要以其实际构成的法律关系确定其效力，并在此基础上依法确定各方的权利义务。在主动管理信托纠纷案件中，应当重点审查受托人在“受人之托，忠人之事”的财产管理过程中，是否恪尽职守，履行了谨慎、有效管理等法定或者约定义务。

88.【营业信托纠纷的认定】信托公司根据法律法规以及金融监督管理部

门的监管规定，以取得信托报酬为目的接受委托人的委托，以受托人身份处理信托事务的经营行为，属于营业信托。由此产生的信托当事人之间的纠纷，为营业信托纠纷。

根据《关于规范金融机构资产管理业务的指导意见》的规定，其他金融机构开展的资产管理业务构成信托关系的，当事人之间的纠纷适用信托法及其他有关规定处理。

89.【资产或者资产收益权转让及回购】信托公司在资金信托成立后，以募集的信托资金受让特定资产或者特定资产收益权，属于信托公司在资金依法募集后的资金运用行为，由此引发的纠纷不应当认定为营业信托纠纷。如果合同中约定由转让方或者其指定的第三方在一定期间后以交易本金加上溢价款等固定价款无条件回购的，无论转让方所转让的标的物是否真实存在、是否实际交付或者过户，只要合同不存在法定无效事由，对信托公司提出的由转让方或者其指定的第三方按约定承担责任的诉讼请求，人民法院依法予以支持。

当事人在相关合同中同时约定采用信托公司受让目标公司股权、向目标公司增资方式并以相应股权担保债权实现的，应当认定在当事人之间成立让与担保法律关系。当事人之间的具体权利义务，根据本纪要第71条的规定加以确定。

90.【劣后级受益人的责任承担】信托文件及相关合同将受益人区分为优先级受益人和劣后级受益人等不同类别，约定优先级受益人以其财产认购信托计划份额，在信托到期后，劣后级受益人负有对优先级受益人从信托财产获得利益与其投资本金及约定收益之间的差额承担补足义务，优先级受益人请求劣后级受益人按照约定承担责任的，人民法院依法予以支持。

信托文件中关于不同类型受益人权利义务关系的约定，不影响受益人与受托人之间信托法律关系的认定。

91.【增信文件的性质】信托合同之外的当事人提供第三方差额补足、代为履行到期回购义务、流动性支持等类似承诺文件作为增信措施，其内容符合法律关于保证的规定的，人民法院应当认定当事人之间成立保证合同关系。其内容不符合法律关于保证的规定的，依据承诺文件的具体内容确定相应的权利义务关系，并根据案件事实情况确定相应的民事责任。

92.【保底或者刚兑条款无效】信托公司、商业银行等金融机构作为资产管理产品的受托人与受益人订立的含有保证本息固定回报、保证本金不受损失等保底或者刚兑条款的合同，人民法院应当认定该条款无效。受益人请求受托人对其损失承担与其过错相适应的赔偿责任的，人民法院依法予以支持。

实践中，保底或者刚兑条款通常不在资产管理产品合同中明确约定，而是以“抽屉协议”或者其他方式约定，不管形式如何，均应认定无效。

93.【通道业务的效力】当事人在信托文件中约定，委托人自主决定信托设立、信托财产运用对象、信托财产管理运用处分方式等事宜，自行承担信托资产的风险管理责任和相应风险损失，受托人仅提供必要的事务协助或者服务，不承担主动管理职责的，应当认定为通道业务。《中国人民银行、中国银行保险监督管理委员会、中国证券监督管理委员会、国家外汇管理局关于规范金融机构资产管理业务的指导意见》第22条在规定“金融机构不得为其他金融机构的资产管理产品提供规避投资范围、杠杆约束等监管要求的通道服务”的同时，也在第29条明确按照“新老划断”原则，将过渡期设置为截止2020年底，确保平稳过渡。在过渡期内，对通道业务中存在的利用信托通道掩盖风险，规避资金投向、资产分类、拨备计提和资本占用等监管规定，或者通过信托通道将表内资产虚假出表等信托业务，如果不存在其他无效事由，一方以信托目的违法违规为由请求确认无效的，人民法院不予支持。至于委托人和受托人之间的权利义务关系，应当依据信托文件的约定加以确定。

94.【受托人的举证责任】资产管理产品的委托人以受托人未履行勤勉尽责、公平对待客户等义务损害其合法权益为由，请求受托人承担损害赔偿责任的，应当由受托人举证证明其已经履行了义务。受托人不能举证证明，委托人请求其承担相应赔偿责任的，人民法院依法予以支持。

95.【信托财产的诉讼保全】信托财产在信托存续期间独立于委托人、受托人、受益人各自的固有财产。委托人将其财产委托给受托人进行管理，在信托依法设立后，该信托财产即独立于委托人未设立信托的其他固有财产。

受托人因承诺信托而取得的信托财产，以及通过对信托财产的管理、运用、处分等方式取得的财产，均独立于受托人的固有财产。受益人对信托财产享有的权利表现为信托受益权，信托财产并非受益人的责任财产。因此，当事人因其与委托人、受托人或者受益人之间的纠纷申请对存管银行或者信托公司专门账户中的信托资金采取保全措施的，除符合《信托法》第17条规定的情形外，人民法院不应当准许。已经采取保全措施的，存管银行或者信托公司能够提供证据证明该账户为信托账户的，应当立即解除保全措施。对信托公司管理的其他信托财产的保全，也应当根据前述规则办理。

当事人申请对受益人的受益权采取保全措施的，人民法院应当根据《信托法》第47条的规定进行审查，决定是否采取保全措施。决定采取保全措施的，应当将保全裁定送达受托人和受益人。

96.【信托公司固有财产的诉讼保全】除信托公司作为被告外，原告申请对信托公司固有资金账户的资金采取保全措施的，人民法院不应准许。信托公司作为被告，确有必要对其固有财产采取诉讼保全措施的，必须强化善意执行理念，防范发生金融风险。要严格遵守相应的适用条件与法定程序，坚决杜绝超标的执行。在采取具体保全措施时，要尽量寻求依法平等保护各方利益的平衡点，优先采取方便执行且对信托公司正常经营影响最小的执行措施，能采取"活封""活扣"措施的，尽量不进行"死封""死扣"。在条件允许的情况下，可以为信托公司预留必要的流动资金和往来账户，最大限度降低对信托公司正常经营活动的不利影响。信托公司申请解除财产保全符合法律、司法解释规定情形的，应当在法定期限内及时解除保全措施。

八、关于财产保险合同纠纷案件的审理

会议认为，妥善审理财产保险合同纠纷案件，对于充分发挥保险的风险管理和保障功能，依法保护各方当事人合法权益，实现保险业持续健康发展和服务实体经济，具有重大意义。

97.【未依约支付保险费的合同效力】当事人在财产保险合同中约定以投保人支付保险费作为合同生效条件，但对该生效条件是否为全额支付保险费约定不明，已经支付了部分保险费的投保人主张保险合同已经生效的，人民

法院依法予以支持。

98.【仲裁协议对保险人的效力】被保险人和第三者在保险事故发生前达成的仲裁协议，对行使保险代位求偿权的保险人是否具有约束力，实务中存在争议。保险代位求偿权是一种法定债权转让，保险人在向被保险人赔偿保险金后，有权行使被保险人对第三者请求赔偿的权利。被保险人和第三者在保险事故发生前达成的仲裁协议，对保险人具有约束力。考虑到涉外民商事案件的处理常常涉及国际条约、国际惯例的适用，相关问题具有特殊性，故具有涉外因素的民商事纠纷案件中该问题的处理，不纳入本条规范的范围。

99.【直接索赔的诉讼时效】商业责任保险的被保险人给第三者造成损害，被保险人对第三者应当承担的赔偿责任确定后，保险人应当根据被保险人的请求，直接向第三者赔偿保险金。被保险人怠于提出请求的，第三者有权依据《保险法》第65条第2款的规定，就其应获赔偿部分直接向保险人请求赔偿保险金。保险人拒绝赔偿的，第三者请求保险人直接赔偿保险金的诉讼时效期间的起算时间如何认定，实务中存在争议。根据诉讼时效制度的基本原理，第三者请求保险人直接赔偿保险金的诉讼时效期间，自其知道或者应当知道向保险人的保险金赔偿请求权行使条件成就之日起计算。

九、关于票据纠纷案件的审理

会议认为，人民法院在审理票据纠纷案件时，应当注意区分票据的种类和功能，正确理解票据行为无因性的立法目的，在维护票据流通性功能的同时，依法认定票据行为的效力，依法确认当事人之间的权利义务关系以及保护合法持票人的权益，防范和化解票据融资市场风险，维护票据市场的交易安全。

100.【合谋伪造贴现申请材料的后果】贴现行的负责人或者有权从事该业务的工作人员与贴现申请人合谋，伪造贴现申请人与其前手之间具有真实的商品交易关系的合同、增值税专用发票等材料申请贴现，贴现行主张其享有票据权利的，人民法院不予支持。对贴现行因支付资金而产生的损失，按照基础关系处理。

101.【民间贴现行为的效力】票据贴现属于国家特许经营业务，合法持票人向不具有法定贴现资质的当事人进行“贴现”的，该行为应当认定无效，贴现款和票据应当相互返还。当事人不能返还票据的，原合法持票人可以拒绝返还贴现款。人民法院在民商事案件审理过程中，发现不具有法定资质的当事人以“贴现”为业的，因该行为涉嫌犯罪，应当将有关材料移送公安机关。民商事案件的审理必须以相关刑事案件的审理结果为依据的，应当中止诉讼，待刑事案件审结后，再恢复案件的审理。案件的基本事实无须以相关刑事案件的审理结果为依据的，人民法院应当继续审理。

根据票据行为无因性原理，在合法持票人向不具有贴现资质的主体进行“贴现”，该“贴现”人给付贴现款后直接将票据交付其后手，其后手支付对价并记载自己为被背书人后，又基于真实的交易关系和债权债务关系将票据进行背书转让的情形下，应当认定最后持票人为合法持票人。

102.【转贴现协议】转贴现是通过票据贴现持有票据的商业银行为了融通资金，在票据到期日之前将票据权利转让给其他商业银行，由转贴现行在收取一定的利息后，将转贴现款支付给持票人的票据转让行为。转贴现行提示付款被拒付后，依据转贴现协议的约定，请求未在票据上背书的转贴现申请人按照合同法律关系返还转贴现款并赔偿损失的，案由应当确定为合同纠纷。转贴现合同法律关系有效成立的，对于原告的诉讼请求，人民法院依法予以支持。当事人虚构转贴现事实，或者当事人之间不存在真实的转贴现合同法律关系的，人民法院应当向当事人释明按照真实交易关系提出诉讼请求，并按照真实交易关系和当事人约定本意依法确定当事人的责任。

103.【票据清单交易、封包交易案件中的票据权利】审判实践中，以票据贴现为手段的多链条融资模式引发的案件应当引起重视。这种交易俗称票据清单交易、封包交易，是指商业银行之间就案涉票据订立转贴现或者回购协议，附以票据清单，或者将票据封包作为质押，双方约定按照票据清单中列明的基本信息进行票据转贴现或者回购，但往往并不进行票据交付和背书。实务中，双方还往往再订立一份代保管协议，约定由原票据持有人代对方继续持有票据，从而实现合法、合规的形式要求。

出资银行仅以参与交易的单个或者部分银行为被告提起诉讼行使票据追索权，被告能够举证证明票据交易存在诸如不符合正常转贴现交易顺序的倒打款、未进行背书转让、票据未实际交付等相关证据，并据此主张相关金融机构之间并无转贴现的真实意思表示，抗辩出资银行不享有票据权利的，人民法院依法予以支持。

出资银行在取得商业承兑汇票后又将票据转贴现给其他商业银行，持票人向其前手主张票据权利的，人民法院依法予以支持。

104.【票据清单交易、封包交易案件的处理原则】在村镇银行、农信社等作为直贴行，农信社、农商行、城商行、股份制银行等多家金融机构共同开展以商业承兑汇票为基础的票据清单交易、封包交易引发的纠纷案件中，在商业承兑汇票的出票人等实际用资人不能归还票款的情况下，为实现纠纷的一次性解决，出资银行以实际用资人和参与交易的其他金融机构为共同被告，请求实际用资人归还本息、参与交易的其他金融机构承担与其过错相适应的赔偿责任的，人民法院依法予以支持。

出资银行仅以整个交易链条的部分当事人为被告提起诉讼的，人民法院应当向其释明，其应当申请追加参与交易的其他当事人作为共同被告。出资银行拒绝追加实际用资人为被告的，人民法院应当驳回其诉讼请求；出资银行拒绝追加参与交易的其他金融机构为被告的，人民法院在确定其他金融机构的过错责任范围时，应当将未参加诉讼的当事人应当承担的相应份额作为考量因素，相应减轻本案当事人的责任。在确定参与交易的其他金融机构的过错责任范围时，可以参照其收取的“通道费”“过桥费”等费用的比例以及案件的其他情况综合加以确定。

105.【票据清单交易、封包交易案件中的民刑交叉问题】人民法院在案件审理过程中，如果发现公安机关已经就实际用资人、直贴行、出资银行的工作人员涉嫌骗取票据承兑罪、伪造印章罪等立案侦查，一方当事人根据《最高人民法院关于在审理经济纠纷案件中涉及经济犯罪嫌疑若干问题的规定》第 11 条的规定申请将案件移送公安机关的，因该节事实对于查明出资银行是否为正当持票人，以及参与交易的其他金融机构的抗辩理由能否成立存在重要关联，人民法院应当将有关材料移送公安机关。民商事案件的审理必须以相关刑事案件的审理结果为依据的，应当中止诉讼，待刑事案件审结后，再恢复案件的审理。案件的基本事实无须以相关刑事案件的审理结果为依据的，人民法院应当继续案件的审理。

参与交易的其他商业银行以公安机关已经对其工作人员涉嫌受贿、伪造印章等犯罪立案侦查为由请求将案件移送公安机关的，因该节事实并不影响相关当事人民事责任的承担，人民法院应当根据《最高人民法院关于在审理经济纠纷案件中涉及经济犯罪嫌疑若干问题的规定》第10条的规定继续审理。

106.【恶意申请公示催告的救济】公示催告程序本为对合法持票人进行失票救济所设，但实践中却沦为部分票据出卖方在未获得票款情形下，通过伪报票据丧失事实申请公示催告、阻止合法持票人行使票据权利的工具。对此，民事诉讼法司法解释已经作出了相应规定。适用时，应当区别付款人是否已经付款等情形，作出不同认定：

（1）在除权判决作出后，付款人尚未付款的情况下，最后合法持票人可以根据《民事诉讼法》第223条的规定，在法定期限内请求撤销除权判决，待票据恢复效力后再依法行使票据权利。最后合法持票人也可以基于基础法律关系向其直接前手退票并请求其直接前手另行给付基础法律关系项下的对价。

（2）除权判决作出后，付款人已经付款的，因恶意申请公示催告并持除权判决获得票款的行为损害了最后合法持票人的权利，最后合法持票人请求申请人承担侵权损害赔偿责任的，人民法院依法予以支持。

十、关于破产纠纷案件的审理

会议认为，审理好破产案件对于推动高质量发展、深化供给侧结构性改革、营造稳定公平透明可预期的营商环境，具有十分重要的意义。要继续深入推进破产审判工作的市场化、法治化、专业化、信息化，充分发挥破产审判公平清理债权债务、促进优胜劣汰、优化资源配置、维护市场经济秩序等重要功能。一是要继续加大对破产保护理念的宣传和落实，及时发挥破产重整制度的积极拯救功能，通过平衡债权人、债务人、出资人、员工等利害关系人的利益，实现社会整体价值最大化；注重发挥和解程序简便快速清理债权债务关系的功能，鼓励当事人通过和解程序或者达成自行和解的方式实现各方利益共赢；积极推进清算程序中的企业整体处置方式，有效维护企业营运价值和职工就业。二是要推进不符合国家产业政策、丧失经营价值的企业主体尽快从市场退出，通过依法简化破产清算程序流程加快对“僵尸企业”的清理。三是要注重提升破产制度实施的经济效益，降低破产程序运行的时间和成本，有效维护企业营运价值，最大程度发挥各类要素和资源潜力，减少企业破产给社会经济造成的损害。四是要积极稳妥进行实践探索，加强理论研究，分步骤、有重点地推进建立自然人破产制度，进一步推动健全市场主体退出制度。

107.【继续推动破产案件的及时受理】充分发挥破产重整案件信息网的线上预约登记功能，提高破产案件的受理效率。当事人提出破产申请的，人民法院不得以非法定理由拒绝接收破产申请材料。如果可能影响社会稳定的，要加强府院协调，制定相应预案，但不应当以“影响社会稳定”之名，行消极不作为之实。破产申请材料不完备的，立案部门应当告知当事人在指定期限内补充材料，待材料齐备后以“破申”作为案件类型代字编制案号登记立案，并及时将案件移送破产审判部门进行破产审查。

注重发挥破产和解制度简便快速清理债权债务关系的功能，债务人根据《企业破产法》第95条的规定，直接提出和解申请，或者在破产申请受理后宣告破产前申请和解的，人民法院应当依法受理并及时作出是否批准的裁定。

108.【破产申请的不予受理和撤回】人民法院裁定受理破产申请前，提出破产申请的债权人的债权因清偿或者其他原因消灭的，因申请人不再具备申请资格，人民法院应当裁定不予受理。但该裁定不影响其他符合条件的主体再次提出破产申请。破产申请受理后，管理人以上述清偿符合《企业破产法》第31条、第32条为由请求撤销的，人民法院查实后应当予以支持。

人民法院裁定受理破产申请系对债务人具有破产原因的初步认可，破产申请受理后，申请人请求撤回破产申请的，人民法院不予准许。除非存在《企业破产法》第12条第2款规定的情形，人民法院不得裁定驳回破产申请。

109.【受理后债务人财产保全措施的处理】要切实落实破产案件受理后相关保全措施应予解除、相关执行措施应当中止、债务人财产应当及时交付管理人等规定，充分运用信息化技术手段，通过信息共享与整合，维护债务人财产的完整性。相关人民法院拒不解除保全措施或者拒不中止执行的，破产受理人民法院可以请求该法院的上级人民法院依法予以纠正。对债务人财产采取保全措施或者执行措施的人民法院未依法及时解除保全措施、移交处置权，或者中止执行程序并移交有关财产的，上级人民法院应当依法予以纠正。相关人员违反上述规定造成严重后果的，破产受理人民法院可以向人民法院纪检监察部门移送其违法审判责任线索。

人民法院审理企业破产案件时，有关债务人财产被其他具有强制执行权力的国家行政机关，包括税务机关、公安机关、海关等采取保全措施或者执行程序的，人民法院应当积极与上述机关进行协调和沟通，取得有关机关的配合，参照上述具体操作规程，解除有关保全措施，中止有关执行程序，以便保障破产程序顺利进行。

110.【受理后有关债务人诉讼的处理】人民法院受理破产申请后，已经开始而尚未终结的有关债务人的民事诉讼，在管理人接管债务人财产和诉讼事务后继续进行。债权人已经对债务人提起的给付之诉，破产申请受理后，人民法院应当继续审理，但是在判定相关当事人实体权利义务时，应当注意与企业破产法及其司法解释的规定相协调。

上述裁判作出并生效前，债权人可以同时向管理人申报债权，但其作为债权尚未确定的债权人，原则上不得行使表决权，除非人民法院临时确定其债权额。上述裁判生效后，债权人应当根据裁判认定的债权数额在破产程序中依法统一受偿，其对债务人享有的债权利息应当按照《企业破产法》第46条第2款的规定停止计算。

人民法院受理破产申请后，债权人新提起的要求债务人清偿的民事诉讼，人民法院不予受理，同时告知债权人应当向管理人申报债权。债权人申报债权后，对管理人编制的债权表记载有异议的，可以根据《企业破产法》第58条的规定提起债权确认之诉。

111.【债务人自行管理的条件】重整期间，债务人同时符合下列条件的，经申请，人民法院可以批准债务人在管理人的监督下自行管理财产和营业事务：

（1）债务人的内部治理机制仍正常运转；

（2）债务人自行管理有利于债务人继续经营；

（3）债务人不存在隐匿、转移财产的行为；

（4）债务人不存在其他严重损害债权人利益的行为。

债务人提出重整申请时可以一并提出自行管理的申请。经人民法院批准由债务人自行管理财产和营业事务的，企业破产法规定的管理人职权中有关财产管理和营业经营的职权应当由债务人行使。

管理人应当对债务人的自行管理行为进行监督。管理人发现债务人存在严重损害债权人利益的行为或者有其他不适宜自行管理情形的，可以申请人民法院作出终止债务人自行管理的决定。人民法院决定终止的，应当通知管理人接管债务人财产和营业事务。债务人有上述行为而管理人未申请人民法院作出终止决定的，债权人等利害关系人可以向人民法院提出申请。

112.【重整中担保物权的恢复行使】重整程序中，要依法平衡保护担保物权人的合法权益和企业重整价值。重整申请受理后，管理人或者自行管理的债务人应当及时确定设定有担保物权的债务人财产是否为重整所必需。如果认为担保物不是重整所必需，管理人或者自行管理的债务人应当及时对担保物进行拍卖或者变卖，拍卖或者变卖担保物所得价款在支付拍卖、变卖费用后优先清偿担保物权人的债权。

在担保物权暂停行使期间，担保物权人根据《企业破产法》第75条的规定向人民法院请求恢复行使担保物权的，人民法院应当自收到恢复行使担保物权申请之日起三十日内作出裁定。经审查，担保物权人的申请不符合第75条的规定，或者虽然符合该条规定但管理人或者自行管理的债务人有证据证明担保物是重整所必需，并且提供与减少价值相应担保或者补偿的，人民法院应当裁定不予批准恢复行使担保物权。担保物权人不服该裁定的，可以自收到裁定书之日起十日内，向作出裁定的人民法院申请复议。人民法院裁定批准行使担保物权的，管理人或者自行管理的债务人应当自收到裁定书之日起十五日内启动对担保物的拍卖或者变卖，拍卖或者变卖担保物所得价款在支付拍卖、变卖费用后优先清偿担保物权人的债权。

113.【重整计划监督期间的管理人报酬及诉讼管辖】要依法确保重整计

划的执行和有效监督。重整计划的执行期间和监督期间原则上应当一致。二者不一致的，人民法院在确定和调整重整程序中的管理人报酬方案时，应当根据重整期间和重整计划监督期间管理人工作量的不同予以区别对待。其中，重整期间的管理人报酬应当根据管理人对重整发挥的实际作用等因素予以确定和支付；重整计划监督期间管理人报酬的支付比例和支付时间，应当根据管理人监督职责的履行情况，与债权人按照重整计划实际受偿比例和受偿时间相匹配。

重整计划执行期间，因重整程序终止后新发生的事实或者事件引发的有关债务人的民事诉讼，不适用《企业破产法》第21条有关集中管辖的规定。除重整计划有明确约定外，上述纠纷引发的诉讼，不再由管理人代表债务人进行。

114.【重整程序与破产清算程序的衔接】重整期间或者重整计划执行期间，债务人因法定事由被宣告破产的，人民法院不再另立新的案号，原重整程序的管理人原则上应当继续履行破产清算程序中的职责。原重整程序的管理人不能继续履行职责或者不适宜继续担任管理人的，人民法院应当依法重新指定管理人。

重整程序转破产清算案件中的管理人报酬，应当综合管理人为重整工作和清算工作分别发挥的实际作用等因素合理确定。重整期间因法定事由转入破产清算程序的，应当按照破产清算案件确定管理人报酬。重整计划执行期间因法定事由转入破产清算程序的，后续破产清算阶段的管理人报酬应当根据管理人实际工作量予以确定，不能简单根据债务人最终清偿的财产价值总额计算。

重整程序因人民法院裁定批准重整计划草案而终止的，重整案件可作结案处理。重整计划执行完毕后，人民法院可以根据管理人等利害关系人申请，作出重整程序终结的裁定。

115.【庭外重组协议效力在重整程序中的延伸】继续完善庭外重组与庭内重整的衔接机制，降低制度性成本，提高破产制度效率。人民法院受理重整申请前，债务人和部分债权人已经达成的有关协议与重整程序中制作的重整计划草案内容一致的，有关债权人对该协议的同意视为对该重整计划草案表决的同意。但重整计划草案对协议内容进行了修改并对有关债权人有不利影响，或者与有关债权人重大利益相关的，受到影响的债权人有权按照企业破产法的规定对重整计划草案重新进行表决。

116.【审计、评估等中介机构的确定及责任】要合理区分人民法院和管理人在委托审计、评估等财产管理工作中的职责。破产程序中确实需要聘请中介机构对债务人财产进行审计、评估的，根据《企业破产法》第28条的规定，经人民法院许可后，管理人可以自行公开聘请，但是应当对其聘请的中介机构的相关行为进行监督。上述中介机构因不当履行职责给债务人、债权人或者第三人造成损害的，应当承担赔偿责任。管理人在聘用过程中存在过错的，应当在其过错范围内承担相应的补充赔偿责任。

117.【公司解散清算与破产清算的衔接】要依法区分公司解散清算与破产清算的不同功能和不同适用条件。债务人同时符合破产清算条件和强制清算条件的，应当及时适用破产清算程序实现对债权人利益的公平保护。债权人对符合破产清算条件的债务人提起公司强制清算申请，经人民法院释明，债权人仍然坚持申请对债务人强制清算的，人民法院应当裁定不予受理。

118.【无法清算案件的审理与责任承担】人民法院在审理债务人相关人员下落不明或者财产状况不清的破产案件时，应当充分贯彻债权人利益保护原则，避免债务人通过破产程序不当损害债权人利益，同时也要避免不当突破股东有限责任原则。

人民法院在适用《最高人民法院关于债权人对人员下落不明或者财产状况不清的债务人申请破产清算案件如何处理的批复》第3款的规定，判定债务人相关人员承担责任时，应当依照企业破产法的相关规定来确定相关主体的义务内容和责任范围，不得根据公司法司法解释（二）第18条第2款的规定来判定相关主体的责任。

上述批复第3款规定的“债务人的有关人员不履行法定义务，人民法院可依据有关法律规定追究其相应法律责任”，系指债务人的法定代表人、财务管理人员和其他经营管理人员不履行《企业破产法》第15条规定的配合清算义务，人民法院可以根据《企业破产法》第126条、第127条追究其相应法律责任，或者参照《民事诉讼法》第111条的规定，依法拘留，构成犯罪的，依法追究刑事责任；债务人的法定代表人或者实际控制人不配合清算的，人民法院可以依据《出境入境管理法》第12条的规定，对其作出不准出境的决定，以确保破产程序顺利进行。

上述批复第3款规定的“其行为导致无法清算或者造成损失”，系指债务人的有关人员不配合清算的行为导致债务人财产状况不明，或者依法负有清算责任的人未依照《企业破产法》第7条第3款的规定及时履行破产申请义务，导致债务人主要财产、账册、重要文件等灭失，致使管理人无法执行清算职务，给债权人利益造成损害。“有关权利人起诉请求其承担相应民事责任”，系指管理人请求上述主体承担相应损害赔偿责任并将因此获得的赔偿归入债务人财产。管理人未主张上述赔偿，个别债权人可以代表全体债权人提起上述诉讼。

上述破产清算案件被裁定终结后，相关主体以债务人主要财产、账册、重要文件等重新出现为由，申请对破产清算程序启动审判监督的，人民法院不予受理，但符合《企业破产法》第123条规定的，债权人可以请求人民法院追加分配。

十一、关于案外人救济案件的审理

案外人救济案件包括案外人申请再审、案外人执行异议之诉和第三人撤销之诉三种类型。修改后的民事诉讼法在保留案外人执行异议之诉及案外人申请再审的基础上，新设立第三人撤销之诉制度，在为案外人权利保障提供更多救济渠道的同时，因彼此之间错综复杂的关系也容易导致认识上的偏差，有必要厘清其相互之间的关系，以便正确适用不同程序，依法充分保护各方主体合法权益。

119.【案外人执行异议之诉的审理】案外人执行异议之诉以排除对特定标的物的执行为目的，从程序上而言，案外人依据《民事诉讼法》第227条提出执行异议被驳回的，即可向执行人民法院提起执行异议之诉。人民法院对执行异议之诉的审理，一般应当就案外人对执行标的物是否享有权利、享有什么样的权利、权利是否足以排除强制执行进行判断。至于是否作出具体的确权判项，视案外人的诉讼请求而定。案外人未提出确权或者给付诉讼请求的，不作出确权判项，仅在裁判理由中进行分析判断并作出是否排除执行的判项即可。但案外人既提出确权、给付请求，又提出排除执行请求的，人民法院对该请求是否支持、是否排除执行，均应当在具体判项中予以明确。执行异议之诉不以否定作为执行依据的生效裁判为目的，案外人如认为裁判确有错误的，只能通过申请再审或者提起第三人撤销之诉的方式进行救济。

120.【债权人能否提起第三人撤销之诉】第三人撤销之诉中的第三人仅局限于《民事诉讼法》第56条规定的有独立请求权及无独立请求权的第三人，而且一般不包括债权人。但是，设立第三人撤销之诉的目的在于，救济第三人享有的因不能归责于本人的事由未参加诉讼但因生效裁判文书内容错误受到损害的民事权益，因此，债权人在下列情况下可以提起第三人撤销之诉：

（1）该债权是法律明确给予特殊保护的债权，如《合同法》第286条规定的建设工程价款优先受偿权，《海商法》第22条规定的船舶优先权；

（2）因债务人与他人的权利义务被生效裁判文书确定，导致债权人本来可以对《合同法》第74条和《企业破产法》第31条规定的债务人的行为享有撤销权而不能行使的；

（3）债权人有证据证明，裁判文书主文确定的债权内容部分或者全部虚假的。

债权人提起第三人撤销之诉还要符合法律和司法解释规定的其他条件。对于除此之外的其他债权，债权人原则上不得提起第三人撤销之诉。

121.【必要共同诉讼漏列的当事人申请再审】民事诉讼法司法解释对必要共同诉讼漏列的当事人申请再审规定了两种不同的程序，二者在管辖法院及申请再审期限的起算点上存在明显差别，人民法院在审理相关案件时应予注意：

（1）该当事人在执行程序中以案外人身份提出异议，异议被驳回的，根据民事诉讼法司法解释第423条的规定，其可以在驳回异议裁定送达之日起6个月内向原审人民法院申请再审；

（2）该当事人未在执行程序中以案外人身份提出异议的，根据民事诉讼法司法解释第422条的规定，其可以根据《民事诉讼法》第200条第8项的规定，自知道或者应当知道生效裁判之日起6个月内向上一级人民法院申请再审。当事人一方人数众多或者当事人双方为公民的案件，也可以向原审人民法院申请再审。

122.【程序启动后案外人不享有程序选择权】案外人申请再审与第三人撤销之诉功能上近似，如果案外人既有申请再审的权利，又符合第三人撤销之诉的条件，对于案外人是否可以行使选择权，民事诉讼法司法解释采取了限制的司法态度，即依据民事诉讼法司法解释第303条的规定，按照启动程序的先后，案外人只能选择相应的救济程序：案外人先启动执行异议程序的，对执行异议裁定不服，认为原裁判内容错误损害其合法权益的，只能向作出原裁判的人民法院申请再审，而不能提起第三人撤销之诉；案外人先启动了第三人撤销之诉，即便在执行程序中又提出执行异议，也只能继续进行第三人撤销之诉，而不能依《民事诉讼法》第227条申请再审。

123.【案外人依据另案生效裁判对非金钱债权的执行提起执行异议之诉】审判实践中，案外人有时依据另案生效裁判所认定的与执行标的物有关的权利提起执行异议之诉，请求排除对标的物的执行。此时，鉴于作为执行依据的生效裁判与作为案外人提出执行异议依据的生效裁判，均涉及对同一标的物权属或给付的认定，性质上属于两个生效裁判所认定的权利之间可能产生的冲突，人民法院在审理执行异议之诉时，需区别不同情况作出判断：如果作为执行依据的生效裁判是确权裁判，不论作为执行异议依据的裁判是确权裁判还是给付裁判，一般不应据此排除执行，但人民法院应当告知案外人对作为执行依据的确权裁判申请再审；如果作为执行依据的生效裁判是给付标的物的裁判，而作为提出异议之诉依据的裁判是确权裁判，一般应据此排除执行，此时人民法院应告知其对该确权裁判申请再审；如果两个裁判均属给付标的物的裁判，人民法院需依法判断哪个裁判所认定的给付权利具有优先性，进而判断是否可以排除执行。

124.【案外人依据另案生效裁判对金钱债权的执行提起执行异议之诉】作为执行依据的生效裁判并未涉及执行标的物，只是执行中为实现金钱债权对特定标的物采取了执行措施。对此种情形，《最高人民法院关于人民法院办理执行异议和复议案件若干问题的规定》第26条规定了解决案外人执行异议的规则，在审理执行异议之诉时可以参考适用。依据该条规定，作为案外人提起执行异议之诉依据的裁判将执行标的物确权给案外人，可以排除执行；作为案外人提起执行异议之诉依据的裁判，未将执行标的物确权给案外人，而是基于不以转移所有权为目的的有效合同（如租赁、借用、保管合同），判令向案外人返还执行标的物的，其性质属于物权请求权，亦可以排除执行；基于以转移所有权为目的有效合同（如买卖合同），判令向案外人交付标的物的，其性质属于债权请求权，不能排除执行。

应予注意的是，在金钱债权执行中，如果案外人提出执行异议之诉依据的生效裁判认定以转移所有权为目的的合同（如买卖合同）无效或应当解除，进而判令向案外人返还执行标的物的，此时案外人享有的是物权性质的返还请求权，本可排除金钱债权的执行，但在双务合同无效的情况下，双方互负返还义务，在案外人未返还价款的情况下，如果允许其排除金钱债权的执行，将会使申请执行人既执行不到被执行人名下的财产，又执行不到本应返还给被执行人的价款，显然有失公允。为平衡各方当事人的利益，只有在案外人已经返还价款的情况下，才能排除普通债权人的执行。反之，案外人未返还价款的，不能排除执行。

125.【案外人系商品房消费者】实践中，商品房消费者向房地产开发企业购买商品房，往往没有及时办理房地产过户手续。房地产开发企业因欠债而被强制执行，人民法院在对尚登记在房地产开发企业名下但已出卖给消费者的商品房采取执行措施时，商品房消费者往往会提出执行异议，以排除强制执行。对此，《最高人民法院关于人民法院办理执行异议和复议案件若干问题的规定》第29条规定，符合下列情形的，应当支持商品房消费者的诉讼请求：一是在人民法院查封之前已签订合法有效的书面买卖合同；二是所购商品房系用于居住且买受人名下无其他用于居住的房屋；三是已支付的价款超过合同约定总价款的百分之五十。人民法院在审理执行异议之诉案件时，可参照适用此条款。

问题是，对于其中“所购商品房系用于居住且买受人名下无其他用于居住的房屋”如何理解，审判实践中掌握的标准不一。“买受人名下无其他用于居住的房屋”，可以理解为在案涉房屋同一设区的市或者县级市范围内商品房消费者名下没有用于居住的房屋。商品房消费者名下虽然已有1套房屋，但购买的房屋在面积上仍然属于满足基本居住需要的，可以理解为符合该规定的精神。

对于其中“已支付的价款超过合同约定总价款的百分之五十”如何理解，审判实践中掌握的标准也不一致。如果商品房消费者支付的价款接近于百分之五十，且已按照合同约定将剩余价款支付给申请执行人或者按照人民法院的要求交付执行的，可以理解为符合该规定的精神。

126.【商品房消费者的权利与抵押权的关系】根据《最高人民法院关于建设工程价款优先受偿权问题的批复》第1条、第2条的规定，交付全部或者大部分款项的商品房消费者的权利优先于抵押权人的抵押权，故抵押权人申请执行登记在房地产开发企业名下但已销售给消费者的商品房，消费者提出执行异议的，人民法院依法予以支持。但应当特别注意的是，此情况是针对实践中存在的商品房预售不规范现象为保护消费者生存权而作出的例外规定，必须严格把握条件，避免扩大范围，以免动摇抵押权具有优先性的基本原则。因此，这里的商品房消费者应当仅限于符合本纪要第125条规定的商品房消费者。买受人不是本纪要第125条规定的商品房消费者，而是一般的房屋买卖合同的买受人，不适用上述处理规则。

127.【案外人系商品房消费者之外的一般买受人】金钱债权执行中，商品房消费者之外的一般买受人对登记在被执行人名下的不动产提出异议，请求排除执行的，《最高人民法院关于人民法院办理执行异议和复议案件若干问题的规定》第28条规定，符合下列情形的依法予以支持：一是在人民法院查封之前已签订合法有效的书面买卖合同；二是在人民法院查封之前已合法占有该不动产；三是已支付全部价款，或者已按照合同约定支付部分价款且将剩余价款按照人民法院的要求交付执行；四是非因买受人自身原因未办理过户登记。人民法院在审理执行异议之诉案件时，可参照适用此条款。

实践中，对于该规定的前3个条件，理解并无分歧。对于其中的第4个条件，理解不一致。一般而言，买受人只要有向房屋登记机构递交过户登记材料，或向出卖人提出了办理过户登记的请求等积极行为的，可以认为符合该条件。买受人无上述积极行为，其未办理过户登记有合理的客观理由的，亦可认定符合该条件。

十二、关于民刑交叉案件的程序处理

会议认为,近年来,在民间借贷、P2P等融资活动中,与涉嫌诈骗、合同诈骗、票据诈骗、集资诈骗、非法吸收公众存款等犯罪有关的民商事案件的数量有所增加,出现了一些新情况和新问题。在审理案件时,应当依照《最高人民法院关于在审理经济纠纷案件中涉及经济犯罪嫌疑若干问题的规定》《最高人民法院关于审理非法集资刑事案件具体应用法律若干问题的解释》《最高人民法院最高人民检察院公安部关于办理非法集资刑事案件适用法律若干问题的意见》以及民间借贷司法解释等规定,处理好民刑交叉案件之间的程序关系。

128.【分别审理】同一当事人因不同事实分别发生民商事纠纷和涉嫌刑事犯罪,民商事案件与刑事案件应当分别审理,主要有下列情形:

(1)主合同的债务人涉嫌刑事犯罪或者刑事裁判认定其构成犯罪,债权人请求担保人承担民事责任的;

(2)行为人以法人、非法人组织或者他人名义订立合同的行为涉嫌刑事犯罪或者刑事裁判认定其构成犯罪,合同相对人请求该法人、非法人组织或者他人承担民事责任的;

(3)法人或者非法人组织的法定代表人、负责人或者其他工作人员的职务行为涉嫌刑事犯罪或者刑事裁判认定其构成犯罪,受害人请求该法人或者非法人组织承担民事责任的;

(4)侵权行为人涉嫌刑事犯罪或者刑事裁判认定其构成犯罪,被保险人、受益人或者其他赔偿权利人请求保险人支付保险金的;

(5)受害人请求涉嫌刑事犯罪的行为人之外的其他主体承担民事责任的。

审判实践中出现的问题是,在上述情形下,有的人民法院仍然以民商事案件涉嫌刑事犯罪为由不予受理,已经受理的,裁定驳回起诉。对此,应予纠正。

129.【涉众型经济犯罪与民商事案件的程序处理】2014年颁布实施的《最高人民法院最高人民检察院公安部关于办理非法集资刑事案件适用法律若干

问题的意见》和2019年1月颁布实施的《最高人民法院最高人民检察院公安部关于办理非法集资刑事案件若干问题的意见》规定的涉嫌集资诈骗、非法吸收公众存款等涉众型经济犯罪，所涉人数众多、当事人分布地域广、标的额特别巨大、影响范围广，严重影响社会稳定，对于受害人就同一事实提起的以犯罪嫌疑人或者刑事被告人为被告的民事诉讼，人民法院应当裁定不予受理，并将有关材料移送侦查机关、检察机关或者正在审理该刑事案件的人民法院。受害人的民事权利保护应当通过刑事追赃、退赔的方式解决。正在审理民商事案件的人民法院发现有上述涉众型经济犯罪线索的，应当及时将犯罪线索和有关材料移送侦查机关。侦查机关作出立案决定前，人民法院应当中止审理；作出立案决定后，应当裁定驳回起诉；侦查机关未及时立案的，人民法院必要时可以将案件报请党委政法委协调处理。除上述情形人民法院不予受理外，要防止通过刑事手段干预民商事审判，搞地方保护，影响营商环境。

当事人因租赁、买卖、金融借款等与上述涉众型经济犯罪无关的民事纠纷，请求上述主体承担民事责任的，人民法院应予受理。

130.【民刑交叉案件中民商事案件中止审理的条件】人民法院在审理民商事案件时，如果民商事案件必须以相关刑事案件的审理结果为依据，而刑事案件尚未审结的，应当根据《民事诉讼法》第150条第5项的规定裁定中止诉讼。待刑事案件审结后，再恢复民商事案件的审理。如果民商事案件不是必须以相关的刑事案件的审理结果为依据，则民商事案件应当继续审理。

附录2：《民法典》典型请求权基础简表

请求权基础性质			条文序号	条旨	条文内容
基于合同的请求权	原合同请求权（以买卖为例）		第598条	出卖人主给付义务	出卖人应当履行向买受人交付标的物或者交付提取标的物的单证，并转移标的物所有权的义务。
			第599条	出卖人从给付义务	出卖人应当按照约定或者交易习惯向买受人交付提取标的物单证以外的有关单证和资料。
			第612条主文	出卖人权利瑕疵义务	出卖人就交付的标的物，负有保证第三人对该标的物不享有任何权利的义务……
			第615条第1句	出卖人品质瑕疵义务	出卖人应当按照约定的质量要求交付标的物。
			第626条第1句	买受人主给付义务	买受人应当按照约定的数额和支付方式支付价款。
	派生合同请求权	违约所生请求权	第577条	违约责任	当事人一方不履行合同义务或者履行合同义务不符合约定的，应当承担继续履行、采取补救措施或者赔偿损失等违约责任。
			第582条	瑕疵履行的违约责任	履行不符合约定的……对违约责任没有约定或者约定不明确，依据本法第五百一十条的规定仍不能确定的，受损害方根据标的的性质以及损失的大小，可以合理选择请求对方承担修理、重作、更换、退货、减少价款或者报酬等违约责任。
			第583条	继续履行、补正履行与损害赔偿	当事人一方不履行合同义务或者履行合同义务不符合约定的，在履行义务或者采取补救措施后，对方还有其他损失的，应当赔偿损失。
		解除所生请求权	第566条第1款第2分句	解除的效力	合同解除后……已经履行的，根据履行情况和合同性质，当事人可以请求恢复原状或者采取其他补救措施，并有权请求赔偿损失。

续表

请求权基础性质		条文序号	条旨	条文内容
类似合同的请求权	缔约过失请求权	第500条	缔约过失	当事人在订立合同过程中有下列情形之一，造成对方损失的，应当承担赔偿责任： （一）假借订立合同，恶意进行磋商； （二）故意隐瞒与订立合同有关的重要事实或者提供虚假情况； （三）有其他违背诚信原则的行为。
		第501条	缔约中的保密义务	当事人在订立合同过程中知悉的商业秘密或者其他应当保密的信息，无论合同是否成立，不得泄露或者不正当地使用；泄露、不正当地使用该商业秘密或者信息，造成对方损失的，应当承担赔偿责任。
	无权代理所生请求权	第171条第3款主文	无权代理	行为人实施的行为未被追认的，善意相对人有权请求行为人履行债务或者就其受到的损害请求行为人赔偿。
无因管理请求权		第121条	无因管理之债	没有法定的或者约定的义务，为避免他人利益受损失而进行管理的人，有权请求受益人偿还由此支出的必要费用。
		第979条第1款	适法无因管理	管理人没有法定的或者约定的义务，为避免他人利益受损失而管理他人事务的，可以请求受益人偿还因管理事务而支出的必要费用；管理人因管理事务受到损失的，可以请求受益人给予适当补偿。
		第980条	不适法无因管理与不法无因管理受益人主张管理利益时的义务	管理人管理事务不属于前条规定的情形，但是受益人享有管理利益的，受益人应当在其获得的利益范围内向管理人承担前条第一款规定的义务。
		第981条第1句	管理人善良管理义务	管理人管理他人事务，应当采取有利于受益人的方法。
		第983条	管理人报告与财产移交义务	管理结束后，管理人应当向受益人报告管理事务的情况。管理人管理事务取得的财产，应当及时转交给受益人。

续表

<table>
<tr><th colspan="2">请求权基础性质</th><th>条文序号</th><th>条旨</th><th>条文内容</th></tr>
<tr><td rowspan="3">基于物法的请求权</td><td>占有保护请求权</td><td>第462条第1款第1、2分句</td><td>占有保护请求权</td><td>占有的不动产或者动产被侵占的，占有人有权请求返还原物；对妨害占有的行为，占有人有权请求排除妨害或者消除危险……</td></tr>
<tr><td rowspan="2">物权保护请求权</td><td>第235条</td><td>原物返还请求权</td><td>无权占有不动产或者动产的，权利人可以请求返还原物。</td></tr>
<tr><td>第236条</td><td>物权妨害排除、妨害防止请求权</td><td>妨害物权或者可能妨害物权的，权利人可以请求排除妨害或者消除危险。</td></tr>
<tr><td colspan="2" rowspan="3">人格权保护请求权</td><td>第1028条</td><td>名誉权消极防御请求权</td><td>民事主体有证据证明报刊、网络等媒体报道的内容失实，侵害其名誉权的，有权请求该媒体及时采取更正或者删除等必要措施。</td></tr>
<tr><td>第1029条</td><td>信用评价</td><td>民事主体可以依法查询自己的信用评价；发现信用评价不当的，有权提出异议并请求采取更正、删除等必要措施。信用评价人应当及时核查，经核查属实的，应当及时采取必要措施。</td></tr>
<tr><td>第1037条</td><td>信息自决</td><td>自然人可以依法向信息处理者查阅或者复制其个人信息；发现信息有错误的，有权提出异议并请求及时采取更正等必要措施。
自然人发现信息处理者违反法律、行政法规的规定或者双方的约定处理其个人信息的，有权请求信息处理者及时删除。</td></tr>
<tr><td rowspan="3">基于侵权的请求权</td><td>消极防御请求权</td><td>第1167条</td><td>消极防御请求权</td><td>侵权行为危及他人人身、财产安全的，被侵权人有权请求侵权人承担停止侵害、排除妨碍、消除危险等侵权责任。</td></tr>
<tr><td>过错侵权请求权</td><td>第1165条第1款</td><td>过错侵权</td><td>行为人因过错侵害他人民事权益造成损害的，应当承担侵权责任。</td></tr>
<tr><td>共同侵权请求权</td><td>第1168条</td><td>共同侵权</td><td>二人以上共同实施侵权行为，造成他人损害的，应当承担连带责任。</td></tr>
</table>

续表

请求权基础性质		条文序号	条旨	条文内容
基于侵权的请求权	共同危险请求权	第 1170 条第 2 分句	共同危险	二人以上实施危及他人人身、财产安全的行为，其中一人或者数人的行为造成他人损害……不能确定具体侵权人的，行为人承担连带责任。
	因果关系竞合型数人侵权请求权	第 1171 条	因果关系竞合型数人侵权	二人以上分别实施侵权行为造成同一损害，每个人的侵权行为都足以造成全部损害的，行为人承担连带责任。
	因果关系聚合型数人侵权请求权	第 1172 条	因果关系聚合型数人侵权	二人以上分别实施侵权行为造成同一损害，能够确定责任大小的，各自承担相应的责任；难以确定责任大小的，平均承担责任。
	精神损害赔偿请求权	第 1183 条	精神损害赔偿	侵害自然人人身权益造成严重精神损害的，被侵权人有权请求精神损害赔偿。因故意或者重大过失侵害自然人具有人身意义的特定物造成严重精神损害的，被侵权人有权请求精神损害赔偿。
不当得利请求权		第 122 条	不当得利之债	因他人没有法律根据，取得不当利益，受损失的人有权请求其返还不当利益。
		第 985 条主文	不当得利请求权	得利人没有法律根据取得不当利益的，受损失的人可以请求得利人返还取得的利益……
		第 988 条	无偿受让利益第三人的返还义务	得利人已经将取得的利益无偿转让给第三人的，受损失的人可以请求第三人在相应范围内承担返还义务。